国家社会科学基金项目（06BZS014）研究成果

群体·社会丛书
QUNTI SHEHUI CONGSHU

清代漕粮征派与地方社会秩序

QINGDAI CAOLIANGZHENGPAI YU
DIFANG SHEHUIZHIXU

吴 琦 肖丽红 杨露春 等著

明清

中国社会科学出版社

图书在版编目（CIP）数据

清代漕粮征派与地方社会秩序/吴琦等著．—北京：中国社会科学出版社，2017.5
ISBN 978-7-5203-0471-9

Ⅰ.①清… Ⅱ.①吴… Ⅲ.①漕粮—关系—社会秩序—研究—中国—清代 Ⅳ.①K249.07

中国版本图书馆 CIP 数据核字（2017）第 108521 号

出 版 人	赵剑英
责任编辑	卢小生
责任校对	周晓东
责任印制	王　超
出　版	中国社会科学出版社
社　址	北京鼓楼西大街甲 158 号
邮　编	100720
网　址	http：//www.csspw.cn
发 行 部	010-84083685
门 市 部	010-84029450
经　销	新华书店及其他书店
印　刷	北京君升印刷有限公司
装　订	廊坊市广阳区广增装订厂
版　次	2017 年 5 月第 1 版
印　次	2017 年 5 月第 1 次印刷
开　本	710×1000　1/16
印　张	25.25
插　页	2
字　数	427 千字
定　价	98.00 元

凡购买中国社会科学出版社图书，如有质量问题请与本社营销中心联系调换
电话：010-84083683
版权所有　侵权必究

目　录

绪　论 ……………………………………………………………… 1
　　一　研究缘起：作为一项国家事务的清代漕运 …………… 1
　　二　相关研究述评 …………………………………………… 4
　　三　概念与理论方法 ………………………………………… 22
　　四　思路、观点与创新 ……………………………………… 26
　　五　研究分工说明 …………………………………………… 27

上　编

第一章　清代漕粮征派体系 ……………………………………… 31
　　一　清初漕运的恢复 ………………………………………… 31
　　二　清代漕运的定制与组织 ………………………………… 34
　　三　清前中期漕粮征派方式 ………………………………… 42
　　四　清代征漕中的规制之弊 ………………………………… 55

第二章　晚清征漕秩序的重建 …………………………………… 69
　　一　清中后期漕粮折征的趋势 ……………………………… 69
　　二　晚清各省漕粮折征 ……………………………………… 77

第三章　蠲（免）缓（征）改折 ………………………………… 105
　　一　漕粮蠲（免）缓（征） ………………………………… 106
　　二　漕粮改折 ………………………………………………… 122
　　三　漕粮折征对地方社会的影响 …………………………… 129

第四章　清代的漕粮仓储 ·················· 135
一　漕粮仓储及其功能 ·················· 135
二　清代漕粮仓储的社会意义 ·················· 147

第五章　清代的漕粮截拨 ·················· 151
一　清代漕粮截拨政策、方式及用途 ·················· 151
二　清代漕粮截留的时空特征 ·················· 156
三　漕粮截拨的社会功能及其意义 ·················· 166

第六章　清代漕粮的平粜赈济 ·················· 174
一　京畿及各直省的漕粮平粜与社会赈济 ·················· 174
二　清代漕粮赈粜的时空特征 ·················· 187
三　平粜赈济与社会制衡 ·················· 195

附录　保水济运与民田灌溉——清代山东漕河水利之争 ·················· 200
一　山东漕河与民田的水利矛盾 ·················· 200
二　争水利、避水患——山东漕河与民田的水利之争 ·················· 203
三　河南卫河流域的水利争夺——与山东漕河相对照 ·················· 207

下　编

第七章　清代闹漕的地域性差异与阶段性特征 ·················· 215
一　清代闹漕案件 ·················· 215
二　地域性差异的原因 ·················· 222
三　阶段性特征 ·················· 229

第八章　漕案参与者的成分及动机 ·················· 233
一　视漕为利薮抑或秉公办漕：闹漕中的州县 ·················· 233
二　利益追逐中的特殊阶层：闹漕中的地方势力 ·················· 244
三　人为刀俎，我为鱼肉的无奈：闹漕中的民众 ·················· 253

第九章　方式与角色互动 …… 263
一　法内路径：漕控 …… 264
二　法外路径之一：个人日常的反抗 …… 285
三　法外路径之二：集体公开闹漕 …… 303

第十章　反抗与秩序 …… 312
一　政治秩序变动 …… 312
二　生活秩序紊乱 …… 317
三　制度调整 …… 320

第十一章　闹漕背后的社会问题 …… 339
一　民间信仰与地方治理 …… 339
二　地方政府合作问题 …… 346
三　"共域"领域地方官自主权问题 …… 353

余论：闹漕与清代地方社会秩序变动 …… 357
一　闹漕对清代地方社会结构的影响 …… 357
二　闹漕与地方社会规范运行 …… 360
三　闹漕与社会冲突、无序状态的控制 …… 362

参考文献 …… 365

后　记 …… 398

绪　论

长期以来，学术界将漕运置于经济的范畴，从经济制度或赋税财政的层面展开研究。然而，漕运，尤其是清代漕运，政治意义远大于经济意义，漕运指令自朝廷下达之后，即对地方社会产生巨大的影响，并在地方社会形成种种复杂的利益关系与纠葛。因此，对于漕运在地方社会运行的考察，只有完全应该纳入国家事务的范畴，才能使我们更准确、有效地理解漕运的本质及其与中国社会的关系。

一　研究缘起：作为一项国家事务的清代漕运

清代漕运成为朝廷在地方持续最久、最具规模的活动。作为一项国家事务，清代漕运具有鲜明的特征与属性，这些特征与属性决定了清代漕粮征运在地方社会运作中的基本走向及其社会意义。

（一）清代漕运具有高度的政治性

清代，漕运的政治意义被提升到无以复加的程度，漕粮被称为"天庾正供"、"朝廷血脉"①，这种意义在朝廷的反复强化之下，成为从中央到地方各级官员的共识，正如一些官员所言："京师满汉军民所仰给者，东南数百万漕粮也"②；"国之大事，惟兵与漕"③；漕运"为一代之大政"④，乃"天下之大命所系"⑤，等等。官员们把漕运看得如此之高，如此之重，确是其他事务（包括田赋）所无法比拟的。从这个意

---

① 光绪《户部漕运全书》卷一《兑运额数》。
② 同上。
③ 林起龙：《请宽粮船盘诘疏》，贺长龄编：《皇朝经世文编》卷四十六《户政二十一》。
④ 《清朝续文献通考》卷七十五《国用考·漕运》。
⑤ 郑日奎：《漕议》，贺长龄编：《皇朝经世文编》卷四十七《户政二十二》。

义上说，漕粮征运便不能以一般事务视之待之，各级政府以及相关官员必须高度重视。当然，仅仅在朝廷、官府形成这种共同的认识远远不够，重要的在于从中央到地方社会的一致认识，上下动员。

（二）清代漕运有严密的制度保障

并非所有的国家事务都有制度的保障，清代漕粮征运不仅有制度的保障，而且相关的制度极为严密且成熟。清代，江苏、浙江、安徽、江西、湖北、湖南、河南和山东八省承担漕粮的完纳任务，漕粮总额为400万石，各省府州县承担的漕粮数额基本固定，并且需实物缴纳。为了完成这一额定的漕粮征运任务，清代政府在继承与改进的基础之上，制定了较为完备的漕运制度。清代通过规模庞大的文册《户部漕运全书》，全面记载漕运制度——雍正十三年，经御史夏之芳奏准，清政府纂辑钦定《户部漕运全书》，并例定每十年纂办一次。漕运全书的内容涉及漕粮额征、征收事例、兑运事例、通漕运艘、督运职掌、选补官丁、官丁廪粮、计屯起运、漕运河道、随漕款项、京通粮储、截拨事例、采买搭运、奏销考成，等等；每一大项制度还包括多方面的子项，完全涵盖了漕运事务的各个方面，充分反映了清代漕运制度的全面和严密。乾隆中期，清廷还曾有督漕杨锡绂负责编纂的《漕运则例纂》，也是对清代漕运制度的全面记载。此外，清政府还通过"例"的形式，不断地弥补制度在针对具体问题时的不足与缺陷。

从理论上讲，受到制度全面维护的漕运事务在地方社会的运行中，具有权威性和威严感，并具有很好的防护性和自我修复能力。然而，形式上的完善并非运行中的实效。比如，由于清代漕运制度本质上存在无法解决的问题，其缺陷越来越明显，于是，"例"的制定也越来越频繁，"偶有未善，即设一例，究竟法立弊生，所除者一二人之弊，而所苦者多矣"。①

（三）清代漕运具有强烈的指令性

指令虽然也属于制度的范畴，但一般的制度性内容主要是一种规定性，而指令则带有明确的强制性。这种指令性充分体现了漕运这一国家事务的政治特性。

清代漕运的指令性体现在诸多方面，比如下列数端：清代漕粮有正

---

① 陈宏谋：《论漕船余米疏》，贺长龄编：《皇朝经世文编》卷四十六《户政二十一》。

米和耗米之分，正米是按田地科则征收的正项漕粮，有漕各省共征收400万石。其中，运抵北京仓库的称为正兑米，运达通州仓库的称为改兑米。各省正、改兑米数额为：江南（江苏、安徽）150万石、29.44万石；浙江60万石、3万石；江西40万石、17万石；湖广（湖北、湖南）25万石；山东28万石、9.5万石；河南27万石、11万石。① 耗米依据正米征收，每石加耗按照各省距离京城、通州的远近而有所差别，每起运本色正粮一石，加耗三斗、四斗不等。耗米之外，还有各种名目的附加税。漕粮的正、耗以及种种附加税银米的数额都是国家规定的，各省及其下属的府州县在漕粮的征派中，照章办理，按照朝廷下达的指令执行。清代漕粮征收的粮食类别也有具体规定，江南江宁、安庆等十六府州征收粳糯粟米，苏、松、常、镇和太五府征收粳米和糯米，但皆以粳米为主；浙江杭、嘉和湖三府征收粳米和籼米，江西、湖北、湖南等省征收稻米兼收糯米，山东、河南两省征收粟米和麦豆。虽然说粮食种类的确定依据了各地的主要生产品种，但品种的确定与征收充分体现了朝廷的意志。

漕运中所体现的强烈的指令性，充分反映了漕运活动的各个环节都贯穿着浓厚的国家意志与官府行为。指令是制度的一部分，不可变动，但指令更具有强制的特性，必须执行和完成。因此，对于地方社会而言，漕粮征运中指令性的内容意味着一种无法改变的、被迫接受的巨大压力和负担。

（四）清代漕运始终处于高成本运行状态

漕运从南到北，每年需要花费巨大的成本，才能完成一次完整的征运。然而，朝廷对于这一国家事务的运行成本，从来鲜有计算和节制，仅有一些官员进行过理性的思考和表达。关于一石漕粮运抵北京的成本，时人也有估算和理解。黄梦维在《停漕论》中则估算，"通盘筹算，非四十金不能运米一石入京仓"。② 另有记载："惟起运本色每正粮一石，加耗三斗、四斗不等。此外，既有补润、加赠、淋尖、饭食等米，又有踢解、稳跳、倒笋、舱垫等银，在旗丁则有行月，在船只则需修理、打造，在起纳则多轻赍、席板，而衙役之需诈与粮里之藉端科扰，水次之挑盘脚价，犹不与焉。总计公私耗费，共需粮一石五六斗，

---

① 各漕额数据依据康熙《大清会典》卷二十六。
② 李作栋：《新辑实务汇通》卷六十七。

银五、七钱各不等,方得兑发一石正粮。"①

无论是按照哪一种估算方法和数据,朝廷每年须完成400万石漕粮的征运,耗费的钱粮数额十分惊人,成本巨大。其实,时间成本和人力成本也是应该计算进去的。漕粮的征派对象绝大部分都是从事农业生产的农民,对于他们,时间和人力都至为重要。

漕运所体现出来的高度的政治性意味着漕粮征运的重要性,但高度的重视通常导致对于事务成本和具体问题的忽略,严密的制度意味着保障和规范,清代的漕运制度把诸多人事因素(诸如漕运官员的职权、地方士绅协助征漕等)都纳入该制度体系的保护之中,这些因素既包括官府的,也包括民间的;既包括各级官员,也包括地方社会力量。而在漕运活动的运行中,制度恰恰为各方官员和地方力量提供了共同"侵漕"的机会;而强烈的指令性意味着地方社会的被动状态,没有任何理由的执行和完纳;高成本则意味着地方社会的巨大代价,这不仅把广大的农民直接推向"人为刀俎,我为鱼肉"的境地,而且影响地方社会的发展,并致使地方社会的矛盾不断积累。

二　相关研究述评

"清代漕粮征运与地方社会秩序"这一课题涉及的相关研究成果十分广泛,大体可以从以下几个方面进行条缕和梳理。

(一) 20世纪的清代漕运研究

国内近代意义上的漕运研究始于20世纪上半期,但成果甚鲜,诸如杨文煊、万国鼎、李文治、董继湖等学者的有限论著,主要集中在漕运的演变与漕运制度的研究上。20世纪50年代之后,国内的漕运研究出现断层,研究成果十分乏见。而此期的日本,以欣顿、山口迪子、星斌夫为代表的一批学者,对于中国漕运展开了研究,发表了一系列相关论文,其中星斌夫对于中国漕运进行了十分系统而全面的研究,推出了专著《大运河:中国的漕运》。② 当然,此期日本学者的研究,也多限

---

① 《漕运全书》卷二《漕粮原额·历年成案》。
② 近藤出版社1971年版。

于对漕运制度的梳理。但较之20世纪上半期中国学者的漕运研究，视野有一定的拓展，比如对于清代漕运与船商关系的探讨。

20世纪80年代，漕运研究的文章渐多，但零散而缺乏系统研究，其中有不少成果并无延续性。90年代中期以后，漕运研究逐渐拓展，学者们对漕运政策、漕粮征收、漕运管理、漕运的功能、漕仓管理以及漕运组织等进行了多方面的研究，其中，出现了一批宏观考察和专题性研究的成果，有一个值得关注的现象——这一时期出现了多部漕运研究专著，如李文治和江太新的《清代漕运》①、鲍彦邦的《明代漕运研究》②、彭云鹤的《明清漕运史》③、李治亭的《中国漕运史》④、吴琦的《漕运与中国社会》⑤、陈峰的《漕运与古代社会》等。⑥ 其中，大部分都涉及清代漕运问题或专门研究清代漕运问题。

彭云鹤的《明清漕运史》一书对于漕运在明清经济、政治生活中的作用给予了很高的评价，认为明清漕运制度是维系王朝统治的经济命脉和重要支柱，明清两代中央政府对全国绝大部分地区的有效统治，也主要是通过京杭大运河为主体的水运网络之漕运而实现的。

李治亭的《中国漕运史》、吴琦的《漕运与中国社会》、陈峰的《漕运与古代社会》等著作皆从宏观的视角审视中国历史上的漕运现象与漕运问题。李治亭的《中国漕运史》一书系统、全面地论述了各主要历史时期的漕运状况及其发展与演变；吴琦的《漕运与中国社会》一书则从社会史的视角考察了中国历史上漕运所发挥的社会功能，如维护了中央的稳定，对商品经济的发展、社会文化交流、区域开发等发挥积极的推动作用，等等；其探讨的重心主要在于清代漕运的社会影响；陈峰的《漕运与古代社会》一书对历来较为人所忽视的历代漕运组织的演变问题及漕运在中国古代历史上的消极作用有较多的论述。

李文治和江太新的《清代漕运》一书于1993年首版，2008年出版修订版。清代漕运的专题研究当首推此书，该书以清代的河运漕粮为研

---

① 中华书局1995年版。
② 暨南大学出版社1995年版。
③ 首都师范大学出版社1995年版。
④ （台北）文津出版社1997年版。
⑤ 华中师范大学出版社1999年版。
⑥ 陕西人民教育出版社2000年版。

究重点，对清代漕运进行了系统的论述。作者全面梳理了清代的漕运制度，诸如漕运官制和船制、征收兑运和交仓制度、运道制度、运丁和屯田制度等，并论证了漕运的财政作用、赈恤功能等问题。此外，还探讨了漕运与吏治的关系、漕运与农村经济的关系以及与商品经济的关系。该著作在充分占有史料的基础上，宏观把握，精细分析，是清代漕运制度研究的重要成果。

除以上漕运研究的著作之外，论文形式的研究成果也不少。

关于清代漕运与社会经济关联的研究成果较为丰富。戴鞍钢的《清代漕运兴废与山东运河沿线社会经济的变化》一文[1]论述了清代漕运的兴衰对于山东运河沿线的社会经济的巨大影响。周祚绍的《清代前期漕运及其对国内市场的影响》一文[2]，从五个方面论述了清代前期漕运的作用：漕河疏浚，漕运畅通，推动了运河沿岸城市的繁荣，活跃国内的南北市场；漕运的畅通凸显了大运河"南北经济大动脉"的地位；而政府对于漕道的重视，也有助于沿线水利事业的发展。张照东的《清代漕运与南北物资交流》[3]一文认为，在商品经济还不发达的情况下，中央与地方的经济联系，南北的商业往来主要依靠漕运来进行物质的集散。清末运河作为沟通南北物资交流大动脉的功能衰退。陈峰的《简论宋明清漕运中私货贩运及贸易》[4]一文认为，漕运中之所以出现私货贸易，应该归结于宋、明、清时期商品经济的长足发展和宋以后漕运队伍结构的根本性变化，私贩贸易在一定程度上扩大了商品流通和交换的规模，促进了京城以及运河沿线城镇工商业的繁荣，对推动中国封建社会后期商品经济的发展起到了重要作用。冷东的《从临清的衰落看清代漕运经济影响的终结》[5]一文具体分析了漕运对临清城市兴衰的影响，临清的衰落主要是中央集权的严格行政管理和军事保护所导致的，也即落后的管理模式所促成的。

有学者专论清代漕运的社会功能与作用。吴琦的《清代漕粮在京城

---

[1] 《齐鲁学刊》1988年第4期。
[2] 《山东大学学报》（哲学社会科学版）1994年第1期。
[3] 《清史研究》1992年第3期。
[4] 《中国经济史研究》1996年第1期。
[5] 《汕头大学学报》（人文科学版）1987年第2期。

的社会功用》①一文论述了清代漕粮运送到京城部分的五大社会功用,其另一篇文章《清代湖广漕运的社会功能》②从维系和动摇现有社会秩序两个方面阐述清代湖广这一区域漕运的社会功能,涉及漕运赈粜、抚民等功能及其对于商品流通、城市兴衰等的作用。围绕着漕运与社会的互动关系,作者从漕运与农业经济、农田水利、军事以及漕运与社会制衡的关系等发表了系列文章。③

学者对于漕运的各环节以及存在的问题也多有涉及。殷崇浩的《叙乾隆时的漕粮宽免》④一文从蠲漕、截漕与平粜、白粮改征三方面阐述了乾隆朝的漕粮宽免;其《乾隆时漕粮宽免的原因及其作用》⑤则探讨乾隆朝宽免漕粮的原因及其作用,认为宽免漕粮有利于减轻人民的纳粮负担,有其积极的一面,但这种作用不能估计太高。俞玉储的《清代前期漕粮蠲缓改折概论》⑥一文系统地论述清代漕粮的蠲免、缓征、改折等事项。杨天宏《清政府裁漕的目的》⑦一文系统地论述了清代政府裁减漕粮的目的、动机。

有关清代漕运人员研究的论文有:杨杭军的《嘉道时期漕运旗丁的若干问题》⑧一文认为,处于漕运体系下层的旗丁之所以能够在漕运的过程中兴风作浪、危害漕运的运行与嘉道年间复杂的社会背景有关。陈峰的《清代漕运水手的结帮活动及其对社会的危害》⑨一文揭示了清代水手结帮活动能够长期存在的原因,并分析了水手帮会如何转变为对社会产生危害的帮会及其结帮活动对社会危害表现。

早期论及罗教和漕运中的秘密结社活动的论文有:David E. Kelly, *Temples and Tributes Fleets: The Luo Sect and Boatmen's Associations in the Eighteenth Century*⑩(《寺院与漕帮:十八世纪罗教与水手的联合》)及

---

① 《中国农史》1992 年第 2 期。
② 《中国经济史研究》1993 年第 4 期。
③ 参见《漕运·群体·社会》,湖北人民出版社 2007 年版。
④ 《中国社会经济史研究》1987 年第 3 期。
⑤ 《武汉大学学报》(社会科学版)1988 年第 4 期。
⑥ 《历史档案》1990 年第 2 期。
⑦ 《四川师范大学学报》(社会科学版)1987 年第 2 期。
⑧ 《河南师范大学学报》(哲学社会科学版)1998 年第 2 期。
⑨ 《社会科学战线》1996 年第 2 期。
⑩ *Modern China*, Jul., 1982.

其博士论文 Sect and Society: The Evolution of the Luo Sect Among Qing Dynasty Grain Tribute Boatmen, 1700－1850①（《宗派与社会：1700—1850年间漕帮中罗教的演变》）。刘伯涵的《漕运船帮中的协作与秘密结社》②一文较早地论述了漕粮帮船中的秘密结社活动。吴琦的《漕运与民间组织探析》③一文探讨了漕运与民间秘密组织形成与发展的关系。

学者们还关注到清代漕弊问题。戴鞍钢的《清代浙江漕政与农民抗漕斗争》④从阶级斗争的视角分析清代浙江漕政的弊病，以及农民为减轻赋税而进行的斗争。杨杭军的《略论清朝嘉道时期漕运之弊及其影响》⑤一文认为，嘉、道时期，漕运主要的弊病主要为浮收与抗欠、官弊。这些弊病的直接后果是漕粮的大量霉变和漕粮数额的绝对减少，进而导致政治、社会环境的恶化。陈峰的《略论清代的漕弊》⑥一文分析清代漕粮征收中的种种弊端及其对于社会矛盾的激化，并造成了社会的动荡不安。

此外，还有数篇研究各省漕政的论文。戴鞍钢的《清代江西漕政述略》⑦和《清代湖北漕政述略》⑧、邓亦兵的《清代河南漕运述论》⑨三篇文章论述了清代各省漕运的发展过程及其特点，并阐述了漕运对各省社会经济的影响。

关于清末漕运由河运向海运转变的问题有多位学者发表了相关成果。熊元斌的《清代河运向海运的转变》⑩一文认为，清后期运道阻塞以及国家财政的匮乏致河运费用过重是导致漕粮由河运向海运转变的主要原因。张照东的《道咸时期雇商海运漕粮的得失》⑪一文分析了海运漕粮的优点在于效率的提高，而缺失在于存在严重的浮勒现象，并导致

---

① Ph. D dissertation, Harvard University, 1986.
② 《史学月刊》1985 年第 4 期。
③ 《华中师范大学学报》1997 年第 1 期。
④ 《浙江师范大学学报》（社会科学版）1988 年第 3 期。
⑤ 《中州学刊》1998 年第 1 期。
⑥ 《西北大学学报》（哲学社会科学版）1998 年第 4 期。
⑦ 《江西社会科学》1988 年第 3 期。
⑧ 《江汉论坛》1988 年第 10 期。
⑨ 《中州学刊》1985 年第 5 期。
⑩ 《江汉论坛》1984 年第 1 期。
⑪ 《历史档案》1988 年第 2 期。

沿河经济区的衰败。冯超的《论元、明、清河漕与海运之变迁》①一文认为，元代政府将大运河改直，为元、明、清提供了开展河运的同时又可发展海运的可能，并认为，"河运"和"海运"从没有"并盛"局面的出现，而是呈现出兴废交替的动态变化。

丁进军的《清末漕运史料选辑》②选辑了从光绪二十七年至宣统三年，中国第一历史档案馆藏《军机处录副奏折》和《宫中朱批奏折》中的漕运史料二十五则。1995年，丁进军和叶志如在《历史档案》连续发表《道光年间海运漕粮史料选辑》（上、下），从中国第一历史档案馆藏《宫中朱批全宗》辑录道光年间海运漕粮的史料。1996年，二人又发表《同治年间海运漕粮史料》（上、下）③一文，辑录第一历史档案馆所藏的同治年间海运漕粮史料。殷崇浩的《〈清史稿·漕运〉补订六则》④一文与丁进军的《终清一代漕运未废》⑤一文通过史料考订，认为，有清一代漕运一直都在运行。此外，丁进军《〈清史稿·漕运〉订正一则》⑥一文对《清史稿》否认光绪二十七年清廷雇用外国商船进行漕运的记述进行了考订与纠误（不过，倪玉平在《晚清漕粮海运史料考辨三则》⑦一文中也通过史料考辨对丁进军的观点进行了修正）。

除以上评介的成果之外，还有一些论文未能涉及，此不一一列举。总体来看，这些成果的研究主要集中于漕运制度层面的考察，对于漕运与社会互动关系的关注则主要集中在经济、政治等领域。

但是，已有成果对于漕运所引发的国家与社会的互动关系涉及甚少，对于漕粮征派在中国地方社会、基层组织、农村生活中的重大影响几无探究。海外学术界对于漕运问题在20世纪50年代以后，也予以了较多的关注，如日本学者星斌夫、西方学者哈罗德·C.希顿（Harold C. Hiton）等皆为其中的代表人物，对漕运（尤其是清代漕运）进行了深入的研究；海外学者的研究主要在于漕运制度的梳理和漕运史的把握上，同时对于漕运与河道的关系、漕运与国家财政的关系、漕运所反映

---

① 《安徽大学学报》（哲学社会科学版）1987年第3期。
② 《历史档案》1989年第1期。
③ 《历史档案》1996年第2、3期。
④ 《江汉论坛》1984年第1期。
⑤ 《历史档案》1987年第1期。
⑥ 《江汉论坛》1985年第11期。
⑦ 《江苏社会科学》2004年第6期。

的中国古代官僚体制的特性等，均有所涉及。现有的研究成果为本书的展开奠定了坚实基础。不过，总体而言，出于研究对象和研究视角等方面的原因，以往的著作对于漕运，尤其是漕粮征派在地方社会的具体运作及其引发的社会问题缺乏细化研究，地方性材料的发掘也较欠缺，存在较大的拓展空间。

（二）21 世纪以来的清代漕运问题研究

进入 21 世纪后，历史学研究在学科理论体系、研究方法和视角上都经历了巨大的转变，尤其是注重引入其他学科的研究方法，并将研究视角不断下移。漕运的研究也深受这一学术环境变化的影响，相关研究趋向多元化，虽然论著数量不是太多，但视角、方法、观点等方面均有显著的拓展。

值得关注的著作有：倪玉平的《清代漕粮海运与社会变迁》[①]一书，将清代的漕粮海运放置在近代中国社会发展的环境中考察，分析漕运的政治、经济、社会特性及其相互关联，着重探讨了清代漕粮海运兴衰原因、漕运体制及其运行机制、漕粮海运的历史作用和影响，以及它和中国近代社会变迁的相互关系，等等；强调漕粮既是经济问题，又是政治问题，是晚清政治改革的重要组成部分。此著作内容充实，全面系统，叙述细密，可以说是迄今为止第一部专门研究清代漕粮海运的厚重之作。倪玉平、荀德麟的《明清时期的全国漕运中枢淮安》[②]一书分析了明清时代的漕运中枢城市淮安在漕粮运输中所起的作用以及漕运对于淮安城市发展的影响。李俊丽的《天津漕运研究（1368—1840）》[③]一书全面系统地论述了天津漕运的各个方面，揭示了漕运与天津城市发展的关系，拓展了清代漕运及城市史的研究。胡铁球的《明清歇家研究》[④]一书虽然不是研究清代漕运问题的专论著作，但书中对明末清初江南负责收兑漕粮的群体的演变进行了考察，论述了歇家在漕粮收兑过程中与其他群体诸如粮长、仓夫等的关系，关于歇家与漕粮交纳市场化

[①] 上海书店出版社 2005 年版。
[②] 中国书籍出版社 2008 年版。倪玉平还著有《浅论淮安与漕运的关系》（载《"运河之都"研讨会论文集》，中国书籍出版社 2007 年版），也是论及淮安城市发展与漕运的关系的论文。
[③] 天津古籍出版社 2012 年版。
[④] 上海古籍出版社 2015 年版。

的关系以及歇家在河南水次改移及征漕方式变革中的作用的研究有效地拓展了清代漕运的学术视野。日本学者松浦章的《清代内河水运史研究》① 所论及的主题是清代江南、大运河、长江的船舶形态、数量和航运情况，从航运史的角度考察了清代大运河漕运的实际情况。

这个时期的相关论文在研究领域上并不集中，但不少学者的论文表现出的问题意识并未局限于漕运本身，而是通过漕运事象与问题观照到诸如社会结构、社会变迁国家与社会的互动等层面。

吴琦在《国家事务与地方社会秩序——以清代漕粮征运为基点的考察》② 中首次提出了漕运为"国家事务"这一概念。他认为，通过研讨漕运——这一国家事务的运作过程及蕴含其中的利益冲突，可以深层地观察漕运对地方社会秩序的影响；其《清代漕运行程中重大问题：漕限、江程、土宜》③ 一文对漕运行程中的三个漕运重大问题进行了探讨，分析漕运作为国家事务与地方社会的相互作用。作者指出，在社会变迁中，国家事务必然与社会发生深度的交涉与互动。吴欣的《"通漕"与"变漕"——明清漕运法规变革研究》④ 一文探讨了明清漕运法规的沿革变迁，认为社会变革是"漕规"不断发生变化的核心根源，而漕运法规的这些变化也反映了立法与执法之间的矛盾。马俊亚的《集团利益与国运衰变——明清漕粮河运及其社会生态后果》⑤ 一文从维持运河所造成的财政浪费、生态灾难和国家决策失误三个方面深入分析了河运的缺陷与海运的优势。吴琦、肖丽红的《制度缺陷与漕政危机——对清代"废漕督"呼声的深层分析》⑥ 一文通过分析了清代"废漕督"这一舆论事象，认为漕督作为中央与有漕各省联系的"桥"，不仅没有发挥优势，反而陷入了社会关系学上的"齐美尔连带"效应。丹筱彤的《利益的冲突与协调——河南漕运中的政策选择》⑦ 一文论述了清代河南漕运中反复的政策调整与选择，以及运输环节中国家与地方、漕帮与州县的矛盾，认为中央在处理矛盾时选择双方利益的折中

---

① 江苏人民出版社 2010 年版。
② 《中国社会经济史研究》2012 年第 2 期。
③ 《华中师范大学学报》2013 年第 5 期。
④ 《山东师范大学学报》（人文社会科学版）2009 年第 3 期。
⑤ 《南京大学学报》（哲学·人文科学·社会科学版）2008 年第 2 期。
⑥ 《中国社会经济史研究》2006 年第 2 期。
⑦ 《中国经济史研究》2014 年第 2 期。

点，政策上体现了一些灵活性。赵思渊的《从"包漕"到"告漕"——道光初年"漕弊"整顿进程中苏松士绅力量的演化》①一文认为，在道光初年"漕弊"整顿中，苏、松士绅力量由强到弱，嘉、道时期，苏、松频繁发生的"告漕"案件是生员的既得利益遭到损害的情况下的反应，但生员的诉求遭到地方大员陶澍的打压，生员在利益分配中的地位更加下降，在太平天国运动后的漕运利益分配中，地方官员更是取得对生员的支配地位。

戴鞍钢的《清代漕运盛衰与漕船水手纤夫》②一文通过揭示漕船水手纤夫在清代漕运由盛而衰的社会背景下的遭遇与动向，分析漕船水手纤夫晚清社会转型中所面临的困境。衷海燕的《清代江西漕运军户、家族与地方社会——以庐陵麻氏为例》③一文以清代吉安麻氏为个案，对漕运军丁及其家族组织展开了深入的探讨。作者分析了麻氏宗族地方化的过程，揭示了清代漕运军户家族组织发展与清代漕运体系实际运作的关系。作者指出，作为漕运军户的麻氏，通过整合宗族的力量，灵活地改变漕运办法，不仅很好地完成了漕运任务，还发展了乡宦的经营策略，在不断的地方化过程中，终于成为一方大姓宗族。龚汝富从法律史视角，对清代康熙年间发生在江西吉水县的诬扳军控案进行了个案分析，揭示出此个案背后蕴藏的深刻的社会经济根源在于军役的繁重所造成的军民之间的矛盾，作者进而剖析了诉讼过程中官方的考量与民间的互动关系。④日本学者香坂昌纪对乾隆五十四年的湖北漕船土宜案也进行了法律史的分析。⑤曹金娜的《清代粮船水手械斗问题探析》⑥一文就清代粮船水手中存在的械斗问题进行了研究，认为船粮水手的械斗问题加速了漕运基层社会秩序的崩溃，标志着传统漕运基层社会的终结。

对于漕运与城市发展、区域社会的关联有了诸多具体的关注，诸如

---

① 《清史研究》2011年第3期。
② 《安徽史学》2012年第6期。
③ 《地方文化研究》2013年第6期。
④ 龚汝富：《清代江西诬扳漕运军丁讼案浅析——以〈康熙五十四年诬扳军案集录一本永远存据〉为例》，《清史研究》2006年第4期。
⑤ ［日］香坂昌纪：《清代の漕船土宜に関する一考察——以乾隆五十四年，湖広漕船土宜案を中心に》，《歴史と文化》，第44卷，2009年。
⑥ 《农业考古》2013年第1期。

江太新的《漕运与淮安清代经济》①和尹均科的《从漕运与北京的关系看淮安城的历史地位》。②郑民德以河北沧州为个案,从微观的层面具体揭示了漕运及运河航运的兴衰给运河沿线城市带来的影响。③周健的《嘉道年间江南的漕弊》④一文认为,常态存在的漕弊本身即是制度的组成部分,嘉道年间的江南仓漕卫所规费、旗丁帮费、官绅漕规、州县浮收逐年递增,同时捏灾、短漕、亏空也随之愈演愈烈,导致漕粮河运制度在道咸之交的崩溃。从财政结构的角度看,所谓漕弊是各种"浮费"代表的额外财政对于额定财政的空前侵蚀。

关于清代漕运中的秘密组织以及漕运中的信仰问题,成为近年来研究相对集中的课题。

吴琦的《清代漕运水手行帮会社的形成:从庵堂到老堂船》⑤从清代漕运水手组织由庵堂到老堂船的转变,探讨清代漕运水手行帮会社的形成,尤其是组织中权力体系的形成及其意义。周育民的《漕运水手行帮兴起的历史考察》⑥对于漕运水手行帮为何能在清代迅速发展壮大的问题做了考察与分析。曹金娜则对罗教的起源、组织的演变、传播情况以及政府的态度进行探讨,认为清政府处理罗教案的政策转变是粮船水手组织向粮船水手行帮转变的重要外界因素。⑦

漕事活动中民间信仰的研究是漕运研究的有效拓展。胡其伟考察了明清时期徐州水神崇拜现象,从地域水环境变迁的角度对明清时期徐州地区的水神崇拜现象开展研究,认为水神崇拜的盛衰与漕运兴废相始终。⑧刘兵以历史人物白英的活动轨迹为研究对象,探讨明清运河区域人格神形成的成因,认为历史人物白英的神化是水神缔造活动中人为因

---

① 《淮阴工学院学报》2006年第4期。
② 《淮阴工学院学报》2007年第2期。
③ 郑民德:《明清运河城市的历史变迁——以河北沧州为中心的历史考察》,《河北工业大学学报》(社会科学版)2012年第2期;《明清山东运河城镇的历史变迁——以阿城、七级为视角的历史考察》,《中国名城》2013年第9期。
④ 《中华文史论丛》2011年第1期。
⑤ 《江汉论坛》2012年第12期。
⑥ 《中国社会经济史研究》2013年第1期。
⑦ 曹金娜:《清代粮船水手中的罗教》,《宗教学研究》2013年第2期。
⑧ 胡其伟:《漕运兴废与水神崇拜的盛衰——以明清时期徐州为考察中心》,《中国矿业大学学报》(社会科学版)2008年第2期。

素的产物。① 胡梦飞的《明清时期苏北地区水神信仰的历史考察——以运河沿线区域为中心》② 一文对水神信仰兴起的历史背景及其原因做了考察，分析了水神信仰的主要类型及其地域分布，总结了水神信仰的主要功能及影响。作者认为，崇祀水神，体现了国家与民众需要的同时，也为明清时期苏北地区的民间信仰增添了新的内容，使苏北地区民间信仰呈现出多元化的发展趋势。

此期关于晚清漕粮海运的研究成果相对较多，其中不乏颇有新意的文章。卢伯炜的《清代道光六年漕政改革的意义》③ 一文论述道光六年漕政改革中地主阶级"自改革"运动中的"标本"价值和"破题"的意义，认为此次改革对江南社会经济尤其是市场功能扩大具有良性影响，同时对近代"官督商办"体制建设具有垂范、借助作用。周健的《仓储与漕务：道咸之际江苏的漕粮海运》④ 一文认为，道咸之际无论是仓储抑或漕务层面，漕粮海运均未产生实质性的影响，其原因是户部、督抚关注的只是中央与地方之间漕粮收入的分配格局，而无意从最基本的环节入手，改革漕粮制度。倪玉平的《试论道光初年漕粮海运》⑤ 一文认为，道光初年的海运仅实行一次便宣告结束，思想的保守导致清政府无法从战略高度审视漕粮海运，仅仅把海运当作一种权宜之计，此为此次漕粮海运终结的深层原因；其在《道光六年漕粮海运的几个问题》⑥ 一文中批驳了通行的"雇商海运""行走与内河无异"和"较常年河运所省之数甚多"三个观点，认为应该在综观各种史料的基础上对这次事件做实事求是的评价；《义和团运动与晚清漕粮运输》⑦ 一文则针对学界较少论及的义和团运动与清末漕粮运输的关系进行了研究，认为义和团运动的爆发导致了漕粮运输线路的改变，整个漕运制度也在这场运动中遭到了巨大的打击，同时还促成了新型的漕运方式。义和团运动对清末漕运的影响是深远的，也是晚清漕粮运输的转折点；

---

① 刘兵：《明清运河区域人格神信仰成因探析——以白英为中心的研究》，《聊城大学学报》（社会科学版）2010 年第 2 期。
② 《江苏社会科学》2013 年第 3 期。
③ 《苏州大学学报》（哲学社会科学版）2005 年第 6 期。
④ 《中华文史论丛》2015 年第 4 期。
⑤ 《历史档案》2002 年第 1 期。
⑥ 《清史研究》2002 年第 3 期。
⑦ 《江苏社会科学》2008 年第 5 期。

《清代咸丰初年江浙漕粮海运中的省际矛盾》^①一文探讨了学术界较少关注的漕粮海运中两省之间发生的矛盾，认为尽管清廷强调中央集权，各省要服从中央统一指挥，但区域利益仍是存在的，各省督抚会为了本省的利益而努力抗争。所谓"艺术"的全国上下一盘棋说法，似有进一步思考的余地；而所谓的"督抚专权"，也无非是区域集团利益在某些方面的放大而已；《招商局与晚清漕粮海运关系新说》^②一文就学界研究所关注的两个问题：招商局是否因沙船不敷海运而创设、招商局参与的漕粮海运活动在其整个经营中占据什么样的位置进行了新的论说，认为轮船招商局并非为漕粮海运而设，而轮船招商局成立初期，沙船也并非不敷，轮船招商局只是洋务派借漕粮海运之名，行开办洋务之实，它的成立应该纳入洋务运动的战略中去。此外，倪玉平还发表了《漕粮海运与清代社会变迁》《西方势力与晚清漕粮海运》《晚清漕粮海运史料考辨三则》《招商局与晚清漕粮海运关系考》《清代漕粮海运与经济区域的变迁》《从帆船到铁路：漕运与中国交通工具的近代化》等一系列论文。^③

（三）清代"闹漕"问题研究

关于"闹漕"问题，学术界的研究历来存在概念的边界问题，所以，对于这个领域的研究状况将以总体述评的方式进行，相关成果不在正文中一一列举。

20世纪早期以来闹漕的文章主要有两种类型：一为"抗粮"名下的研究；二为"闹漕"名下的研究。这里，存在两个问题：一是"抗粮"中"粮"究竟是否为漕粮？二是已有的成果均将闹漕列于抗粮名下，作为抗粮一部分对待，就连史料集中的分类也是如此。^④这反映了

---

① 《学术学刊》2009年第1期。
② 《学术月刊》2008年第5期。
③ 所列论文分别参见《求索》2002年第4期；《中国经济史研究》2004年第4期；《江苏社会科学》2004年第6期；《新亚论丛》2005年第6期；《石家庄学院学报》2005年第4期；《石家庄学院学报》2010年第1期。
④ 中国人民大学清史研究所于20世纪70年代末编辑的资料集《康雍乾时期城乡人民反抗斗争资料》（中华书局1979年版），是我们研究清中后期农民反抗斗争必不可少的一部资料集。虽然我们在"抗粮"这一节标题下看到了"抗征漕粮"，但细查之下发现文中能明确分辨出为抗征漕粮的资料并不多，多数也与抗粮混称，这也就要求我们在利用这些资料时，多了一层鉴别的程序。

学界认识的模糊与概念的混乱。

20世纪40年代,傅衣凌先生即已开始关注抗粮、奴变。在其《明清社会经济史论文集》《明清农村社会经济》《明清封建土地所有制论纲》等论文集中皆可见相关研究成果。总体而言,傅衣凌先生一方面注意到了市场、商品经济对农村的影响,即注意到了清代中后期的抗粮风潮是当时社会经济的发展阶段及其政治上的许多因素所聚合形成的;另一方面注意到了抗粮等斗争中农村富农的作用,认为抗粮并非单纯国家与农民对抗,还有官吏、富农、农村市场的参与。傅衣凌先生关注下的抗粮较以往农民反抗地主的阶级斗争模式,内容更为丰富,结论也更为客观,但抗粮仍与闹漕混称。① 之后,陈在正②循着同样的思路探讨太平天国运动期间,因阶级矛盾激化而遍及各地的抗租抗粮斗争。文中同样将抗粮与闹漕杂合研究,值得一提的是,据《清实录》对19世纪40年代抗粮事件的梳理及表格统计为后来研究者做了不少贡献。

以上傅衣凌和陈在正等学者的研究大致可彰显20世纪80年代以前抗粮研究的时代特点,均体现出一定宏观的视角,研究抗粮是为了说明太平天国时期的政治形势,研究路数相似。

20世纪80年代到21世纪初,专门论及抗漕成果的也不多。其间,仅有罗丽达③及美国学者裴宜理④以抗粮名词概括的抗漕研究。就研究视角与结果上看,此期加入了不少新元素。如裴宜理试图将晚清山东的刘德培抗漕与同时期欧洲抗粮斗争做比较,从中论证上海小刀会和山东刘德培抗漕的地方政治、社会、经济条件。罗丽达则一改以往纯粹从农民起义角度讨论钟九闹漕路径,开始注意到士绅在地方社会暴动中的带领作用。可以说,此期研究视角有了一定程度拓展,但所达之面及深度还远远不够,且成果数量远不乐观。

21世纪,随着历史人类学的发展及学科交叉思想的深入人心,抗

---

① 典型者如傅衣凌的《太平天国时期的全国抗粮潮》(选入傅衣凌的《明清社会经济史论文集》,人民出版社1982年版)一文,诸如钟九闹漕、湖南耒阳杨大鹏闹漕均统称为抗粮。
② 陈在正:《19世纪40年代国内阶级矛盾的激化与太平天国革命》,《厦门大学学报》1980年第1期。
③ 罗丽达:《道光年间的崇阳抗粮暴动》,《清史研究》1992年第2期。
④ [美]裴宜理:《晚清抗粮斗争:上海小刀会和山东刘德培》(上),《晚清抗粮斗争:上海小刀会和山东刘德培(续)》,分别发表于《史林》1988年第2、4期。

漕逐渐成为学界关注的一个焦点。张小也的研究值得关注①,她利用历史人类学方法,多次到崇阳实地调查地方情况,搜集钟九闹漕的相关文献,利用民间长篇叙事诗重新解释了以往农民战争视野下的钟九闹漕,且借助自身的法律史、社会史素养对钟九闹漕进行了社会史意义下的梳理,通过闹漕中官府与民间社会在法领域的互动,透视国家与社会的关系。同时,关注历来为学者相对忽视的漕讼研究。以漕讼为中心,探索健讼之人在清代公共领域的积极参与,从秩序与权力的角度考虑法律问题,由此探讨清代的法律与社会。张小也的系列研究体现出了历史人类学视角、区域社会研究及田野调查方法,并由此基础上展开对清代法律与社会的思考,对清代闹漕的研究有极大的启示作用。

当然,张小也笔下的闹漕研究仍有许多值得拓展之处。首先张小也关注的系列漕案,皆属"超典型个案",如"钟九闹漕"与"江西万国彩漕讼案"。而清代"闹漕年年有之",地方志及其他文献所记漕案为数不少,不同地区、不同年代的不同闹漕有共性与个性之别。同时,张小也笔下的漕讼更多的是服务于法律社会史的研究,即作者是关注法律社会史而涉及漕讼。而漕讼是因漕粮征收不当引发,其性质决定不仅触及法律这一层面,而且触及政治、经济、社会秩序等方面。除此之外,对漕控的动因,漕案背后所体现出来的地方州县官对漕粮征派这一国家事务的理解,以及漕粮征派在地方社会秩序变动的种种影响等问题,也关注甚鲜。所以,漕案方面的已有研究给了我们极大启示,同时也存在继续探索的巨大空间。

1. 民变问题研究

闹漕说到底也是民变。民变也被称为"奴变"②,学者关注不少,如陈春声对广东潮州动乱的研究③,黄志繁对赣南地域社会民众动乱的

---

① 近年来,张小也在清代法律社会史的探索中,在历史人类学与田野调查方法的影响下,发表了系列闹漕研究的相关文章。如《健讼之人与地方公共事务——以清代漕讼为中心》(《清史研究》2004年第2期),《史料·方法·理论:历史人类学视角下的"钟九闹漕"》(《河北学刊》2004年第6期),《社会冲突中的官、民、法——以"钟九闹漕"事件为中心》(《江汉论坛》2006年第4期)等论文,以及专著《官、民与法:明清国家与基层社会》(中华书局2007年版)。

② 《明季奴变史料拾遗》《明末南方的"佃变"、"奴变"》,傅衣凌《明清社会经济史论文集》,人民出版社1982年版。

③ 将潮州动乱与地方社会秩序变动相结合考察的视角。

研究①及巫仁恕关于"城市民变"的研究②，等等。对于城市民变，巫仁恕在其博士学位论文中③已有较成熟看法，而之后相关研究，将关注重点集中到城市民变与民间信仰关系探讨上。④此外，日本学界对民变的关注也较多，其中又以乡绅的参与及其与地域社会的关系为研究重心。⑤

---

① 从地域社会变革的角度、生态社会学与历史人类学方法解释明清时期闽赣毗邻地区的抗租风潮，认为其是地域社会变迁的表现和结果。一反以往将动乱看成是民反官的观点，重视了地方权贵、精英一层在里面的作用，丰富了动乱中的关系，且将动乱落实到地方社会秩序中考察（黄志繁：《"贼""民"之间——12—18世纪赣南地域社会》，生活·读书·新知三联书店2006年版）。

② 在巫仁恕研究中，将民间信仰、仪式活动的象征意义与集体抗议（城市民变）相结合。作者认为，民间信仰在庙宇所举行的仪式活动与"民变"的仪式十分类似，且民变聚集地点常为民间信仰的庙宇。以城隍庙为例，作者认为城隍庙中城隍神的仪式与庙宇功能重大变化导致城市群众集体抗议时常令聚众于城隍庙，且据庙会的仪式来强化社会不公平与合法化抗争行为，类似还有江南的东岳庙。巫仁恕认为，平时娱乐功能强的仪式活动在政治、社会不稳定时，提供了民众从事动乱与抗争的象征性资源。也说明了民众信仰与国家意识形态间关系并非纯粹抵抗或被动接受，而是种互动。统治者将神祇人格化，并纳入国家祀典，以此达到神道教化民间目的。而民间也非照单全收，而是将此人格化神祇性格作转化，以符合民间在现实层面上的需求，最后连统治者都默认民间信仰的观念与祭祀活动。作者的突出之处是注意到了群众性运动的心理文化层面。

③ 巫仁恕：《明清城市民变研究：传统中国城市群众集体行动之分析》，博士学位论文，台湾大学，1984年。

④ 研究中，作者采用了西方著名学者奥尔森的"集体行动的逻辑"等相关理论，从集体行动的角度探索城市民变与民间信仰的关系，由此了解城市民变的群众心态。相关论文主要有：《明清城市"民变"的集体行为模式及其影响》，载邢义田、林丽月主编《社会变迁》，中国大百科全书出版社2005年版。《节庆、信仰与抗争——明清城隍信仰与城市群众的集体抗议行为》，《"中央研究院"近代史研究所集刊》第34辑（2000年12月）。《明清江南东岳神信仰与城市群众的集体抗议——以苏州民变为讨论中心》，载李孝悌《中国的城市生活》，新星出版社2006年版。

⑤ 在日本学界，对乡绅与民众反乱关注较早，20世纪80年代开始以地域社会视角探讨逐渐增多。夫马进的《明末民变和生员——江南都市舆论形式和生员的作用》一文考察了生员作为舆论制造者在民变中的作用。井上彻的《明末清初广东右岸三角洲社贼、土贼的蜂起》一文以社贼变乱的多样性体现其对秩序变动的影响。谷规矩夫《明末华北农村的危机和一个乡绅——以吕绅为中心》一文指出优免问题的解决不当让许多举人参加农民动乱，动摇了社会秩序。此外，森正夫在明末清初福建宁化县"冠""贼"的研究中，探讨了士人对地域社会组织的整合作用。山田贤从社会变动视角考察了清代嘉庆白莲教反乱舞台的四川云阳县情况。菊池秀明对太平天国发生地域社会背景进行了研究。此部分总结更详细内容可见常建华《日本八十年代以来的明清地域社会研究述评》，《中国社会经济史研究》1998年第2期。

2. 抗租问题研究

傅衣凌先生于20世纪40年代开始关注抗租问题①，研究了闽赣一带特别是福建的抗租斗争。之后此块研究一直较受关注，以日本学者最为突出②，如森正夫对民众叛乱与地域社会秩序关系关注较多，不仅论及叛乱对地域社会秩序变动的影响，且对地域社会秩序整体如何产生，如何被维持均有独到见解。③ 美国学者白凯的研究也值得一提。④《长江下游地区的地租、赋税与农民的反抗斗争：1840—1950》一书中，作者用翔实的资料与优美文字表达了作者对一个世纪以来长江中下游地区经济、社会和政治的重新解读。该书以时间为轴，分五个时段分别考察了处于不同政权统治下的长江中下游地区农民的抗租运动，将地租、赋税置于发展的社会关系背景中研究。她的一系列思辨性分析，对20世纪早期现代国家形成过程中的国家与社会关系的研究提供了新鲜的思路。

3. 抗粮问题研究

抗粮与抗漕关系密切，如前文所述，学术界一直将抗粮与抗漕混同。即便是吴琦、肖丽红的《清代漕粮征派中的官府、绅衿与民众的利益纠葛——以清代抗粮事件为中心的考察》⑤一文，也在不同程度上

---

① 《明末清初闽赣毗邻地区的社会经济与佃农抗租风潮》，载傅衣凌《明清社会经济史论文集》，人民出版社1982年版。
② 田中正俊从乡绅角度对明清民变、抗租与奴变的考察（[日]田中正俊：《民变、抗租奴变》，《世界历史》，筑摩书房1961年版）。还有小林一美强调的应重视"乡绅土地所有"密切相关的以抗粮、抗租为表现形式的"农民斗争"（[日]小林一美：《抗租、抗粮斗争の彼方——下层生活者の想いと政治的、宗教の自立の途》，《思想》，1973年）。滨岛敦俊则以"铺"的设置为切入口看地主不能处理欠租时，官府力量的参与，导致了"铺"这一收容欠租佃农的"新的监狱"形式出现（[日]滨岛敦俊：《试论明末东南诸省的抗、欠租与铺仓》，《中国社会经济史研究》1982年第3期）。三木聪从明末邓茂七反乱根据地的沙县地方秩序的变迁进行研究，而且指出沙县是福建最大的市场流通圈。这个市场圈由域内商人和域外农民构成，将市场圈同抗租联系起来，颇有新意（[日]三木聪：《沙县》，《史朋》，1991年）。
③ 具体成果可见其著的《明清史论集》，及《明末清初的抗租与地域社会秩序——关于江南三角洲的苏州府、松江府》，厦门大学讲座论稿。
④ [美]白凯：《长江下游地区的地租、赋税与农民的反抗斗争：1840—1950》，林枫译，上海书店出版社2005年版。
⑤ 吴琦、肖丽红：《清代漕粮征派中的官府、绅衿与民众的利益纠葛——以清代抗粮事件为中心的考察》，《中国社会经济史研究》2008年第2期。

将抗粮与闹漕混同。抗粮问题的研究自20世纪40年代傅衣凌先生开始①，相关研究成果一直无多。②除了前文提及的实乃抗漕的几篇，所剩文章关注的仅有东乡抗粮一案。③典型区域的考察也仅限福建一地，如郑剑顺④与陈支平⑤的相关研究。

总之，农民起义、民变、奴变、抗租、抗粮、抗漕、械斗、城市市民运动均属于社会群众性运动。以往在考察时多用阶级斗争的观点，将国家与社会对立分析。近年来变化不少⑥，在社会史研究日益走向区域社会的大背景下，更多地应结合地域社会特点揭示文本背后问题，并从基层社会秩序变动角度进行思考和把握。

（四）清代地方社会秩序的研究

该研究领域的成果十分丰富，学者们从不同的角度切入，且在理论、方法等方面表现出了明显的交叉特性，无法具体而微地面面俱到。因此，该部分的述评也将采取宏述的方式，概括性地评述。

明清时期地方社会秩序逐渐成为学术界关注的重心之一，并出现了一批优秀成果。王日根通过对义田、会馆、会社、家族、商业与民间社会秩序关系的探讨，认为明清时期中国传统政治文明中的"官民相得"倾向日益成型，并有效地维持着中国社会向前发展。⑦刘志伟通过明初

---

① 《太平天国时期的全国抗粮潮》，载傅衣凌《明清社会经济史论文集》，人民出版社1982年版。

② 且研究视角略显单一，仅限于从晚清社会政治弊端下的农民反对地主的反封建斗争角度加以解释。

③ 文章有：伍仕谦、李祖桓：《1875年四川东乡县人民的抗粮斗争》，《四川大学学报》1956年第2期。刘德仁：《1875—1879年四川东乡人民的抗粮斗争》，《历史教学》1964年第6期。中国第一历史档案馆：《光绪初年清政府镇压四川东乡县抗捐史料》有四篇，分别发表在《历史档案》1994年第2—4期及1995年第1期。王澈：《光绪初年四川东乡抗粮案述论》，《徐州大学学报》1998年第3期。

④ 郑剑顺认为官府管理不严，政风不廉是导致抗粮最重要因素。详见郑剑顺《清代咸同年间同安、马巷的抗粮与械斗》，《中国社会经济史研究》1997年第2期。

⑤ 陈支平则在长期关注福建乡村社会情况基础上，从国家与基层社会互动角度重新审视清代福建的抗粮案件，从中看乡族势力在抗粮斗争中的作用，及在赋税领域内的乡族与国家此消彼长的争权斗争，从论述中提出了自己的表达。详见陈支平《清末民间抗粮与乡族势力》，《厦门大学学报》2006年第1期。

⑥ 近年来不管是孔飞力的《中华帝国晚期的叛乱与敌人》、魏斐德的《大门口的陌生人》、潘得强对华南社会民变的研究、柯文对义和团的研究还是定宜庄对淮北捻军的研究，均在区域社会考察基础上重新解释了这些民间动乱。

⑦ 王日根：《明清民间社会的秩序》，绪论，岳麓书社2003年版，第5页。

制定的里甲制与赋役制度在一个地区实际施行的情况,以及在历史发展中发生的演变,考察了王朝制度与现实的社会变迁、经济发展、文化演变过程互相影响和互相制约的关系。在研究中,致力于"制度演变与社会变迁之间的对话和互动过程"的研究①,以一种实证研究说明了清代中叶以后基层组织在国家权威系统中寻求缝隙的重要缘由,特别是研究了里甲向图甲转变时造成的基层空间控制的变化。张研与牛贯杰则以安徽省为个案,从统治结构与社会结构进行区域社会史的研究,提出了所谓的"双重统治格局"。② 这些研究成果涉及面广泛,材料丰富,而基层社会的行政设置与管理形式、社会结构与组织形式、地方共同体等成了主要的关注点。

以法律社会的角度来探讨明清社会秩序研究也日渐盛行。梁治平等在清代习惯法考察基础上分析了国家与社会关系③,黄宗智的研究也很突出。④ 近年来,此块实证研究渐多,典型者如张小也系列研究,成果在其著作《官、民与法:明清国家与基层社会》⑤ 中有集中体现。不管是漕讼体现的法律与社会,还是"湖案""争坟山"及清代户绝财产的争夺案分析,作者的落脚点是从中看其体现出来的法律与社会关系,探讨了区域基层社会问题。其中,作者的历史人类学方法应用也值得一提。

以人类学的视角探讨区域社会,分析明清地方社会秩序变动,在华南、华北一批学者研究中尤为突出。典型者体现为社区研究,对基层社会中有象征意义的组织,如宗族、庙祀、仪式的研究,关注国家渗透的同时也关注地方如何反抗。还有村落研究,如费孝通对市镇的关注,吴

---

① 刘志伟:《在国家与社会之间——明清广东里赋役制度研究》,中山大学出版社1997年版,第7页。

② 该"双重统治模式"主要概括如下:中国传统上实行的是"国"与"家"的双重统治,即上层政权与基层社会实体组织的双重统治。在幅员辽阔、人口众多的中国,国家所属下的中央集权制的政权机构或官僚行政机构的实际状态极为粗放,而"家"含义下的基层社会的家庭、家族、乡族等组织系列在行政、司法、经济生活及精神生活等各方面成为国家政权的有利补充。详见张研、牛贯杰《十九世纪中期中国双重统治格局的演变》,中国人民大学出版社2002年版,第17页。

③ 梁治平等:《清代习惯法:社会与国家》,中国政法大学出版社1996年版。

④ 黄宗智:《清代的法律、社会与文化:民法的表达与实践》,上海书店出版社2007年版;《法典、习俗与司法实践:清代与民国的比较》,上海书店出版社2007年版。

⑤ 张小也:《官、民与法:明清国家与基层社会》,中华书局2007年版。

文藻对乡村的关注，等等。宗族研究则因其重要代表意义被称为社会史研究的"戏眼"，学界关注更多。如郑振满对福建的宗族研究，形成的"庶民化宗族"理论①，被杨念群称为费孝通"社会组织双轨制"的以福建为具体场域的实证研究。② 其目前与丁荷生合作对福建莆田的地域社会考察，区域社会的视角也很突出。柯大卫与刘志伟③的人类学方法运用，将故事放于地方社会解读，使谱牒重现生机，解释了宗族的社会意义。此外，陈春声对潮州动乱的研究，也将其放于地方社会中考察，看其对地方社会秩序变动的影响。④ 以上诸多成果均是从区域社会入手，在宗族或者庙宇等切入口选择下，通过具体实证研究看其中所体现出的研究实体变化对地方社会秩序变动的影响。

除此之外，江南以及全国其他各区域的研究中，大量成果涉及地方社会秩序的问题，此不一一述及，缺漏之处，尚望学者们见谅。

总体而言，自20世纪以来，学术界从制度史、经济史层面对清代漕运问题做了大量的研究工作，并逐渐地拓展到通过漕运问题审视国家与地方的关系、地方社会秩序以及社会结构与社会变迁等问题，推动清代漕运的研究不断向纵深发展。当然，清代漕运的研究尚有较大的拓展空间，诸如漕运系统中各参与人员的群体研究，漕运事务与各区域社会的互动关系，漕运运行中中央与地方的关系以及各地方之间的协济关系，漕赋与地丁银等的关联，漕运对于地方及民间社会的影响，等等。

三　概念与理论方法

本书在总体上将清代漕运视为国家事务的视角下，力图揭示漕运在

---

① 郑振满考察了儒家庶民化过程对家族支配能力的影响，通过家族组织、户籍管理与赋税征收的研究表明明清专制集权高度发展只是官僚政治的一种表象，专制集权以基层社会自治为代价。郑振满：《明清福建宗族组织与社会变迁》，湖南教育出版社1992年版。
② 杨念群：《中层理论：东西方思想会通下的中国史研究》，江西教育出版社2007年版，第174页。
③ 刘志伟、柯大卫：《宗族与地方社会的国家认同：明清华南地区宗族发展的意识形态基础》，《历史研究》2000年第3期。
④ 陈春声：《"正统"神明地方化与地域社会的建构》，《韩山师范学院学报》2003年第2期；《乡村故事与社区历史的建构》，《历史研究》2003年第5期；《正统性、地方化与文化的创制》，《史学月刊》2001年第1期。

地方社会的运行中，对于地方社会的影响。全书从两条路径推进：一是针对国家漕运事务中的征、运、储等重要环节在地方社会的运行，探讨其对于地方社会的意义；二是通过漕粮征派在地方社会的执行所引发的"闹漕"等重大事件与社会运动，挖掘其对于地方社会秩序的影响。

作为国家事务，漕运是一个十分复杂的系统，包括征收、仓储、运输等一系列环节与过程。漕粮征运在地方社会的落实中，往往需要政府进行多层次、多方面的调节和控制，一方面，保证漕运任务的正常完成，另一方面，利用漕粮进行社会制衡，其方法、手段包括诸如蠲（免）缓（征）改折、截留拨运、平粜赈济，以及仓储漕粮等，漕粮的征运是核心。这些方法、手段的致因多有不同，效果也多有别，目的只是进行社会调控和稳定地方社会秩序。当然，国家事务因此更趋复杂，无形中也扩大了漕运的社会触面。

"闹漕"及其关联问题将是本书着力探讨的问题。"闹漕"在清代漕运史料中经常被提及，之所以要对"闹漕"重新界定，一则基于"闹漕"问题研究的重要性；二则"闹漕"概念的内涵应该明确，一直以来，学术界混用"抗漕""抗粮""闹漕"等概念，应该加以区分。

首先，抗漕与抗粮。抗漕乃拒绝缴纳漕粮，而抗粮则是拒绝缴纳税粮，抗粮内涵远大于抗漕，史料文献通常将抗粮囊括抗漕，给研究制造了不少难题。

其次，闹漕与抗漕。"闹漕"与"抗漕"均指拒绝缴纳漕粮，问题在于：一提起抗漕或闹漕，人们的意识往往是民众与官府的公开对抗，然而，民众拒绝缴纳漕粮的方式并非只有"公开集体反抗"；相反，这种方式只有在矛盾激化到一定程度才会出现。暴力反抗之外，民众如何表达对漕粮征派的不满？史料中的逋欠、逃亡，掺和坏米交兑，绅衿包揽，小民诡寄等皆为民众拒绝缴纳漕粮的多种方式，此类"闹漕"现象多被忽视。本书从漕控、个人日常反抗与集体公开闹漕解读"闹漕"。

之所以选择"闹漕"为基本概念，是因为词义解释上，"闹"比"抗"更符合论证要求，"闹"不仅包括"扰乱""拒绝"的意思，更有"弄、搞"等含义。① 绅民的逃亡、丑米掺和、包揽、诡寄等交粮行为与现象，即体现了漕粮上纳过程中"搞小动作"的成分，用"闹漕"表示更为贴近。所以，"闹漕"一词更贴近本书研究的民众拒绝缴纳漕粮的内涵与外延。

"闹漕"，作为清代漕粮征派环节出现问题的表现，不仅显示了漕粮征派在清代地方社会的运行状况，而且反映了地方社会的政治、经济与社会问题。作为一种群发性事件，闹漕反映了地方社会问题，打破地方社会的秩序格局。本书将以清代闹漕案件为中心，通过厘清闹漕案件的参与成分、参与者的动机与方式，分析闹漕引发的社会问题，国家与社会的应对策略，以及官、绅、民的角色互动，从一个新的视角探讨国家事务对基层社会秩序变动的影响。

清代闹漕具有明显的阶段性特征与地域性差异，而清代漕运的制度缺陷及各群体形式各异的私利追求，导致了州县官、地方势力与民众三大主体闹漕动机的差异。其中地方州县的办漕态度与漕案发展直接相关；地方势力参与漕案有两种截然相反的动因：一是维护群体正当利益，二是侵漕渔利；民众的生活状态与闹漕兴起紧密相关。

不同形式的闹漕动机，影响了社会群体闹漕方式的选择。清代闹漕包括漕控、个人日常反抗以及集体公开闹漕三种形式，无论哪种形式，都不同程度地展现出地方州县、绅衿与民众之间的利益纠葛与角色互动。在漕控中，官、绅、民在法律与社会不同理解上进行利益争夺；在个人日常反抗中，绅民反抗技巧的把握与对官府办事模式的熟稔不断影响着三方的合作与冲突；集体公开闹漕是官、绅、民矛盾的总爆发，群体间的利益纠葛与角色互动最为充分。

就闹漕的结果而言，漕控、个人日常反抗与集体公开闹漕虽然对地方社会破坏力度各异，但对清代地方社会秩序均造成了影响。闹漕不仅影响了地方社会漕粮征派活动的推行，也造成地方权力阶层人员的调

---

① 在古汉语词典中，"抗"有如下几种解释：(1) 抵御、抵抗。(2) 匹敌、相当。(3) 违抗、不顺从。(4) 举。(5) 通"亢"，高；而在《现代汉语词典》中，解释如下：(1) 抵达，抵挡。(2) 拒绝，抗拒。(3) 对等。在古汉语词典中，"闹"的解释如下：(1) 喧闹、扰乱。(2) 浓，盛。(3) 热闹；而在《现代汉语词典》中，解释如下：(1) 喧哗，不安静。(2) 吵，扰乱。(3) 发泄（感情）。(4) 害（病）。(5) 弄，干，搞。(6) 开玩笑。

整,影响地方社会政治秩序,导致官、绅、民生活秩序的紊乱。为了减少闹漕,清廷与地方政府不断进行制度调整,但就效果而言,毁誉参半的制度调整终难遏制闹漕事态的发展。

闹漕不仅影响了地方社会秩序,更体现了地方社会治理的诸多问题。民间信仰,一方面给绅民侵漕提供了方便,另一方面也约束了漕务人员的不法侵漕行为;怀有强烈畛域之见的地方政府之间的合作,使闹漕难以平息。除此之外,地方官在漕粮征派中自主权的有限也使其难以应对漕粮征派环节的突发问题,常常处理失当。

当然,清代闹漕在冲击了地方社会秩序的同时,也给地方社会秩序的调整提供了有利契机。

在闹漕问题的研究中,本书受到了以下理论与方法的启示,并在一定程度上加以运用。

其一,斯科特的"农民的道义经济学"与"弱者的武器"。① 农民道义经济学、马克思主义理论及市场经济下的小农研究理论是目前小农经济研究的三种主要方法,三者分析各有侧重点。斯科特道义经济学启示我们分析民众反抗时,注意到民众承受力的考虑。

另外,斯科特在马来西亚农民反抗日常形式②探究过程中,论及的"弱者的武器"。作者认为,这些"弱者的武器"避免了公开反抗的集体风险,却显"坚定"与"强韧",是种有效的"自卫性消耗战"。本书"个人日常反抗"的分析便是在这一理论背景下展开的。不过,书中不以"弱者的武器"定义绅民日常反抗,因为清代漕粮征派过程中的丑米掗交、绅衿包漕等方式隐约可见绅民"主动侵蚀"成分,这在一定程度上拓展了斯科特笔下的"弱者的武器",故以"个人日常反抗"名词加以涵盖。

其二,历史人类学与个案分析。关于历史人类学,学者更倾向于将它看作一种新的视角与方法。有学者认为,最直接的意义上可以说"历史人类学借鉴了人类学的学科特点,它的研究对象往往是一个区域社会,把研究对象视为具有内在联系的整体,强调在历史的情境中理解

---

① 《小农的道义经济:东南亚的叛乱和生计维持》,译林出版社2001年版;《弱者的武器》,译林出版社2007年版。
② 如偷懒、装糊涂、开小差、假装顺从、偷盗、装傻卖呆、诽谤、纵火、暗中破坏等。

传统社会"。① 据此，历史人类学下的闹漕研究不仅需要注重民间文献的搜集与整理，也应注重区域社会考察，将关注重点放在区域内部与区域社会间的比较研究。

另外，个案分析不仅要求典型个案的收集、整理，更应致力于微观角度的实证性研究，将个案置于地方社会大背景中，在实证性考察中体会地方性事件对基层社会秩序变动的影响。

四　思路、观点与创新

本书的主要思路与核心观点如下：

其一，漕粮征派是中国古代国家利益的集中体现，也是国家在地方社会的权力代表，作为一项重要的国家事务，清代漕运具有绝不可替代的特性；作为一项重大的国家事务，漕运所体现出来的特性，既是其政治地位的有效保障，也是其不断影响地方社会、扰乱地方社会秩序的主要因素。

其二，漕粮征派对于基层社会政治、经济、生活秩序都有着广泛而直接的影响，朝廷、地方政府和官员、地方势力以及民众，站在不同的立场，采取不同的应对方式，形成错综复杂的相互关系，最终影响地方社会秩序变动，引发各种社会问题。

其三，漕粮征派是国家直接伸入地方的触角，具有很强的象征意义和实际操作意义，但士绅和家族等地方权势阶层和组织渗透颇深，而纳粮民众虽处于被动从属地位，但经常会采取各种应对举动；地方权势阶层和组织与纳粮民众构成既一致又对立的复杂关系。

其四，漕粮征派是考察国家与社会互动关系的一个很好的视点，国家与社会的互动关系在这个环节上有着十分集中而丰富的体现，与其他视点相比，具有代表性和典型意义。

其五，通过漕粮征派考察清代社会秩序的建构和社会格局的形成，探讨国家与社会的关系、国家事务如何在地方社会贯彻，具有一定的现

---

① 张小也：《史料·方法·理论：历史人类学视野下的"钟九闹漕"》，《河北学刊》2004年第6期。

实意义。

本书力图形成的学术特色与确立的学术建树在于，从社会史的视角，将清代漕运定位为一项重要而特殊的国家事务，认为漕运的政治意义远大于经济意义，引发出的问题主要是社会问题，而不仅是经济问题。自朝廷下达漕运（尤其是漕粮征派）之后，即对地方社会产生巨大而持久的影响，由于漕粮征派自上而下的运行程式以及自下而上的权利递减效应，导致了地方社会在漕粮征派中构起了种种复杂的利益关系与纠葛，而底层民众成为国家事务重负以及所有权力纷争的承受者。国家事务及其在地方社会运行中形成的权力关系问题是诸多社会问题的燃点，本书以"闹漕"为基点，对于漕粮征派引发的地方社会运动进行全面探讨。

本书在研究的过程中，竭力从以下几个方面达到内容与方法的创新：第一，与以往把漕运置于制度史或经济史的视角下考察不同，本书将漕运视为清代的重大国家事务之一，着重考察征漕这一国家事务在地方社会的执行情况及其所引发的社会问题；第二，以闹漕为基点，全面考察了清代征漕在各地引起的社会反抗运动，并透视国家与社会的关系状态；第三，在诸多问题分析中的观点创新，诸如对于漕运事务特性的认识，对于地方社会冲突、无序状态控制的认识等；第四，运用多学科的理论与方法进行具体问题的研究，诸如历史人类学、法律社会史、斯科特的"农民的道义经济学"等；第五，全方位运用文献资料，尤其是查阅了各有漕省府州县的大部分地方志书。

五　研究分工说明

该项研究依据国家社会科学基金项目"清代漕粮征派与地方社会秩序"的论证框架。立项伊始，围绕项目负责人吴琦一直以来的研究和项目论证中的主要思路、框架、观点，展开研究工作的分工，主要针对漕粮征派事务及其关联的地方社会秩序两大部分分头查阅史料，《户部漕运全书》《清会典事例》等主干文献每人均全面阅读，而有漕八省的地方志书则分头阅读，然后再进行材料交流与共享。肖丽红、杨露春等将项目的研究与学位论文结合起来，其研究既有在吴琦早先研究成果基础之上的推进，又有独立的思考。在项目研究与文稿的撰写过程中，先后又有王玲、何晨的加入，与课题组成员共同研讨、分头撰文，成果之中史料共享、观点互有渗透，相互合作，形成一个整体，最后由吴琦架构、整理、统稿。文稿的具体分工情况如下：上编：第一章：吴琦；第二章：吴琦和何晨；第三章和第四章：吴琦、杨露春和王玲；第五章和六章及附录：吴琦和杨露春。下编：第七章和第十一章：肖丽红；第八章、第九章和第十章：吴琦和肖丽红。

上 编

第一章　清代漕粮征派体系

作为"天庾正供"的清代漕粮，以其高度的政治意味在整个财税体系中一直保有着特殊性，即便在晚明以降钱粮徭役普遍征银的大趋势下，漕粮也依然征实，征收方式也远比一般田赋复杂。为了保证巨额漕粮按量按时完成，清代政府势必要创立一种严密且成熟的制度规范漕粮的征收。在继承明代漕粮制度与自我完善的基础之上，清代政府制定了详细的漕粮征收制度和完备的漕粮征运体系。

一　清初漕运的恢复

从入主北京到收复台湾，清代政府着力于统一全国、巩固政权，为收揽民心、稳定秩序而不得不推行优于前明的赋税政策，对漕运制度也随之进行了一系列的整顿修改，以期树立一个"轻徭薄赋"的新政权形象。基于这种企图，清代政府在入主北京后不久便开始在明代万历间赋税原额的基础上大力剔除赋税加派。与此同时，在政治军事形势严峻的大背景下，在逐渐恢复赋税征收的同时，清代政府通过多种手段集中财力全力支持统一战争。

伴随着农业生产的恢复，清代漕运制度开始了全面重建的进程。

就全国范围而言，太湖流域虽受战争影响农业经济有所破坏，但其整体水平仍居前列，尤为国家财政所倚重，所以，漕粮改制的第一步便落在了此区域。顺治二年，兵部侍郎金之俊鉴于动乱之后，"南粟不达京师，以致北地之米价日腾"，提议"弹压地方，度理运务"。他认为，"俟金陵底定，酌留之余，悉转太仓"，则"市价自减"。①

---

① 《清世祖实录》卷十六，顺治二年五月庚寅。

相比于江浙地区的较快恢复，久经战乱的湖北、安徽、河南等省情形则相对滞后，湖南、江西等省尚处于战争状态。在极端困难的条件下，清王朝在征漕方面采取了变通办法：凡清军已到但战争仍未完全停止的地方，漕粮免征一半；战争已经停止，秩序逐渐稳定之处减征三分之一，谓之"恩免"。如由于江西、安徽局部战争此起彼伏，交战之地人民逃徙，土地荒芜，漕粮难以按旧制征收，各地仅派征原额漕粮的一半运抵京师。

但是，由于战事的持续，各地多驻有军队，所征漕粮遂多被截留，漕赋成为济军协恤的重要物资，如浙江海盐、归安及安徽桐城等州县所收漕粮，大部分留作地方军饷。顺治六年，为了接济汉中兵饷，"江南（漕粮）截运三十万"。① 同年，户部题准，筹办改折白粮、耗米、春办米、夫船贴役银等项共银"三十五万二千四十七两二厘五毫"，总漕、江南总督、江宁巡抚等檄行所属，照改折数目，"务于年终全完，解交布政司，次年正月即差官解送广东布政司，支放靖南、平南二王官兵廪饷"。② 顺治十七年六月，户部题准，因"钱粮不敷，兵饷缺额，请将十八年起运十七年分江南、浙江、江西三省漕粮，改折一百万石"。③ 顺治十八年五月户部又题准："今查兵饷不敷支用，关系重大。……请将来年起运今年漕粮，照十七年之例，江南、浙江、江西三省改折一百万石，或拨兵饷，或令解京。"④ 顺治十七年、十八年两年的漕粮，各改折一百万石，也主要拨充兵饷。

此外，虽然政府已经尽力施行漕粮减免的政策，漕运征收的稳定运行也初见成效。但清朝初年，有的地区战争仍在延续，人民逃徙，土地荒废，恢复全漕极为困难。例如，南方的情况，有如顺治三年监察御史刘明偀所奏：

> 窃照国家全赋出于东南，至沃饶也。迩来数年兵荒，民不聊

---

① 《军机处录副奏折》，顺治六年五月二十二日，户部尚书巴哈纳奏，中国第一历史档案馆馆藏。
② 《军机处录副奏折》，顺治六年六月三日，户部尚书巴哈纳奏，中国第一历史档案馆馆藏。
③ 《漕运全书》卷二《漕粮原额·历年成案》。
④ 同上。

生，非一日矣。幸我大清定鼎，招抚流移，拯民水火，百姓渐有生人之乐。无奈数月之内，土贼勃发，所在皆是。引颈望归之民，不为所协，即为所残，攻城破邑，屡见告矣，况乡村乎！是以民即有乐输之心，而苦于梗塞，官即有急公之念，而苦于逃亡。不知几费心力，始定征收之局。乃收者无几，而截留者屡见。①

至顺治后半期，清朝统治大体趋于稳定，农业生产恢复并呈现发展。因此政府开始有计划、分区域地逐步恢复漕粮的征派。

以江西为例，清廷额定江西每年运输至京师的漕粮数额延续前明旧制，为正兑米四十万石，改兑米十七万石，共计五十七万石，仅次于江苏、浙江，居全国第三位，正所谓"天下财赋，惟江南、浙江、江西为重"。②

同样是受了战争的影响，湖广地区被纳入有计划、有组织的漕运活动是康熙九年才开始的。在清初的统一战争中，湖广地区负担了沉重的兵饷，所谓"楚属伏莽未靖，师旅繁兴，岁支月米"。③尤其是湖南，在"尚尔逆据"的情形下，并未减轻纳饷的负担。此时，湖广仅武昌、汉阳、黄州、安陆和德安五府为有漕府，而五府各卫所船只屡被"兵贼烧掳"，所存十不及一，各水次所设仓厫皆遭焚毁，"船粮起运俱难拘定派单之数"。④因此，湖广漕粮难以起征，更无法兑运。湖广漕粮大半留下充作兵饷。史载："年来漕、南二粮并留供亿，每苦不敷。"⑤与此同时，清政府并未完全免去湖广漕粮的北运，只是漕运规模不大，仅限于湖北数州县，如顺治四年，兑运江夏等十三州县漕粮三万六百四石三斗六升六合。这一时期，湖广北运漕粮不多，而且是间或性的。康熙九年，清王朝认为，已无须从湖广大量征集兵饷，便开始恢复湖广地区正常的漕事活动。

各有漕省份根据战争形势以及社会经济的恢复情况，先后进入正常

---

① 《军机处录副奏折》，顺治三年正月，监察御史刘明俟奏，中国第一历史档案馆馆藏。
② 《清史稿》卷一百二十一《食货志二·赋役仓库》。
③ 罗绣锦：《请留漕米以济军需》，《顺治朝户部题本》，顺治八年七月十三日，中国第一历史档案馆藏。
④ 同上。
⑤ 高士俊：《运粮储事》，《顺治朝户部题本》，顺治四年二月二十四日，中国第一历史档案馆藏。

的漕粮征派轨道中。与此同时,漕运制度的建设同步进行。

二 清代漕运的定制与组织

清代建国伊始,为了满足京城皇室以及官僚、军队的食粮需要,承袭了前代的漕粮征调制度。清制规定:每年征调进京漕粮大约400万石,分别从当时的山东、河南、安徽、江苏、浙江、江西、湖南及湖北八省征派。各省漕粮的征收由当地官吏负责,漕粮运输则由漕运总督衙门指挥下的运丁队伍承担。漕粮最终运抵北京、通州两地太仓,入库及保管事项由仓场衙门负责。

(一)漕粮数额及款项

漕赋一年额征多少?顺治六年十月十二日漕运总督吴惟华疏称:

> 岁漕四百万石,内除永折粮三十三万七千四百九十七石零,实该本色粮三百六十七万二千五百余石。①

文中说的"岁漕四百万石",是规定的每年额征正粮,也就是说,这是朝廷每年要实得的数额(其中有永折粮33万多石也是归朝廷所有)。这些漕粮北运到京、通各仓,还有一定的耗粮、漕费等项。

漕粮有正米和耗米之分。正米是按田地科则征收的正项漕粮,有漕各省共征收400万石。其中运贮北京仓库的叫正兑米,运贮通州仓库的叫改兑米。各省正、改兑米米额如表1-1所示。

耗米是在征收正米的同时,根据各省距京城、通州的远近而额外征收的米额。每起运本色正粮一石,就要加耗粮三斗、四斗不等。耗米又分成两个部分,一部分随正粮交仓,为正折耗米;另一部分为运丁沿途耗费。耗米除米额外,还会征收银两,如轻赍征收时即折收银两,解交仓场通济仓,有的解交户部,作为办理漕务开支。各地轻赍所占比重多寡视路途远近而定,道路越远,运粮开支越大,向粮户征收的轻赍银额越重。

---

① 《漕运全书》卷二《漕粮原额·历年成案》。

表 1-1　　　　　　清代各省漕粮正兑、改兑米额统计　　　　　　单位：石

省别	正兑米	改兑米	总计
江南	1500000	294400	1794400
浙江	600000	30000	630000
江西	400000	170000	570000
湖广	250000		250000
山东	280000	95000	375000
河南	270000	110000	380000
总计	3300000	700000	4000000

资料来源：康熙《大清会典》卷二十六，（台北）文海出版社1990年版。

此外，各地区的征粮类别也有规定：江南江宁、安庆等十六府州征收粳糯粟米；苏、松、常、镇、太五府征收粳米和糯米，但以粳米为主；浙江杭、嘉、湖三府征收粳米和籼米；江西、湖北、湖南等省征收稻米兼收糯米；山东、河南两省征收粟米和麦豆。

除上述漕粮正、耗以及其他款项之外，还有白粮一项。"漕粮之外，江苏苏、松、常三府，太仓一州，浙江嘉、湖两府，岁输糯米于内务府，以供上用及百官廪禄之需，谓之白粮"。① 关于白粮的额征，据顺治六年六月初三户部尚书巴哈纳为酌议改折白粮的题本，白粮数额为正米、耗米以及春办耗米、船夫米数量之和，共计三十七万三千四百六十四石零，同时征银一十四万三千五百九十六两零，此外尚有"私帮无名诸费"。②

由此看来，漕赋的数额应该是漕粮与白粮之和。

此外，清代漕运尚有各种名目的附加税，这些附加税的数额依然巨大。

如芦席税，无论正兑改兑漕粮，每米一石征芦席一张，全漕四百万石需要征席二百万张。征折色每席折银一分，随正漕解交通济仓，作为购买用具屯储漕粮之需。

江南、浙江、江西、湖广等省，正兑米石都征收楞木松板，每正米

---

① 《清史稿》卷一百二十二《食货三·漕运》。
② 同上。

二千石征楞木一根、松板九片。所有木板征收三成本色，七成折色。

月粮，运丁出运例给行、月二粮，其中月粮一项，无论有无漕粮，普征于有漕八省各县卫所。而行粮一项，因军丁运粮，因而向有漕田亩征派。如浙江省宁波、台州、温州、嘉兴、杭州等各卫军丁，都负有运漕粮的责任，各军丁月粮都由上述府州征派；浙江仅有杭州、嘉兴、湖州三府征派漕粮，各军丁行粮则由此三府随漕派征。

漕项钱粮，由有漕州县征解各省粮道库，再由粮道按定额分别处置，或直接交付运军，或上交中央，作为办漕经费。

漕粮赠贴，专供运军长途运输盘剥等项开支。此项赠贴有的交银，有的给米，又称"赠贴银米"。赠贴各省名目不同，江南为"漕赠"，浙江为"漕截"，山东、河南为"润耗"，江西、湖广为"贴运"。①

漕耗银米，此项银米分别作为津贴运军充兑粮杂费和征漕办公用项。漕耗银米按石征收，各省征收不同，或收银钱，或收银米。漕耗银米数目有逐渐增加趋势，如浙江杭州、湖州二府属州县漕耗，在乾隆十六年由每石八至二十文之外，另加收制钱二十文。②

水脚银，距离省府所在地遥远且运粮困难的州县，特别征收水脚钱，作为雇用舟车的运费。同时，水次距离仓廒遥远的地方，自仓运至舟船，费用较大，另按石加收费用。

以上各项附加税及其数额是朝廷规定之下征收的，在不同的时空背景下，还有不少未能尽列，诸如"此外有补润、加赠、淋尖、饭食等米，又有踢解、稳跳、倒笋、舱垫等银，在旗丁则有行月，在船只则需修理、打造，在起纳则多轻赍、席板"。③ 当然，在漕粮的征运中，粮户实际所出还远不止此，正所谓"衙役之需诈与粮里之藉端科扰，水次之挑盘脚价，犹不与焉"。④ 尤其是嘉道之后，各种加耗逐渐增加，漕弊日益严重。各种势力均以征漕为利途，借机苛征，致使粮户完漕一石，须交纳三四石方能全完⑤，漕粮变为粮户一种沉重的负担。

以上述材料为基础，计算清代漕运成本，大致可以得到如下数据：

---

① 光绪《户部漕运全书》卷九《征收事例·随漕杂款》。
② 同上。
③ 《漕运全书》卷二《漕粮原额·历年成案》。
④ 同上。
⑤ 光绪《户部漕运全书》卷八十一《侵盗折干》。

朝廷每年漕运400万石漕粮，公私就要耗费粮食600万石，或是640万石，银200万两，或是280万两。两者相加，为了保证400万石漕粮运抵京城，每年所需漕粮以及其他耗费共计粮1000万—1040万石、银200万—280万两。

漕运的成本是巨大的，为了保证南粮每年正常北运至京，清廷很少计较成本。

（二）漕运机构及参与的基层组织

为了保证漕粮的征派与运输，清王朝在明代漕运制度的基础上，自上而下设计了一套完整的管理与执行机构。就其职掌划分，大致可以分为监督和巡查官员、征收监兑官员、押运官员、领运官员、催运官员和漕仓监收官员六类。

1. 监督和巡查官员

清廷在淮安设置漕运总督，总管各级漕运官员，所有大小漕运事务都由其总理。与此同时，清廷在有漕八省分设粮道官员，总理各省的粮食储备，监查一省漕粮的征收和起运。江安粮道驻扎在江宁，苏松粮道在常熟，山东粮道在德州，河南以开、归道兼理，江西、浙江、湖南、湖北四省粮道则在省城。[①] 负责巡查漕运的是巡漕御史，顺治初年始设两名，雍正时期增至四名，乾隆时期对四名巡漕御史作了具体分工。巡漕御史对漕运中的一切事宜进行巡游查访，暗查不法行为。[②] 河道总督，其职责是监督沿河文武官员，修筑堤岸，保护运道，同时催运漕船。此外，各省巡抚总揽各省漕粮征收任务，督催省内按时完纳漕粮，并交兑开船，同时负责监督地方漕粮征收，严惩不法人员和查禁漕粮征收中的弊端。

2. 征收监兑官员

清代，征收漕粮事宜由各州县正官负责。同时为了避免漕粮征收中浮收和勒折，清廷规定州县官要坐仓监守，严守漕粮征收。州县官如外出，须委派佐贰官监收。清代地方州县，分多个地方征收漕粮，如果州县官一个人无法完成监督任务，也派出书吏代收，但必须派官署内亲戚

---

① 光绪《户部漕运全书》卷二十二《分省漕司》。
② 光绪《户部漕运全书》卷二十一《监临官制》。

家人坐仓看守，以防弊端。①

州县漕粮交兑上船后，由各府派同知或通判监兑。监兑官员负责监督漕粮米色、兑运速度，同时监兑官员还须监督运丁、胥吏，严防不法行为。②

3. 押运、领运和催运官员

押运主要由各省粮道主管，由于粮道总理各省粮食储备，任务繁重，因而各省又设置押运通判，山东、河南、湖北、湖南四省各设置1人，江西2人，浙江3人，江南7人。③清代运输漕粮主要由各地卫所负责，领运由各卫所守备和千总负责。卫所运输漕粮北上，船数十只编为一帮，全国共编为121帮，每帮设置领运守备或千总1—2人，全面负责领运事务。④催运官主要负责督催各地方漕船如期开运北上，以防拖延。催运官不是固定官员，漕运、河道两总督、巡漕御史，以及有漕八省巡抚都兼有催运漕船的任务。沿运河道各重要地段都设置催运官员，沿运河道各州县知州和知县，同样负责管辖区域内的漕粮催运事宜。清代漕船开行，船只在各河段行驶里数、日数等，都有严格规定。各催运官员负责督催船只按规定运输，不得延误。漕船如有延误，则会受惩罚。⑤

4. 监收和漕仓官员

清代，漕粮运抵京、通，兑收入仓，手续纷繁复杂，涉及官员众多。仓场设总督2名，满汉各1人，以户部侍郎担任。仓场总督权力极大，各省粮道和沿运河道地方文武官员，都受仓场总督管辖，同时监督各帮漕船完欠情况和各省漕粮完欠情况。⑥坐粮厅官2人，满汉各1人，以科道部郎等官充任。坐粮厅官员主要负责京通地区运河河道情况，催运漕船完纳，同时督察通济仓漕项银两的收支。⑦大通桥监督2人，满汉各1人。其职责主要是经管漕粮米石，抽验质量，核定数目，并督促

---

① 光绪《户部漕运全书》卷二十二《分省漕司》。
② 光绪《户部漕运全书》卷二十一《监兑粮官》。
③ 光绪《户部漕运全书》卷二十三《押运各官》。
④ 光绪《户部漕运全书》卷二十五《领随职掌》。
⑤ 光绪《户部漕运全书》卷二十一《监兑官制》。
⑥ 光绪《户部漕运全书》卷五十一《仓场职掌》。
⑦ 光绪《户部漕运全书》卷五十一《京通各差》。

车户分运漕粮至各仓库。①京通共有15仓，每仓设监督2人，满汉各1人，职务是监管仓库，巡查防弊。②

此外，巨额漕粮的征收除去中央机构的监管与督促之外，更不能缺少基层组织的动员与代征。清代基层负责漕粮征收的实质性组织是里甲和保甲。

顺治元年，为维护社会稳定建立了保甲制度。顺治四年之后，为了"因田定赋，计丁授役"③又重新确立了里甲制。雍正以前，里甲制度主要行使赋役征收和徭役派遣的职能，"防丁口之脱漏，保赋役之平均"④，保甲制则主要维护社会治安。雍正之后，随着"摊丁入亩"改革的深入进行，里甲制逐渐丧失了存在的社会基础，保甲制从此成为清朝的基层组织，行使治安和征收赋税的双重职能。

清代漕粮在基层的征派方式与成效随清朝这种基层组织的变革也相应地发生变化。在里甲制尚未废除之前，由于没有像明初期那样严格地清查户口人数，加之里甲大多数是在明朝的基础上增补调整而成，长此以往弊端重生，如有些州县"虽有里甲之名，其实多寡不一。多者每里或五六百顷，或三四百顷，少者每里止一二百顷，甚或数十顷以至寥寥数顷者"。⑤而漕粮等田赋与里甲正役杂差杂役按里甲摊派，里甲制度中的这种田产多少不等，人户多寡不齐，必然造成赋役不均。

为了保障漕粮的正常征收，维护里甲组织的正常运转，康熙初年开始推行均田均役法。康熙元年，江苏苏、松两府，首先"行均田均役之法"。⑥江苏巡抚韩世琦下令江苏所属各县"统计合邑田亩若干，分配区图，逐里均平，将一应图外户名尽归入甲"⑦，所有里甲正役杂差杂役一律按田亩征派。松江府娄县知县李复兴，在康熙五年实行均田均役，在均田方面实行"均图之法"：

> 一县区图田额，多寡不齐，若一体承役，必致大小不均。兹蒙

---

① 光绪《户部漕运全书》卷五十一《仓场职掌》。
② 同上。
③ 雍正《大清会典》卷三十一《赋役一》。
④ 光绪《清会典事例》卷一百五十七《户部·户口·编审》。
⑤ 佟凤彩：《沿河民困四事疏》，贺长龄编：《皇朝经世文编》卷三十三《户政八》。
⑥ 《清朝文献通考》卷二十二《职役考二》。
⑦ 道光《苏州府志》卷十《田赋三·徭役》。

> 科究柯题定均图之法，先将该县田地通盘打算，均分若干图，每图应均准熟田若干亩。一图分立十甲，每甲应准熟田若干亩。无论绅衿役民，一并照田编甲，则田必入图，图无亏田，永杜偏枯之弊矣。①

把田亩平均分于各里甲。在均役方面，则根据"朝廷一体当差之旨，并入均图，照田编甲。钱粮则各自输纳，差徭则各自承应，既不偏枯，亦无牵累。夫役之均也，由于均田。逮田之均也，则并无役矣"。②在均田的基础上，根据田亩派徭役，使田无不役之人，成效明显。康熙十三年，江苏布政使慕天延奏准在江苏普遍实施均田均役③，他请求清廷将此法推行全国，从而使均田均役运动走向高潮。

在经过清政府长期的清查诡寄、隐漏丁户与田亩的努力之后，暂时性地将人户与土地置于里甲制度的控制之下，一度解决了赋役不均的现象，漕运征收也相应比较顺利。

但根源性的问题尚未解决，清初的赋役征收制度仍然是根据人丁和土地征收的。因此，人丁编审是确定和掌握漕粮钱役征派对象以及交税人丁的数据来源，它不仅是维护里甲制度的重要手段，也是漕粮征收制度中的关键所在。

但是，由于人丁编审与赋役征收结合在一起，为了逃避编丁，部分豪强绅衿与地方官员吏胥勾结起来利用优免权少纳漕粮赋役。另外，漕粮丁役偏重的南方省份，贫苦农民为了逃避漕粮丁役，又多投奔于缙绅门下，从而产生了"其本户之丁，即系绅衿供丁、乡绅供丁，多至数十名，青衿亦又十数丁者"，造成了"每有差徭，里递不敢派及；每遇编审，供丁名下即有应增新丁，户长总书亦不敢开报"④的弊端。如此一来，地主绅衿大肆兼并土地，进而逃避漕粮赋役，并将其转嫁到其他农户身上，造成"田归不役之家，役累无田之户"的局面。康熙初年，连向来富庶的山东黄县竟人丁逃亡过半，甚者"逃者十之九"，进而导

---

① 李复兴：《均田均役议》，贺长龄编：《皇朝经世文编》卷三十《户政五》。
② 同上。
③ 乾隆《娄县志》卷七《民赋志下·徭役》。
④ 黄六鸿：《福惠全书》卷九《编审部·总论》。

致"户绝则累甲,甲绝则累里"。①

至康熙末年人丁编审积弊丛生:丁口隐漏、虚报假冒、人丁逃亡。随着商品经济的发展,土地买卖频繁,人口流动也成为不可抑制的现象,以至于"四方之民朝东暮西,如鸟之飞,如鱼之游,流寓多于土著,是以生齿之数无从核实也"。②土地关系混乱复杂,人丁编审困难,漕额也随之混乱。里甲制的废除势在必行,漕粮在地方的征运问题亟待解决。乾隆五年,"停编审,以保甲丁额造报"。③作为漕粮赋役征收单位的里甲制在运行了三百多年以后,最终退出了历史舞台,其征派赋役的职能也为保甲制所取代。

虽自顺治初即颁布政令:"置各州县甲长、总甲之役。各府、州、县、卫所属乡村,十家置一甲长,百家置一总甲。"④但其推行并不顺利,雍正即位之初即抱怨:"弭盗之法,莫良于保甲。朕自御极以来,屡颁谕旨,必期实力奉行,乃地方官惮其繁难,视为故套,奉行不实,稽查不严。"⑤直至乾隆二十二年,国家颁布"更定保甲之法"⑥,从注重为国家提供漕粮赋税的"在籍"人户,转变为控制乡村中实际居住的人口,对乡村实行更直接、更严格和更有效的统治。保甲制随之完善,并被推及到清代地方的各个角落,并成为征收漕粮钱役的基层组织。

从上文不难看出,清代地方社会中承担"催办钱粮,勾摄公事"等诸多地方公务的组织,实际上,也是主要的地方行政组织,承担多种政府规定的职责。清朝赋役制度变革后,里甲组织崩溃,保甲组织兴起。乾隆以后的保甲已经不是原来意义上的保甲,演变成为取代里甲的基层组织,进而成为统治乡里、征收漕粮赋税的管理组织。

需要注意的是,清代社会基层还存在宗族、会社、会馆、市集等复杂的社会组织,学术界通常以"乡族组织"的概念称谓之。这些基层组织稳固而持久地控制着基层社会,而国家的赋税征收也通常依靠其运

---

① 康熙《济南府志》卷首《圣谕》。
② 康熙《钱塘县志》卷六《户口》。
③ 王庆云:《石渠余纪》卷三《纪停编审》。
④ 《清朝文献通考》卷二十一《职役考一》。
⑤ 《清世宗实录》卷四十三,雍正四年四月甲申。
⑥ 《清朝文献通考》卷十九《户口考一》。

作才能顺利地完成。其中，尤其是宗族组织在漕务中所起的作用至为明显。有些地方的宗族依据自身的条件与社会条件，置办漕业，通过设立共漕会等方式，将宗族的发展与漕务结合起来，既保证漕粮等的完纳，又推动宗族的建设，确立其在地方社会的地位。其实，在清代基层社会，这种组织于漕务更具有实态的意义。

三　清前中期漕粮征派方式

漕粮征派是漕运的重要组成部分，在清代两百年间，漕粮征派方式有一个历史的发展过程。特别是清前中期与晚清相比，尤其以太平天国运动为界，漕粮征派方式有一个较大的转变。最明显的区别是漕粮征派由坚持"征收本色"变为普遍"漕粮折征"。

漕粮改折，清前中期为朝廷特例，不是通例。改折分改征实物和折征银两。在清前中期，漕粮改折数量在额征漕粮中的比重很小，落实地区也只是在特定省份和州县。但像"民折官办"这种定例性折征办法的出现和不断推广，一定程度上也显示了漕粮普遍折征的大趋势。

同时，在坚持漕粮"例不蠲缓"的原则下，如遇水旱灾害，或彰显恩泽，朝廷还是会在漕粮征派的过程中，实行"蠲缓"和"临时改折"等临时性措施。

关于漕粮征派中"蠲缓改折"的内容，将在本书第三章有详细论述。

（一）漕粮征派方式

漕粮之征派，主要使用易知由单、串票两种征收工具。

所谓易知由单，其实就是政府用来催促纳税的一种通知单。在钱粮开征之前下发给粮户，以便能按期如数缴纳给政府。易知由单上开载的税收条目很多，包括地丁钱粮、漕粮漕项等，颇为繁杂。可能正鉴于此，乾隆七年规定："直省有漕各属，于隔岁年终，刊刻易知由单。将该户田地若干，应完地丁漕截若干，漕白米若干，其地丁加耗若干，白粮加耗若干，漕截加耗若干，如何均摊匀扣，于单内逐一注明，分给各该户照单完纳",① 以防州县在征派中舞弊。在清初《赋役全书》尚未编纂完成时,易知由单是州县征收漕粮和其他赋役最为重要的依据。编订易知由单的目的,不仅是为了让地方粮户明了所缴纳的漕粮和漕银等赋税定额,更主要的是防止官吏的苛征滥派。《赋役全书》完成后,其钱粮数目记载为定额的"应征",易知由单所载为实征数目。这样一来,易知由单的功能便与《赋役全书》区别开来,对农民具有有针对性的"通知"作用。在《赋役全书》颁布二十几年之后,易知由单却被取消了其作为全国性赋税工具的用途。《赋役全书》开始作为征收赋税的依据。康熙二十六年后,易知由单再也没有作为普遍通行的漕粮等赋税的征收工具在全国推行了。此后,易知由单仅作为部分省份的征收工具,在漕粮征派中使用。

串票,又称截票、粮串,是由各地官府发给纳税户(即花户)缴纳漕粮赋税的一种依据与凭证。串票是清代征收漕粮和漕项银的重要工具之一,最初施行是在顺治年间。具体而言,顺治九年题准:"各省漕粮,向系军民交兑,军强民弱,每多勒索。嗣后定为官收官兑,酌定赠贴银米,随漕征收,官为支给。民间交完粮米。即截给印串归农。"②可见,串票是百姓完漕的凭证。最初串票是二联串票,光绪《清会典事例》中记述:"(顺治十年)又议准截票之法。开列地丁钱粮数目,分为限期,用印钤盖,就印字中截票为两,一给纳户为凭,一留库柜存验。按图各置一册,每逢比较查验,有票者免催,未截者追比。"③可见,当时的串票仍为两联。二联串票实行到康熙年间,其弊端日渐显现。"不肖有司与奸胥通同作弊,藉名磨对稽查,将花户所纳之票强留不给,遂有已完作未完,多征作少征者。"④于是在康熙二十八年开始推行三联串票之法,"一存州县,一付差役应比,一付花户执照。嗣后征收钱粮豆米等项,均给三联票印,照数填写。如州县勒令不许填写,及无票付执者,许小民告发,以监守自盗例治罪"。⑤雍正八年在征漕事项上,对此加以重申:"州县征收粮米,豫将各里甲花户额数的名,

---

① 光绪《清会典事例》卷一百九十九《户部·漕运》。
② 同上。
③ 光绪《清会典事例》卷一百七十一《户部·田赋·催科》。
④ 黄六鸿:《福惠全书》卷六《钱谷部·催征》。
⑤ 光绪《清会典事例》卷一百七十一《田赋·催科·三连串票》。

填定连三版串,一给纳户执照,一发经承销册,一存州县校对。按户征收,对册完纳,即行截给归农。其未经截给者,印官摘户追比。若遇有粮无票,有票无粮,即系吏胥侵蚀,监禁严追。"① 此后,三联串票的形式在较长的时间里被采用,成为百姓完纳漕粮的主要依据和凭证。

清代,征收漕粮事宜最终落实在州县。州县官完成朝廷下达的征派任务,任何变通性做法,按规定都需要层层上奏获得朝廷批准,不得擅自做主。州县官的漕粮征派任务,包括两大部分。一是"本色漕粮",这是州县交兑运军的本色粮食,朝廷定有原额。二是"赠贴银米",也称"漕项",是漕粮征运的行政经费,其随漕征收,银米并征。

漕运事务具有高度政治性,朝廷试图深入地控制漕运的各个环节。在漕粮征派上,这种高度政治性的特征也有明显的体现。无论是"本色漕粮",还是"赠贴银米",朝廷对于其应当如何征派都有严格而细致的规定。

1. 漕粮征派及其调整

顺治初年,朝廷规制了漕粮征收的总体原则。具体来说,顺治九年,定漕粮"官收官兑"之制:

> 顺治九年题准,各省漕粮,向系军民交兑,军强民弱,每多勒索。嗣后定为官收官兑,酌定赠贴银米,随漕征收,官为支给。民间交完粮米。即截给印串归农。军民两不相见。一应浮费。概行革除。②

清朝初年,粮户缴纳漕粮,还是沿用明朝旧制。征粮时节,漕粮由粮户运输到码头,向运输漕粮的运丁直接交兑。交兑时军民相见的状况,由于军强民弱,容易导致运丁仗势欺人,以米色不好为借口,额外勒索。粮户往往不敢争执,只能顺从运丁的要求。为了解决这个问题,清廷定"官收官兑"之制,漕粮归州县征派,由州县兑交运军。

州县如何征收漕粮,在此不妨做一个全景描述。

漕粮征派的工作由州县官吏主持,他们被要求按时足额完成漕粮征

---

① 光绪《清会典事例》卷一百九十九《户部·漕运》。
② 同上。

收任务。由于征漕时任务重时间紧，客观上使得州县官无法面面俱到；为了防止拖欠和胥吏侵蚀的问题出现，征收之前由州县政府预先颁发易知由单，通告开仓日期，听民完纳。

民众完纳漕粮，方式是将粮食运送到指定仓廒交纳。州县设仓收粮，各地方法不同。设仓原则是漕粮多的地方按区图设仓收纳，漕粮少的到州县仓廒缴纳。各地最初是因地制宜，后来到乾隆时期朝廷根据各地经验，对仓廒的设置也有了明文规定。

粮户所完纳的漕米，其质量也有严格要求。一般来说，完漕以白粳为原则，米粒须干圆洁净。除非遇到水旱歉收的情形，或者发生因土质原因米色不纯的状况，可以预先奏报，得朝廷批准后，通融红白兼收，籼粳并纳。州县收米入仓，须随时晾晒。雨水失调之年，尤应风筛晾晒，保持米粒干洁，方能入仓保存。

粮户完纳漕粮，给串票为凭证。收漕事繁时，特设书吏，专司登记米数和掣给三联单串票等事。

在流程运行过程中，会出现很多问题，朝廷针对这些问题进行酌情调整，而这些调整，最后又会成为漕粮征派规定的一部分。可以说漕粮征派方式，其本身存在一个变化、发展过程。

漕粮征派方式在顺治初年制定之后，朝廷根据漕粮征派过程中出现的问题，对征派方式进行调整，达到兴利除弊的目的。各个历史时段，漕粮征派调整显现出不同的侧重点，因而具有不同的特点。总体来说，漕粮征派调整主要涉及赋役均平、征收过程规范合理、漕米质量和数量的控制等问题。就时间节点来说，雍正时期、乾隆初年，朝廷对漕粮征派方式进行了较大程度的整顿，取得了较好的效果。乾隆中后期以后，漕粮征派中积弊日增，虽朝廷屡发命令整饬，效果不彰。

雍正初年的整顿，目的是整治拖欠，首要任务是打击包揽。

> 雍正二年谕，地丁漕米征收之时，劣生劣监，迟延托欠，不即输纳，大干法纪。该督抚立即严查，晓谕粮户，除去儒户、官户名目。如再有抗顽不肖生监，即行重处，毋得姑徇。倘有瞻顾不力革此弊者，题参治罪。①

---

① 光绪《清会典事例》卷一百九十九《户部·漕运》。

地方上的生员监生,常借"儒户官户"名目拖欠地丁漕米。雍正帝的措施是革除这些名目特权,一体输纳。对于抗顽的不肖生监,即行重处。

对于仓储盈余的用途也做了规定,防止借盈余滋弊。

(雍正)四年议准,苏、松二府所收仓粮交兑之外,果有赢余,该州县报明存储公所,以为修理仓厫,及赈济之用。倘用藉赢余名色,加收斛面,及该道扶同徇隐,查出从重治罪。①

对江浙漕米的质量要求有所放宽。

(雍正)六年谕,江浙征收漕米,但择乾洁,不必较论米色。准令赤白兼收,籼秔并纳,永著为例。②

对串票的形制和使用进一步完善。

(雍正)八年题准,州县征收粮米,豫将各里甲花户额数的名,填定连三版串,一给纳户执照,一发经承销册,一存州县校对。按户征收,对册完纳,即行截给归农。其未经截给者,印官摘户追比。若遇有粮无票,有票无粮,即系吏胥侵蚀,监禁严追。③

对有些具体地区的漕米品种,因地制宜进行变通。

(雍正)十年咨准,江南省句容县,地处山陬,多产籼稻,岁额漕粮四万有奇,向来征兑,悉系粜籼易秔,于民未便。嗣后即将土产籼米,完漕输纳,毋庸粜籼易秔。④

乾隆初年,也对漕粮征派进行较大的整顿。其整顿漕粮征收有些延

---

① 光绪《清会典事例》卷一百九十九《户部·漕运》。
② 同上。
③ 同上。
④ 同上。

续了雍正时的思路,有些则有所修正。对于漕米征收中书吏舞弊的问题,乾隆皇帝严格收纳程序,要求随到随收。

> 乾隆元年题准,农民完纳漕米到仓,州县验明米色,随到随收。严禁蠹书留难等弊,违者参处。①

规范诸如河南等省漕粮的分配。

> (乾隆)三年题准,河南省漕粮,向止合邑总额,并无每亩应征定数。今酌定祥符等州县,各照现额漕米数目,按实在行粮熟地,除原不征漕之更名等地外,无论仓口新升,一例均派。核明某则地,每亩征米若干,征银若干,遇闰加增银米若干,载在全书。遇有升除,按则增减。其改征黑豆,全书内统以米数开造。②

要求南北漕合收分解。

> (乾隆)四年谕,湖北每年额征漕米,运通仓者,名曰北漕。给荆州官兵者,名曰南漕。二项合收分解,永远遵行。如有分项征收,零星多取者,该督抚严参治罪。倘别省收漕地方有分收者,该督抚酌量查禁。③

对于各地收粮仓廒的设立也进行了规范。

> (乾隆)五年又题准,江南省苏松粮道所属漕粮,按照区图,派廒收纳。河南、江西、浙江、湖南,不分区图,随廒收纳。江南江安粮道所属,及山东、湖北、粮多之处,按照区图。粮少之处,不分区图收纳。毋致粮户拥挤守候。④

---

① 光绪《清会典事例》卷一百九十九《户部·漕运》。
② 同上。
③ 同上。
④ 同上。

同时，延续了雍正时赤白兼收的做法。

（乾隆）六年谕，江南下江地方，秋雨连绵，米色稍减。从前原有赤白兼收之例，该地方官酌量可收，即日收兑。抵通之后，或虑不能久贮，即发为俸饷之用。①

要求漕粮征收过程中，由单所载内容详细。

（乾隆）七年议准，直省有漕各属，于隔岁年终，刊刻易知由单。将该户田地若干，应完地丁漕截若干，漕白米若干，其地丁加耗若干，白粮加耗若干，漕截加耗若干，如何均摊匀扣，于单内逐一注明，分给各该户照单完纳。如有多科情弊，督抚严参治罪。②

重新制作称量工具。

（乾隆）八年题准，各省收兑漕粮斛式，向来底面尺寸相等，因口大边阔，易于浮溢。应改铸小口铁斛，颁发仓场，并有漕各省，一例遵用。其从前原颁大口铁斛缴销。③

要求官员在征收漕粮时亲自查验。

（乾隆）八年又题准，征收漕粮，令督抚严饬州县于开仓时，亲诣稽查。若因公他出，暂委佐贰官监收。其州县在仓看守之亲戚人等，以及经手吏役，如有包揽浮收，交通舞弊者，即行揭报，严参究处。监收佐贰官，扶同隐匿，一并究参。④

（乾隆）十年谕，闻江南下江漕粮紧兑之时，印官不能处处亲验，吏胥等遂多方刁难。小民不能等候，情愿议扣，自九五折至九折不等。向来征收漕粮，弊窦甚多。江苏之漕，甲于诸省，尤为积

---

① 光绪《清会典事例》卷一百九十九《户部·漕运》。
② 同上。
③ 同上。
④ 同上。

弊之薮。著有漕地方大小官员，严行厘剔。如有仍蹈故辙者，经朕闻知，或被御史参劾，必重加处分。①

大致乾隆初年之整顿，着眼于漕粮征收方式的合理化，强化官员的征收纪律。乾隆中后期，在相关的上谕中，主要关注点则转向为漕米的质量等问题，如乾隆二十四年、五十二年之议：

(乾隆)二十四年谕，上年江苏浙江偶有偏灾州县，曾经降旨，俱令红白兼收。但该二省比年以来，屡获丰收，间有收成稍歉之处，不过一隅偏灾，该督抚等遂照例陈请一律兼收并纳。仓储关系重大，逾格邀恩，视同常事，将来势必无所底止。嗣后漕粮米色，务须一律乾圆洁净，不得滥行陈请援例收兑，以致久贮折耗，方为慎重仓储之道。②

(乾隆)五十二年议准，各省漕粮，督饬各州县征收乾圆洁净之米，交兑运通。倘遇雨水失调之年，亦必晒晾干洁，取具监兑各官印加各结送部。至兑运上船以后，司漕各官，责令旗丁查看，随时风晾，以免潮湿。③

从乾隆中期屡获丰收，仍然赤白兼收，到末期重申米色质量要求，从一个侧面可见漕运纪律的整顿有所成效。但此后的嘉庆时期，漕政日益败坏，朝廷虽然屡次训斥其弊病，却无法有效整顿了。朝廷的命令成了对征漕弊病的生动描述：

(嘉庆)十八年奏准，州县征收漕粮，务须慎选好米，按额收足。倘有私收折色者，一经查出，或控告得实，即行照例严参。如刁生劣监，收揽包交，甚或闹漕滋事，及领运弁丁，索取兑费，并违例折乾等事，由各上司，及专管粮道，严查重究。④

(嘉庆)十八年又定，各省州县收纳漕粮，粮户到仓，随时验

---

① 光绪《清会典事例》卷一百九十九《户部·漕运》。
② 同上。
③ 同上。
④ 同上。

明米色，即令自行交纳。倘有淋尖踢斛，或划去斛里，改换斛面；或额外收取样米；或斛面余下之米，作为席垫，不准业户取回；或借米色为辞，私自增加；或蠹役习蹬留难，包揽代完，侵蚀飞派等弊。州县随时查拏，严行惩办。如有徇隐，粮道严参究治。粮道徇隐，督抚查参。督抚徇隐，一并议处。倘该管上司收受陋规，照枉法赃，科罪。①

道光时，漕粮征派弊病更甚，特别是包揽的问题无法解决。

（道光）四年谕，各省漕务，积弊相沿。土豪蠹役，垄断把持，遂有以完作欠之弊。又收漕时委员以查漕为名，实为调剂候补人员起见，不过勒索陋规，均不可不严行饬禁。著各省督抚严饬所属州县，每季征收完解时，将实欠花户姓名，送该管道府用印，仍发回本地张贴。如有以完作欠者，许该花户指控究办。其各省查漕委员，概行停止。②

（道光）四年又奏准，州县征收漕米，截数之后，将欠户姓名遍贴晓谕。如有包户蠹役，以完作欠。许该花户指控严究，其收漕在乡仓者，先行示期，计日按乡分收。在城仓者，将开仓日期，及早示谕。收米时。每日将远乡穷民零星米石，先行量收，次及近仓各户。不得刁难勒掯。致花户守候。其有包揽匪徒，恃强把持者，仍随时严拏究办。③

到了道光末期，征漕短缺问题已经很严重。

（道光）二十六年谕，近年漕粮运京，多有短少，本年尤甚。较之全漕，短至一百万石。苏松江安两粮道，起运尤属不敷。现届开征兑漕之时，著通谕有漕省分各督抚，自今年为始，漕粮一经征齐，即将该省额征若干，本年起运若干，缓缺若干，逐一比较上三

---

① 光绪《清会典事例》卷一百九十九《户部·漕运》。
② 同上。
③ 同上。

届数目，据实奏明，迅即造具清册报部。俾得豫先核计，不得沿向来旧习，于开兑以后，始行咨报。倘比较有减无增，即由该省设法，立将短数补足起运，方不致有误支放。并著漕运总督一体遵照，悉心筹划，实力稽查。总期湔除积习，按额收仓，庶漕政可肃，而积贮常充矣。①

原有的漕粮征派方式至此，可谓已经运转不灵，需要进行重大调整或变革。

与漕粮征派相关，江苏省之苏州、松江、常州三府和太仓州，浙江之嘉兴、湖州二府，还有白粮征收。漕粮是供京师官员、军丁俸饷之用，白粮是供清室宫廷专用。白粮对于所征之米的要求更高，为粳米、糯米。另外，还有春办米一项，与白粮性质相同。由于顺治时期规定白粮也是官收官兑，所以，对州县来说，漕白二粮在实征北运上并无不同。在乾隆二年，朝廷将十二万石白粮改征漕粮②，白粮实征额为九万九千石，其对漕运征派的影响甚微。

2. 赠贴银米的征收

赠贴银米主要是作为漕运运输及其公务开销之用，各地名目、多寡有所不同。其随漕征收、银米并征。

赠贴银米，各省名目不同。江南称为"漕赠"，浙江称为"漕截"，山东、河南称为"润耗"，江西、湖南、湖北称为"贴运"。漕粮赠贴，各省征收数量也不同，江安、山东、河南每米百石征银五两、米五石，苏、松、常、镇四府，每米百石征银十两、米五石，浙江每石征银三钱四分七厘，江西每石征赠银三分、赠米三升，又征给副耗米一斗三升，湖广初无加赠银米，康熙十年，准许于四耗之外加耗二斗，随粮征给。③

赠贴银米随漕征收，征收方式与地丁相类，只是项目属于漕项。

康熙九年，命漕粮赠耗银米，一并刊刻易知由单，发给纳户随漕征收。军丁、催征各官不得私派挪移，违者纠参。④

---

① 光绪《清会典事例》卷一百九十九《户部·漕运》。
② 光绪《清会典事例》卷二百《户部·漕运》。
③ 光绪《清会典事例》卷一百九十七《户部·漕运》。
④ 同上。

乾隆三年，调整浙江省漕截征收时限。因例于每年十月开征，勒限两月全完，为期甚迫；改为每年于二月征收，秋后先尽漕截九八折净之数。①

漕赠银米在征收过程中，应该是统征分解的形式，即与其他别项赋税一同征收，由州县按项解往不同上级部门。例如还是乾隆三年，指示浙江省由于漕截正耗统征分解，已经改期开征，原来漕粮项下灰石一项、白粮项下食米折银一项，也同漕截一同改期开征。②

由于和地丁统征，漕赠银米的耗羡在征收过程中易与地丁银的耗羡相混淆。为此乾隆七年专门规定，漕截银每两止应征火耗二分，白粮项下，每完糙米一斗，应征耗米三升，向系摊算应征数内征收。后来因各项银米，归于地丁统征分解。内有将耗银耗米，照依地丁一例征耗者，应令有漕各属，于易知由单内，载明地丁加耗若干，白粮加耗若干，漕截加耗若干，其有均摊匀扣，逐一注明。③

另外，漕赠银米例不蠲免。由于与地丁统征，遇有蠲免地丁之年，为了防止漕赠银米被混入其中蠲免，乾隆十年专门规定：将蠲免地丁钱粮内，应征漕项每亩若干，逐细核明，列款开入易知单内，照数征收。④

总体来说，以"漕赠银米"为大类的漕运运输和机构办公之费用，具有不断膨胀的特点。历时越久，其征收数量益多。例如，江苏溧阳县漕粮，由江淮卫第三帮、第六帮兑运，至乾隆元年，每石另由纳户贴"过湖米"三升，作为漕船赴水次及拨浅修船之用。⑤ 又如浙江杭州、湖州二府属钱塘、仁和、海宁、富阳、余杭、安吉、归安、乌程、长兴、德清、武康十一州县漕耗，乾隆十六年由每石八文至二十一文之外，另加收制钱二十文；嘉兴府嘉兴、秀水、嘉善、海盐、平湖、石门、桐乡七州县，加钱三十文。虽然朝廷屡次试图整顿这类漕项钱粮，设例约束州县，也无法遏制其膨胀的趋势。当然，州县借征漕私自加派的行为，也无法通过新设条规来消除。

---

① 光绪《清会典事例》卷一百九十七《户部·漕运》。
② 同上。
③ 同上。
④ 同上。
⑤ 同上。

（二）漕粮折征

清代前中期漕粮实征的原则得到严格的落实，改折多为变通性做法。漕粮改折分为改折实物和改折银钱，均有一定之规。不过，虽然严格要求本色实征，漕粮折征的大趋势，在清前中期的政策调整中还是有所体现。最突出的就是"民折官办"的出现和推广。

1. 改征

漕粮分为稻米、粟米和豆类。有漕各省出产不同，朝廷也尽量做到因地制宜，征收地方所产粮食。改征是改变征收作物的类别，或以麦代豆，或以粟米代稻米。

漕粮改征，有系因灾荒，也有因朝廷的需要。因灾荒改征，如嘉庆十七年和道光六年，山东、河南二省小麦歉收，故改征粟米；咸丰七年，二省发生灾荒，粟米质量较差，改征小麦。有因朝廷需要而改征，如雍正十年，八旗兵需要豆料，将粟米改征豆类。此后雍正十一年、乾隆二年、九年、十六年到十八年，二省原征粟米都改征黑豆。乾隆十九年，又因京仓黑豆过多，粟米不足，部分复征粟米。此后二省这两种作物征收总额有定，具体每年征收多少，由仓场侍郎依据当年仓储状况而定。乾隆初年，白粮改征漕粮，也可以算作改征的一种。

2. 折征

（1）"永折漕粮"和"石灰改折"。永折漕粮，其大多继承自明代，数额不多。其中山东七万石、河南七万石，均每石折银六钱、八钱不等。江苏十六万四百九十二石六斗九升，每石折银六钱、七钱不等。安徽七万五千九百六十一石三斗一升，每石折银五钱、六钱、七钱不等。湖北三万二千五百二十石六斗，湖南五千二百十有二石五升，均每石折银七钱。永折漕粮共计三十六万一百八十六石六斗六升。①

石灰改折，其始于顺治十七年，朝廷题准漕粮内有给军办运石灰之米，嗣后改折银两，即征解户部，听工部按年支取，备办石灰，以应工程之用。② 江苏有二万九千四百二十四石二斗二升，浙江有一万八千六百五十三石一斗八升，共改折米四万八千七十七石四斗，遇闰加折四千

---

① 光绪《清会典事例》卷一百九十四《户部·漕运》。
② 光绪《清会典事例》卷二百零一《户部·漕运》。

十有五石三斗。每石连耗，折银一两二钱。①

永折漕粮与石灰改折，其米价是固定的，不随粮价的波动而波动。其在漕粮项下征收，然征派方式已与地丁无异。

（2）民折官办。民折官办是漕粮折征的一种。所谓民折官办，核心内容就是"民征折色、官为采办"。民折官办脱胎于暂时折征，许多允许"民折官办"的地区，之前就有暂行折征的先例。河南省一些地区在康熙、雍正时期，曾一度施行"民间折纳，官为采办"的做法，后因弊端较多又中止。

"民折官办"最终成为定例，最晚始于乾隆年间。

> （乾隆）七年题准，江西省泸溪县折征漕粮，向定折价八钱，不敷采买。嗣后于每年八月借司库存公银，发该县及时采买，按照买价征银还项。②

"民折官办"执行的具体方式，王庆云曾有论述：

> 民折官办，其制不同，有先动正项购运而照价征还者；有小户折纳而后官为办运者；有拨运别县耗米而从民折纳者。③

具体来说，采用第一种方式的有江苏省清河、桃源、宿迁、阜宁、海州、赣榆、沭阳、嘉定、宝山、泰兴十州县，安徽省宁国、旌德、太平和英山四州县，江西省泸溪县。采用第二种方式的有浙江省于潜、昌化、富阳和新城四县。采用第三种方式的有湖北省通山和当阳两县。

从乾隆朝开始，"民折官办"之例有一个内容上从简到繁，适用地方从少到多，内容多有调整反复的历史发展过程。从乾隆初年允许在江西泸溪县执行，到道光时有二十个县施行，分布于湖北、江西、江苏和浙江四省。

"民折官办"适用地方，多半都是由于交通不便之故而采用。不过

---

① 光绪《清会典事例》卷一百九十四《户部·漕运》。
② 光绪《清会典事例》卷二百零一《户部·漕运》。
③ 王庆云：《石渠余纪》卷四《纪漕粮》。

也有嘉定、宝山二县，因为产业结构转型，地方以种植木棉为主，以致地不产米，而得以被允许"民折官办"。

"民折官办"之例在道光时，规定也日益精密细致：

> （道光）三年定，安徽省宁国、旌德、太平县民折官办漕粮，于道光四年为始，每年就附近产米地方，按照时价，于司库正项内领银采买。漕米照上米，行月照中米，购办兑运。其运脚确计道里支给，将米价及耗费运脚等项，一并按米计算。核明每石应输若干，先行给银采买，以十一月为限，出示晓谕，按数起征。倘有浮收，立即参办。次年二月征完还款。如逾限未解，即将经征接征各职名分数，随同地丁钱粮奏销时，另册开参，按照未完分数议处。①

其中，对于州县应于何处购米、购米质量、摊征费用计算和时限都有具体规定。然而，道光时期，虽然条例完善，但不可作实际情况来看。由于吏治腐败、财政混乱，完善的条例多徒成具文，效力不大。

清中期"民折官办"的出现和推广，一定程度上也预示即将到来的晚清漕粮的普遍折征。这个大趋势不因朝廷坚持本色折征的愿望而有所改变。

四 清代征漕中的规制之弊

清代，政府对于漕运制度建设的重视可谓历代之最，然而，由于时代及其体制的局限，在漕粮征派乃至于运输过程中，其制度性缺陷日益显露，同时，"法久弊生"，特别是乾隆之后，漕运系统已尽"为吏之利薮"，"贪吏之诛求良民，奸民之挟制贪吏……说者皆谓漕弊已极"。② 这种现象不仅持续地侵蚀漕运制度本身，而且极大地冲击着有漕八省广大地区的征漕活动和秩序。

---

① 光绪《清会典事例》卷二百零一《户部·漕运》。
② 包世臣：《剔漕弊》，贺长龄：《皇朝经世文编》卷四十六《户政二十一·漕运上》。

(一) 漕粮征派中的硬性规定

清代，在漕运制度的建设上，没有考虑地方实际的生产情况和交通状况，在漕粮征收中存在诸多方面的弊端，无形中增添了地方百姓在纳粮中的诸多负担。制度上的硬性规定，影响了地方漕粮征收的有效性，甚至导致地方上长期处于困窘的境地。

在清代漕粮的征收中，并非每一地的粮食生产品种都符合漕粮征收的品种。在有漕八省的地方志中，我们经常可以看到一些地方实际生产的粮食品种和漕粮征收品种不符。于是，每年的漕粮征收和交纳对于这些地方造成了巨大的困扰。

诸如，建平一县，"每届开征之际，各花户只得以籼谷远运邻封产粳之处，四散变易。彼地之人往往乘建民之急，故意掯俫，任其高抬时价"。① 建平县本地产籼米，但漕粮征收为粳米，这就使建平县百姓每年缴纳漕粮前，需要到周边州县卖籼米买粳米，由于购买数量巨大，并不能一次一处购买。周边米市借此抬高价格，建平县花户负担加重。

又如，江苏宿迁地区，本地不产粳米，只产粟，漕粮交纳粳米，也给粮户带来了巨大负担，史载"况本地不产粳米，每年远籴高卖凤、泗等处，转运艰难，有盘脚使费……宿邑之粮何重，宿民是以有向隅之泣也"。②

再如：

> 本府属各州县田多种稻，以所产供其所输，公私两便。惟嘉定濒海亢瘠，版籍虽存米额，其产专种木棉，潦则尽淹，旱则全槁。加以飓灾时作，十岁九荒。……当其以米纳粮，百姓既受粮长之抑勒，每仓米一石倍收二石之价者有之。以粮出兑，粮长又受官军之逼胁，每漕粮百石横索五十石之赠者有之。……比奉恩诏准所在改折漕粮之半，以概惠元元，吾邑之积疲其徼惠尤急，乞将本县漕粮查照改革。③

---

① 雍正《建平县志》卷二十二《艺文下》。
② 同治《徐州府志》卷二十一《宦绩传下》。
③ 光绪《宝山县志》卷三《赋役志·考赋》。

江浙沿海地区经济作物种植发达,民户多种植豆、麦、杂粮和棉花等作物,粮食作物种植较少,每当交纳漕粮时,必须向周边州县或湖广等粮食高产地区购买,花费巨大。

而河南的有些地区:

> 粮艘不通,地不产粟,车牛不备,岁征临漕米麦,除荒尚有四千三百余石,卖价往市于小滩。河北连遭水潦,时值腾涌,倍三倍四苦于帮加,千里输挽往还半载未能卸担,此非条请改折民困未已是尔。①

河南这些地区本身不生产稻米或粟,为了应付漕粮征收,只能从河北其他地区购买。因为要大量购买粟或者黑豆等粮食,他们同样面临粮食市场虚抬价格,百姓不堪重负。

漕粮种类的硬性规定和严格限制,加重了地方负担,使地方的征收秩序始终不能稳定。

在歉收的年份,这种对于漕粮种类的坚持无疑会导致对稻米、粟等粮食作物的需求急剧增加,也极易造成经销商囤积居奇,哄抬物价,这就使得本已脆弱的粮食市场雪上加霜。再则,以粮食完漕,大量的经济作物低价出售用以购买漕米,造成非产粮区农户经济收入锐减,无力置办农资。如此一来,势必导致经济的恶性循环。总而言之,漕粮征收对象的单一性和严格化不符合市场运行的规律,不利于农业生产的健康发展,严重扰乱了地方社会经济秩序。

清代地方漕粮征收中,粮户交纳漕粮,其初沿袭明旧制,由粮户向运输漕粮的运丁直接交兑。顺治九年,改为"官收官兑"。各州县设置仓廒,令粮户送粮入仓储存,俟运船到州县,州县官负责交兑,然后转运京师。粮户自己运输粮食到仓库交纳,对于交通便利的地区,尚不成问题,但很多地方或山路崎岖,或不通舟楫等,使每年一次的漕粮交付,费用与时间、人力的成本甚高,对于粮户来说极端苦楚。

交通不便一般有以下情形:

山路崎岖、通行不便。安徽部分地区如桐城山地崎岖、交通不便:

---

① 民国《新修阌乡县志》卷二十二《掌故》。

> 为地方困苦已极,……桐邑僻处山陬,年来频苦水旱,维正之供尚恐后时。项奉上文将应解庐州府麦折银两本折征除解银外,应解米六百三十六石有奇。夫运莫重于漕计,自水次开筑至张家湾上岸,陆路仅四十里。今桐距庐三百余里,登山上岭,肩挑驴驼,崎岖万状。自古陆运之难已于上天,其难一也。①

此地粮户交纳漕粮需至庐州,路途遥远、崎岖难行。同样情形还有安徽建平县,建平县地处山区,崇山峻岭,不通舟楫。

> 该县崇岗峻岭,舟楫不通,少者肩挑背负,多者车载驴驼,兑漕之限恰在隆冬。一遇雨雪磅沱,山路崎岖,水坚石滑,难免倾覆扑跌之苦。而倾覆在途之米,泥污水浸,不能交仓,势必搬回另换。②

山路崎岖,隆冬季节,运粮不便,稍有不慎,就有可能误期,或漕粮浸水泥污,无法准时交仓。

湖南部分地区也有同样的困扰,湖南巡抚金廷献在其"请蠲赈疏"中言:

> (浏阳)船运则苦于滩高水险,陆运则疲于背负肩挑,脚费倍于正供,民苦甚于牛马。③

> 桂阳僻居万山之中,四面丛冈峻岭。并无一线溪流。……卑职痛念民间疾苦,随将山险不通舟楫万难肩运情形申覆在案。续奉本州叠催下县,卑职转行各里,照依分派数目办解本色。据阖邑士民具诉前来,查桂阳山险不通舟楫,挽轮粮米委实难行。④

如浏阳和桂阳地处山区,无论陆路还是水路,漕粮运送都极为不便,粮户在时间与费用上的投入极大。

---

① 康熙《桐城县志》卷七《呈》。
② 雍正《建平县志》卷二十二《艺文下》。
③ 乾隆《长沙府志》卷二十三《政绩志》。
④ 同上。

其他有漕省份皆存在类似情况。

一种情形是，虽有水路交通，但水路不便。有些是因为当地水路水量过小，不利于船只通行。如湖北崇阳和通城二县，虽通水路，但船只无法通行，"该县溪河水浅，挽运维艰……湖北崇阳、通城二县应征漕米，民间收割最早，亦在六七月间，即责令上繁征输，已届水涸之时，势难赶于水盛之时运省。"① 在江西，此类情况也多有出现，如江西德兴：

> 本县山高溪小，滩多水浅，而近河处尤少。漕粮征解本色米装载搬运一府七县中独称苦，甚去河口远者尚在百里处，山路崎岖，无车可载，每一人肩挑背负仅米三四斗，此上船之苦也；水路去乐平几百里，其滩不下数十，又遇冬月水涸，每船装米不过四五硕，非雇人扛拖船不能行，此出水之苦也。②

德兴虽有水路，但溪小水浅，粮户需自行背负漕粮到河口装船，冬天水少，船只运载量小，且需要雇人拖船。在浙江富阳，则有诗文道：

> 运漕难，运漕难，险阻如历十八滩，江行曲折百卌里，直到城壕心少安，城壕之水狭且浅，并道不能容两船，大船重载横堵截，小船蚁聚交牵连，群声如吠恣谩骂。③

道路的不通畅，给粮户交纳漕粮增加了过多的苦难。

另一种情形是，粮户交纳漕粮，路途过于遥远。清朝，粮户在将漕粮运送至仓库交纳，但有些漕仓距粮户距离过远，粮户需花费大量的人力、物力、财力才能运送到。这种现象在河南及山东最为明显。山东漕粮很多都交兑到德州仓，而德州仓周边不通舟楫，且距离较远。如淄川县粮户将漕粮运至德仓，需经过四五百里路程：

> 淄川去德州将五百里，山县不能行车，每雇驴一头可驮米斛斗

---

① 同治《通城县志》卷八《奏稿附》。
② 同治《广丰县志》卷九《艺文·志杂著》。
③ 光绪《富阳县志》卷二十二《艺文上》。

一石,每驴一头需雇价制钱九百文,尚恐不足。今按额编脚价每石米止该银一钱七分,每驴少脚价钱七百三十文,一千五百石之米共少脚价钱一千一百余千,此项所少钱何处出办?而且一千五百头之驴,一时村庄店房无处容宿,偶遇雨霖骤至,山河阻隔,米湿则水次不收,米坏则官民谁赔。①

淄川粮户交纳漕粮,需雇驴驮运,花费颇多。且路途遥远,漕粮容易淋湿,粮户更无法按时交兑。

河南省很多地区都有运粮路程过远的问题:

豫省漕粮非江浙等省可比,各省邻近水次,粮艘停泊,随到随运。豫省不通舟楫,每年应征正、改兑漕粮并润耗本色行粮及德州仓粮,约计二十五万余石……由陆挽运小滩,远者距千余里,近者亦数百里,脚价之费更属不赀。②

河南很多地区漕粮都需要粮户自行购买运送,粮户到小滩购买。首先经由卫河,进入大运河,然后到小滩镇缴粮。因河道多沙石浅滩,需要经常疏浚。由河南到小滩,途中经过浚县、滑县和内黄三县,而当时三县不归河南管辖,疏浚河道多有不便。粮户消耗在整个漕粮交纳过程中的时间、钱财都是难以估算的。

当然,放在更大的历史背景下考察,清代漕粮征派在制度以及诸多环节上确实缺乏变通性,由此导致的具体问题和种种弊端在有漕各省普遍存在。漕粮的征派、交纳乃为漕运的基本,对于每一次漕运能否正常完成至为关键。然而,这个环节牵涉的民众太多,只要是漕赋承担者,都必须自行完粮。清政府更多的是关心粮户能否完粮,而不管其如何完粮。其实,对于百姓完粮的成本,地方政府心中并非无数,但在清廷从无变通指示的情况下,完粮是唯一重要的事情。而随意的调整与变通,可能反而会招致越俎代庖的严重错误。

品种和交通问题只是征漕硬性规定弊病的典型,显然,相关弊端表

---

① 乾隆《淄川县志》卷三《田赋》。
② 乾隆《登封县志》卷二十五《丽藻录》。

现在漕运的各个方面，其主要根源就在于因为漕运所具有的无上的政治意义，它的实物特性、漕额数量、漕米种类、运输路线，甚至蠲免数额近乎于一种符号，几乎具有了独特的象征性和道德意味。清政府极力使其摆脱商品经济的影响，以避免其稳定性、正统性和权威性受到冲击。但与经济发展趋势脱节与背离的代价就是，漕运的高成本成为整个社会的负担，并在漕运的各个环节恶性循环，循环的结果在于社会的负担越来越不堪重负；同时，漕运自身的运转也日陷窘境，漕弊也越来越积重。清政府在漕运上的保守性恰如一股逆流，横亘、阻碍经济的与社会的发展与运行，如鲠在喉。

（二）"漕规"：漕制之孽

清代，在赋税漕粮的征收中，出现了许多非正式的规则，长期相沿成习，成为不成文的规定，文献中多冠之以"漕规"等名词。这些规则滋生、游离于国家制度、法律之外，却并未遭到国家制度与法律的贬抑、严禁或打击，在朝廷模棱两可的态度中，"漕规"潜滋暗长，布满了漕粮征派的各个环节。"漕规"实为陋规，漕粮征派正因为"漕规"而成为各利益集团相竞的"利薮"。需要说明的是，本书并非意在梳理所谓的"漕弊"以及漕粮征派中的利益关系（这些内容本书"下编"将有专论），而是将"漕规"视作与漕制平行并存的清代征漕体系的组成部分，并客观审视这一影响漕粮征派的重要因素。

1. 官场"漕规"

清代漕政从整肃到败坏，官吏贪污是其中的关键性问题。吏治败坏在漕粮征收中的表现可以从两个方面来考察：一是官员自身的舞弊行为；二是官员管理的无序与治理的无能。然而，"漕规"最集中、最真实地反映了各级衙门与官吏在征漕中的价值取向与行为特征，乃是官吏群体性败坏的典型写照。

清代前期，吏治整肃，各级漕运官、司及地方衙门和官吏对于拖欠漕粮及吃漕规等行为多有戒心。乾隆中叶后，吏治日趋腐败，"漕规"日渐泛滥，盛行于各级漕司、地方政府以及参与征漕活动的官、绅。"漕规"成为比漕运制度更具效力的规则。

咸丰时期，据湖北巡抚胡林翼奏：

> 而粮道有漕规，本管道府有漕规，丞倅尹尉各官俱有漕规；院

署有房费,司署有房费,粮道署及本管道府署书吏各有房费。①

道光朝,据山西道监察御史朱昌颐奏报:

> 州县办漕,道府本有规礼。至收漕时,粮道到仓有费,本府催漕有费,抚藩及漕督委员又有费,而州县之私用悉取盈焉,此费之在官者也。②

"漕规"并非仅是一个概念,其具体而广布于征漕的各个环节,并概以利益为上。各级官府和官吏自上而下地坐享"漕规",而作为最底层的地方官府和直接办漕的衙门,州县为层层"漕规"所累的同时,在征漕中大肆依恃"漕规"。

> 州县向恃钱漕陋规以为办公津贴,不肖官吏辄视为利薮,积弊相沿,久益深锢,征漕时遇有奇零,即收整数,名曰收尾。小户穷民,尤受其害,又加派外费银两,曰漕规。漕规例勒高价折银,以之分润上司,曰漕馆。分肥劣衿,曰漕口。而州县所得,曰漕余。岁盖以万计。③

嘉庆时期,有一种"做亏空"的恶习。嘉庆五年正月,嘉庆帝在给各省督抚的上谕中指出:

> 大抵州县亏空,不畏上司盘查,而畏后任接手。上司不能周知盘查,仍须书吏临期挪凑,贿嘱签盘。况为期迫促,焉能得其真实。此所以不畏上司盘查也。惟后任接手,自顾责成,无不悉心查核,书吏亦自知趋向新官,不能隐藏册簿。然此皆向来之弊,非近年情形。近年则新旧交相联络,明目张胆。不特任内亏空未能弥补,竟有本无亏空,反从库中提出带去,名曰做亏空。竟移交后

---

① 《胡林翼原奏始末》,光绪《武昌县志》卷四《赋役》。
② 山西道监察御史朱昌颐奏,清档,道光二十六年九月九日,中国第一历史档案馆馆藏。
③ 民国《醴陵县志》卷三《赋役志·赋税》。

任，后任若不肯接收，则监交之员两边说合，设立议单。其不肯说合者，又令写具欠券，公同书押。以国家仓库作为交易，实属从来未有之创举。①

在每年的征漕中，"漕规"无所不在，无时不在，甚至出现许多颇具地方特色的"漕规"。文献材料中不胜枚举，此不赘述。官场"漕规"通常发生在利益群体之间，并构成利益链条。一般而言，利益群体主要是上级与下级之间，上级利用"漕规"向下级需索，下级因"漕规"而被贪索，转而向其下级需索，司、道、府、州县之间形成了自上而下的利益关系，当然处于各级官府底层的州县成为系列"漕规"的承受者。当然，州县承受的"漕规"之重，最终都会以"浮收"等方式转嫁到广大民众的身上。

康熙以后，漕务大臣的侵漕行为渐趋普遍，康熙两次南巡，先后在淮安漕督衙门所在地就地解除了漕督邵甘、马世济的职务。关于各级官吏的贪索和州县官吏向上司的贿赂，乾隆以后历朝皆有记载。

从乾隆到嘉、道以及整个清代后期，州县以上各级官吏借征漕贪索，各州县向知府、粮道等官赠送漕规银，自数百两至一二千两不等②，直接影响了清代地方的漕粮征收秩序乃至地方社会秩序。道光之后日益加剧，银额日益增多。

2. 运丁"漕规"及其"漕规"之累

清沿明制，漕粮军运，长运者为旗丁，旗丁另立户籍，因其责任是运送漕粮，故又称"运丁"。清初规定，漕船每艘额设运丁十至十二人，分给屯田，免收徭赋。运丁非官非民，来源于明代屯伍，也称之为"军丁"。在漕运体系中，运丁和漕政的关系十分微妙。运丁既是"漕规"的侵蚀对象，又是"漕规"的执行者，或曰，运丁既是"漕规"的受害者，又是环环相连的"漕规"的推动者。

漕粮起运后，陋规是漕船旗丁承受的主要负担。上自总漕衙门，下至吏胥，规礼无处不有，各路漕委的滋扰更成祸患，过关至通，又是

---

① 《清仁宗圣训》卷三十三《理财》，嘉庆五年正月壬戌上谕各省督抚。
② 董醇辑：《议漕折钞》卷三《御史王家相奏漕弊极宜革除疏》。

"差提有费,过堂有费,守候有费"。① 在清代文献中,有关这方面的记载可谓连篇累牍,其中有的论述较为细致。据清人王命岳的总结:运丁有"水次之苦"、"过淮之苦"和"抵通之苦"。② 关于每帮运船由起运及抵通的各项花费,以山东漕船为例:"通州坐粮验米费银四百两,仓场衙门科房漕场等费,自八百两至二千余两不等。又本帮领运千总使费银七百两,及本卫守备年规四百十二两,生节规十六两,其总漕巡漕及粮道各衙门皆有陋规,下至班头军牢轿马,自数两至数十两者不一而足。"③ 难怪时人激愤道:"试起而问,今之有辖于漕者,自上及下有不取常例于运军者乎?"④

与此同时,运丁也是"漕规"的执行者,运丁的"漕规"主要是在漕粮的交兑中增索贴费。包世臣说:"军船泊仓门前,旗丁终日在仓内,见官吏之诛求粮户,因挑掣米色讹索兑费,以苦州县。"⑤ 对此,陶澍则认为,"旗丁索加帮费,缘帮船领运漕粮,沿途过闸起剥,添装扛具,雇觅人夫,在在需用";因旗丁往返累年,虑其所领漕项银米不敷,所以历届兑漕,州县有协济旗丁一项,属于额外津贴。但因年久,积习相沿,旗丁视为应得,更想逐年增加。"每以倡率停兑为挟制之端,以勒通关为刁难之具,对州县横索无已。"⑥ 又借米色为名,向州县需索费用,"运丁需索州县以米色干洁而有贴费为上米,米色平平而

---

① 赵之符:《拨船困民疏》,贺长龄:《皇朝经世文编》卷四十六《户政二十一·漕运上》。
② 所谓"水次之苦"即指运丁在各地承运开始时受管运官吏的敲诈勒索,包括"买帮陋习"、"卫官帮官常例"、"粮道书办常例"及"令箭牌票差礼"等。各项名目的勒索,每船少则一二两,多则十余两。于是船未启航,每艘"已费五六十金",这还不算运丁领饷时每船遭府县官吏索贿的六七两银。所谓"过淮之苦",指运丁北上经过淮河时所受漕运总督衙门官吏的勒索,每帮漕船(数十艘不等)被迫交纳贿银至五六百两之多。所谓"抵通之苦",指运丁抵通州后受到的勒索,有如投文常例、胥役船规、仓官常例、坐粮厅常例、委官旧规、伍长常例、上斛下荡之费等,每项每船也须交纳数两至十余两白银。诸如此类等,不一而足(王命岳:《漕弊疏》,贺长龄:《皇朝经世文编》卷四十六《户政二十一》)。
③ 陈大文:《奏陈查明山东漕弊旗丁经费陋规开列清单》,清档,嘉庆四年十二月十六日,中国第一历史档案馆馆藏。
④ 任源祥:《漕运议》,贺长龄:《皇朝经世文编》卷四十六《户政二十一》。
⑤ 《海淀问答》,包世臣:《安吴四种》卷四《中衢一勺》。
⑥ 《会同苏皖两省复奏招商贩米由海运京不无流弊惟官运尚可行于丰年折子》,《陶文毅公全集》卷六《奏疏》。

又贴费为中次,米色潮嫩而有贴费为下次"。①

漕船帮费逐年增加。帮费增加情形,据孙鼎臣论述:

> 雍正初,一船才银二十两。及嘉庆五年,议增至三百矣。十五年复增之为五百,递增至道光初乃七八百。②

嘉庆四年,兑运常州府宜兴县漕粮运丁,

> 因见米色不纯,遂尔借端需索,从前每船一只不过帮贴一二十两,后则增至一百数十两及二百两。③

> 旗丁积弊遂由来已久,而近年各帮兑费竟有增至五六百两七八百两者,大约江南之苏松二府,浙江之嘉湖等府为甚。旗丁借口长途起拨,物力昂贵,亦所固然。④

嘉庆十四年,兑运苏州、松江、嘉兴、湖州等府漕粮,每船得帮费银五百到八百两不等。嘉庆十五年,"湖广总督汪志伊等奏湖北帮船出运……每船帮费约需银八百十两"。⑤ 由此可知,嘉庆朝每船所得帮费银七百到八百两。⑥

时人认为各管运管粮衙门的贪官污吏,皆"视运军为奇货,诛求横出",但运丁"别有身家为赔累之具",故其失之于彼,必取之于此。其结果是在各地接受漕粮时,运丁运弁对交粮的地方官吏百般敲诈,以转嫁负担。清政府为了保证漕运的正常运行,考虑到运丁遇到的实际情况,遂规定在征收漕粮时向农民征收"加耗"等名目的附加税,用以运丁的津贴。然而,随着运丁所受盘剥的加剧,他们的勒索活动也日益扩大,又有"淋尖、踢斛、抛剩、漫筹、脚米"等敲诈手段。⑦ 运丁们通常以拒绝接受漕粮相威胁,迫使交粮地方额外供给,以至于出现了

---

① 光绪《户部漕运全书》卷八十八《违禁杂款》。
② 孙鼎臣:《论漕一》,盛康辑《皇朝经世文续编》卷四十七《户政十九·漕运上》。
③ 《清仁宗实录》卷四十九,嘉庆四年七月丙子。
④ 御史程国仁奏,光绪《户部漕运全书》卷八十八《违禁杂款》。
⑤ 光绪《户部漕运全书》卷八十八《违禁杂款》。
⑥ 御史程国仁奏,光绪《户部漕运全书》卷八十八《违禁杂款》。
⑦ 任源祥:《漕运议》,贺长龄:《皇朝经世文编》卷四十六《户政二十一·漕运上》。

"州县资其鱼肉，若非百计刁难，何能饱其欲壑"① 的现象。

然而，旗丁运漕，"合计陋规、贿赂，虽力索州县之兑费，而尚不足也"。② 他们把州县加收的浮费中的一部分，通过运河向各级衙门官员、吏胥进行再分配，而其本身却获利甚少，甚至无利。

3. 地方绅衿的"漕规"

在漕粮征派中，也有专属于地方绅衿这个群体的"漕规"。绅衿的"漕规"存在的条件：一是其与州县官吏的沆瀣一气；二是州县官吏征漕贪索留给绅衿大行"漕规"的可乘之机。绅衿的"漕规"可助成其三个方面的利益目标：一是对应完漕粮依势拖欠短交；二是包揽农户漕粮，中饱私囊；三是向州县强索漕规银两。

嘉庆时期，江苏某地方官向皇帝反映：缙绅之米谓之"衿米"，举贡监生之米谓之"科米"，素好争讼者之米谓之"讼米"，"此三项内缙绅所交之米，非但不能多收，即升合不足、米色潮杂，亦不敢驳斥"。③ 关于绅衿户依势短交，时人也多有记载，在道光十九年金应麟奏："吴江县绅户完粮有所谓'倒八折'，即名下应完粮一石，而只交米八斗。"④ 绅衿大户只完"正额"漕粮而拒交其他漕粮附加费用，绅衿大户少交部分则转加一般粮户身上。道光二十六年柏俊奏："江苏向来完漕，绅户谓之大户，庶民谓之小户，以大户之短交取偿于小户。"⑤

绅衿之"漕规"最常见者当属包揽钱粮。他们利用普通百姓惧怕纳漕的心理，代其交纳漕米，以"借漕分肥"，从中收取钱财。绅衿大户依势包揽庶民小户漕粮事，清初沿前明之旧，已有记载，经康熙、雍正间的打击，多有收敛。至清代中叶，伴随绅权嚣张，包揽之弊又行猖獗。据太仓州志，嘉庆、道光间，在征漕时，绅衿"包纳花户，藉以肥家润身"。⑥ 如宜兴县，嘉庆四年臣僚奏："且有刁生劣监广为包揽。

---

① 贺长龄：《严禁旗丁刁难示》，葛士濬辑：《皇朝经世文续编》卷四十《户政十七·漕运上》。

② 包世臣：《剔漕弊》，贺长龄：《皇朝经世文编》卷四十六《户政二十一·漕运上》。

③ 蒋攸铦：《拟更定漕政章程疏》，贺长龄：《皇朝经世文编》卷四十六《户政二十一·漕运上》。

④ 《清宣宗实录》卷三百二十三，道光十九年六月壬申。

⑤ 柏俊等：《奏请绝江苏省完漕大小户名折色》，光绪《户部漕运全书》卷九《征收漕粮》。

⑥ 民国《太仓州志》卷六《风俗》。

官吏固有浮收，被其挟制，不能不通融收纳"。① 到清代后期，绅衿包揽钱漕行为日益严重。道光二十四年陈岱霖奏："各州县绅衿，代各花户包揽完纳，一切帮费任其入己，阳避食漕之名，阴收渔利之实，谓之情米"。② 咸丰年间，湖北巡抚胡林翼奏："有刁生劣监，包揽完纳，其零取于小民者重，整交于官者微。"③ 绅衿包漕是被国家禁止的，对州县官吏也是不利的，然而，既然是"漕规"，则说明其在地方社会的通行状况，所谓"积弊已深，人繁势重"。④

另外，大户利用身踞本地的势力和掌握的社会资源，向州县讹索漕规，如没有获得漕规即联名上控，以此挟制地方官。道光以后，有关地方绅衿贪索漕规记载甚多，刁生劣监要挟州县官吏，瓜分漕利。道光十九年，鸿胪寺卿金应麟奏：

> 更有向州县讹索漕规，如吴江谓之倒八折，江阴谓之白规，或一人而幻作数名，或一人而盘踞数县，动以数百数千计。不满所欲，则挟嫌诬告。并私将素日安分守己之人牵连列名上控。乡俗所称如绅棍、衿匪、米虫、谷贼、破靴党、大帽子、大张嘴、鱼鲠骨、鬼见愁、水浸牛皮、油泡砒霜、刮地无常、分肥太岁等名目，实为地方之害。⑤

吃漕规人数众多，漕规银额巨大，清代官员奏折及文集中时有提及。

> （嘉庆十年）吴江县知县办漕不利。每次兑漕因丁力拮据量为津贴，又给刁生劣监漕规，将公项挪移至二万两以上……今吴江一县分得漕规生监已有三百余人，其余郡县可想而知。⑥

---

① 《清仁宗实录》卷四十九，嘉庆四年七月丙子。
② 陈岱霖：《请严革征漕积弊疏》，贺长龄：《皇朝经世文编》卷三十九《户政十四·赋役一》。
③ 《胡林翼原奏始末》，光绪《武昌县志》卷四《赋役》。
④ 《会同苏皖两省复奏招商贩米由海运京不无流弊，惟官运尚可行于丰年折子》，陶澍：《陶文毅公全集》卷六《奏疏》。
⑤ 《清宣宗实录》卷三百二十三，道光十九年六月壬申。
⑥ 光绪《户部漕运全书》卷八十五《裁革陋规》。

江苏省吴江县有生监三百多人争索漕规，该县因支出漕规帮费为数过大，致挪借公款银二万两。江苏省漕粮繁重，诸州县一般有生监三百至四百人，漕规银多至二万三万两。这些绅衿不只索取一个县的漕规，"苏州太仓松江常州等处积弊尤甚，竟有勒索漕规至盈千累百之多，并有一人兼索数州县漕规者"。[①] 此风愈演愈烈，从而构成了清代又一大陋规。

---

① 光绪《户部漕运全书》卷八十五《裁革陋规》。

第二章 晚清征漕秩序的重建

一 清中后期漕粮折征的趋势

晚清漕粮征派，相比于清前中期，最明显的转变莫过于漕粮普遍折银征收。这是对于漕粮征派"例不改折"定例的实质突破。应当说，朝廷主观上对于普遍折征是持负面态度的，这从嘉道时期朝廷对这个问题的结论可以看出。促成折征普遍推行，我们无法忽视太平天国运动所带来的战争状态。战争状况让正常的征漕工作无法维持，迫使朝廷不得不同意漕粮折征。然而，平定太平天国运动后，漕粮折征被延续下来，朝廷再也无法恢复以前本色实征的政策。这就让我们不得不考虑一些其他更长时段的影响因素。

（一）嘉道时期朝廷对漕粮折征的否定态度

嘉庆二十一年，嘉庆帝下了一道谕旨：

> （嘉庆）二十一年谕，漕粮岁输天庾，为国家惟正之供，例系征收本色。有漕州县勒收折色，向干严禁。现值年丰谷贱，若令小民以贱价粜谷，交纳折色，是闾阎终岁勤动，所得升斗，大半粜以输官。以有限之盖藏，供无穷之朘削，其为病民，实相倍蓰。著通谕有漕省分各督抚，转饬所属，征收粮米，概以本色交纳，毋许勒折滋弊，如有专利虐民者，即据实严参，毋稍徇纵。①

这个谕旨，表明了一个态度，就是朝廷反对有漕州县勒收折色。从

---

① 光绪《清会典事例》卷二百零一《户部·漕运》。

通谕有漕州县来看，勒收折色在当时实际征漕过程中，应该为普遍现象。朝廷对此下令，要求"概以本色交纳，毋许勒折滋弊"。道光二年，朝廷再申禁令：

> （道光）二年谕，各省征收漕粮，禁止折色，劝令綦严。若州县官勒折买补，米色必多搀杂。著通谕有漕省分各督抚，严饬该州县于收漕时，亲自验明米色，随时兑收。倘查有开征数日，即行封仓勒折，自用贱价买补，及旗丁折兑滥收情弊，即据实严参惩办，毋稍瞻徇。至各省设立粮道，督办收兑，是其专责。若令兼他缺，转致本任抛荒。嗣后即责成该管粮道等，专司稽查。该督毋得另行委署别缺，致有旷误，以专责守而重仓储。①

这道上谕，针对当时严重的漕运弊病，对于州县私征折色依旧严禁。尽管道光年间，由于水患频繁，运河梗阻，最终不得不执行漕粮海运。在此背景下，大学士英和提议漕粮折征，然而遭到其他大臣和皇帝的否定。终道光一朝，其作为最终定论的上谕，对漕粮普遍折征一直排斥，强调本色征收：

> （道光）五年谕，漕粮为天庾正贡，征收本色，由来已久。改收折色，易滋弊端。所有江苏、安徽、浙江、湖广折漕一节，已降旨毋庸议。并将该督抚变价归公及本折兼收之议，概予驳斥。仍令江西省再行妥议，尚未奏到。现当秋获登场，各省将次征收漕米吃紧之时，若耽延时日，不早定议，恐不肖官吏，藉端影射，舞弊病民，所关甚钜。著通行晓谕有漕省份各督抚，所有应征漕粮，仍照向例征收本色，毋得藉口折漕，致滋扰累。②
>
> （道光）二十九年谕，前据李星沅、陆建瀛先后具奏南漕改折，流弊易滋，诸多窒碍各等语。当交原奏王大臣等会部议奏，兹据悉心核议具奏，应如该督抚所请，毋庸议折。本日适据耆英奏到南漕暂缓改折一折，朕详加披阅。折漕之议，原因外省州县折色过

---

① 光绪《清会典事例》卷二百零一《户部·漕运》。
② 同上。

重，徒充私橐，转绌正供。因力求变通，令各就往年征粮实数，酌减征收，期于兴利除弊。既据该督等以种种格碍难行，分析陈奏。惟恐不肖州县，借折色之名，抑勒倍取，是便民之举，转致病民，亦不可不防其渐。所有各省漕粮，著准其仍照旧章办理，毋庸分成议折。①

总之，嘉道时期朝廷对于漕粮折征一直持否定态度。即使在那个时期，漕粮折征其实存在一定的合理性；而且从屡申禁令来看，也事实上被许多州县所私下采用。那么，嘉道时期朝廷何以常否定普行漕粮折征的建议？从朝廷来看，也有其一定的道理：如果州县纳漕折银，农民首先将谷米换成制钱，然后再将制钱换成银两缴纳；有些地方，则是州县向农民收钱，然后官方换成银两。在这一个复杂的折兑过程中，勒折无法避免，最终造成农民负担大增的后果。

在清代高度集权的财政体制下，州县事实上是没有足够的办公经费的，全靠"陋规"来维系。②随着乾隆后期腐败日益盛行，州县所要上下交通的费用越来越多，"陋规"自然日益膨胀，而最终都是由百姓承担。在嘉道时期，州县借口浮收已经成为一个普遍而严重的问题，州县私自折征是其中的一种方式。例如，道光时在山东虽然朝廷屡有禁令，驳回本折兼收的提议，但州县多暗折的行为。在此过程中，"州县任意浮收，随时加增。武定一带至有每石折钱二十余千，折银至七八两者"。③另外，道光时期银贵钱贱现象，又使百姓负担更加沉重。由于银价上涨，百姓需要支付更多的铜钱才能换得同样的白银，《皇朝经世文续编》卷六十《户政三十二·钱币下》记载，"国无加赋之名，在民有加赋之实"。最终，纳漕折银往往引起许多社会问题，甚至成为社会冲突的导火索。在嘉道时期，苏杭地区"闹漕之案"屡发，湖北各州县"延抗成风"。群情汹汹之势下，朝廷对于普行漕粮折征自然持谨慎和阻止的态度。

（二）促成漕粮折征的因素

尽管朝廷主观上并不支持漕粮折银，但是漕粮折征之趋势却在长时

---

① 光绪《清会典事例》卷二百零一《户部·漕运》。
② 瞿同祖：《清代地方政府》，法律出版社2011年版。
③ 民国《山东通志》卷八十一《田赋志第五·田赋后序》。

段的历史发展过程中日益明显。其实漕粮折征被认为易滋生弊端,并非其本身的问题,而是根源于整个财政制度上的不合理以及腐败的盛行。如果能一定程度上完善制度和遏制腐败,漕粮折征并非不能推行。另外,当时自然、社会和经济的变化,也使漕粮河运、本色征收无法继续维持下去,时代要求漕粮折征政策的推行。

1. 运河漕运衰落

乾隆五十年,大学士阿桂屡勘运河工程。当时微山湖等湖水极小,而六月黄河水盛涨,倒灌入运河,水势直达淮、扬地区。根据当时的情状,以及河道官员的建议,阿桂采用"借黄济运"的办法。嘉道年间,黄河屡溃,河水入运河,致运河日淤。于是漕粮河运变得困难,而疏浚成本又很高,运河维护成了令清朝头疼的大问题。嘉庆元年,黄河在丰县决口,刷开南运河佘家庄堤,由丰县、沛县北流注入金乡、鱼台,漾入微山湖、昭阳湖,穿入运河,漫溢两岸。当年冬天,漫口被堵塞,但凌汛时又塌陷。次年,东西两坝一并塌陷,到二月工程始竣。自从丰工溃决后,如曹工、睢工、衡工等工段,几乎每年都会溃决。嘉庆九年,因山东运河浅塞,大加浚治;又预蓄微山等湖的湖水为利运之资。然而自从丰县溃决后,黄河水高于清水,漕船转运需要借助于黄河水浮送,成为常态。这样的后果,就是运河中淤沙日积,可谓利一害百。河道日益淤塞,导致时常出现堤坝溃决之灾,以及河道淤浅的问题。自此以后,清朝廷对于运河的维护面临花费巨大,效果不彰的窘境。

到了嘉庆末年,黄河屡次溃决,致运河淤垫日甚;而历年借黄济运,朝廷也知道这个不是长久之计。所以到了道光初年,两江总督琦善描述当时运河的状况:"自借黄济运以来,运河底高一丈数尺,两滩积淤宽厚,中泓如线。向来河面宽三四十丈者,今只宽十丈至五六丈不等,河底深丈五六尺者,今只存水三四尺,并有深不及五寸者。船只在在膠浅,进退俱难"。① 运河这种状态,可谓岌岌可危。因此道光朝开始筹办漕粮海运,并有两次试行。由于道光时财政困难,加之咸丰以后太平军兴,运河的状况不但没有好转,反而更加恶化。再加上"同治而后,更以轮船由海运输,费省而程远,虽分江北漕粮试行河运,然分

---

① 《清史稿》卷一百二十七《河渠二》。

者什一，藉保运道而已"①，技术进步使运河漕运已经有了更好的替代方案，其也就不可避免地走向最终被废止的结局了。

2. 漕粮海运兴起

嘉道时，因自然条件和社会条件的变化，原有的漕运体制难以维系。道光年间即试行漕粮海运；咸丰朝以后，海运更成为漕粮运输的主要途径。这种漕粮海运，既是当时社会历史条件的产物，又反过来对当时的社会发展产生了深远影响。

清朝道光以前，政府也曾多次谋划试行海运，但限于传统小农经济的思维定式，官员普遍缺乏对海运功能的正确认识，基本上视海运为河运的对立面，因此在清前期，海运始终缺乏强有力的政治支持。道光以后，海运呼声才逐渐高涨。

清朝最初的两次漕粮海运，均出现在道光时期。第一次在道光六年，第二次在道光二十八年，两次海运又以第一次鸦片战争为分界，形成鲜明对比。它们所制定的条文，所面临的问题，所具备的特点，皆因第一次鸦片战争而发生了很大变化。道光六年的漕粮海运，从最初议行到最终试行，经历了一个艰难的历程，它是清朝统治者迫于形势而进行的制度调整，也在一定程度上顺应了历史潮流。第一次鸦片战争的耗费和战败后的赔款，使得清廷的财政状况持续恶化，不得不相应做出财政上的调整，恢复节省经费的漕粮海运，自然有财政上的考虑。可以说道光六年的漕粮海运是漕运体制的一大变革，不仅节省帮费，增加漕粮征收额度，还减少了为维持河道而支付的巨额治河开销和运丁的行粮月粮费用。海运相对于河运有诸多优点，道光六年的初次漕粮海运又相对成功，但最终海运还是终止。其深层次的原因，是当时的清廷还无法从战略高度思考海运事业，仅视海运为权宜之计。由河运转为海运，从习惯而熟悉的内陆转向浩瀚陌生的海洋，对于当时的决策层来说是一种艰难而痛苦的抉择。应该说，当时的决策者并不具备这样的政治勇气和战略眼光。

第一次鸦片战争后，清廷已不得不面对西方列强争夺制海权的现实，这也是实施海运所必须面对的问题。道光时期的第二次漕粮海运，是在道光二十八年进行的。和道光六年的漕粮海运相比，此时的国内国

---

① 《清史稿》卷一百二十七《河渠二》。

际环境已经发生了深刻的变化，这些变化对漕粮海运造成了巨大的冲击，并使它具备了鲜明的时代特色。浙江的反对海运、江苏海运所遭受的阻力、清廷对财政节约的严格控制等，都显现了制度本身的多重问题。清廷的第二次漕粮海运是在国内国际多方压力的作用下缓慢演化的。从表面上看，这次漕粮海运应该称得上成功。但受"青浦教案"的深刻刺激，安于现状的道光皇帝不可能把海运继续推行下去，而难以驯服的河运水手、横行海上的强盗，也令各界官员头疼不已。清廷甚至连第二年的预筹也没有进行。地方官员的奏称，漕粮河运为正途，海运为权宜之计的话语也深得道光皇帝的赏识。① 道光帝令一干事宜遵循旧章，"赶紧次第办理"。② 在各种利害关系的影响下，清朝历史上的第二次漕粮海运草草收场。

咸丰朝的第一次漕粮海运规模极小，只局限于白粮，具有试验性质。咸丰二年将苏、松、常、太、镇五府州之咸丰元年漕粮一百余万石改行海运。此后，江苏粮道漕粮海运逐渐开始取代河运。咸丰二年，浙江省漕粮也改行海运，一切征运体制和江苏大致相同。随着太平天国运动的兴起，江西、安徽、湖北、湖南等省实行漕粮改折，这几省的河运漕粮实质上已经终止。长江流域继续实行征实起运的只有实行海运的江苏、浙江了。具有一千多年历史的漕运制度自此发生了巨大的变化。

咸丰四年，由于太平天国运动，清廷将江苏应征咸丰三年漕粮折征银钱，就地接济军饷，海运暂停。咸丰五年，江苏、浙江两省部分地区被太平军占领，清军只能在所统治的地区继续征漕，运额无定量。同治三年，太平天国运动失败，漕粮海运渐入正常。

在河运漕粮停止之时，江苏、浙江两省的海运漕粮，已经成为清王朝赖以支撑的重要支柱。这一时期的漕粮海运，实际上是清王朝的无奈之举，并不是其主观上深入对海运的了解而进行的改变，并没有突破传统的大陆意识，只是面对太平天国运动兴起、内河改道、漕粮无法河运、京师出现粮荒等一系列状况的无奈之举。

第二次鸦片战争的爆发，强烈地动摇了清朝官员对漕粮海运所抱的任何幻想。江浙两省的漕粮海运受到西方侵略势力的攻击，出现严重危

---

① 道光《起居注》，道光二十八年十月十六日。
② 道光《起居注》，道光二十八年十一月初二日。

机。而后随着太平天国势力在江苏、浙江的推进，各重要粮道的相继失守，也彻底摧毁了这两省漕粮海运的可能性。江苏省同治元年和二年的漕粮海运已完全停顿。浙江省的情况也是如此，浙江各属饱受蹂躏，"逆匪所到之处，庐舍化为焦土，人烟廖寂，鸡犬无闻"。浙江漕粮无从起运，"唯有候来年各漕看情形"。① 结果从咸丰十一年到同治四年，浙江一直都没有恢复过海运。

随着曾国藩、李鸿章等作用的发挥，清廷逐渐取得军事上的优势，并收复了江苏、浙江大部分地区。在改折减赋运动取得较好结果的同时，以江苏、浙江两省为代表的漕粮海运也逐渐恢复。这一时期的江苏、浙江漕粮海运面临着新的抉择。伴随着地方财政的逐渐壮大，它与中央财政的矛盾开始激化，作为中央财政的漕粮随之受到冲击。同时伴随漕粮海运的恢复，原有的漕运弊端也再次呈现。除原有的弊端外，第二次鸦片战争后产生的租界对漕粮海运也产生了很大的影响。新问题、新情况层出不穷，使江苏、浙江两省的漕粮海运困难极多。后又出现了漕粮由轮船招商局进行海运、河运的部分恢复、海运区域对象的扩大以及洋商觊觎漕粮海运等诸多事情。

清朝中后期的漕粮实行海运后，对国家个人的经济生活，尤其是对那些和漕运直接相关的机构和个人，都产生了相当重要的影响。清朝漕粮海运实际是各种政治势力②进行较量、斗争和妥协的产物，并从根本上代表了当权者的利益。漕粮海运是晚清政治变革的重要组成部分，晚清政局的变化和漕粮海运也有莫大关系。太平天国运动、中外交涉等近代重大政治事件的冲击、漕运体制的变更等，都直接影响了当时的漕粮海运的手段、方式和成效。

3. 商品经济的冲击

清代中后期，商品经济相对以前更加活跃，渗透于国家、社会各个层面。这种商业化的趋势，对于漕运无疑有着巨大的冲击。由于商业化的影响，漕运人员在漕运过程中，随船附带大量土产、沿途出售、交易；漕运人员盗卖漕粮售与粮商和百姓；漕运人员利用漕船，私揽商

---

① 《同治三年浙省设清赋局详经总督左宗棠筹减漕议四条》，光绪《嘉兴县志》卷十三《漕运》。

② 尤其是中央保守派和地方革新派（特别是江浙地方力量）。

货，通同商人营私。这些都是违反漕规的行为，然而在清中后期却成为普遍的现象。这种"违规"行为，一方面固然繁荣了商业，促进了商品流通；另一方面也动摇了漕运的规则，分解了漕运行业。具体来说，有以下几种情况：

（1）滞运。清后期，漕运弁丁不是全力从事漕粮的运输，而是漕运兼贸易，甚至以营利为主。尽管清政府屡次申令：漕船不许停泊于"沿途城市、镇店、货物辐辏之所，否则，各漕运官吏议处"。[1] 然而，有令不行、有禁不止，弁丁经营行为有增无已，阻碍了漕运的正常进行。

（2）挂欠。漕运人员盗卖漕粮，多是在商人引诱下进行的，其方法极多。数量有巨有细，每年漕粮运到京、通二仓时，已挂欠极多，只是多为被贿赂的兑收官吏掩饰过去。

（3）漕运商业性的增强。漕运商业性的加强意味着政府行政控制的削弱，这本身对漕运自身有着巨大的瓦解作用。漕运制度原本是依靠赏罚进行的，而商业化的渗入，使其原本赏罚的作用消解。漕运中许多不利于自身发展的行为和现象（如上述的滞运和挂欠）都与商业的渗入有关。所以，商业一方面繁荣了漕运，另一方面又瓦解了漕运制度。

同时，商业化在农业中的渗透和扩散，也起到很大的影响。在清中后期，许多地方，特别是江南地区，出现"素不产米""产米素少"的现象。这些地方之前都是产粮地区，之所以出现这种状况，与地方产业结构发生转型有关。以江苏省泰兴县为例，据光绪《泰兴县志》记载：

> 泰无特产，其谷宜麦、宜菽，多籼而少粳。籼有数种，西南为浑水籼，东北为清水籼。秫尤稀，泰之酿以麦与稷，无酿秫者。肆酿率他产。亦宜木棉，纺绩成布曰土布。有桑可蚕，光绪中知县张兴诗购湖桑万计，植益繁，织之曰土绸。

结合嘉庆初年，地方上奏说泰兴"地不产米"，要求漕粮"民折官办"[2] 来看，我们可以认为，泰兴发生了产业结构转型。种棉，包括之

---

[1] 光绪《户部漕运全书》卷八十三《通漕禁令》。
[2] 光绪《清会典事例》卷二百零一《户部·漕运》。

后种桑，这些经济作物取代了粮食种植。农民依靠种植棉桑等经济作物，发展织布织绸等手工业，来获得更多的经济收入。这种产业转型，至少在江南地区是很普遍的。作为漕粮重赋之区，江南地区农民缴纳的漕米，其实也是通过市场获得的。当粮户与市场密切联系时，坚持本色征收，一定程度上也让粮户面临市价波动的风险，而缴纳折色则只需获得银钱即可。这也是为何民间觉得缴纳折色稔便的原因。

同时，在清中后期，商人已经壮大，商业网络也日益形成。依靠商业网络来获得漕粮，事实上是可行的。这从后来漕粮海运，朝廷较多依赖、利用商人维持漕运可见一斑。

最后，商业化也使货币的影响力越来越大。清代，银钱比价的影响日益扩大。无论银贵钱贱，还是银贱钱贵，都对清代中国经济产生巨大影响。无论本色征收，还是折色征收，都无法避免银钱比价波动带来的负面影响。不过，在一般情况下对百姓而言，银贵钱贱时，本色缴纳较为有利；而银贱钱贵时，折色缴纳较为有利。这种银钱比价波动，对于老百姓接受"本色缴纳"还是"折色缴纳"的形式，都具有很大的影响。

二 晚清各省漕粮折征

清中叶以降，随着漕制的结构性缺陷逐步显现，漕政渐趋败坏，加之运河阻滞、太平天国事起以及战争赔款，原有的河运规制无以为继，改折和海运等应变方式出现。官吏贪污直接导致漕粮征运体系内部矛盾的不断加剧，而农村经济变化对漕粮征收形成了越来越严重冲击，漕粮征运制度进入了必须改革的境地。太平天国运动的冲击，更是促成漕粮征收改革的一个重要因素。

（一）太平天国运动冲击下的减赋改折

太平天国运动爆发后，清军战败失地，使清帝国整个南部地区的统治岌岌可危。东南是朝廷重要的粮食供应基地，这些地方被太平军占领以后，沿途省份的漕运设置以及漕粮的运输状况也就可想而知。据奏报称，被太平军占领后，"湖南、湖北漕船停运一年，江西江安漕粮全部截留，合计四省粮米颗粒不能抵通"。① 太平军切断运河航运后，京城的恐慌不言而喻，"部内部外官僚送回家眷，闲员学士散归大半，京城一空，只有近京之地，由海道运粮不多，故京城米价八十余文一斤，油盐柴炭，贵不待言"。② 咸丰三年的《北华捷报》载："根据可靠的报道，北京大米来源已经断绝三月，居民已用小麦和其他北方谷类作为粮食。三分之二人口业已离开北京城"。③ 京城漕粮供应奇缺，还在太平军攻克武昌时就有人呼吁，如太平军驾船"直下江宁，则江北之漕运不通，淮阴之盐纲亦废，在南省为切肤之患，在北省为扼吭之忧"。④

太平天国运动中，长江六省湖北、湖南、江西、安徽、浙江、江苏成为最主要的战区，战乱的破坏非常严重，漕粮收入更是大幅度下降。然而，在漕粮的征收过程中，州县带征了大量的杂费，加上官员贪污的浮费，这些费用远远超出国家正赋。田赋加重，不少户民无法足额缴纳，长期拖欠，致使这些正赋有名无实，只是徒增地方官员勒索敲诈的机会。咸丰末年，江浙一带地丁银每两征收一两七八钱，漕米每石收银七八两，官民交困。各地不断爆发抗漕斗争，抗粮、抗漕的队伍不仅有农民，也有不少地主士绅。清政府为了缓和社会矛盾，收拾民心，以争取地主阶层在财政上的支持，在长江六省进行了减赋。

太平军切断了清代漕运水路运输的咽喉，漕粮无法运抵北京，为使长江诸省漕粮能如期运至，清政府不得不在江浙地区实行漕粮海运，长江沿岸的其他四省则实行漕粮改折减赋。

太平天国运动爆发后，清政府从各地调兵遣将汇集广西剿办。当年为此所花费的军费达银一千八百万两⑤，相当于清政府岁入总数的百分之五十。道光三十年，清政府全年岁入仅二千五百万两，而岁出仅军费就达三千一百万两，赤字六百万两。咸丰三年六月，太平军攻克安庆后，清朝户部密奏说："军兴三年，糜饷已达二千九百六十三万余两"，盘点银库，截至六月十二日仅存银二十二万七千余两，连正常行政费用

---

① 孙瑞珍奏，《军机处录副奏折》，咸丰三年八月十四日，中国第一历史档案馆藏。
② 李汝昭：《镜山野史》，《中国近代史料丛刊·太平天国》第三册第二部分《清方记载一》。
③ 《上海小刀会起义史料汇编》第二部分《北华捷报》之"战况报道1"，上海人民出版社1980年版，第77页。
④ 王庆成、庄建平主编：《太平天国文献史料集》，中国社会科学出版社1982年版。
⑤ 《清朝续文献通考》卷六十七《国用考·用额》。

也无法开支了。① 太平天国占领长江中下游地区,使清政府的财税来源大为减少,各省地丁钱粮既无可催征,其余各省也远不足额并被"缓征""留用",而军费开支仍在急剧上升。清政府除要对付太平天国外,还要同时或相继应付捻军、云南贵州的"苗回之乱"、西北的"回乱"、南方各省零星起义,以及英法联军发动的第二次鸦片战争。所有这些军事行动的花费到底是多少,由于军事行动历年久、地域广、册报多有缺漏等原因,早成了一笔糊涂账。现仅根据户部奏销册有案可稽的一些数据,作一不完全统计,则约达银四亿多两,铜钱和米粮尚不在内。这个总数中的各项开支如表2-1所示,考虑到户部奏销的大量缺漏、不入户部奏销的团练经费和军政方面自筹自销的部分,实际总军事费用支出应该在户部数额的两倍左右,总数约为银八亿两上下。

表2-1　　　　　户部奏销镇压起义军费　　　　　单位:万两、%

项目	数额	比重
太平军	17060.4	38.92
捻军	3173.1	7.24
西北回民起义	11888.8	27.12
西南苗回起义	7873.7	17.96
南方各省零星起义	2233.7	5.10
英法联军(赔款)	1600	3.65
总计	43829.7	100.0

资料来源:据彭泽益《十九世纪后半期的中国财政与经济》(人民出版社1983年版)第136页表改制。

总之,太平天国起义爆发后,由于战争频繁,清政府的统治地区变动不居,且多残破,收入来源大为减少,而开支却剧增,以致入不敷出,年年亏耗。清政府国库储备,在道光二十九年还剩银八百万两;咸丰三年到咸丰七年,剧减至平均年十一万余两;咸丰八年到同治三年间,进一步减少到每年平均只有六万余两。这样,在大起义期间,清政

---

① 祁藻等密奏:《军机处录副奏折》,咸丰三年六月十六日,中国第一历史档案馆藏。

府的财政一直都是处在濒于崩溃的状态。山穷水尽的清王朝哀叹"耗财有闻而生财无策"。

面对此等危局,如何击败太平军,重新恢复统治就成为头等大事。从清朝廷的角度而言,治理内乱最重要的是军事手段,而与此关联的重要环节则是放权于督、抚。随着曾国藩、李鸿章等作用的发挥,清廷逐渐取得军事上的优势,并收复了江浙大部分地区。与军事活动相配合,清政府着手推行政治攻势,大力收买人心,其中最重要的举措就是改折减赋。当然,这种改折减赋运动是随着战争的升级而逐步摸索出来的,并基本上与曾国藩、李鸿章等务实派人物控制地方实权的步伐一致。

改折减赋运动首先是基于"结民心""保民命""御贼患"的目的。咸丰前期,长江中下游广大地区多被太平军占领,在天朝田亩制和普免三年钱粮的号召下,农民纷起响应,如当时张德坚所说:"蚩蚩之氓竟为贼卖,甚至贼至争迎之,官军至皆罢市,此等悖惑情形比比皆是,而以湖北为甚"。① 农民的对立情绪甚为激烈,如湖北巡抚胡林翼所言:官民互相仇视,即太平军不复至,农民也将"揭竿为变"。② 为此,他提出"御贼之法先结民心,救乱之略先保民命"的建议。③ 胡氏所说的"先结民心""先保民命"主要是指减轻漕赋。后来丁寿昌又论述减轻漕赋的重要意义,他说:如果实行减漕,已收复地区的人民将"亟思灭贼",未收复地区的人民将"率众归诚",如此,则清军所至将如破竹之势,太平军便容易镇压下去。丁寿昌奏:"欲寒今日之贼胆,必先收今日之民心,欲收今日之民心,必先减最重之粮额。苏、杭等府所最苦者漕粮之重,苏、松为甚,常、镇、太、杭、嘉、湖次之。"④ 兵燹之后,非减赋不足以纾民困,如酌减赋税,则参加太平军的人将还乡务农,对稳定社会秩序定有很大好处。可见咸、同之际地方官吏主张减赋是同平定太平天国、收买人心联系在一起的。

同时,战乱之后农村残破凋敝,脂膏已竭,民户无力完纳漕粮,也非实行改革不可。如江苏省松江府和太仓州,经过长期战争,有的城镇

---

① 民国《湖北通志》卷八十二《艺文》。
② 胡林翼:《胡文忠公遗集》卷十四。
③ 同上。
④ 丁寿昌:《请永减苏松漕粮疏》,盛康编:《皇朝经世文续编》卷三十七《户政九·赋役四》。

变成焦土。向来称富庶的江苏省，农民已"无骨可敲，无髓可吸"。①浙江省杭州、嘉兴、湖州等府，则到处破壁残垣。安徽省也有些地区因战争而耕地荒废。在这种情形下，一般农户已无力继续完纳全漕。

在乡村经济衰退、农民抗漕斗争日趋激烈的条件下，征漕日益困难。地方官吏为逃避责任，则捏报灾荒缓征减征，漕粮额数逐渐减少。最后还是把改折减赋问题提到日程上来。

清朝中后期的漕粮改折减赋运动，除山东省外，其他有漕七省都陆续进行，长江中下游的湖南、湖北、江西、安徽、江苏、浙江六省改革比较明显，虽各省份改革的时间不尽相同，但主要集中于核定地丁漕粮、裁革部分浮收，通过减轻漕粮负担鼓励粮户完纳漕赋。

当太平天国叛乱平定后，各省漕粮征派也沿着折征的路径继续发展。

（二）有漕各省漕粮折征的方式与内容

1. 湖南、湖北两省

湖南和湖北两省最先开展改革。咸丰四年秋，湖南省战事逐渐结束。地方政权关注的焦点，一是如何安定民心，以防动乱；二是如何筹措军饷，以协济邻省战事。为此，咸丰五年，湖南巡抚骆秉章开始进行漕粮改折减赋，相关问题多由骆氏幕僚左宗棠筹划，而筹议减漕者则是湘潭举人周焕南。咸丰八年四月，湖南的漕粮改折减赋运动基本完成，其改革主要围绕革除陋规浮收和改折进行，漕折除按照部章每石折纳银一两三钱外，再加纳银一两三钱以助军需，又加银四钱作州县办公费，每石共折银三两，较前减少一半，其他一切陋规浮收一概停革。经过改革后，粮户输缴踊跃，税收增加，湖南的漕粮改折减赋收到了预期的效果。②

湖南省漕粮改折后，依据清末《湖南财政说明书》所载，其漕粮折征内容大体如下：③

（1）正四米折。其额数正米九万五千四百四十七石二斗九升八合二勺四，耗米三万八千一百七十八石九斗一升九合三勺，共折四两库平

---

① 《清史稿》卷一百二十一《食货志二·赋役仓库》。
② 《筹饷情形疏》，光绪《善化县志》卷十九《政绩》。
③ 湖南漕粮改折内容均见《清光绪年二十二省财政说明书·湖南湖北卷》。

银一十七万三千七百一十四两零八分三厘。这个"正四米折"的由来，是咸丰二年由于太平天国运动影响而江路梗塞，巡抚骆秉章奏请漕粮改征折色起运。其改折对象为"一正四耗"故称为"正四米"，湖南《赋役全书》载"一正四耗"的具体构成为"漕粮正耗并盘船脚米赠贴"。部议每石折银一两三钱，由各州县征收解粮道库。清末粮道裁缺改解布政司衙门粮库交纳。凡漕粮各款同，至各州县征收，将各项应解杂款及解费、平余、办公等项一并统征，各地折价不一。

（2）二米折。二米其额数为一万九千八十九石四斗五升九合九勺，折四两库平银二万四千八百一十六两二钱九分八厘。清朝官收官兑，运粮军丁长途挽运所费甚多，酌定给赠贴米。湖南历来各属于四耗之外，每正米一石加耗二斗，称为"二耗"。自漕粮改折后，此项留为州县津贴。同治二年巡抚恽世临咨请提充军需，奉准部咨提归湖南省军需项下支销。同治十年起，与正四米并计分数列考。光绪七年，复奉提入正款开列。二米折解司折价及各属征收折价，均与正四米相同。

（3）南米折。南米其额数为一十二万六千六百二十六石六斗六升三合四勺，折四两库平银八万三千四百二十一两六钱二分七厘。这项系田粮额征留南备用者，有本色有折色。顺治十四年颁行赋役全书，内开南粮本折，昔日是留南用，晚清时抵军需。南粮一例改折，谓之南折。部议每石折银六钱五分八厘，由各州县征收解粮道库。自粮道裁缺，改解布政司衙门粮库交纳。

（4）秋米折。秋米其额数为一万七千二百一十四石一斗九升九合五勺，折四两库平银一万一千三百四十两七钱一分五厘。这项由来是依据《赋役全书》载宝、靖二府州属原额本色南秋米，并丈出新增及额外开垦升科米数。其解司折价与南米相同，每石折银六钱五分八厘。

（5）随漕五项。其额数为四两库平银三万二千三两四钱四分七厘。具体分项（甲）随漕四两库平银一万二千九百二十七两八千九分三厘；（乙）浅船四两库平银二千六百八十一两四钱六厘；（丙）轻赍四两库平银一万七千一百八十六两八钱七分五厘；（丁）松板四两库品银一百二十六两三钱六分三厘；（戊）芦席四两库平银八十两九钱一分。

这些款项，随漕最初为明代运军兑粮私收耗米，叫里纳米，为兑漕办公杂费。乾隆八年清理漕耗，认为此项如果遽议裁撤，非但无以济运，州县修仓铺垫也无项可动。于是一例随漕带征，是谓之随漕。浅船、轻赍、松板、芦席四项，也均是继承明代漕运费用而来。晚清随漕五项费用，由各属于漕粮内统征，无漕州县加入地丁征收，分解粮库。

（6）军安。其额数为四两库平银二千零十两六钱一分。此款项初为荆正、荆左、荆右、沔阳和岳州五卫征收军三、造船及运军安家之费。河运停运后，提解充饷。光绪二十九年，奏准裁撤卫所，改卫为民。此款仍随漕粮带征。

（7）闲丁。其额数为四两库平银三百七十八两九钱九分二厘。这个款项原是长、衡、永、宝、常、辰、沅、顺、郴、靖、澧、桂十二府州属各卫所屯田归并后，各卫所闲丁归坐落各州县分管。其丁随粮派等事的具体办法，朝廷指示自乾隆三年为始，随粮带征，由各州县加入地丁征收，解缴粮库，其征收价目与地丁相同。

（8）随浅军安耗羡。其额数为四两库平银三千五百一十二两九分七厘四毫。此项为长、衡、桂、岳、澧、永、宝、辰、沅、常、郴、靖十二府州属，并南洲厅，额征随漕浅船等项银三万三千三两四钱四分八厘，随正加一耗银三千三百两三钱四分五厘二毫。荆、沔、岳五卫，额征军三安家银二千十两六钱一分，随正加一耗银二百一十一两七钱五分二厘二毫。由各属于随浅军安（项下）征收折价内，统征分解粮库。

（9）漕费。其额数为四两库平银五千五百九十两九钱八分九厘六毫。此项原为征收漕米办公费用，乾隆六年裁革。乾隆八年，因州县挽运需费，照旧征收。户部则例载湖南正米一石收漕费自五分至一钱三分不等。从前提出京脚、淮脚解粮道库，余为什费由县支销。自改折后，奉饬随解四分解费，各属即以此款支解。后奉新章，四分解费饬令捐解。此项漕费仍须另款批解，统在折价内征收。由州县分款解交粮库。

（10）津贴。其额数为四两库平银一万二千六百九十四两二钱八分七厘。此项原为长、衡、岳、澧四府州属各州县，归并旱卫屯田，较民赋粮饷轻。奏准照屯饷每亩加征无耗津银，自五厘起至二三分不等，抵拨岳州卫军旗义帮造费银两。长沙府属之长沙等十二州县，加征银七千三百五两六钱八分八厘。衡州府属之衡阳等四县，加征银一千九百八十五两六钱二分五厘。澧州属之慈利、永定二县，加征银一百二两九钱七分六厘。共征引九千三百九十四两二钱八分七厘。又湖北荆州、宜昌、荆门三府州属各州县，坐落荆州卫、枝、彝、长、远四所，成熟屯田军丁，向不出运。而运造军丁，经年造运。该四所愿帮运费，银六百六十两。银数较少，未免劳逸不均。奏准以乾隆五十八年为始，于原帮额数之外，再加四倍津贴银二千六百四十两，共征银三千三百两。统共征银一万二千六百九十四两二钱八分七厘。由屯坐各州县，随粮征收，解缴粮库。

（11）驴脚。其额数为四两库平银一万五千一百九十五两四钱一分一厘。此项原为南粮正米一石，征船驴脚米一斗五升。亦曰里纳米。晚清由各属于征收南米折价内统征分解粮库。

（12）运义。其额数尽征尽解宣统元年收四两库平银三千八百五两零。此项原为漕运时摊征给丁济运帮费。原额三万六千八百十三两七钱二分六厘。由荆、沔、岳五卫坐落州县征收，解缴粮库。漕粮改折后，各卫征解甚属寥寥，光绪十三年奉部奏令，复额计考。当时将窒碍难以计考的情形详细上报，请以尽征尽解暂缓复额，以示体恤而纾屯困。奏奉部覆，准予照办。

（13）秋米羡余。其额数为四两库平银一千两。此项原为酌提中饱之款，非税项收入，晚清时也作为国家经常入款看待了。查绥宁县每年额征秋米二千二石四斗三升六合九勺，向系全数支给绥宁营，分别支食折解。光绪二十七年，绥宁县黄县令以该营裁兵限满，余米增多，禀由该县分别支给折解。营县互争，禀经蔡前粮道详准，由绥宁县征解。除提钱一百串送给营兵，又提兵米五十余石送游击、守备、千总、典史、儒学、暨州署幕友外，所有羡余提银二千两，批解道库充公。后因余米粜钱易银昂贵，宣统元年详奉抚院批准暂予酌减一千两，每年提银一千两由绥宁解缴粮库。

（14）轻赍盘费。其额数为四两库平银四百两。此款原为经征漕粮州县之附加税。轻赍银两解交通济库，故令各属随解盘费，由各州县漕粮平余内解缴。

（15）松板脚价。其额数为四两库平银一千三百七十五两。此项原为经征漕粮州县之附加税。松板脚价亦随漕解交通济库，故令各属随解脚价与轻赍盘费。

（16）塘丁饭食。其额数无闰四两库平银一百四十一两二钱二分五厘，有闰四两库平银一百五十一两六钱六分。此项原为经征漕粮州县之附加税。前漕运时挽运塘丁工食，令有漕州县于漕余内摊捐。河运停运后，照解。

　　湖北漕粮改折减赋稍迟于湖南。咸丰六年十一月，清军收复武昌，湖北长江两岸农村秩序逐渐恢复。咸丰七年三月，湖北巡抚胡林翼效法湖南减赋法，通令全省办理，改革在咸丰八年六月就基本完成。① 胡林翼进行减赋，其目的与湖南大体相同，意在筹措军饷与稳定社会秩序。胡林翼减赋政策从裁汰陋规浮费着手。湖北钱漕积弊过深，浮收勒折太苛，丧失人心，致纷起抗漕，"国计民生将何补救，惟是楚北漕弊浮收之重，实由于冗费之多，使非先察积弊之由，是犹止沸者不去"。② 湖北的改革将所有漕规及上下各衙门一切房费整费概行裁革。裁浮收和改折紧密联系在一起。

　　从这年起漕赋正式改征折色，并查明各州县历解浮收实数，分别核减。明定折价大较自四千文起至六千五百文而止，其水脚耗米一并在内，所有由单、串票、样米、号钱等一切浮费概行革除。严饬各州县遵照改定钱数征收，不准于此外多收分文。

　　章程里具体安排，北漕每石解正银一两三钱，耗银一钱三分；南米每石解正银一两五钱，耗银一钱五分。南漕较北漕多解银二钱，是因为南米系供满、绿各营兵食，遇有灾缓不敷，由藩库筹款拨补。然当时藩库款项支绌，不能不就款预筹。统计北漕、南米正耗银两，实应解库银四十一万余两。③

　　对于漕南米折征后的用途，章程内也有说明。南米例支满、绿各营兵糈，应均照例价，每石折银七钱，尚余银八钱。荆州满营生计尤艰，应于每年例放二百日本色之内，酌加银二钱。每石折银九钱，尚余银六钱。共计余银八万余两，拨入藩库，筹备拨补兵米及满、绿各营正饷。又漕南水脚银每石一钱五分，共计银四万余两，向系各州县开销修仓铺垫水陆脚价及漕南书吏饭食等项之用，颇为浮冒。今改征折色，各州县毋庸开销，应饬全解粮库，也可补苴兵饷。此则于节省之中，寓筹备之意。于民无损，而于公有益。又从前兑运北漕粮船旗丁水手，于屯运例款不敷之外，州县向有津贴，名为兑费数，目七万余两。出于将来运河

---

①　《胡林翼原奏始末》，光绪《武昌县志》卷四《赋役》。
②　同上。
③　胡林翼：《胡林翼集·奏疏》。

重开的考虑，并未裁革此费。由于目前运河停运，兑费暂提充饷，俟开对北漕，仍归丁船津贴。又有随漕浅船、军士安家、帮津资役等款，改折停运，俱毋庸开支，又可提存银十二万余两。①

胡林翼最后认为，经通盘筹算，极力减除，为民间省去钱一百四十余万串，为国帑实得银四十万余两，又得节省提存银三十余万两。章程颁布后，粮户由于减轻漕赋负担，完纳阻力消除，如胡氏所说，粮户完纳之踊跃为数十年来所未有。② 可见此次减赋之成效。

晚清湖北省漕粮折征，嗣后基本就延续胡林翼制定的政策发展。由于最初胡林翼也认为，漕粮折征原系一时权宜之计，将来运河修复仍当设法办解本色以济京仓。③ 在平定太平天国运动之后，朝廷试图恢复河运，命令湖北和江西两省本色实征，漕粮河运。朝廷的命令受到了湖北总督李瀚章的抵制，漕粮恢复本色征收被搁置。同时，因运河河道不能很好地疏通维护，使得漕粮河运效果并不理想。作为替代方案，同治十三年，湖北试办采运。湖广总督兼湖北巡抚李瀚章覆奏湖北漕粮仍难酌征本色，拟提漕折银两试办采买米三万石，由轮船海运至津兑通。自此，湖北参与海运漕粮，不过漕粮折征的征派方式并未改变。

依据民国十年版《湖北通志》记载，晚清湖北漕粮的折征总额如下：

> 通省减定，总共二五解北漕正米银，额征内除它压、渍淹、沙压、计缓外，实折征银一十九万二千零三十两九钱五分三厘。一三解北漕耗米银，额征实折征银一万九千二百三两九分八厘。一五解北漕水脚银，额征实应解银二万二千一百五十七两四钱一分九厘。
>
> 总共一五解南粮正米银，额征内除挖压、渍淹、沙压、计缓外，实折征银一十八万七千二百六十四两一钱五分三厘。一五解南粮耗米银，额征实折征银一万八千七百二十六两四钱一分五厘。一五解南粮水脚银，额征实应解银一万八千七百二十六两四钱一分六厘。

---

① 胡林翼：《胡林翼集·奏疏》。
② 《胡林翼原奏始末》，光绪《武昌县志》卷四《赋役》。
③ 胡林翼：《胡林翼集·奏疏》。

通共解六款银，四十五万八千一百八两四钱五分四厘。通共提兑费除挖压、渍淹、沙压、计缓外，实解银九万七千七百六十七两三钱一分五厘。

2. 江西、安徽两省

江西省的漕粮改折由曾国藩和沈葆桢主持，咸丰十一年十月开始，同治元年七月完成。咸丰十一年九月，曾国藩镇压太平军取得胜利，于是效仿湖南，对漕粮改折减折征收。其目的和湖南相同，在于令粮户踊跃输将以裕兵饷。曾国藩令李桓办理，在漕粮改折减赋中，各州县漕粮折价一律相等，以避免以往各州县折价不同，浮收严重的现象。同治元年，沈葆桢继任江西巡抚，与曾国藩商酌，复位减赋章程。大致可归纳为两点：一是裁减各项浮收陋规和各项摊派，二是更定各州县漕粮折价，将广信府各县漕粮折价一律定为五千五百至六千文；其余各府每石折价定为二千六百至三千八百文。

同治元年四月，李桓向曾、沈二人提出更定减赋章程，并提出具体办法。曾国藩参酌李桓等人建议，并同沈葆桢、左宗棠等人商酌，于是年五月核定减赋新章程。在漕粮方面，南昌等十府每石折收银一两九钱①，广信府七县每石折银三两，三两之中以五钱作军需费，俟后军务完改为二两五钱，过去系折收制钱，现在改为一律收银。② 又江西各州县过去未完随赋带征银二百一十五万余两，一律豁免。

平定太平天国运动以后，江西漕粮折征按曾、沈减赋章程的内容有所损益而执行。由于同治初年以后，市场上钱贵银贱，征银有亏于官。同治四年，朝廷规定江西省漕粮一律折收制钱，由官易银解兑。每漕米一石，折收足钱三千文。万安、乐平两县，每石加钱二百文。③ 同时，要求江西省折漕，每石解部银一两三钱，该省如有实在需用之捐款公费，每漕米一石，另提银二钱，在解部款外，余剩丁漕数内供支。④ 再又奏准，江西漕粮改折，自开征之日起，分限加价。第一月为初限，不

---

① 《附漕粮改折议》，民国《德兴县志》卷三《食货志·漕运》。
② 《附丁漕减价新章》，同治《广丰县志》卷三十二《田赋》。
③ 光绪《清会典事例》卷二百零一《户部·漕运》。
④ 同上。

加。第二月为二限，每石加价银五钱。三限以后，每石加价银一两。①

同治七年，朝廷议准江西省折漕州县，以钱易银，解支不敷，以向收制钱三千文者，改收银一两九钱。向收制钱三千二百文者，改收银二两二分，以一两三钱解部。以二钱七分提充本省捐款公费，余为各州县办公之用。同年，又加征万安、乐平二县（即收制钱三千二百文者）银一钱二分。② 同时又议准，认为江西省完粮各户，率多疲玩，非逾限加价，催科实无把握。应将加价数目，改为二三两限，每限各加银三钱。仍将各属开征日期，及每届一限已收未收漕粮总数，专案报部。其按限加价银两，酌提八成归公，二成给予州县。同年不久，二三两限，每石又各加银三钱。③ 同年，朝廷还对江西漕项银两征收进行规定。其议准江西省随漕征收各款漕项钱粮，与脚耗银两，俱系循例另征。唯脚耗米石，系与正耗统征，自改折以来，除脚耗内坐支银米，仍归州县支用外，其余漕项脚耗等银，俱系节省报解充饷，又给丁赠扣米石。自同治五年以后，凡系节省，一律报解充饷，脚米每石折解银一两。④

同治十二年，朝廷议准江西省漕折照同治四年原定数目，于每石收钱三千文，以及三千二百文之外，酌量加收钱文，毋庸征收实银。其所加钱文，即视地丁每两加钱二百文之数核计，不准再有浮溢。俟银价平减，即照原定钱数折征。至逾限加价一节，照江苏折漕案内逾限加价章程，年内毋庸加收，年外加收钱五百文。仍不得稍有浮多。并令该抚仿照江苏办法，将已征未征各数，于年底截清奏报，以凭查核。⑤

同治十三年，奏准江西省征收折漕，每石连留支公用，改收钱三千四百二十文。万安、乐平两县，加收钱二百十六文。年外缴纳，仿照江苏成案，每石加钱五百文。⑥

总而言之，江西征漕秩序在同治年间完成。此过程中，折征政策主要围绕银钱比价波动，中央地方利益分配，催科处罚等内容调整完善。

安徽省的漕粮改革于同治二年五月开始，同治二年九月基本完成，

---

① 光绪《清会典事例》卷二百零一《户部·漕运》。
② 同上。
③ 同上。
④ 同上。
⑤ 同上。
⑥ 同上。

由两江总督曾国藩和安徽巡抚乔松年主持。同治三年，占领安徽省的太平军被镇压下去，清廷拟规复漕运旧制，因运道梗阻暂收折色。又以久战之后，农村凋敝，无法照原额征收，乃办理减征。由巡抚乔松年和布政使马新贻等制定折征章程，具体情形与方案如下：

> 自军兴以来，各属停征未经筹议。本年皖省开征之处虽属无多，而钱漕例应并征，现在运道中阻，漕艘朽坏，急切难复旧制。皖省征数无多，距海较远，海运又未办过。若征收本色，竟难转运，不如暂征折色，较为简易，而小民亦便于输。将现饬各属开报从前折价，虽较邻省减少，然大兵之后，民力未纾，且全收折色，自应大加核减以示体恤，其必不可少之款仍酌留，为将来起运本色地步。饬据藩司马新贻善后，局属臬司何璟公同酌议，拟将安庆、宁国、池州、太平、庐州五府并六安州属正兑正米及加四耗内之交仓米二斗五升，庐州、广德二属改兑正米及加三五耗内之交仓米一斗七升，又凤阳、颖州二府并泗州属正兑正米并加三耗内之交仓米二斗五升及改兑正米加二五耗内之交仓米一斗七升，均按部定价值，稷米每石折银一两三钱，粟米每石折银一两二钱，提存藩库以备起解部库。其加四耗内之一斗五升，加三耗内之一斗三升，并凤、颖、泗三属加三耗内之五升，加二五耗内之八升，向系兑交丁船为随漕作耗之用，此款并不交通仓，无须起运专款提存司库，留备本省。停征州县祭祀、驿站、俸工、养廉各属囚递口粮等项公用。又行月粮、赠米三款历系随漕给丁支用，现在漕粮未能起运，此款亦须提存留为将来起造漕船之用，或有急需听候酌拨。①

该章程最后由曾国藩核定，大致可归纳为两点：第一，每石漕粮折收银一两三钱，另加收一两二钱提存司道库；第二，废除各项陋规摊捐，另加征丁漕余资若干以为州县办公用费。漕赋虽按规定折收银两，但民间习惯使用制钱，州县征收时也令粮户折交钱文以图省便，每石折价各县多寡不等，大抵在五千文以内，最高不超过六千五百文。② 安徽

---

① 《巡抚乔松年疏略附》，民国《怀宁县志》卷七《赋役》。
② 曾国藩：《曾文正公全集》卷五《批牍》。

漕粮折钱普遍比江西府州县要高，和湖北府州县漕粮折钱基本持平。安徽的漕粮改折减赋主要倾向于州县向粮户征收折色；少数粟米粳米折银；其他一切陋规尽行革除。

3. 江苏、浙江两省

江苏、浙江两省的漕粮改折减赋，先后相继，互相影响。① 不过，两省又各有特点，江苏的改革以核减漕额为重点，浙江的改革以核减漕粮浮收为主要特色。江苏、浙江两省，除了仿照湘、鄂、赣、皖四省办法，如核减浮收，禁革陋规，革除大、小户名目而外，还对所属的某些州县减去部分"浮赋"。

江苏漕粮减赋的议论开始于同治二年四月潘祖荫和丁寿昌的奏请，与此同时，地方豪绅也积极活动，以图加快减赋运动。地方官员也纷纷传书禀告曾国藩与李鸿章，苏州、松江、太仓赋重为天下冠，兵燹余生，恳求减赋。曾国藩和李鸿章在同治二年的联名上奏，核心内容就是减少江苏的漕粮征收，奏折先述苏州、松江、太仓等地浮粮过重及原因，继述战事之后无力完纳，以及减赋的好处。曾、李二人要求朝廷允许减收苏、松、太三属粮额，以期与原额较轻的常、镇二属通融核计，每年仍起运交仓米九十至一百万石，着为定额。② 奏折抵京后，当天清廷即令"二人督饬司道设局，分别各州县情形，折衷议减"。③ 清廷又将曾、李两人奏折交户部讨论，户部将两人奏折与潘、丁两人奏折合议，指出：

> 前因潘祖荫、丁寿昌先后奏请酌减江、浙等处漕额，当交户部议奏。嗣据曾国藩等奏请减苏、松、太三属漕额。因特降谕旨宣示，令曾国藩李鸿章分别查明，折衷议减。兹据户部奏称，江苏之苏、松、常、镇、太四府一州、浙江之杭、嘉、湖三府，尽遭蹂躏，民不聊生。现在苏、松、太三属，已奉特恩准予量减。常镇漕额虽较轻于苏、松等属，而比之各省额数究形其重，似应一律量加体恤。其浙江杭、嘉、湖三府，并请饬左宗棠确查税则重轻，分成酌减各等语。漕粮为天庚正供，京师仰食东南相沿已久，必须通筹

---

① 曾国藩：《曾文正公全集》卷五《批牍》。

② 两江总督曾国藩等折，《军机处录副奏折》，同治二年五月十一日，中国第一历史档案馆馆藏。

③ 《清穆宗实录》卷六十八，同治二年五月下丙寅。

熟计，中外兼权。若竟将苏、松、太三属额赋骤减十分之六，而他属不得均沾，于仓储既有关系，于办法亦欠均平。着曾国藩、李鸿章按照户部酌减分数，将苏、松、常、镇、太等属漕粮，各按上、中、下赋则一体分别议减，以昭平允，并将各该州县等田额若干，酌减若干，分析开列，奏闻请旨，务令下恤民生，而不至上亏国用，方为妥善。至浙省叠遭兵燹，小民流离失所，殊堪轸念。自应将该省漕粮，量予减免，以示公溥之仁。①

清政府的具体主张为：第一，原奏请将苏州、松江、太仓漕额由一百二十一万石减为五十万石，骤减十分之六，未免太多，但可量减三分之一。第二，常州、镇江两府漕额虽轻，原奏未提减少，未免不得其平，亦量减十分之一。接着，清廷降谕曾、李，令其依照办理，并将各州县减额结果奏闻。

曾、李接上谕后，转饬江苏藩司官员设立减赋局，专办此事。江苏地方官员对减赋的意见各有不同，且争执不断。加之军务繁多，不能全力以赴，拖延两年多，至同治四年才开始实施。对于各方之于漕粮减赋的争执，李鸿章从另一个侧面道出其情，"缘此间官绅意见龃龉，敝处未便偏听武断"。② 地方利益牵扯其中，错综复杂。

曾国藩和李鸿章将具体办法确定后，于同治四年五月会衔上奏，即苏州、松江、太仓按则递减，五升以下毋庸一体议减；常州、镇江两府一律普减十分之一。清廷命户部议复后批准，但减钱粮仍驳斥不许，指示仿浙江办法，裁钱粮浮收而不减定额。③ 清政府批准曾国藩和李鸿章的上奏，专减漕粮，不减钱粮。曾国藩、李鸿章在奏折中奏请裁减赋税，陈奏江苏漕粮积弊，认为必须革除大小户名目，裁减陋规禁止浮收。清廷在同治四年十一月颁发上谕：

谕内阁户部奏遵议江苏减免漕粮章程数目一折，江苏苏、松、常、镇、太五属，编征米二百二万余石，原系汇同漕赠行月南恤局

---

① 《清穆宗实录》卷六十九，同治二年六月上戊寅。
② 李鸿章《李文忠公全书》卷九《朋僚函稿》。
③ 《清穆宗实录》卷一百四十，同治四年五月中乙卯。

粮等款，一串征收。自应如李鸿章等所奏，无分起运留支，一体并减，至以科则之重轻，地土之饶瘠，为减成之多寡，办理亦尚妥协。加恩着照所请，所有苏州府属额编米豆八十七万七千五百六十四石零，着减三十二万六千六百三十二石零；松江府属额编米四十二万七千四百六十一石零，着减十一万六千五百四十四石零；太仓州属额编米豆十五万三千四百三十二石零，着减四万二千八百七十七石零；常州府属额编米三十五万五千九百八十石零，着减三万五千五百九十八石零；镇江府属额编米二十一万四千七百三十五石零，着减二万一千四百七十三石零，统计原额编征米豆二百二万九千一百七十四石零，共减米豆五十四万三千一百二十六石零，仍应征米豆一百四十八万六千四十八石零。着自本年为始，照减定数目征收，其各属派，减米豆数内，尚有留为沿海瘠区加减之数，并着照章分别核派应减科则，另行造报。经此次派减后，该督抚等务当督饬所属，认真征解，不准再有官垫民欠名目，非实在旱潦为灾，不准请蠲请缓，如有捏报灾歉蒙混呈报者，即着严参惩办。其把持浮收等弊，并着永远革除，以裕民生而重赋课，该督抚即刊刻誊黄，遍行晓谕，务使实惠均沾，毋任吏胥舞弊，以副朝廷破格施恩至意。另片奏请将江苏省实征数目，明定章程等语，江苏省各属浮收，现在既经裁减，着该督抚将各属向办征收情形，除应行酌留外，各计核减浮收若干，仿照浙江章程，勒为成规。①

具体减漕办法是：第一，常州、镇江两府普减十分之一；第二，苏州、松江、太仓两府一州，分别按原科则轻重，按则递减；第三，苏州、松江、太仓两府一州的沿海瘠区，酌加减数，但与上述按则递减通扯牵算，所减数不超过原额的1/3。

表2-2所列系漕粮正额，裁减浮收也同期进行。曾国藩、李鸿章奏请裁减赋税时，附片陈奏江苏漕粮积弊，"必以革除大小户名目为清厘浮收之原，以裁减陋规为禁止浮收之委"。② 四年奏请兼减地漕正额

---

① 《清穆宗实录》卷一百五十九，同治四年十一月上丙寅。
② 两江总督曾国藩等折，《军机处录副奏折》，同治二年五月十一日，中国第一历史档案馆馆藏；《同治三年浙省设清赋局详经总督左宗棠筹减漕议四条》，光绪《嘉兴县志》卷十三《漕运》。

时，又附片陈奏裁革钱漕积弊，谓二年秋间即加以清厘，钱漕酌定折价，大小户一律征收。他们还对浮收大加删减，认为：

> 今天下之不平不均者，莫如松、苏、太之浮赋。上溯之，比元多三倍，比宋多七倍。旁征上则比毗连之常州多三倍，比同省之镇江等府多四五倍，比他省多一二十倍不等。以肥饶而论，则江苏一熟不如湖广、江西之再熟，以广狭而论，则二百四十弓为亩，有缩无盈不如他省，或以三百六十弓五百四十弓为亩而赋额独重者，则由于沿袭前代官田租额也。夫官田亦未尝无例矣。①

表 2-2　　　　　　　　江苏减漕数目　　　　　单位：石、%

府别	原额	减数	新额	核减率
苏州	877564	326632	590932	37.2
松江	427461	116544	310917	27.3
太仓	153432	42877	110555	27.9
常州	355980	35598	320382	10.0
镇江	214735	21473	193262	10.0
合计	2029172	543124	1526048	26.8

资料来源：《清穆宗实录》卷一百五十九，同治四年十一月上丙寅。

李鸿章于同治四年八月另折奏陈裁减约数，谓裁减地漕银两浮收，除酌留办公经费外，其余悉行裁减。

> 至江苏漕额，仅据该督等奏称，苏、松、太三属按则分别递减，统照部议三分减一之数，常、镇二属一律普减，各照部议十分减一之数。减定赋则详细数目尚未据分析奏报。②

江苏漕粮全完之年，所减少漕银数量可达六七十万两，数量是相当

---

① 光绪《娄县续志》卷六《民赋志》。
② 《清穆宗实录》卷一百五十二，同治四年八月下丁巳。

可观的。

　　浙江的减赋，奏定于江苏之前，实行于江苏之后。咸丰七年，湖北兴办减漕之后，户部即欲浙江照办减漕，但胡林翼反对。他指出："浙江情形不同，尚须从轻。江浙州县痼疾太深，亦恐非目今长官所能钤制。"① 表示只有由铁腕人物出面，浙江减漕才有成功的希望。左宗棠移掌浙江之后，减漕之事便逐步展开。后左宗棠赴闽剿匪，减赋事宜由巡抚马新贻继任。

　　同治二年四月，潘祖荫奏请漕粮减赋更多地限于江苏，丁寿昌奏请更多涉及浙江。丁寿昌称，浙江也有减赋必要。他建议"苏杭等处七府一州之地按照各州县应征漕粮白粮旧额永减三分之一，令该省督抚统兵大臣多刻誊黄，偏加晓谕，宣布中外"②，各州县按应征漕米旧额永减三分之一。清廷于六月发布上谕："前因潘祖荫丁寿昌先后奏请酌减江浙等处漕额，当交户部议奏。……着左宗棠通饬杭嘉湖三属，将实在应征漕粮税则，详细确查，各按重轻，分成量减，奏明办理。"③ 十二月，左宗棠复奏，谓杭嘉湖三府均未收复，户口流亡，征册毁失，应俟地方肃清再行查办。他又表示，浙东各属浮收弊端也应同样核减。也就是说，浙江减赋的启动虽在江苏之后，但它的策划却在江苏之前。

　　同治三年八月，湖州克复，浙西肃清，左宗棠与诸多官员商量后认为，杭州、嘉兴、湖州三府漕额与苏州、松江、太仓类似，江苏议减三分之一，浙江宜仿照办理。因浙江三属漕粮税则轻重不同，应各按科则量减，并计总数。④ 十月，清赋局报告减赋大概情形。

---

① 胡林翼：《致钱萍矼枢密》，《胡文忠公全集》卷三《抚鄂公牍一》。
② 福建道监御史丁寿昌折，《军机处录副奏折》，同治二年四月二十三日，中国第一历史档案馆馆藏。
③ 《清穆宗实录》卷六十九，同治二年六月上戊寅。
④ 闽浙总督左宗棠折，《军机处录副奏折》，同治三年十月二十六日，中国第一历史档案馆馆藏。

左宗棠提出四种办法①：减正额、减浮收、筹运费，裁陋规。所谓减正额，其一是依原来科则，将田亩分为上、中、下三等，按科则重轻分别核减；其二是核减总数，按原额总数减去三分之一。但此建议遭到户部的反对，户部认为，浙省漕赋不如苏省重，统减三分之一未免过多，只能仿照江苏办法，统按原额于三十分中减去八分。后左宗棠赴闽剿匪，减赋事宜由巡抚马新贻继任。同治四年三月二十二日，马新贻奏称："浙西三府为财赋之区，贼之蹂躏亦深，数年之间，穷乡僻壤，搜括无遗，昔之繁盛村落，今则一片荒郊。"② 闰五月，他又会同左宗棠陈奏浙漕应征分数，随即清廷发布上谕：

  前因浙江叠遭兵燹，小民流离失所，谕令左宗棠将杭、嘉、湖三属应征漕粮税则查明，各按重轻分成奏请减免，嗣据奏请将杭、嘉、湖三属漕粮，酌量核减，经户部议覆，统按原额于三十分中减

---

① 左宗棠指出："恩旨饬议核减漕粮，将举数百年积困而纾之，崇朝固三郡群黎所呼吁祈祷而不得者，谨就现在漕务应行筹办大概情形列为四条，敬为我皇上陈之。一曰，减正额。浙省杭、嘉、湖三属额征漕白改漕南，匠行月等米共一百一十余万石，征粮之则大小不同，即浮额之粮亦多寡不一。现须分别量减。自应先去浮额之甚以除轻重不均之弊。拟各按上、中、下赋则分别定数。如每亩征米一斗一升以上至一斗八九升者为上则；自六升以上至不及一斗一升者为中则；不及六升者为下则。按科则之重轻分别核减，总期于额征数目酌减三分之一，庶科则定而减数因之而均也。一曰，减浮收。向来收漕加耗每石自一二斗至七八斗不等，各自花户贵贱强弱以定收数多寡。今额漕既轻减定则浮收之款，岂可任其因循。惟州县办漕有修仓搭棚纸张油烛之费，有仓夫斗级漕记差役饭食之费，有内河运米交兑夫船耗米之费，有交米书役守候之费，一切用款甚钜。且收漕交兑相隔一二月，风晾搬转耗折必多，不能不于正漕之外酌留运费以资津贴，应俟查明各州县用款，山外核实办理，其向来加尖加价勒折诸弊，自核定之后概行裁革，绅民一律均收，不得再有大户小户之分。庶谷禄平而公私因之而利也。一曰，筹运费。浙省向办海运，每石需费约银八钱，除向给帮丁漕截银三钱四分六丝抵支外，尚不敷银四钱五分零。现正额浮收概行分别核减，自未便再由州县议提津贴。议请将海运经费每石定以八钱为额，除支漕截外，不敷之款另行筹足。查浙漕如照统减三分之一，每年起运之米不过六十万石，上下漕截一款不另核减，计可余银十余万两。又节省给本帮本折行月经费食米变价可得银十二三万两。又屯田租息及节省帮弁廉俸可得银数万两，统计将及三十万两，足抵海运经费，至所动正款八钱，按年将动用款目据实奏结，应请毋庸造册报销，以归简便，并不得逾八钱之数以示限制。庶浮费裁而上下因之而利也。一曰，裁陋规。向来州县收漕，一切陋规极为繁杂。此次核定新章，应令各州县据实查明，开摺呈送，分别裁减，庶弊实清而漕政因之而肃也。嗣后非实在旱潦不得再报灾歉，即实在民欠亦不得再报垫完。而近数十年相沿陋习亦可除矣。"（左宗棠：《同治三年浙省设清赋局详经总督左宗棠筹减漕议四条》，光绪《嘉兴县志》卷十三《漕运》）

② 浙江巡抚马新贻折，《军机处录副奏折》，同治四年三月二十二日，中国第一历史档案馆馆藏。

去八分,业经降旨允准,兹据左宗棠、马新贻奏称查明杭、嘉、湖三属漕粮,除南粮并白粮春耗两款,毋庸议减外,杭州府九州岛县额征米十七万八千一百八十九石零,拟减米二万五千七百三十五石零,嘉兴府七县额征米五十八万七千四百七十五石零,拟减米十四万五千四百十六石零,湖州府属除孝丰一县向不科米,应免核减外,其余六县额征米三十八万十四石零,拟减米九万五千六百十三石零,通计杭、嘉、湖三属,共减米二十六万六千七百六十五石零等语,加恩着照所请,各按科则轻重,分别上中下三则,一律永远减免,以纾民力,自此次减免之后,该督抚务当督饬各该州县按照奏定新章,核实征收,断不准有浮收抑勒等弊,至大户包揽及一切陋规,概行禁革,以除积弊,该督抚既刊刻誊黄,遍行晓谕,务使实惠及民,用副朝廷轸念民艰至意。①

即按八比三十的比例,将浙江各属漕粮全部额减。共计浙省额征漕白米一百一十四万七千三百余石,除南匠正耗一十三万三千八百六十三石、白粮春办米一万三千零三十九石不减外,应减米二十六万六千七百六十五石,分别按等核减。浙江减漕数目如表2-3所示。

表2-3 浙江减漕数目 单位:石、%

地名	原征米数	减征米数	仍征米数	仍征率
杭州	178189	25735	152454	85.6
嘉兴	587475	145416	442059	75.2
湖州	380014	95613	284401	74.8
合计	1145678	266764	878914	76.7

资料来源:《清穆宗实录》卷一百四十二,同治四年闰五月中甲戌。

浙江在漕粮减赋的同时,又展开了对漕粮浮收的裁减,马新贻于同治四年四月十二日将杭嘉湖三府漕粮浮收情况上奏,提出减定浙江浮收

---

① 《清穆宗实录》卷一百四十二,同治四年闰五月中甲戌。

的具体办法。① 这些办法归纳起来可以分为三点：第一，正额照常征解，唯杭嘉湖漕米额征数依谕旨酌减；第二，一切陋规概行禁革，对浮收加以裁减，仅酌留平余为办公费；第三，严禁大小户之分。这些规章均能与裁减浮收相辅而行，故都获得了良好的结果。

大体上看，同治时期在浙江北部杭、嘉、湖的减轻漕粮，不如在江苏东南部的苏州、松江、太仓来得彻底。尽管浙江官员热心游说，朝廷还是没有给予两道同样的赋税减免，而是将杭州、嘉兴、湖州的减免比例定为八比三十（大约百分之二十七，而江苏东南部为三分之一），朝廷的理由是：浙江北部的原额（一百一十四万五千六百七十八石）比江苏东南部（一百四十五万八千四百五十七石）少，因此调整的幅度也应该小些。结果，苏、松、太的税额削减了四十八万六千零五十三石，而杭、嘉、湖只减少了二十六万六千七百六十四石。②

江苏、浙江这场声势浩大的减漕运动，成果有目共睹。它极大减轻了江苏和浙江两省业已存在的漕粮赋重危机，这场同治减赋，在相当程度上减轻了江南土地所有者的负担，也在一定程度上重建了漕粮征收体系。

然而，这并没有减轻江南一带的赋税负担。时任两江总督曾国藩、江苏巡抚李鸿章、浙江巡抚左宗棠属下的军队仍然需要大量的经费支持，以对太平军发动最后攻势。而且，针对新近收复的地区，重建工作和赈济计划的实施也需要大量的款项。因此，同治二年夏，李鸿章和左宗棠授权地方官员、绅士设局征收田捐（或亩捐），一部分用于军事需要，另一部分用于重建工作和赈济计划。③

在征收漕粮田赋的事务中，清政府同样面临着太平天国政权当初在江南试图征税时的困扰：失去战前的财政记录，许多地主逃亡在外，佃户纷纷抵制交租。为了解决这些问题，政府以法令的形式宣布减租，并直接向佃户征收漕粮田赋（着佃起征），设立收租局，等等。其中，有一些措施后来留存下来，并成为太平天国之后农村社会的重要内容。

江浙地区同治赋税改革要求永久性地减轻漕粮，并要求减轻附加

---

① 马新贻：《奏核减杭州湖州二府属浮收钱粮一折》，光绪《富阳县志》卷十二《赋役·田赋》。
② 见表2-2和表2-3。
③ 李鸿章：《李文忠公全书》卷三《奏稿》。

税，更加均平赋税折价。为了确保这些章程得以遵守，并使县与县之间整齐划一，决定附加税和折价的职责从地方一级政府转移到省一级政府。此外，改革还要求取消包揽、废除绅户民户之间的差别税率。

（1）差别税率和包揽。太平天国之后，大户小户之间呈反方向的差别税率，结果和过去一样难以消除，绅士地主继续得到特别照顾。江浙的县份，绅户被授予以中国银两交纳地丁的特权，这个特权使他们摆脱了铜钱与中国银两、铜钱与外国银元折价而增加的税额。各地的衙门吏役仍在卖荒给绅户，而且生意兴隆。大小户差别的继续存在，确保了包揽包税的继续存在。

（2）赋税折价。江浙对地丁折价和漕价的决定，使县与县之间的统一性似乎更强了，至少江苏东南部便是如此。而且，如表2-4所示，直至世纪之交，在江苏东南部，江苏省规定的折价紧跟着米价以及银、铜比价的波动而波动。紧接着，随着国家越来越需要增加收入，地丁折价不再紧紧盯住货币价值的变动趋势，漕价攀升速度也超过了米价。一方面是折价，另一方面是米价和银、铜比价，两者之间差距的加大，引起了土地所有者钱粮赋税的快速增加。

表2-4　光绪五年至宣统元年江苏东南部地丁折价、米价和漕价

单位：文/两

时期	地丁折价	米价	漕价
光绪五年至七年	2200	3452	3285
光绪八年至十二年	2200	3535	3432
光绪十三年至十七年	2200	3449	3392
光绪十八年至二十二年	2200	3843	3752
光绪二十三年至二十七年	2000	4558	4132
光绪二十八年至三十二年	2200	5168	4912
光绪三十三年至宣统元年	2400	6316	6852

资料来源：民国《川沙县志》卷八《财赋志·赋额》。

折价与米价、银铜比价之间如此偏离，曾经造成19世纪四五十年代江南赋税负担的飙升。但是现在，它们的影响由于越来越普遍的漕粮改折而更加明显。理论上说是由土地所有者决定是用实物还是用货币交

纳漕粮，但实际上往往是由地方官员作出决定，因为方便，地方官员更喜欢用货币纳税。到 20 世纪初，江南漕粮如果不是全部也绝大多数是以货币征收的，如杭州"前漕粮皆完本色……后遂改本色为折色。同治间每米一石折收钱六千五百文"，官员用这些银钱买米，沿着海岸线运往北京。① 强制折征，意味着江南土地所有者几乎没有人能够因为实物纳税而逃脱漕价中固有的上涨趋势。而且，为了纳税，他们需要出卖更多的稻米，从而被更完全地纳入商品经济之中，也更容易受到价格运动和货币波动的影响。

除此之外，土地所有者交纳赋税还要背上另一个官方比价。太平天国之后，由于洋银使用日渐普及，这个比价应运而生。地方官员允许用洋银纳税，但是，计算土地所有者应纳税额时，他们不是把税两和税石直接转换成洋银，而是采用以铜钱表示的折价，再将此铜钱按照自己确定的银铜比价兑换成洋银。虽然他们的（洋）银、铜比价与这两种货币的价值变动平行发展，但是在任何已知年份中，官方比价还是往往要比市场比价低很多。折价、比价经过如此拨弄，就抬高了土地所有者以白银货币计算的应纳税额。

（3）货币波动。在 19 世纪的最后几十年里，纳税人和交租者一样受到了白银严重贬值的沉重打击。因为地丁和漕粮的折价是制钱计算的，白银贬值，意味着卖出产品收到洋银的土地所有者不得不交给政府更大数额的货币以为纳税之需。因此，在绝对条件下，这一时期内以白银计算的税额，其增长幅度实质上超过了以铜钱计算的税额。

（4）新的附征和捐派。在光绪后期，额外的附加税（表示为每两地丁银若干文，每石若干文）和田捐（表示为每亩若干文）的征收，使农户和土地所有者雪上加霜。对江南的土地所有者来说，这些追加的捐税绝大多数开始于光绪二十八年，那是因为义和团运动之后，外国势力在苛刻协议中强加给中国四亿五千万两的巨额赔款，江苏和浙江两省政府分别给地丁增加了钱数，意图借此筹措应摊的份额。

至于其余的附征和捐派，则是为了向王朝统称"新政"的全盘近代化努力提供经费。光绪二十八年，皇帝下诏发起了这项计划。在新政的推行过程中，废除科举制度，建立近代教育体系；按照西方方式调整军

---

① 光绪《富阳县志》卷十二《赋役志·田赋》。

事力量和军事训练;形成近代警察力量;经过选举产生的议会在县、省以及国家一级得到设立。清廷希望通过这些大胆举措抚慰民众,以缓解对其统治的反抗,并加强和扩张国家对地方社会的控制。和中国任何一处一样,长江下游地区的县一级政府主要通过对商业和土地的追征捐税以为改革提供经费。如在川沙县"外加公费钱六百文,规复钱二百文"。①

江浙地区的漕粮征收秩序重建给长江下游地区留下了深远的影响。清政府的重建措施,在一定程度上达到了预期目的。在政治上,稳定了统治秩序;在经济上,增加了实际财政收入,极大地减轻了江苏和浙江两省业已存在的漕粮赋重危机。尽管在清朝的最后数年里,税率确实有所提高,但税收负担仍然不如同治改革之前那么沉重。清朝覆亡之后,减轻的税额继续有效,并在民国的绝大部分时间里有助于保持江南土地所有者相对较轻的负担。

4. 河南、山东两省

河南省漕粮主要征收粟米、麦、豆,漕赋较山东省复杂,有畸轻畸重之情形。河南北部各县漕粮较重,这是由于该省西南境各州县漕粮实行改折而由北部各州县代办所形成的。经雍正和乾隆朝的改革,"将远水次之永城等十九县漕米一律拨归近水次河朔二十四县代输,由代输各县地丁内每漕一石扣除银八钱,南汝等属每漕一石折银八钱解司,以抵代输各县所除地丁之数,于是漕粮一项遂尽归于开归河朔等属五十四县征解"。②河南省一百零八州县,内、黄等五十四州县代办光、汝等五十四州县漕粮,令停办漕粮的州县每石按银八钱折纳。咸丰年间,因战争关系河南漕粮全部改折,每石折收银一两二钱五分。同治元年,每石折价又增为银三两三钱。河南的漕粮改折减赋不像其他六省是在特定时间内由专人负责改革,而是地方官员士绅发现问题向上级反映,逐渐改革,并没有统一的规划。改革时间从咸丰年间一直持续到光绪年间。河南州县所收漕粮折价并不算高,河南赋重问题在于浮收过重。同治元年,正粮和浮收合计,每石有折收制钱六千文,约合银四两。河南巡抚张之万请明定折价,每石折银三两三钱。但河南减赋工作并不理想,减定之后,地方仍浮收,每石所收折价,以银计有的多到六两九钱,以钱

---

① 民国《川沙县志》卷八《财赋志·赋额》。
② 《河南漕粮沿革考》,民国《汜水县志》卷四《赋役志·赋法》。

计有的高达九千二百文,这在河南地方志中有明确记载:

> 同治元年豫抚张之万以漕粮均非征收本色因奏请折漕,令有漕各县每石按三两三钱或三两解司,于是办漕各属负担已渐加至四倍有奇,然此犹解司之数也,至民间完纳银有达六两九钱者,钱有达九千二百者。①

在有漕各省全面改折的大背景下,山东省漕粮折征也不断推进。民国四年排印的《山东通志》这样概括其过程:

> 谨案东省向例,有漕州县当征收本色之年,由粮道核定本色米应征之数,上之巡抚,然后下州县如数征。每正米一石,例加耗。十月开仓先收本色,继收折色,此其大概也。迨光绪中全漕改折,三十四年裁粮道而漕政一变,盖至是仓廒悉废矣。夫省烦费而利运输,固为因时至计,然数百年旧制未可略也。且时势靡常,异日某国者或有取焉,故录存之。至漕政之详,则纪于后序中。②

可见山东省漕粮改折,较大的变革发生在光绪朝中。③

山东正式漕粮改折,始于咸丰十一年,山东巡抚谭延襄定章程,每米一石折收京钱十二千,并未分析正耗名目。当时由于处于战争状态,各地丰歉不齐,各州县征漕米未尽一律。在执行折征的过程中,州县借斛坚、样盘等名目加征的行为益多。同治四年,阎敬铭巡抚山东,就严禁这些漕弊。阎敬铭为了让乡民知道征收章程,派人于穷乡僻壤出示晓谕。当时凡米麦豆一升折收制钱六十文。又恐民间有让耗之处,百姓不知耗米也是正销之款,又批令各州县照例随正征收一五耗米(每正米一石随征耗米一斗五升),于由单、串票分别注明正米若干、耗米若干。其孤贫兵米向不征耗者,不容稍有牵混。不久,阎因病去职。阎敬铭的整顿,大约效果不彰,所以御史崔穆之奏称:"东省有漕州县不遵

---

① 《河南漕粮沿革考》,民国《汜水县志》卷四《赋役志·赋法》。
② 民国《山东通志》卷七十八《田赋志第五·田赋一》。
③ 山东漕粮改折主要内容来自民国《山东通志》卷八十一《田赋志第五·田赋后序》中对晚清山东漕政的论述。

照定章征收，官斗外辄浮收数升，藉看认米色、立样盘，纵容蠹役恣（意）剥削。上司定价示禁，各州县匿示如旧收，合市价增数倍。前巡抚阎敬铭，暗差人携示赴僻远乡区张贴，逾额征收仍不少。兵燹未靖，狡猾之徒因得乘间阻挠漕务。笼络民心，借口立团御贼，交资充用，钱粮可抗不纳。久之党羽日盛，势渐猖獗，官不能制。天下所以多匪也。请痛除漕弊，遏乱萌"。① 从崔穆之的认识来看，山东漕弊严重。其固然与官吏腐败有关，且还促使地方军事化组织（团练）的日益坐大，并积极抗纳钱漕，收买人心。这些都是王朝统治的隐忧。

光绪二十年，李秉衡任山东巡抚。当时山东州县经征丁漕，每征银一两，综耗羡、火耗、平馀等项。征银者，每两统收一两三钱至一两五六千；征钱者，每两统收京钱四千五六百文至六千五六百文各不等。当时银价日跌，每两市场上仅兑京钱二千七八百文。于是李秉衡根据这种状况，先试减浮收之费。定每银一两，统耗羡各项，折征京钱四千八百文；其向完不及四千八百文，及向征银者，均仍旧。

光绪二十二年下忙时节，李秉衡始奏请得允，自二十二年开征新漕连正、耗一律改征京钱十三千八百文。征收时只许卷勺成合，取足赋额，毋得再卷合成升。永禁斛尖、样盘诸名目。勒石各州县署门外，俾垂永远。

光绪二十六年以后，出于筹饷练兵的需要，巡抚袁世凯、胡廷干先后以"旧案盈余"、"新案盈余"名目从山东丁漕款项中提银。综计各州县漕米每石奏提盈余银三钱充练兵经费，后二十七年又加提银一钱。

光绪二十七年，河运停罢，全漕改折。户部复查提浮费归公，正米一石提解正价耗折兑费，公费银二两七千。布政司提补摊捐银一钱。三十年加提陵米津贴银二钱二分，以及加重添平火耗等。今综计每石折解银三两四钱。

光绪三十一年时，山东省有漕州县分隶六府二直隶州，总计六十九处。除齐东、濮州、范县、寿张四州县，皆因黄河水为灾，漕粮久已停征。如陵县，折征漕米分为两等。本邑地粮每正米一石，折收制钱六千文，耗米随正核收，与定章相符。其寄庄粮户，无论正耗，每石共折收制钱五千文。他如乐陵县，正耗米每石折收制钱六千二百五十文。滨州

---

① 民国《山东通志》卷八十一《田赋志第五·田赋后序》。

正耗每石折收制钱六千三百二十二文。观城、朝城等县正米一石,连一五耗米,共折收制钱六千文。冠县内分三等,行户连耗每石折收制钱六千二百文,民户连耗每石折收制钱六千九百文,寄庄连耗每石折收制钱六千文。此外又有临、德、常三仓米石,如临清、济宁二直隶州,历城等二十二州县,或系折解道库凑解各项饷需,或由州县就近拨支各营兵丁月饷,或解道支放德州满营兵米,向不收耗,每石均折制钱六千文。德、常二仓及余剩孤贫等米,例不缺额。遇有灾伤,统归大漕行润项下核办。①

光绪三十四年裁粮道,漕折改隶属布政司。平耗等项拨充巡警、劝业二道办公之费。邹平等五县全漕,章邱等三县蓟粮兑拨青州兵米者,视米价贵贱折解银,以为例。

(三) 被动调整:漕粮折征反映的制度变化特点

国家制度变迁是一个复杂的历史过程。清代国家的政治运作具有较强的保守性。清代朝堂执政之君臣,秉持"恪守祖制"的理念。其落实在具体为政之中,往往表现为因循敷衍。这使得朝廷君臣缺乏从全局上把握,积极主动推行制度改革的欲望。这使制度的调整,表现为因事定例,即"头痛医头,脚痛医脚"。当国家社会发生巨大变化,旧有的制度小修小补也无法维持时,国家主政者才被迫做出较大调整以应对时局。

清代革新旧制的行为多先由地方官员所推行。这是由于地方官员直接面对地方形势,治理地方压力迫使地方官员要顺应时势,因时施政。朝廷常常是当地方某些新措施证明行之有效时,才扮演追加认可者的角色。

当晚清制度被迫重大调整后,朝廷君臣仍然幻想规复旧制,要求地方在适当的时候恢复旧章。然而旧制不可复,地方督抚常常根据自身需要,与朝廷讨价还价,选择有利于自己的新制度。最终结果,是朝廷对既成事实予以默认,最多是加以约束。因此,制度变化呈现出朝廷被形势牵着走,被动调整的特点。

在漕粮折征上,被动调整的特点也表现得十分明显。18世纪时,商品化、货币化在清代中国的经济发展中,已经呈现明显的趋势,然清

---

① 民国《山东通志》卷七十八《田赋志第五·田赋一》。

朝君臣恪守实物财政的理念，并不去主动顺应和利用市场。他们倾向于坚守旧有的制度，在漕粮征派上表现为坚持本色实征。然而，到嘉道时期，旧有的一套漕粮征派制度已经弊端百出，事实上，不可维持了。在地方上，有漕州县普遍私自折征，勒折多收问题层出不穷。在这种状况下，朝廷不能顺应漕粮折征的大势，只是通过不断颁布各种禁例，命令有漕州县本色征收。然而，在嘉道政治腐败的背景下，恪守祖制指导下做出的行政命令，只能让政令成为一纸空文。地方私自折银的行为仍然屡禁不止，勒折带来的社会问题也不能解决。

咸丰时期，太平天国运动爆发。太平军占领扬州，漕运河道断绝。清朝廷迫于时势，暂允有漕各省普遍改折以供军需。于是咸丰以后，清廷漕粮征运呈现出江苏、浙江两省采买漕粮海运，其余各省漕粮改折的趋势。在平定太平天国运动后，漕粮海运与河运的争议仍然并存。朝廷一度想要复河运，要求湖北、江西两省漕粮本色实征。本色征收、漕粮河运的命令遭到有关省份督抚的抵制，最后湖北、江西同意采买漕粮、海运到京。

这种制度上被动调整的特点，给清中晚期的历史进程带来很大的影响。一方面，朝廷不能有效地解决出现的社会问题，最终导致统治能力的削弱。嘉道以来，未能有效改革的制度造成经济凋敝和腐败蔓延，最终导致太平天国运动的爆发，清朝国势日衰。另一方面，旧体制运转不灵而朝廷不能主动予以修正，地方督抚遂得以事实上主导制度之变革。这样的制度变革方式，自然让督抚权势日增，晚清权势下移之势也就不言自明了。

第三章 蠲（免）缓（征）改折

一般田赋，遇有灾荒，可以申请调免。漕粮是清代赋税中极其重要的部分，清朝政府对于漕粮本不豁除蠲缓，所谓"漕粮军国急需，即有灾伤，例不豁免"①；"漕粮例不蠲缓，其有灾伤过重地方全予豁除，或按数蠲免者，均系钦奉"。② 但随着经济的恢复和发展，这种局面逐渐发生变化。从康熙朝开始，朝廷逐渐对漕赋豁除蠲缓，至乾隆年间，对于漕粮的豁除蠲缓被朝廷以政策的形式明确下来，"漕粮漕项例不蠲缓，乾隆二年题准，倘有被灾地方，令有漕督抚确勘实在情形，或应分年带征，或按分数蠲缓，临时具题，请旨遵行"。③ 漕粮的蠲免缓征除了遵循一般的蠲免政策外，还需遵照漕粮一些比较特殊的政策。

作为清代国家财政收入的特殊组成部分，漕粮的征收以本色为主，即主要以实物如米、麦、豆的形式输送至京、通各仓。但由于某些原因，漕粮有时也被折成银两或者是其他物品征收，即为"折征"；或者是在蠲免、折征后将余剩部分缓征，或一年或数年内带征完毕，即为"缓征"，缓征与带征是相辅相成的。在清代前期，漕粮的折征或缓征比较普遍、经常。

虽然漕粮关乎清朝大政，对蠲缓改折政策的执行十分谨慎，但是，由于社会现实情况的变化，政府一般会做出相应的政策调整，对漕粮的征收形式以及上交的时间做出一定的调节，以安定民心，调控社会，稳定社会秩序，恢复和发展农业生产。

---

① 光绪《户部漕运全书》卷二《改征折色》。
② 光绪《户部漕运全书》卷三《蠲缓升除》。
③ 同上。

一　漕粮蠲（免）缓（征）

清代的漕粮蠲免，归纳起来大体有荒蠲、灾蠲、民欠蠲、普蠲等形式，与钱粮赋税的蠲免类型大体相同。

普蠲，系将有漕省分漕粮普遍轮免一次。这种情况在有清一代并不多见，一般是仓满粮足或是军事胜利之时，朝廷用以体现"皇恩"的一种手段。为了保证京城粮食的持续供应，普免实则各有漕省份逐年依次免征，所以普免又称轮免。清代，漕粮普免共有四次：康熙朝一次，乾隆朝三次。

康熙三十年谕：

> 京、通各仓米谷撙节支给数载于兹，今观近年储积之粟恰足供用，应将起运漕粮逐省蠲免，以纾民力。除河南省明岁漕粮已颁谕免征外，湖广、江西、浙江、江苏、安徽、山东应输漕米，自康熙三十一年为始，以次各蠲一年。①

这是康熙朝唯一一次普免，也是清朝的第一次普免，它对后世乾隆朝的普免起到了示范作用。

乾隆朝的漕粮普免先后进行了三次。

第一次为乾隆三十一年：

> 乾隆三十一年钦奉上谕：湖广、江西、浙江、江苏、安徽、河南、山东应输漕米，着照康熙年间之例于乾隆三十一年为始，接年分省通行蠲免一次，并各省蠲免次第应行酌办事宜，着该部速行定议具奏。②

---

① 光绪《户部漕运全书》卷三《蠲缓升除》；又见光绪《重修安徽通志》卷八十一《食货志·蠲赈二》。

② 同上。

第二次漕粮普免为乾隆四十三年：

乾隆四十三年钦奉上谕：各省漕粮于乾隆三十一年普免一次……着于庚子年为始复行普免天下漕粮一次。①

第三次漕粮普免是乾隆五十九年：

乾隆五十九年钦奉上谕，六十年各省应征漕粮着再加恩普免一次。②

这次普免，还包括江苏、安徽、河南、浙江等省积欠的各种漕项钱粮。

荒蠲，系指熟地抛荒颗粒无收之地的漕粮蠲免，顺治一朝较为普遍。经过明末清初的战乱，人民大批逃亡，致使土地大量荒芜。顺治九年卢纮所写《新泰丈田议》言：

国家鼎创之初，百制维新，凡经费所需，必以田赋为准。……然天下屡经战伐，而又加之旱潦、灾荒、盗贼焚浮，是以户口日见其耗，地亩日见其荒……按新邑原额人丁一万五千有奇，地亩五千二百九十顷有奇。后人丁逃亡一万八百有奇，地亩荒芜三千七百顷有奇。实存人丁四千七百五十八丁，地亩一千五百五十顷有奇。③

鉴于土地大量荒芜的现实，清政府制定了征熟免荒的政策。"漕粮原有定额，凡荒地无征者，该督抚勘实具题，准予蠲豁。"④ 顺治元年、二年两年，旨准山东漕粮"除荒照熟免一征二"。但当顺治四年四月，山东巡抚吴达题请顺治三年再照此例蠲荒时，户部议复："山东额征漕米及本折钱粮，除元、二两年荒地，不论有主无主，概准蠲免，其三年分各项钱粮、漕米，止免无主荒地，其余俱照数征收，不得借口通欠，

---

① 光绪《户部漕运全书》卷四《蠲缓升除》。
② 光绪《户部漕运全书》卷五《蠲缓升除》。
③ 卢纮：《新泰丈田议》，贺长龄编：《皇朝经世文编》卷三十一《户政六·赋役三》。
④ 光绪《户部漕运全书》卷三《蠲缓升除》。

致亏国计。"① 这种只免无主荒地钱漕的做法是不切实际的，只能促使人丁继续逃亡，使新抛荒地大量出现。鉴于此，清廷不得不将新荒地应征漕粮全部蠲除，并同时鼓励开垦荒地。顺治八年，全国"人丁户口一千六十三万三千三百二十六，田地山荡二百九十万八千五百八十四顷六十一亩"②，而到顺治十七年，天下田土已增至"人丁户口一千九百八万七千五百七十二，田地山荡五百一十九万四千三十八顷三十亩"③，土地增加了近一倍。

灾蠲，指在水、旱等自然灾害之后，对受灾较重地区的漕粮，按受灾程度定出分数，确定全部或部分蠲免。

灾蠲在清代各朝均有实行，且比较普遍。顺治三年正月，山东巡抚丁文盛疏称"东省连岁灾荒，漕米征解乏额，元年已遵旨除荒照熟免一征二，请将二年漕米，亦照熟征收"。④ 康熙十八年三月，"免江南宿迁县水淹田地康熙十四年以前未完地丁漕粮"⑤。雍正六年，对轻重灾害程度规定"被灾八九十分者，免十分之三；五六七分者，免十分之二；四分者，免十分之一"。⑥ 雍正八年谕"夫地方既已歉收，则漕米输将未免竭蹶。着将山东被水之州县漕粮全行蠲免，直隶、江南、河南被水州县之漕粮按其成灾分数蠲免"。⑦ 又如乾隆元年：

> 浙省雨水连绵，仁和、安吉、德清、武康四州县内低洼田亩，积水未经涸出，不能栽种秋禾，以致西成失望。所有应征地丁钱粮，已经该督照例题请蠲免，其漕白南米，向来虽无蠲免之例。朕念彼地收成歉薄，民力输纳维艰，着将仁和等四州县，实在被水各户，本年应征漕白南米，亦照地丁之例，格外加恩豁除。⑧

乾隆二年题准"漕粮系属正供，难容缺额，即漕项银，亦办漕之

---

① 光绪《户部漕运全书》卷三《蠲缓升除》。
② 《清世祖实录》卷六十一，顺治八年十月至十二月辛未。
③ 《清世祖实录》卷一百四十三，顺治十七年十二月庚戌。
④ 光绪《户部漕运全书》卷三《蠲缓升除》。
⑤ 《清圣祖实录》卷八十，康熙十八年三月至四月己巳。
⑥ 《清世宗实录》卷六十七，雍正六年三月癸丑。
⑦ 《清世宗实录》卷九十七，雍正八年八月丙午。
⑧ 《清高宗实录》卷二十八，乾隆元年十月上丁卯。

需。其间遇有蠲免，出自特恩，原非定例，倘有被灾地方，应令有漕督抚确勘实在情形，或应分年带征，或按分数蠲免，均临时具题，请旨遵行"。①

民欠蠲，系指蠲免业户旧欠而只征新漕的办法。清代，根据受灾分数对漕粮蠲免后，蠲剩部分，或当年起解，或缓征带征，或改征折色。由于漕粮负担本来就很沉重，业户既要完纳当年新漕，又要完缓征带征旧漕，力实难支，因此，积欠也就越多。为了解决这个矛盾，清统治者采取了蠲欠征新的办法，以保证当年漕米按时征纳交兑。

除上述情况之外，清代政府对于积欠的漕粮及漕项银两也不乏蠲免之例。此种情况主要指蠲免粮户旧欠而只征当年新漕。清前期，根据受灾的轻重等级，对漕粮例行蠲免之后，未蠲部分，或缓征带征，或改征折色。然而这种未蠲部分通常是越积越多，致使粮户既要完纳当年新漕，又要背上沉重的积欠旧漕，力实难支。有些地区的漕粮积欠达数十年以上，对于粮户来说，这确是一个不小的负担。为了解决这个问题，清廷采取蠲欠征新的办法，以确保当年新漕的顺利交兑。国家对粮户积欠漕粮及漕项银两的蠲免对于调动农民的生产积极性具有十分积极的作用。

顺治十三年正月，户部议复称"江西巡抚郎廷佐奏言，江省地瘠民疲，频遭水旱，请照直隶八府例蠲免……江西水旱频仍，深可轸念，八年拖欠钱粮，着蠲免。"② 雍正十三年十二月初八日，雍正发出谕旨：

> 向来漕项银两不在蠲免之例，朕前已降旨特行豁免，以纾民力。今查各省尚有带征漕米，原应如期输纳，但民间已完现年漕米，又完先年缓征米，民力未免艰难。着该部传谕办漕各省督抚等，将雍正十二年以前未完带征、缓征本色改折米银，逐一查明，奏闻豁免。③

根据雍正的上述谕旨，户部尚书张廷玉于乾隆元年九月十四日题请

---

① 《清高宗实录》卷四十七，乾隆二年七月下丁未。
② 《清世祖实录》卷九十七，顺治十三年正月乙巳。
③ 《清高宗实录》卷八，雍正十三年十二月上癸酉。

蠲免浙江雍正十二年前未完漕项钱粮,于十月初五日题请蠲免苏州地区雍正十二年前未完漕项钱粮,于十月二十一日题请蠲免山东省雍正十二年前未完漕项钱粮,于十二月九日题请蠲免江西雍正十二年前未完漕项钱粮,于十二月十六日题请蠲免江苏省雍正十二年前未完漕项钱粮。①乾隆二十二年二月初五日,内阁奉上谕:

> 从前恩诏内令将各省年久民欠钱粮查明豁免,而积欠漕项该部未经查奏。今朕巡幸所至,清问闾阎。其在江北一带,则俱由积欠停缓,江南各属又悉皆积年尾欠,升合畸零,若仍按年带征,于贫黎生计愈滋拮据,其将江南省乾隆十年以前积欠漕项银米以及地漕耗羡,俱着加恩一体豁免。②

乾隆二十二年三月初一日上谕:

> 江、浙二省积欠地丁银两,前已有旨豁免,而浙省所免独少,足见黎庶素属急公,今巡省莅止,因命悉查各项,则尚有乾隆十八、十九、二十等年各属未完缓征及蠲剩漕项银十八万九千余两。……着加恩概行豁免。③

乾隆五十九年十二月初三日上谕:

> 今思各省尚有民欠及因灾带缓未完银谷,俱应按限征输者,小民究因官欠未清,未得遂其含哺之乐。朕仰邀昊眷,在位六十年,寰宇宁谧,景运增隆,丙辰年即届归政。今若于朕临御之年覃敷恩贲,俾小民节年欠项廓然一清,得以户庆盈宁,共游化宇。所谓修德爱民孰大于是,而修刑亦概于是矣。④

---

① 《清高宗实录》卷八,雍正十三年十二月上癸酉。
② 《清高宗实录》卷五百三十二,乾隆二十二年二月上丁卯;又见光绪《重修安徽通志》卷八十一《食货志·蠲赈二》。
③ 《清高宗实录》卷五百三十四,乾隆二十二年三月上壬辰。
④ 《清高宗实录》卷一千四百六十六,乾隆五十九年十二月上丙辰。

由于各地各时灾情不一，在处理的程度上有所区别，实行的时间也有先后，所以，清中期各地停运、搭运等情况十分普遍。如《清实录》记载：

> 上年（乾隆五十年）山东、河南、江苏、安徽、浙江、湖北等省，因有灾赈，截存漕米甚多。本年山东、河南等省亦俱有截留粮米，兼有轮免省分应行停运者。所有各省新漕及江西省搭运上年漕米，实应运抵通仓，共有若干万石，着传谕毓奇，通盘核算，查明确数，即行具奏。①

表3-1　　　　　　　　清代各省漕粮蠲免情况

时期	区域	原因	蠲免粮数（石）	蠲免银两（两）
康熙九年	苏松、淮扬	大水	漕粮、白粮蠲免	
十年	江南	旱灾	漕粮耗赠米蠲免	
十二年	扬州	水灾		漕粮漕项俱免
十三年	凤阳、滁州等七州县	受灾	漕米、凤米、月粮米蠲免	
十四年	凤阳等六州县	受灾		漕项银按成灾之分数蠲免，兴化县漕粮全蠲免
十七年	江南各属州县	水灾、虫灾		漕项银按成灾之分数蠲免，漕粮正赋蠲免十分之三
十八年	凤阳、庐州、滁州三属	水灾		漕粮耗赠米蠲免
二十一年	扬州、高邮、泰州	水灾		漕粮全免
三十年	河南	普蠲漕粮		漕粮漕项银两蠲免
三十二年	江苏、安徽等处	夏旱		蠲免漕粮三分之一
三十八年	海州、盐城等十州县卫	水灾		漕粮漕项银两蠲免
三十九年	江苏淮安、扬州两府	迭被水灾		
四十四年	凤阳附属州县	受灾		漕项银米蠲免

----

① 《清高宗实录》卷一千二百四十七，乾隆五十一年正月下辛酉。

续表

时期	区域	原因	豁免粮数（石）	豁免银两（两）
乾隆二年	河南祥符等县	盐碱、河坍、堤占	307.16	
三年	江南部分地区	被灾		
十一年	浙江杭州等六卫	屯田水冲沙压		109.5
三十一年	湖广、江西、浙江、江苏、安徽、河南、山东			乾隆三十一年开始按年分省轮免一次
四十一年	山东德州临清等州县	平定两金川诣阙里告功	米47531 豆2841	1613
四十三年	河南、江苏、山东、浙江、安徽、湖南、江西、湖北	逐省蠲免		乾隆四十五年开始全国轮免
五十年	河南汲县祥符等二十州县	灾荒		带征、缓征、民欠各项全蠲
五十一年	江宁、苏州所属各县	乾隆帝南巡蠲免		漕粮漕项银两蠲免
五十九年	山东、安徽、河南、湖南、湖北、江苏、浙江、江西	以六十年元旦日食上元月蚀，蠲免		各省以此轮免
嘉庆四年	湖北孝感等八州县	白莲教起事	106361	79700
六年	山东临清、夏津等七州县	水灾		本年钱粮漕米全蠲免
八年	湖南、荆州、荆左、荆右、沔阳四卫	水旱灾	43247	
	湖北京山等十九州岛县	水旱灾		潜江等县蠲免二分，京山等县蠲免一分
	山东省濮州、菏泽、东昌	水灾		本年应征钱漕各款全蠲免

资料来源：光绪《户部漕运全书》卷三至卷六；乾隆《江南通志》卷八十四《食货志》。

清代，除灾蠲之外，还有灾缓。灾年之漕粮，部分蠲除之后仍无力输纳，则将蠲剩部分缓征，或一年，或数年带征完毕。清代漕粮缓征具有经常性、普遍性的特点。由于天灾兵灾，当年漕粮无从征解，缓至下年或分数年带征，谓之"缓征"，也叫下年"带征"。如带征之年又遭灾荒，又可缓后带征，谓之"压征带补"。① 原漕项银两无缓征之例，康熙九年，"漕项银两原无带征之例，有被灾过重，该督抚题请宽缓者，亦准分年带征"②，始准被灾过重州县经该省督抚查实题准得分年带征。

乾隆三十三年，（进剿"缅匪"）官兵所经湖广州县的漕项全部缓征。③

乾隆三十四年，钦奉上谕，南昌等七县数年节次被有偏灾，着将被灾处所带征三十二年未完漕粮及三十四年应征之粮统缓至明年秋收后分作三年带征完纳。④

清朝漕粮缓征比较频繁，有漕八省每年都有若干缓征事例，其中缓征主要原因多与自然灾害有关，其次就是因为兵灾。相关事例在《户部漕运全书》以及各有漕省份的地方志书中，都有十分详细的记载。一般而言，清代各朝遇灾之年，均根据受灾轻重，缓征漕粮。现根据资料将清代部分漕粮缓征情况列表如表3-2所示。

表3-2　　　　　　　　清代各省州县历年缓征漕粮情况

时期	区域	原因	缓征情形
康熙十八年	江苏高邮等州县	水灾	缓至来年带征
十九年	江苏淮、扬、苏、松、常、镇	水灾	缓至来年带征
二十三年	江南、浙江、江西、湖广	用兵	康熙十三年至二十二年拖欠漕粮，自二十三年带征
四十九年	江南	积欠	四十七年漕项钱粮于五十三年带征
雍正元年	江苏、浙江	旱灾	漕粮于雍正二年、三年带征起运
雍正四年	江苏	水灾	漕项银缓征一年
乾隆三年	安徽部分地区	水灾	漕项银缓征一年

---

① 光绪《户部漕运全书》卷三《蠲缓豁除》。
② 同上。
③ 光绪《户部漕运全书》卷四《蠲缓升除》。
④ 同上。

续表

时期	区域	原因	缓征情形
三十二年	江西南昌等县	水灾	缓至乾隆三十四年开征
	江苏省各府、州、县	水、旱灾	缓至三十三年带征
	湖南、湖北	征缅京兵所过地方	缓征钱粮一年
三十四年	江西南昌等七县	水、旱灾	缓至明年，分三年带征
三十五年	河南省		漕项银缓征一年
三十八年	湖北竹山等二十二州县，湖南长沙等二十六州县	因征金川官兵经过地	缓征
	湖广竹溪、竹山等五十七州县	征小金川官兵经过地方	缓征
三十九年	山东临清州夏津、武城、馆陶、清平、聊城、恩县、德州	农民反抗斗争	缓至明年启征，分作两年输纳
四十一年	江苏句容十八州县	灾荒	三十九年缓漕于四十一年带征，四十年缓漕于四十二年带征
四十四年	河南仪封等州县	水灾	四十三年缓漕延至四十五年、四十六年带征
四十九年	河南汲县等处	水、旱灾	缓至乾隆五十年、五十一年带征
五十年	湖北江夏等处	旱灾	按灾情轻重分别于五十一年、五十二年、五十三年带征
五十二年	河南商丘等三州县	灾荒	
五十四年	河南安阳、临漳	水灾	
五十七年	河南、河北三府	灾荒	
	山东德州等州县	灾荒	
嘉庆元年	湖北、湖南	民变	缓至明年开征
二年	湖北各州县	民变	以后分年带征
	山东城武、邹、滕、峄等县	灾荒	缓至来年开征
三年	湖北省	水旱灾、民变	缓至明后年带征
	河南德州等六州县	水灾	缓至明年启征
四年	江苏淮、徐、海所属州县	水灾	分别轻重缓免
五年	山东济宁等州县	水灾	缓至明年带征

第三章 蠲（免）缓（征）改折 / 115

续表

时期	区域	原因	缓征情形
六年	山东清平等九州岛县	水灾	缓至明年带征
	山东东阿等六州县	水灾	缓至明年带征
	山东临清等二十二州县	水灾	缓至明年带征
七年	山东临清等二十五州县	水灾	缓至本年秋后开征
八年	河南祥符、河内等四十四州县	蝗、旱灾	缓至嘉庆九年秋后开征
	山东范县齐东等十三州县	水灾	分别轻重蠲缓
九年	安徽省巢县、凤阳等十二州县	水灾	新旧钱粮漕米俱缓至来年秋成后分别征收
十年	浙江杭、嘉、湖三府	水灾	去年缓征部分再缓一年
	山东被旱区域	旱灾	缓至嘉庆十一年开征
十一年	江苏阜宁等州县	水灾	所缓米、费至嘉庆十二年买运
十三年	江苏阜宁、清河、桃源、沭阳、宿迁、海州	水灾	缓至来年秋后再征
	山东恩县四女寺等八庄并德州卫卜官屯	水灾	缓至嘉庆十四年秋后开征
十四年	江苏阜宁、清河、桃源、沭阳、海州、宿迁	水灾	旧漕缓至嘉庆十五年秋后开征
十六年	山东章邱等八州县	水、虫灾	本年漕米缓至来年秋后开征
	山东堂邑历城等二十五州县	虫灾	本年漕米缓征十分之五，俟来年秋后启征
	山东临邑等十州县	灾荒	缓征
十七年	山东平阴等县卫所	灾荒	缓至来年秋后启征
十九年	山东济南府属章邱等二十六州县	水、虫灾、灾荒	缓至嘉庆二十年后带征
二十五年	山东省邹平等州县	水灾	分别轻重蠲缓
	山东齐东、海丰、章邱、邹平、郓城、博兴、茌平、博平、东平、聊城等州县	水灾	分别缓征
道光三年	山东恩县、利津等州县	水、雹、虫灾	缓征
	山东省各县	频年灾荒	嘉庆二十三年至道光二年未完漕粮均缓二年

资料来源：光绪《户部漕运全书》卷三至卷六；乾隆《江南通志》卷八十四《食货志》。

我们很难把清代有漕各省的漕粮蠲免、缓征等的情况全面地展示出来，然而，蠲、缓问题确属清代漕粮征派中常年都需要面对的问题，朝廷是否重视、重视的程度以及执行的力度，都将直接关系漕运的秩序、漕粮的征收乃至地方社会秩序。我们不妨以安徽为例，更全面而具体地考察一个地区的蠲、缓状况，以从个案关照整体。

安徽省是清朝漕粮征收的主要地区之一，在安徽省的蠲免事例中，因自然灾害蠲免漕粮的事例居于首位。其中，水、旱灾害最为常见，是灾蠲①的主要原因，如康熙三十八年安徽寿州、泗州、亳州、凤阳、临淮、怀远、五河、虹县、蒙城、灵璧等州县，因水患泛滥，浸漫堤岸而蠲免②；雍正九年八月，蠲免宣城、旌德、盱眙、铜陵、怀远漕粮五千九百余石，又免宁国、无为、寿州、凤阳、临淮等十州县并凤阳、长淮二卫银一万九千五百九十余两、米麦豆八千七百五十余石。③嘉庆八年，安徽省宿州地方连年迭被水灾，又"经匪徒滋扰"，全行蠲免。④

安徽地区因兵灾蠲免漕粮则主要是在咸丰、同治期间。这一时期，太平天国军攻打长江流域，漕粮无法征收，安徽部分地区实行蠲免。如咸丰五年，安徽凤、颍、泗、滁等府州属民屯田亩"被水被旱成灾及逆匪窜扰"，咸丰四年民卫丁漕一律蠲免。⑤咸丰十一年，上谕安徽失陷，郡县次年钱粮漕米全部蠲免。⑥

而康熙、乾隆朝的历次漕粮普免，均惠及安徽，对于安徽的经济和社会影响是不言而喻的。

表3-3　　　　　　　　安徽省州县漕粮蠲免情况

时间	区域	原因	蠲免粮数（石）	蠲免银数（两）
顺治九年	安庆诸府	旱灾		蠲免本年正赋改折漕米并除耗米

---

① 清政府根据受灾地区的灾伤程度，分出等级，确定漕粮全免或部分蠲免。《户部漕运全书》卷二《漕粮原额》记载，顺治八年规定，"以四、五、六、七分为轻灾"，"八、九、十分为重灾"。
② 光绪《重修安徽通志》卷二《诏谕》。
③ 光绪《重修安徽通志》卷八十一《食货志·蠲赈》。
④ 光绪《重修安徽通志》卷九《诏谕》。
⑤ 光绪《重修安徽通志》卷八十三《食货志·蠲赈》。
⑥ 同上。

续表

时间	区域	原因	蠲免粮数（石）	蠲免银数（两）
康熙十年	江南诸府（含今安徽省部分区域）	旱灾		本年漕粮改折外耗赠米俱免
十三年	凤阳泗州滁州等州	灾荒		本年按分免漕米凤米月粮米
十八年	凤庐滁	旱灾		本年漕粮改折外耗赠米俱免
二十三年	江南、浙江、江西、湖广	平定台湾粮饷供应		康熙二十四年漕粮免三分之一
三十年	湖广、江西、浙江、江苏、安徽、山东	逐省蠲免		漕米自康熙三十一年始按年分省轮免一次
三十七年	寿州、泗州等十一州县及泗州卫	康熙帝南巡蠲免		本年漕粮、漕项银米全蠲
四十四年	凤阳府属	灾害		本年漕项银米全蠲
五十六年	安徽	灾荒		本年漕项银米麦豆蠲免各半
雍正九年	直隶、江南、河南宣城等四州县	水灾灾荒	5900	本年漕粮按成灾之分数蠲免
乾隆七年	寿州等二十州县卫	频年灾荒	米1745.45 豆66.428 麦244.08	170810.4
三十一年	湖广、江西、浙江、江苏、安徽、河南、山东	逐省蠲免		漕米自乾隆三十一年始按年分省轮免一次，安徽三十五年轮免
四十三年	山东、安徽、河南、湖北、湖南、江苏、浙江、江西	逐省蠲免		按年分省轮免一次
五十九年	山东、安徽、河南、湖北、湖南、江苏、浙江、江西	以六十年元旦日食上元月蚀，蠲免		按年分省轮免一次
嘉庆十五年	泗州等三州县及屯卫	水、旱灾		本年漕米漕项银米津贴等项按成灾分数蠲免
十六年	盱眙等三县及屯卫	水、旱灾		本年漕粮漕项银米蠲免十分之一
二十年	泗州及屯卫	水灾		本年漕项银米按照灾分按数蠲免

续表

时间	区域	原因	蠲免粮数（石）	蠲免银数（两）
道光十一年	无为等二十三州县及屯卫	水、旱、虫灾		本年漕粮漕项银米遵照地丁钱粮之例按分蠲免
十三年	铜陵等十二县及屯卫	水、旱灾		本年漕粮漕项银米遵照地丁钱粮之例按分蠲免
十九年	望江等十州县及屯卫	水、旱灾		本年漕粮漕项银米遵照地丁钱粮之例按分蠲免
二十一年	望江等十二州县及屯卫	水、旱灾		本年漕粮漕项银米遵照地丁钱粮之例按分蠲免
二十七年	凤阳等六州县及屯卫	灾荒		本年漕粮漕项银米遵照地丁钱粮之例按分蠲免
咸丰元年	凤阳等四州县及屯卫	水灾		本年漕南行月照成灾分数按分蠲免
五年	凤阳五河及屯卫	水、旱、兵灾		咸丰四年漕兵米按成灾分数蠲免
六年	凤阳等府定远等三县及屯卫	水、旱、兵灾		本年漕米漕项照成灾分数按分蠲免
八年	凤阳等五州及屯坐各卫	旱灾		咸丰七年漕米漕项照成灾分数按分蠲免
九年	宿州、颍上	水、旱灾		咸丰八年漕米漕项照成灾分数按分蠲免
十年	宿州、颍上	水、旱灾		咸丰九年漕米漕项照成灾分数按分蠲免
十一年	安徽失陷郡县	兵灾失陷		咸丰十二年漕米漕项全部蠲免
同治二年	亳州、蒙城等州县	兵灾		蠲免漕粮漕项两年

资料来源：光绪《户部漕运全书》卷三——六；光绪《重修安徽通志》。

李文治、江太新据材料记载认为，雍正十三年豁免雍正十二年民欠未完漕项银两，这是免积欠的开始。① 但在光绪《重修安徽通志》中记载，"康熙二十七年三月，旨将十七年以前未完漕项银、米、麦俱着蠲免"。② 文中没有直接指出此次蠲免的地区，在《漕运全书》中也没有找到相印证的资料，但文中的表述应为安徽省所积欠的漕粮漕项。此例应早于雍正十三年的豁免。

乾隆五十九年，普免民间节年积欠以及因灾缓征银、谷。③ 嘉庆四年，普免乾隆六十年以前各省积欠缓征地漕及民借银两，凡民欠漕粮漕项正耗银米、漕粮水脚、加津、资役……项，俱行蠲免，计山东、河南、湖北、江苏等省共免米八千二百七十一石、谷一万二千七百七十四石、银五万一千三百六十四两。④ 嘉庆二十四年，嘉庆帝六十岁寿辰，普免各省节年正耗民欠及因灾带征缓征银米，计米一百九十七万三千七百九十二石、银一千七百五十二万零九百八十九两。清朝对粮户积欠漕粮及漕项银两进行蠲免，主要集中在雍正至嘉庆前期，嘉庆后期很少进行大规模的蠲免，这也从一个侧面反映了清王朝由盛趋弱格局的演变。

清朝对安徽省积欠漕粮及漕项银的蠲免，列表如表3-4所示。

表3-4 安徽省漕欠蠲免

时期	区域	蠲免时期	蠲免米数（石）	蠲免银数（两）
康熙二十七年	安徽省	康熙十七年以前		蠲免积欠漕项银米麦，蠲免区域未定
雍正十三年	全国	雍正十二年以前		蠲免积欠漕项
乾隆二十二年	安徽省	乾隆十年以前		蠲免漕项银米及加耗
三十二年	江安粮道	乾隆十一年至二十八年	69977.83	因灾欠未完银，主要为安徽地区
三十七年	江南	乾隆十一年至二十三年、三十二年、三十四年	米 182930.924 麦 5605.41	53190.00 积欠未完银，含今安徽部分地区

---

① 李文治、江太新：《清代漕运》，中华书局1995年版，第131页。史载："着将雍正十二年以前民欠未完漕项银两全行豁免，嗣后遇有恩诏俱入于豁免内，永著为令"（光绪《户部漕运全书》卷三《蠲缓豁除》；又见光绪《重修安徽通志》卷八十一《食货志·蠲赈二》）。
② 光绪《重修安徽通志》卷二《诏谕》；卷八十一《食货志·蠲赈二》。
③ 光绪《户部漕运全书》卷三《蠲缓升除》。
④ 同上。

续表

时期	区域	蠲免时期	蠲免米数（石）	蠲免银数（两）
四十五年	江安粮道	乾隆十一年至四十三年		52736.452 历年积欠漕粮漕项
五十一年	安徽	乾隆四十八年至五十四年		未完漕粮漕项
五十九年	安徽	乾隆五十九年以前	131566.91	1153764.83
嘉庆八年	安徽宿州	嘉庆元年至七年	9227.00	79149.00
二十四年	安徽	嘉庆二十四年以前	458979.00	4550540.00 嘉庆六十岁寿辰，普免八省积欠
同治四年	安徽省	咸丰九年以前		历年积欠漕米
	广德、建平、宁国	咸丰十年至同治三年		历年积欠漕米
	绩溪等八州县	咸丰十年至同治四年		历年积欠漕米
	凤阳等十六州县	咸丰十年至同治三年		历年积欠漕米
	怀宁等二十五州县	咸丰十年至同治二年		历年积欠漕米
	亳州、蒙城	咸丰十年至同治元年		历年积欠漕米

资料来源：光绪《户部漕运全书》卷三至卷六；光绪《重修安徽通志》。

安徽省的漕粮缓征也相对频繁，其原因主要是水、旱、风、虫等自然灾害，如嘉庆九年，安徽省滨江各属及江北一带屡经秋雨，巢县、凤阳等十二州县漕粮缓至明年秋后征收。① 嘉庆十五年，安徽夏秋之间被水被旱秋收俱歉薄，潜山等十一州县并屯卫漕粮缓至明年启征，怀宁等五州县积欠漕粮银米缓至明年秋后，分限三年带征。②

清朝前期，安徽兵灾较少，该地区的兵灾主要是在清代后期，即咸丰、同治年间的太平天国运动，战争期间安徽一部分地区的漕粮经常性的缓征或压征带补，漕粮不能正常征收。如咸丰六年，安徽凤阳等府受兵灾，寿州等十六州县应征五年及四年漕粮缓至本年秋后启征。③

---

① 光绪《重修安徽通志》卷八十一《食货志·蠲赈二》。
② 同上。
③ 同上。

表3-5　　　　　　　安徽各州县历年缓征漕粮情况

时期	区域	原因	缓征情形
康熙十八年	江南	灾荒	漕米明年带征
二十三年	江南、浙江、江西、湖广	平定台湾粮饷供应繁多	康熙十三年至二十年积欠漕项钱粮自二十三年起每年带征一年
四十九年	江南	历年积欠漕项钱粮	康熙四十七年积欠于五十三年带征
乾隆五十四年	怀宁等七州县	水灾	漕项自乾隆明年起分四年带征
嘉庆九年	巢县等十二州县	水灾	漕米缓至明年秋后征收
十年	怀宁等十八州县	水灾	漕米缓至明年秋后征收
十四年	盱眙、天长等	水、旱灾	漕米缓至明年秋后启征
十五年	泗州等三州县 潜山等十一州县及屯卫	水、旱灾	蠲剩银米缓征 漕米漕项银米明年启征
十六年	盱眙等三州县及屯卫 合肥等二十五州县	水、旱灾	蠲剩漕粮漕项银米分年带征 漕粮漕项钱米缓征
道光十四年	安庆等二十五州县	灾荒	漕粮漕项钱米缓征
二十一年	望江等十三州县	水、旱灾	漕粮漕项钱米缓致本年麦熟后启征
三十年	安庆等三十七州县及六卫	水、旱灾	漕项银米缓征
咸丰六年	寿州等十六州县	水、旱、兵灾	咸丰五年及四年漕粮缓至本年秋后启征
	怀远等十七州县及屯卫	水、旱	漕粮银米缓征
七年	旌德等三州县	旱、虫、兵灾	漕米缓征
八年	霍丘等二十州县	水、旱灾	分别缓征和秋后启征
同治九年	无为等三十五州县	水、旱、虫、风灾	漕粮及旧欠明年秋后启征
十年	泗州等二十八州县	旱、虫、水灾	漕粮漕项分别缓征
十一年	泗州等三十一州县	水、旱、虫、风灾	漕粮漕项银两缓至明年秋后启征
十二年	泗州等二十七州县	水、旱、虫、风灾	漕粮及历年积欠漕米分别缓征
十三年	泗州等二十七州县	水、旱、虫、风灾	漕粮及历年积欠漕米分别缓征
光绪十一年	泗州等三十五州县	水、旱灾	漕粮及历年积欠漕米分别缓征

资料来源：光绪《户部漕运全书》及光绪《重修安徽通志》。

清政府对于漕粮征收采取的蠲缓等措施，对于安定民心，稳定清代的社会秩序，发展农业生产，无疑具有积极意义。而农业的恢复和发展，又为豁除蠲缓等措施的进一步推行，提供了可靠的物质保证。康、雍、乾三朝的漕粮普免和大规模的蠲免，正是在国家仓储充裕的形式下实施的。

清政府的豁除蠲缓政策，不论是在有漕八省还是在安徽一省，都是以漕粮蠲免和缓征为主，真正的漕粮豁除甚少。据不完全统计，涉及安徽地区的蠲免共有四十一次——顺治朝一次，康熙朝九次，雍正朝二次，乾隆朝十次，嘉庆朝五次，道光朝五次，咸丰朝七次，同治朝二次，光绪朝暂未发现相关事例。但不论是因自然灾害、兵灾，国家对有漕八省的普免，还是国家对粮户积欠漕粮及漕项银两的蠲免，主要集中在清朝前期，且活动的规模和深度也甚于后期。而漕粮缓征情况，恰和蠲免情况相反，清代安徽漕粮缓征主要在清朝后期，前期较少。根据光绪《重修安徽通志》记载，清朝安徽漕粮共被缓征二十一次，顺、康、雍、乾四朝共四次，仅康熙朝便有三次，乾隆朝一次。而从嘉庆朝到光绪朝，安徽共被缓征一十七次，尤其需要注意的是从嘉庆朝开始，经常性的大量的州县因受灾而缓征。尤其是咸丰朝和同治朝，安徽的很多地区连续受灾，多种灾害接连发生。同治九年至十三年，安徽连续五年受灾，受灾区域多达几十个州县，漕粮被连续缓征，以至于整个安徽省的漕粮都无法正常征收。大量的漕粮缓征反映出清朝后期的漕粮征运处于不稳定的状态，漕粮征派无法正常进行。同样，大量的漕粮缓征也进一步影响清王朝的国力和对于社会的控制力，朝廷无法对大量受灾的州县进行漕粮蠲免，只能进行缓征，但有些地区连年受灾，被缓征的漕粮越积越多，以致漕粮无法正常征收。

二 漕粮改折

所谓改折，即改征折色。漕粮之于王朝在粮食供应方面的重大意义，决定了其征实的性质。一般而言，没有特殊的情况或原因，漕粮不可改折。但是，清代漕粮改折的频率和力度远甚于前朝，这一方面说明清代的社会经济出现了重大的变化，另一方面反映清政府在经济秩序与社会秩序协调的问题上，更灵活地运用各种手段。当然，具体效果如何另当别论。

(一) 漕粮折征的类别及原因

漕粮折征的类别主要有四点：

一为永折，即额征漕粮的部分永远以折色的形式上交朝廷，如清朝初年规定："山东、河南各七万石，石折银六钱、八钱不等；江苏十万六千四百九十二石有奇，石折银六钱不等；安徽七万五千九百六十一石有奇，石折银五钱至七钱不等；湖北三万二千五百二十石，湖南五千二百十有二石各有奇，石均折银七钱。其价银统归地丁报部。"

二为灰石改折。如顺治十七年规定，始将"江苏二万九千四百二十四石，浙江万八千六百五十三石，遇闰加折四千十有五石，石折银一两六钱"，折银解部以供工部备置灰石之需。

三为减征，即离兑交漕粮水次较远或不近水次之州县，因程途较远，运输艰难而减运部分漕粮，由距离水次较近之州县代缴；而代缴漕粮的州县则扣除相应数额的地丁银两，由减征漕粮的州县代交。① 这种漕粮的协办与减征，以河南省最为典型。如雍正六年，"定河南去水次稍远州县，均征本色，惟南阳、汝宁二府属，河南府之卢氏、嵩、永宁三县及光、汝二州并属县，又离水次最远之灵宝、阌乡，路远运艰，共酌减米万五千六十二石有奇，免其办解，分拨内黄、浚、滑、仪封、考城等五县协办，于五县地丁银内扣除完漕，照部价每石八钱，以六钱五分办运，节省之一钱五分，征解粮道补项。其南、汝等府属，每石折银八钱解司，以抵浚、滑等五县地丁银数"。②

四为民折官办，即对于地处僻远，运输艰难或不产米粟之州县，由纳粮民众交纳折色银两，官府代为采买本色漕粮上交的方式，如乾隆二十六年，"以江苏之清河、桃源、宿迁、沭阳不产米粟，命嗣后先动司库银两，按照时价采办，令民输银还欸，是谓民折官办。其后阜宁、旌德、泰兴、宁国、太平、英山诸县皆仿行之"。③

对于政府来说，要保证漕粮的如数如期征收，一则要考虑地方的粮食生产能力；二则要考虑本色漕粮运输的难易程度。而能保证漕粮足额

---

① 以上材料均出自《清史稿》卷一百二十二《食货志三·漕运》。
② 《清史稿》卷一百二十二《食货志三·漕运》。
③ 同上。

完成，不管采取何种方式，只要能取得殊途同归的效果，则都可以大力实行。因此从清初开始，漕粮折征即被视为漕粮本色征收的有益补充。漕粮折征的原因主要有以下几个方面：

其一，遇灾折征。由于漕粮关系重大，因此在通常情况下漕粮是不得"蠲免"或"轻议改折"的，但是，为了"宽民力""舒民困"，政府有时会有条件和有限额地允许改折。

> 江苏所属州县漕粮例征本色，乾隆二十年因雨水过多，田禾被淹，秋后又有虫灾。钦奉上谕，将灾地应征漕粮改征折色，以纾民力。①

对于承担漕粮征收任务的州县来说，当地方遇到灾歉时，如何设法保证地方的粮食供应是救灾的中心环节。到每年十月左右，如果还按原定计划征收本色漕粮，将大量的粮食转输朝廷，则地方仓储便难以充实，进入冬春季节，民众衣食无着，于社会安定无益。因此，当地方遇有较大灾伤，民间需米甚多，而地方储藏本已不足时，经地方官员奏请，朝廷酌情折征，以银钱的形式取代实物漕粮的征收，以使地方多留民食并调剂物价，增强地方抗击灾伤的能力。如雍正十一年，江苏地方官员奏称常熟等州县因上年被灾，"户口蕃庶需米甚多，被灾之后，民间已鲜盖藏，专望今秋丰收以资食用"②，因此，户部议将本年及带征上年漕粮均以每石折征银一两的价格折征，以拯救地方灾伤。

其二，地处僻远，运输不便，难以征实。在有漕八省中，有不少州县因为地处僻远，且有山河阻隔，交通极为不便，如果每年定期上交本色漕粮，民众不得不肩挑背扛，艰辛万状，不仅往返费用不赀，甚至会超出漕粮本身的价值，而如果不肖州县浮收勒折，民众所受剥削则更为严重。因此，对于此类地方，朝廷往往会根据实际情况给予照顾，令其折色征收或者民折官办，以减轻民众的负担。如山东省淄川县由于地处济南、青州和泰安三府交界之处，群山环绕、溪流众多、山高路远，地

---

① 光绪《户部漕运全书》卷七《改折抵兑》。
② 江苏巡抚乔世臣折，《军机处录副奏折》，雍正十一年八月二十二日，中国第一历史档案馆馆藏。

狭民贫。清初，淄川额征漕米本色一千五百余石，由百姓自解至德州水次交兑，但淄川距德州近五百里，且道路险阻，对于小额的花户来说运费甚至比所交漕粮的花费还多。因此康熙中叶淄川征漕即实行改折，初按时价征米，由官总运至德州交仓兑运，官民两便。①

其三，米价昂贵，折征以平抑米价。当地方因偶有歉收导致米价高昂之时，暂行折征漕粮，可以使地方多留数十万石粮食流通于市场，以平物价，安定民心。如康熙四十七年安徽青黄不接之时，湖广江西所运之米较少，春夏以来米价暴涨，民情不安。同时巡抚担心因雨水过多，秋季收成歉薄，如果短时间内兑运二十五万石漕粮，冬间恐米价复长，民食艰难，因此，奏请将"今年上江漕米暂征折色一年，则于国赋无亏，米留本地，民用充足"。② 这种临时性的折征一般无碍于国家的正常赋税收入，同时，也使得地方民食有资，多为朝廷应允。

其四，浮收弊甚，民情不堪。漕粮浮收始终是漕运制度的衍生现象，由于漕粮有利可图，官僚系统又缺乏有效的监督机制，因此，漕粮的浮收成为清代漕运发展中屡见不鲜的事情。特别是在社会动荡、朝政腐败、吏治不清的清代后期，漕粮的浮收更甚，往往超出民众承受的能力，流血冲突的暴力事件由此长年不断。因此，在漕粮折征价格适中，且民众乐于接受的情况下，政府常常采取漕粮折征的形式，一方面保证国家的赋税收入，另一方面稳定秩序，缓和社会冲突。比如，在山东济南府属州县，乾隆末年有不少地方都实行了漕米的改折，但历城县仍在征收本色，且吏胥挑剔浮收，"计完米一斗倍所费而尤不止"，邑民苦于浮收，屡次呈请改折，邑令"不肯据情上陈"，邑庠生李岱遂联络数十村庄上告至布政司处，不畏权贵，"挺身出与官抗辩"，最终迫使县令详请改折，稍微减轻了百姓沉重的漕粮本色负担。③

其五，战争影响，运道梗阻，难以征实。漕粮的折征虽然是漕运本折大纲之一，但是，在咸同年间以前，漕粮的折征只是在小范围内实行，着眼于解决部分地区难以征收漕粮本色的问题。但是，在道光以降，由于河政废弛、运河疏浚不力，淤塞日甚，导致运道梗阻，本色漕

---

① 乾隆《淄川县志》卷三《赋役志·田赋》。
② 刘光美：《奏为上江米少价贵请将漕粮改征折色事》，《康熙朱批奏折》，康熙四十七年八月初十日，中国第一历史档案馆馆藏。
③ 民国《续修历城县志》卷四十四《列传六·一行》。

粮难以顺利运京。朝廷在兴起海运之议的同时,漕粮的大规模折征也被提上日程,但经大臣奏驳不行,咸丰初年,地方大员以州县浮收和运船帮费太重,民不聊生,再次提议折征,但由于漕粮首重本色,不轻易改折,因此没有实行。而在太平天国运动以后,农民战争的硝烟涤荡了整个清王朝,使其统治遭受了严重的冲击。而漕粮征收的主要省份如两湖、江浙等长江中下游地区等曾先后被太平军占领,农村残破、社会经济凋敝。战后,清王朝不得不对全国的赋税进行大力整顿,并力图重建全国的漕粮征收秩序。由于吏治的腐败、农村经济的衰退、抗漕斗争的此起彼伏,兼之运道的梗阻诸多情况,清政府不得不着力于漕运的改制。为了争取民心,同时通过减轻漕粮的负担来鼓舞粮户完纳漕赋,清政府一方面减轻各省的漕粮征收额数,另一方面开始大规模地实行漕粮的改折。从咸丰年间起,湖南、湖北、江西、安徽、河南五省先后在全省范围内实行漕粮改折,一定程度上适应了太平天国革命后农村社会所出现的新情况,是在战后农村经济凋敝,国家漕粮收入远难足额,国库空虚的前提下为减轻百姓负担,稳定农村秩序,充实国库的应对之策,同时也是对清代漕运制度所做的重大调整和改革。

(二) 漕粮折征价格的影响因素

清代漕粮的折征以银钱为主,在折征的过程中又兼采"中央折价"和"地方勒折"两套价格系统。

"中央折价"从理论上讲,是基于市场粮价而制定的,是全国通行的折漕标准。清朝时地方生产力水平参差不一,在全国范围内并未形成完整统一的粮食市场体系,再者因为粮价的随时变动,清代漕粮的"中央折价"主要是依据地方粮食生产力水平、土地肥瘠与产量多寡、市场米价低昂与钱价高下等情况制定的,而且在不同的地域和不同的时段都有一定的差异。正如乾隆时期一位地方大员所说:"民折官办,因地制宜,万民称便。至于定价太多,则有累于民,定价太少,亦有累于官,照时折价两不相亏。"[①] 由于粮食的市场价格多受到地方粮食生产水平和人口多寡数量的影响,也是一个地区粮食生产和市场供应状况的"晴雨表"。因此,当中央规定地方漕粮的折价时,最主要的还是当地

---

① 江南安徽等处布政使:《奏为漕粮民折官办有例可援折》,《乾隆朱批奏折》,乾隆五年七月十二日,中国第一历史档案馆藏。

的市场粮价。

　　清初由于漕运制度尚不完善等原因，当米价高昂时漕粮折价稍低，以为便民之策，但是当顺治末年及至康熙初年粮价回落时，漕粮折价竟离奇偏高，导致"顺治十八年，江西米价石不满四钱，而漕折每石一两二钱，三不完一。康熙三年江南米价石不过五钱，而五府白（指专供京师皇室贵族食用的白粮）折每石二两，四不完一"① 的情况发生，对此，廷臣表示了不满：

> 本朝初下江南，即允抚臣之请改为官解，而五郡三百年来之积困一旦得苏，征本色则计额以输，民固不任其责，即间征折色，亦不过以米易银，一转移间遂可省夫船经费数十万金，解入司农以充国用，便于官而民亦未尝不便者，何也？其时米价方高，入银之数不逾于入米之数也。按顺治初江浙之米石皆二两以外，即折征二两再加余美，其数亦略相当。承平以来价日益减，每石之值初犹一金有余，后至五六钱不足，虽正项折色之轻者尚尔难供，而白粮之折石必二两，至耗办亦与正米同科，而夫船等银又不在此数焉。部议曰："旧例也，勿可改"，州县曰："部檄也，勿敢违"。于是乎一石折色之入费民间五石有余之本色而不能支……②

　　认为漕粮的折价偏高，本为便民之策反倒加重了民众的纳粮负担。此后，经过朝廷整顿，加之漕运制度的不断完善，康熙五年即实现了白粮的本色征收。而漕粮的折价也与粮食的市场价格相当，朝廷也制定了各省的漕粮折价，规定："漕粮折征之年，该督抚按照各省定价临时题明办理，山东河南二省粟米每石折征银八钱，江南浙江二省粳米每石折征银一两，粟米每石折征银七钱五分。"③

　　如此看来，在市场规律的作用下，清代漕粮的中央折价一般是随着市价的变动而调整的，处于良性的发展趋势。如果地方严格按照此折价来征收漕粮，农民即使需要通过市场将粮米换取银钱，则一石粮食所卖

---

① 任源祥：《食货策》，贺长龄编：《皇朝经世文编》卷二十九《户政四》。
② 董以宁：《白粮本折议》，贺长龄编：《皇朝经世文编》卷二十九《户政四》。
③ 光绪《户部漕运全书》卷二《漕粮额征·改征折色》。

的市价也大致符合一石漕粮的折价,对民众来说,所造成的负担应该不会过重,而且也免予搬运等其他负担,一般来说,处于民众所能承受的范围。但在清代中期以后,由于漕折范围的逐步扩大,地方均援以为例,致使漕粮折征的实际价格也发生了很大的变动,不仅各地差价甚大,且远远高于市价及中央折价。有学者通过分析《大清会典事例》和《清文献通考》等文献资料所记载的官府折漕等粮价,认为"这些折收所定的粮价几无例外地都要包含耗米和运费在内,有时还要包括其他浮收,因此,这类粮食折价每石都要比市价高出银二钱至五钱左右"。① 这类文献的叙述曲折反映了折价与市场实际粮价的差别,这种价格的严重偏离主要是由于地方以漕折为利薮,实行远高于市价的折价,给地方民众造成了极大的负担。

再者,漕粮在折征的过程中,由于地方吏治、收成状况以及交通条件等多方面因素的影响,很多地方也都有自己的折价标准,故称为"地方勒折"。中央本意是为减轻农民负担而实行漕粮折价,但由于对地方监控不力,缺乏有效的监督体制,以致地方官吏乱定折价。

贪官污吏上下其手,蒙蔽上司和民众,任意确定钱粮比价,使得折钱之后的农民所受的剥削反而越发加重。加之官员更调频繁,且不谙地方事务,盘踞此地的漕书、经承便多加杂派。至康熙四十八年康利贞把持漕务时,每石漕粮竟折征至二两一钱,地方怨声载道。

而且由于清代漕弊的恶性循环,导致州县官员既要应付上司的规费,又要交纳运丁的索费;既易受吏胥的蒙蔽,又有生监刁民的挟持;既有加收肥己的主观需要,又要迫于外部环境的压力。"江浙地方为尤甚,有每石加至七八斗者,有私行折收钱文者,掊克小民,无所不至。"② 就这样,政府所允许的漕粮折征也使州县的折征披上合法的外衣,州县漕粮的浮收为勒折创造了条件,而勒折也成为州县变相浮收的手段。对于漕粮弊端影响下的勒折现象,史载屡见不鲜。为了最大限度地榨取人民的血汗,在浮收之外多加勒折,州县也是无所不用其极。如嘉庆十二年御史纪彦博奏称:

---

① 黄冕堂:《中国历代粮食价格问题通考》,《文史哲》2002年第2期。
② 《清仁宗实录》卷四十七,嘉庆四年六月癸卯。

（州县征漕）开仓时民米到仓，虽洁净干圆，记书总嫌米丑，每使守候旬日，仍复退还，及再换米，刁难如故，退换数次；或愿六扣七扣而淋尖撒地，踢斛抄盘，一石之米又去其半，折挫百方，必期勒令折价，计市价好米每石二千之时，折价则四、五千文不等，临兑时记书贱买丑米以挽于所收之内，而盈余之项多属分肥。①

实际上，州县本没有折征之令，但是地方在漕粮浮收之后以高价要求民众折交剩余的漕粮。这一种情况则更为普遍，粮户完纳折色，支出往往要增加好几倍。如乾隆年间福建道御史胡文学奏："应折银一两"之粮，"必需费数石"之米。② 部分州县征收部分本色之后即虚报廒满，逼迫民众折色改兑，折兑比价由官府控制，勒算之后即以低价购买次等之米交兑，从中赚取巨额差价。因此，正是由于市场之外的人为因素的影响，使得漕粮折价远远高于市场粮价，在其他因素的共同作用下，导致民众闹漕事件频繁发生，成为社会的不安定因素。

三 漕粮折征对地方社会的影响

在清代，漕粮主要以实物的形式上交朝廷，很少折征或者是蠲缓。但是由于地方情况的不同，如交通条件、生产能力等原因，致使漕粮的征实出现困难，或是由于地方吏治不清，导致浮收过甚等弊端发生。早在顺治年间淮阳总督吴惟华在列举征运本色时的弊病时即说：

惟起运本色，每正粮一石，加耗米三斗四斗不等。此外有补闰、加赠、淋尖、饭食等米，又有踢斛、稳跳、倒箩、舱垫等银。在旗丁则有行粮、月粮；在船只则需修理、打造；在起纳则多轻赍、席板。而衙役之需诈，与粮里之借端科扰，水次之挑盘脚价犹与焉。总计公私耗费，大约共需米一石五六斗，银五七钱各不等，

---

① 光绪《户部漕运全书》卷八十一《侵盗折干》。
② 乾隆《漕运全书》卷十二《福建道御史胡文学疏》。

方得兑发一石正粮。即官旗运抵京通，一一全完，朝廷仅得一石之实，是有损于民，而无益于国，真可谓大谬不然也。①

意即谓征运本色成本过高，无益于国家，民众在正赋之外更是背上了沉重的负担，这种高成本运作的税收征收方式对国计民生均无裨益。道光以来，随着战争的影响、社会经济的凋敝和运道的梗塞等因素，漕粮的征实更加困难，且"外省州县折色过重，徒充私橐，转绌正供，因力求变通"②，为了控制这项财政收入，政府不得不放弃大部分的漕粮本色收入，根据地方的差异和有漕地区漕粮征实的困难，转而求其次。漕粮的折征随之被提上日程，地方宁愿以折征的方式来舒缓赋税所造成的沉重经济压力。漕粮折征也因此成为清代漕粮本色征收的补充和辅助手段，国家将改折所得的银两或是偿还债务，或是解决京城缺粮的问题，保证了国家的赋税收入。

(一) 漕粮折征的成效

漕粮的大规模折征是在咸丰以后，随着农民抗漕斗争的此起彼伏以及太平天国运动的冲击，漕粮折征日渐流行。此外，在大规模减免各省漕粮浮收的同时，对于那些因为河道失修，运道梗阻的地区也实行漕粮改折，并适量较少额征数量和相对固定折价。

此次漕粮改折范围广泛，除山东继续征收本色，江浙两省部分改折外，其余五省均全部实行漕粮的折征。同时，为了缓和因地方漕折过重而造成的矛盾，朝廷采取在各省大致固定漕粮折价的方式，由于初期施行较为严格，取得了一定成效。如清代的河南，即使政府分派的漕粮数额不大，位于有漕八省的末位，但是由于其自然灾害多发，生产能力低下，交通运输不便等原因，难以征实。虽然河南在乾隆年间后形成了有漕与无漕州县苦乐不均的局面，但河南承担的漕粮数量有限，有清一代没有出现大规模的抗漕斗争，也没有因征漕而激起尖锐的社会矛盾，由此可见，朝廷的折征政策起到了一定程度的积极作用。如湖北自咸丰七年改折时，抚臣胡林翼"悉心筹议痛除积弊，尽删冗费，以清其源，

---

① 《顺治朝题本》，《吴惟华为帑藏空虚请将漕粮援白粮折半征收事题本》，转引自俞玉储《清代前期漕粮蠲缓改折概论》，《历史档案》1990年第2期。

② 光绪《清会典事例》卷二百零一《户部·漕运·漕粮改折》。

明定折价以清其流，取中饱之资归之上下……为民间节省钱一百四十余万串，为国帑实筹银四十二万余两，又节省提存银三十一万余两"①，并规定："至折色数目，经此次痛加核减之后，如敢加增一文，定即分别特参究治，决不稍宽。"② 此次全省漕粮改折以后，粮户由于减轻了漕赋负担，完纳阻力逐渐消除，输将踊跃，为数十年来所未有之景象。同治元年由于京仓缺粮，部议湖北征运本色，地方巡抚以难征本色上奏，并请将折色解部，由朝廷"就近采买以资接济，庶民间无浮勒之苦，输将收踊跃之效，而京仓亦无缺乏之虞，洵属两有裨益。"③

可见，咸丰改折以后，由于银价的逐渐回落，各省的减浮收减粮额的措施的大力施行，漕粮折征比征运本色负担相对轻减，且节省的漕运运费以及大量规费能增加政府的财政收入，于国于民均有裨益；再加上商品粮的流通，京城缺米的问题可以通过别种渠道来解决。江浙、山东等省虽征收本色，但也本折兼收。虽然朝廷视其为非常时期的应急措施和权宜之法，并一度试图恢复五省的本色起运和限制江浙的折色数量，但是漕粮折色还是成为清末漕粮的主要征收方式，一直持续到漕运完全停止。

（二）漕粮改折的局限

漕粮的折征虽有一定的益处，也是漕粮征实的辅助方式，但是由于国家政策的偏差、吏治状况的良莠不齐以及地方米价的高昂，农业生产状况等方面因素的影响，漕粮折征从清初开始在官方和民众眼里的评价都是褒贬不一、毁誉参半的。这也是清代前期漕粮折征一直未能大规模实行的原因之一。早在顺治九年十一月，工科给事中姚文然即上疏，列数漕折之弊。题曰：

漕折款项既多，规则新立，小民难以周知，官吏易于作弊。且米价甚贵，折价稍贱，多寡之际，更有侵渔，迟延之间，便生蒙溷。或有既折正米，复将免折耗米溷算入随漕银两项下，一同征

---

① 严树森：《奏为本省漕粮势难改征本色缘由事》，《同治朱批奏折》，同治元年五月二十六日，中国第一历史档案馆藏。
② 胡林翼：《胡文忠公遗集》卷八十五《汉阳府详请漕折章程批》。
③ 严树森：《奏为本省漕粮势难改征本色缘由事》，《同治朱批奏折》，同治元年五月二十六日，中国第一历史档案馆藏。

折。是既征改折正米之银,又征免折耗米之银也。此谓重折之弊。或有先征漕米,及改折文至,不肯退米于民,托言候别项销算,又再征折价。是既征米,又征银也。此谓重征之弊。或府县户书表里为奸,将布政改折文书暗行停搁,先期追比,勒写正耗米全完,然后出示折银汇解。是百姓所纳官者,重价加耗之米;而官所解布政者,轻价无耗之银也。此谓先后挪移之弊。或有一府一县之中,折数本多,而贪官奸吏诡书折少,希图多征,巧肥私橐。是百姓重价之米,不全纳于朝廷,而朝廷许折之恩,不尽沾于百姓也。此谓多寡朦溷之弊。①

意谓由于吏治的原因,导致朝廷的惠民之举不能遍及百姓,反而成为地方官吏贪蠹的工具。

不仅如此,由于漕折多与市场发生联系,农户要通过市场将粮食兑换成银钱交纳,官府除了直接向朝廷上交银两外,更多的是要通过市场购买粮食兑运给旗丁,因此漕折与地区市场粮价的波动不无关系。虽然纳漕民户将部分粮食投放市场可以使地方多得米食,也可以调节平抑市价,但是,这种调节是有限的,尤其是在歉年的时候,民户手中所掌握的粮食甚属有限。同治年间,江苏学者秦缃业为无锡县农家的收支状况和漕折负担所作的估计很值得参考。首先他对朝廷大力整顿漕政,调整漕折价格的作为较为赞赏,认为"记道光咸丰间完漕一石苏松则折钱六七千,常镇则折钱四五千,此就民户而言。绅户则有强弱多寡之不同,于是抗欠包揽无所不有,而漕政之弊端极矣。幸大难既平,与民更始,非但额征多所轻减,而且严禁官吏之浮收,定为征十加三,绅民一律而折价则每石四五千文,意美法良,官民两便,莫过于此"。② 但是,由于折价一定,如果收成较好,市价低落,则"谷贱伤农"。就在秦缃业作《折漕变通议》的同年,无锡县"秋收中稔,米价不过二千有余",若仍照上年折价每石折收四千五百文,"则不啻倍而且过之矣"。一般农民小户,"田止数亩以至数十亩,终岁勤动,本不足共八口一年之食。折漕既无现钱,势必举其日食之米而贱售之,且近来小钱通行,

---

① 《漕运全书》卷二《漕粮原额·历年成案》。
② 秦缃业:《折漕变通议》,光绪《无锡金匮县志》卷三十八《艺文志》。

到官必多挑剔,石米二千数百者不能得通足制钱二千,折耗尤甚,恐此辈完漕之后小则号寒啼饥,大则卖男鬻女,有不可问者矣!"① 意谓如果政府不随着地方收成丰歉的变化、市价的高昂变动逐年变通调整折价,民众无论丰歉负担均重。但是,秦氏转而又提出一个观点,谓"然四千五百之数果能一成而不变,犹可言也。今因米贱而减三百,他日必因米贵加数百,彼州县固有所借口矣"。

这个看似相悖论的提法实际上说明地方政府仍是收漕的主体,是既得利益者,百姓仍是被鱼肉盘剥的对象。一方面,朝廷想固定折价以减少地方自主高价浮勒的现象发生,但是忽略了市价的变动对民众造成的不利影响。另一方面,如果授意地方随市价而定,则"易以饱贪吏之欲壑",担心实惠不能及民。最后,秦氏得出的解决方法是仍征本色,即便是不得已而折征,应照时价征收并加津贴经费交官办纳。秦氏的观点虽是一家之说,但确也点明了清代朝野对于漕粮折征的两面态度和清政府在咸丰年间以后漕粮征收形式上的艰难处境和尴尬选择。

另外,在实行民折官办,地方官员有大量采买任务的地区,如果采买地区较为集中,则极易造成采买地区粮食价格的上涨,影响正常的民食。如清初河南省的情况,由于豫省不通舟楫,不比江浙等省皆邻近水次,粮艘停泊可以随到随运,因此顺康年间多由地方官府向民户"照赋役全书每石征银八钱"②,远赴直隶大名府小滩镇采买粮食交兑。民折官办之初,解决了民间长途运粮的困难,而且粮价较低,官府采买后仍有盈余,因此官民皆称便利,但是好景不长,"以全省之粮取给于隔属之一隅"③,则彼处"奸宄丛生",囤户牙行皆囤积居奇,米价任意上涨。地方官府四处购粮,远则盘剥耗费,近则奸棍勒索。康熙十八年至二十年小滩米甚至贵至一两二三钱。有的州县恐误开帮日期,就向河南邻近水次州县运买好米,而"小滩牙侩勾结官旗嫌称中州米带黄色,抑勒不用,必要小滩之米",以致买粮官役"称贷无偿",官民交困。而且即使是在本省办买本色,由陆挽运至小滩,路途遥远,脚价之费花费甚多,"势不得不累官民赔垫",因此自康熙二十二年起,河南几任

---

① 秦缃业:《折漕变通议》,光绪《无锡金匮县志》卷三十八《艺文志》。
② 光绪《户部漕运全书》卷七《漕粮额征·改折抵兑》。
③ 雍正《河南通志》卷二十五《漕运·漕运事宜》。

巡抚均以豫省地方官民痛于采买为由题请中央停运本色，折征银两解部，以维护地方利益。

由于漕折与市场相联系，需要兑换成货币的形式，因此其价格就不得不受货币价格的影响，清承明制，在建国之初即实行银、钱并行的复本位货币体制，政府也规定了较为稳定的银钱比价。其中，白银作为清政府财政收支的基准货币，备受官方重视，在交纳赋税时多用白银支付，而铜钱主要作为民间流通之用。嘉庆、道光以后由于白银的大量外流，导致银贵钱贱的现象，银钱的比价发生了很大的变动，导致"嘉道时及其以后，每石价银多在二两以上，由于此时银价上涨，每石粮合制钱涨至3000—5000文，比王朝初期上涨了三倍多"。[①] "银钱比价的大幅波动，在很大程度上增加了劳动者的生活负担。由于清政府征收赋税以银两为货币单位，而民间又多以铜钱进行日常交易，因此劳动者交纳赋税时，必须以钱易银，而'银贵钱贱'，无形中增加了其赋税负担"。[②] 本来官方勒折的价格就大大高于市价，而当铜钱贬值后，纳粮民户则需要投入比以前更多的粮食才能弥补因银贵钱贱造成的差价，正因为如此，很多地方的民户宁愿交纳本色，忍受浮收盘剥，也不愿交纳折色，如道光二十六年，山西道御史朱昌颐曾经指出："江浙民户，宁愿用二至三石米完纳一石漕粮，也不愿交纳折色银两。"[③]

清代后期，由于社会形势的变化，新的社会力量的不断崛起，中央政府的社会控制能力逐渐降低。在赋税征收上，地方也逐渐把持了一些赋税项目的征收权力。作为政府可以直接掌控的赋税来源，对漕运的改制和漕粮征收形式的选择和改变是清政府顺应社会形势的变化所做的有益调整。虽然由于时代环境的关系以及漕粮改折的技术性缺陷等原因，清代后期大规模的漕粮折征并没能挽救清代漕政颓败的趋势，但是作为清代后期漕粮的主要征收形式和政府的社会控制手段之一，其在缓和阶级矛盾、一定程度上减轻民众的负担、稳定社会秩序和确保中央财政收入等方面有一定的作用。

[①] 黄冕堂：《中国历代粮食价格问题通考》，《文史哲》2002年第2期。

[②] 陈桦、刘宗志：《救灾与济贫——中国封建时代的救助活动1750—1911》，中国人民大学出版社2005年版，第20页。

[③] 山西道御史朱昌颐奏，清档，道光二十六年九月，转引自李文治、江太新《清代漕运》，中华书局1995年版，第327页。

第四章 清代的漕粮仓储

清代漕粮实行官收官兑，而州县征漕后储存于专门的仓库内，再转兑给运军，经长途运往京、通各仓；同时，漕粮经过奏请截留后，不论用于平粜抑或赈济等，尤其是当其作为备用物资时，必须暂时储存于地方仓内。因此，如何保证漕粮的安全运京以及顺利实现截留，与清政府仓储制度的运转密切关联。当然，漕仓的考察有助于我们从另一个侧面理解漕粮的社会意义。

一 漕粮仓储及其功能

粮食生产的季节性和粮食消费的日常性之间的差异，决定政府需要在全国范围内设立数量广泛、类型各异、规模不一的仓储系统，以保证时时刻刻的粮食消费。同时又因为粮食生产和消费的地域范围与数量多少的差异，决定了粮食要在一定的时空范围内流动。漕粮作为朝廷税收的重要内容，对其进行时空的转移是必不可少的，漕粮的转运和漕粮仓储的大量设置正是基于这个因素的考虑。

清代与漕粮相关的仓储主要有两大类：一类是用以储存上输至京师的漕粮的专门性仓储，一般称为漕仓；另一类是漕粮经过截拨后的储存仓储，包括地方府州县的常平仓、义仓、社仓等。从物流学角度看，仓廪作为漕粮流动的基点，充当着储备仓和转运仓的角色，在运输系统的连接下，通过上行、平行和下行的运行系统，将漕粮运往目的地，以实现漕粮的功用。

（一）清代的漕仓制度

漕仓，顾名思义，即储存漕粮之仓库。对于漕仓的名称，各地叫法不一。安徽和江西均直接称为漕仓，而江浙、湖广大多数称为便民仓，取古代"便民"之意。

自中国古代专制主义中央集权的政权建立以来，为了满足京师皇室、官僚、军队的俸饷以及京城百姓的日常食米，历代统治者无不重视以水运的形式把产米地区的粮食源源不断地转输至京城储存。清代以来，漕运制度日臻完善，除设置繁复的规章以及大量的漕运官员、重视漕运河道的治理、利用专业化的运输队伍——旗丁转输漕粮外，还在京师以及有漕省份州县设置了大量的仓库，专门用以漕粮的储存，以保证漕粮在转输前、转输途中以及运至京师后的洁净、干燥以及减少亏损，以示天庾之綦重。因此，漕仓不同于一般专门用以地方积贮，以平抑粮价或备荒赈恤的仓库，诸如常平仓、义仓、社仓之类。正所谓"郡邑之有仓所以速输将而裕积贮也，岁供于上者为漕仓"①，一语道出了漕仓的特殊性功用。

1. 漕仓的种类以及分布特征

虽然漕仓在总体功能上是用以储存漕粮的，但是，按其具体职能，又可划分为三类：第一类是京、通漕仓，主要是储存漕粮用于发放京城皇室和各级官吏以及驻军兵丁的俸饷，同时，调节京师的民食；第二类是州县漕仓，主要用于本县或兼及他县的漕粮储存，以便运赴水次兑运；第三类是水次漕仓，这是在临近河流方便水运处所或直接在运河沿岸建立的以便漕粮兑运的仓库②，同时清代在大运河沿岸还建立有五大水次仓③，用于专项粮食的储备，以供应运漕军丁口粮，以及驻防、过往官兵的粮饷等。

明代为了保证漕粮的顺利运输，十分重视漕仓的建设，但是，经过明末清初兵火的浩劫，大多数漕仓或被焚毁或因经久失修而倒塌倾颓，"仓廒栋宇摧颓，板木朽烂"④，大多仅存基址。清初重建统治秩序之后，立即着手漕运制度的恢复，由于经费拮据等因素，漕仓未能及时建修。大多数征漕州县或是租赁民房堆贮，或是寄存寺观，或"听民间

---

① 汤启声：《省会漕仓记》，同治《余干县志》卷十六《艺文·记》。
② 州县漕仓和这类水次漕仓是没有绝对界限的，有的州县靠近河流，水运便利，可以直接把漕粮兑给运军。其漕仓多建于近水处所，也被称为水次仓，对于这些州县来说，两类漕仓是合为一体的。
③ 德州仓、临清仓、淮安仓、徐州仓、江宁仓。
④ 李龙翔：《重修水洋仓廒碑记》，雍正《建平县志》卷二十二《艺文下·记》。

私积"①，结果导致"安居逐末者乘时以要厚利，以一费十以十费百"②，多受勒索盘剥，耗费不赀，或因地面低洼潮湿而使得米质霉变，不符兑运要求。于是，康熙年间朝廷即开始大规模地建修漕仓，以保证漕粮运输和储存的顺利进行。在漕仓的选址方面，是有一定要求的。

首先，在地点的选择上，一般遵循便利和近水的原则，如有的州县管辖范围较小，则多建仓于县署附近，以便收漕入仓时官员能随时稽查看验；有的州县管辖范围较广，且征漕数额较大，或水运较为便利，则一般选择近水便航处所建仓，如黄冈县即是此类情况。黄冈县的兑漕仓初在武昌樊口，粮户输漕时需渡江，多为风涛所阻，因此康熙年间知县钟苇顺应民意，选择距县五十里，"当水陆之会"的团风镇修建漕仓。由于此地自古为巨镇，明朝隆、万年间"四方居积，人物繁茂，比于一邑"③，适于建仓，据传在选址时还得到化身为白髯老人的仓神的指点，颇称灵异；有的州县因征漕数量较少，或因山高道远，难通舟楫，在本属修建漕仓则不仅耗费较大，而且多次转输，"民甚苦之"，于是即于临近州县近水次处修建仓库，花户自运至水次仓交兑，较为便利，如山东莱芜县即在安山水次建仓，江西兴安县即于弋阳水次建仓，安徽建平县则设仓于宣城水次。

其次，在地势的选择上，一般以高亢干燥为标准。通常的情况是把漕仓选择在地势较高、干燥垲爽、便于通风之处，避忌险峻低平、阴湿多沙，使漕仓保持干燥通风的环境，这样漕米才不致潮湿霉烂，保证米质的干洁。④ 同时漕仓之前的地面要较为宽阔平敞，以免民户纳漕时拥挤滋事。因此，漕仓的选址既要"舍远就近，去险就夷"⑤，又要因地制宜，高敞垲爽，使得积贮有地，"绝水火之虞，免损失之患"⑥，这样，既节省了民力，同时也减轻了花户的赔累之忧。

仓基的来源也是多元化的，有的州县在明代漕仓的基础上进行重

---

① 龙之珠：《邑令王世允建漕仓记》，乾隆《望江县志》卷八上《艺文·记》。
② 宋浚：《安居创置兑军寓所记》，道光《城武县志》卷十二《金石志中·记》。
③ 《王正常重修团风漕记》，光绪《黄州府志》卷八《积储》。
④ 漕粮征收首重米色，州县官员在兑漕漕粮时必须保证米粒的干圆洁净，由于漕仓往往储存大量的漕米，因此对于漕仓的选址不得不倍加重视。
⑤ 《新建洞庭东山漕仓碑记》，乾隆《太湖备考》卷十二《集文》。
⑥ 叶方恒：《复建安山水次官仓记》，民国《续修莱芜县志》卷三十五《艺文志·碑记》。

建，有的州县则酌量道里远近，重新选择近便干燥之处建造，有的则租赁民房加以改建。对于漕仓的修缮费用的来源，则经历了一个变化的过程。清初顺治年间修仓廒的经费多是由民间硬性征派的，在漕粮数额较大的州县通常是由里甲承担仓廒的修缮费用，一般来说，一里约承担一间仓廒的修建，如浙江嘉兴由于"每廒约费银三十两"，则令"每甲出银三两"。① 松江府上海县在顺治年间也是此种情形，"廒房向系民建，每年取修费于粮户"。② 由于民户需要承担大量的修仓银两，负担较重，于是，康熙年间即革除之。康熙以后，由于仓储属于地方官员的行政事务，如果地方官员关于建仓事宜上报上级主管部门备案，得到应允后一般即可动用地方财政经费用于仓储的修建，如果州县官员未上报或未得上级批准，则一般由州县官员自筹或者由乡绅富人集资捐纳。当然，由于各征漕省份的经济发展程度和地理位置的不同，也表现出一定的差异性，如山东漕仓的建修费用则多由州县官员捐俸并号召绅缙里民捐资，希望以此"上既不可取于公家，下又不可累民力"③；安徽则除州县官员捐俸外，则多利用漕费银两及赋税余额，如康熙间太湖县即把剩余的棕毛银数百两用于漕仓的修葺④；在湖北，漕粮数额较大的州县，士民情愿"公捐建仓，每粮一石捐银一钱充费"⑤ 以省长途运输之劳；而江浙地区由于经济较为发达，地方绅衿财力雄厚，在民众因仓远纳粮不便时，主动承担起捐资建修漕仓的责任，以分州县官员因费用不济，漕仓难修的忧虑，即所谓"区区建仓费吾侪分任之，毋贻父母忧"⑥，一方面显示其雄厚的经济实力；另一方面通过积极参与地方公共事务的建设，以提高在地方的声望和地位；江西则有固定的修仓经费，乾隆三十一年规定：有县省两仓的州县每石漕粮统征仓银四厘，只有县仓的则统征二厘，其中十分之七提解粮道"以备大修"，漕仓损坏需修时，州县要上报，并会同上司核查，最后上报粮道批准，才能动拨修仓经费。⑦

各州县漕仓数量不一，主要是依据州县所承担的漕粮数额的大小以

---

① 光绪《嘉兴县志》卷十三《漕运》。
② 嘉庆《松江府志》卷十九《建置志》。
③ 刘信烈：《重建渡口驿水次仓廒碑记》，乾隆《夏津县志》卷十《艺文志·记》。
④ 张英：《重建漕粮乡仓记》，民国《太湖县志》卷三十五《艺文志》。
⑤ 乾隆《荆门州志》卷十四《赋役·后盈仓图说》。
⑥ 《新建洞庭东山漕仓碑记》，乾隆《太湖备考》卷十二《集文》。
⑦ 同治《广信府志》卷二之二《建置·仓储》。

及州县的地理范围而定，如果漕粮数额较大，则一般建修多个漕仓，同时如果地理范围较大，有因途远或出入盘运不便的，一般另择近便之处修建仓廒，以达便民之目的。如安徽的太湖县每岁输漕一万八千余石，是一个纳漕大县，康熙年间即在县仓的基础上增建乡仓，"俾近县者归县仓，无些许担挽之苦，近乡仓者归乡仓，有临流抵次之乐"。① 使纳粮花户得以分流，不致其有拥挤、守候、兑运之苦。考诸史志，发现虽然漕仓的数量各地不一，但是在漕仓的规模和建制格局方面，却大致相同。一般来说，漕仓的结构主要分为三部分：一是仓廒，这是漕仓的主体部分，主要用于漕粮堆放和储存。内有征收漕粮的工具，如斛、斗等，还有以备风扬扫除的工具，如扫帚、风车等。一般一间仓廒能贮米五百余石，"当一漕舟所载之数"。② 通常，在建造漕仓时，要求"疏棂以泄米之气，藉板以远地之湿"③，用以保证粮食的米质和色泽。为使征兑能够顺利进行，避免因随意交仓而造成的混乱，每间仓廒"自设门启闭，编号为额"。④ 二是官吏征漕办事、处理公文之所，一般建于漕仓中间，有的在厅前树以门屏，有的"缭以周垣，谨以重门，规模完具"⑤，以壮观瞻，在视觉上给人以官方建筑所拥有的庄严肃穆的感觉，同时，"长吏于斯核比，胥史于斯会稽，斗级于斯防闲，里甲于斯憩息"⑥，为各级办漕人员提供了办公和休息之所。三是漕仓管理人员的日常起居之所，一般地处偏僻，规模较小。

2. 清代漕仓的管理及具体运作

由于漕仓属于官方设施，同时专门用以储备国家粮食，因此对于漕仓的日常管理，也是地方官员的政务和职责之一。清代，由于州县属于"一人政府"，州县正印官对州县事务负有全权责任，财政开支多出于州县官员的俸禄，因此，为了节省财政开支，州县多佥选里民充当仓夫。其具体职责包括看守仓廒，保持仓廒的干燥洁净，在漕仓储米季节务使漕仓通风，确保漕米的质量，同时，还须防止盗贼偷窃修仓物料以

---

① 张英：《重建漕粮乡仓记》，民国《太湖县志》卷三十五《艺文志》。
② 同治《长兴县志》卷三《公署》。
③ 《新建洞庭东山漕仓碑记》，乾隆《太湖备考》卷十二《集文》。
④ 同治《长兴县志》卷三《公署》。
⑤ 《新建洞庭东山漕仓碑记》，乾隆《太湖备考》卷十二《集文》。
⑥ 陆文焕：《国朝建永宁仓记》，宣统《临安县志》卷八《艺文志·碑记》。

及漕米。湖州府的长兴县为纳漕大县，岁输漕五万余石，在康熙年间重修便民仓后，即"一廒择点甲首一人，属以守廒，米之盈缩责成焉"。①对于州县来说，选择诚实、道德操守好，在利益面前能够坚守职责、不以为动的仓廒管理人员对其漕粮征兑工作的顺利进行至为重要。《饶州府志》记载了乐平县在省会南昌的水次漕仓因为仓夫贪利，先是将漕仓当作私人货栈"停货取赁"，再是"并屋料墙石而拆卖之"导致漕仓成为废墟，影响了漕粮的储存和兑运。②此类见利忘义、监守自盗的仓蠹的存在，是州县管束不力或妥协纵容的结果，同时也是导致漕仓旋修、旋废的原因之一。

漕仓是用于漕粮的短时储存的，是漕粮从纳粮民户手中到兑交给旗丁转运的中间承接点。漕粮能否如数如期地上仓和顺利交兑，既是国家漕政状况的"晴雨表"，同时也是仓储制度运转状况的"试金石"。在清代漕运制度下，漕粮交仓，一是要保证数量，二是要保证一定的时限，因此漕粮能否如数如期地交仓，达到政府所规定的标准，与漕仓的具体运作不无关系。州县漕仓一般于每年九月米谷成熟收获后开仓，"十月内分限上纳"③，收漕期间，每天定例辰开酉闭，清晨开仓，至下午即封锁，不许暮夜征收，以防蒙混滋弊。在具体征收时，州县金选县漕粮房书吏负责具体的征收工作，州县官员随时稽查。粮户运米到仓，收书查验米色后，即用按官方标准所制作的斛斗衡量漕米及耗米数量，随即把空粮凭证发给农户，由脚夫将漕粮入廒。漕粮入廒也有相关的规定，一般是一廒装满以后再入新廒。

同时，为了达到便民的目的，使粮户能够在短期内顺利交仓，且少受勒索盘剥，朝廷和地方官员不断调整征漕政策和方法，严禁收兑积弊，如雍正十七年，两江总督尹继善为申明禁革收兑漕粮积弊，详议以下规条，并勒石漕仓，饬州县周知。文曰：

漕仓遵例辰开酉闭，凡米到仓，插旗编号，挨次斛收。如遇米多即多开廒口分斛，总在本日斛完，毋许后先挽越，耽搁守候。倘

---

① 韩应恒：《重修便民官仓碑记略》，同治《长兴县志》卷三《公署》。
② 叶正谊：《重建省会漕仓碑记》，同治《饶州府志》卷三《地舆志三·风俗》。
③ 光绪《嘉兴县志》卷十三《漕运》。

有挨至暮夜米不收完仍然斛收者，明系弊混，严挈漕记从重究处。粮户完米，务须亲身赴仓交纳，毋许行铺户口价买米包交。

粮户完米到仓，自行平斛响挡，毋许漕记人等执挡动斛，脚踢手捺，嚷闹勒掯。斛外余剩零米，悉令粮户扫回，不许在仓人役擅取颗粒，违者重究。①

此项条规规定了漕仓的收漕时间、交纳秩序以及纳漕规则，用以约束民户和收漕书吏的行为。尽管如此，由于执行的差异以及漕弊的影响，民户的负担依然沉重，《完粮》一诗即形象地反映了民户于漕仓兑漕的情景和饱受催科的磨难与无奈：

农夫九月方筑场，里正哗传官下仓，翁言版筑事从缓，且挑新谷堆耆房，民米例取一掌赤，兵米例取一掌白，颗粒齐圆忌湿潮，验样从来有规额，廒头上坐皆官亲，呼叱休将言语侵，仓门禁令森可畏，莫恃咸属多绅衿，民得十君取一，年年国课犹迟完，怎怪催科吏喧室。②

漕仓在清初的大规模重建，是清代漕运制度发展的结果，虽然自康熙至道光年间，不少漕仓因为自然或人为的原因而倒塌倾颓，但随即得到修整。咸丰年间由于太平天国运动的兴起，南方的漕仓随即遭到兵火的焚毁，如据同治《南昌府志》记载，咸丰三年，南昌府所属南昌县、奉新县、靖安县、武宁县等两百余间漕仓廒屋均毁于兵火。③ 同时，由于漕仓是州县征收漕粮的场所，浮收勒折等漕弊一般发生于此，因此，在纳粮民户心中，漕仓即是造成其苦难的因素之一，也通常成为民众与官吏发生冲突的第一现场。以致道光时，江浙每年闹仓者十而三四，因控告无门而饱受压榨的办漕之民众志成城，不谋而集，"抢斛拆仓，殴官之案相望而起"。宣统元年，由于浙江湖州府属乌程归安二县书吏匿灾勒征，导致乡饥无所食，铤而走险，"乡民鸣锣纠众，阻纳漕粮，并

---

① 光绪《南汇县志》卷四《田赋志》。
② 同治《广信府志》卷十一之三《艺文志·文征》。
③ 同治《南昌府志》卷十五《赋役志·仓储》。

张贴传单,约期聚集入城,捣毁漕仓官署"。① 再加上咸丰以后,有漕省份由于战争影响,运道艰难,大多折征,大量漕仓遂毁而不修,逐渐废弛。

因此,漕仓的建设与废弛既反映了清代漕运制度与仓储制度的盛衰,也反映了中央集权的加强及至衰微的历程。

(二)漕粮的截留与地方仓储

由于中国传统社会灾害频繁,战乱不断,小农经济的生存和抗御能力极为脆弱,因此,建仓积谷乃是朝廷最为普遍的备荒救灾的措施。仓储对于国家至关重要,既是关乎国计、保障民生的经济设施,又是维护社会稳定、进行社会调控的政治工具。

清代为调控粮价,救灾济荒,稳定社会秩序,促进农业经济的发展,不断继承和发展前朝地方储粮的政策,在省府州县上建立常平仓、预备仓,在市镇上建立义仓,在乡村建立社仓等,并在康、雍、乾时期不断完善了各类仓储的收放和管理制度,形成了较为完整的地方仓储体系。为保证各类仓储"备水旱偏灾粜借放赈之用"的功能得到最大限度的发挥,除广建仓厫、加强管理外,其米谷来源的数量以及质量保证则是至为重要的。在清代,各类仓储的米谷除官方采买、绅民捐输外,截漕充仓也占有相当的比例。所谓截漕充仓,即朝廷出部分漕粮为地方仓储备贮之用。这主要是针对那些遭遇灾歉或米价昂贵急需调济的,以及生产或交通条件不好,积储困难的地区。如康熙三十八年淮安和扬州遇灾米价上涨,政府曾下令"截留米十万石于扬州、淮安各收贮五万石"。② 因此可以说,地方仓储用于漕粮赈粜具有重要的意义,不仅保证了漕粮的安全,也利于政府利用漕粮和仓储对社会进行有效的调控。

1. 漕粮的截留与天津北仓

天津是自明清以来逐渐崛起的城市,靠近京师,位于黄河与海河的交汇之处,地理位置优越。自大运河疏通以来,随着漕粮的溯运河北上,天津即是南北漕粮与商品百货转运通州、北京的中枢,以其"地当九河津要,路通七省舟车"的地理位置,成为运河北端的漕粮中转、

---

① 中国近代史资料丛刊《辛亥革命》,载《人民反清斗争资料·浙江乌程归安县乡民抗漕》,上海人民出版社1957年版,第440页。
② 《清朝文献通考》卷三十四《市籴考三》。

装卸和储藏的要地。清代漕粮实行长运法,由运军自各州县水次直接运送至京师,但由于运河北端复杂的地形条件以及水源条件的缺乏等原因,导致运输艰难,往往无法按期运送至目的地,正所谓"国家漕法因元明之旧,自南至北并用长运,然自淮安至济宁,自济宁至天津,为时尚早。长运河唯天津至通州,溯流而上,时日又迟,而北方之河秋冬水涸,江南浙江地近船小,八月以前或能抵通,若江西湖广并有长江之险,湖南与江西并有彭蠡洞庭大湖阻隔,地遥舟重,抵通常在深秋,以远地重船溯枯竭之流,三百余里动需逾月,回空冻阻势所必然"。① 同时也由于直隶地区粮食生产的不足以及其作为京师门户和运河流域省份的特殊地位,对漕粮的依赖和需求较大。而当京仓粮食充足时,也多截留于直隶以补仓储之缺额。因此,为了通融漕船的抵通之法,保证漕粮顺利运京以及直隶对粮食的需求,自雍正朝以来,朝廷多于天津截留漕粮,然后转运至京师。而雍正元年由时任兵部侍郎的李绂所主持的于天津教场截漕成功的案例,则给天津北仓的建立创造了良好的条件。雍正元年九月,运船冻阻在即,漕督有截漕之意,但直隶巡抚以为天津无地方用以截漕,且"必不可行露囤,则恐坏米,借民房则无如无许民房可借,且起囤费用银无从所出,遂中止"。② 但是,在皇帝的授意下,李绂利用粮船自天津抵达通州所需的陋例银在天津教场外实现了露囤截留,并在来年顺利地转运到了京通各仓。天津对于漕粮截留的重要性以及截漕成功的案例,使得在运河边设置仓储以转运和储存漕粮变得必要与可行。

　　天津北仓坐落于大运河、大清河和永定河的汇合处,这种战略意义的地理位置使它在全省范围内居于重要地位。雍正二年,直隶总督李卫将直隶省的粮仓改建于此,不仅是由于储存本地仓粮的需求,更主要的是由于漕运和直隶省对于仓储的依赖决定的,当运河冻阻,漕运发生困难以及直隶地区发生灾歉,需要赈粜时,北仓就成了向需要赈粜的地区转运漕粮的停泊点和转运库。因此,北仓修建的原意虽不是专为递运漕粮而设,但是经过修整扩建以后,"足为递运之用"。天津北仓的规模比一般府仓的容量大得多,据嘉庆末年的大臣奏疏称,北仓有近五十个

---

① 李绂:《穆堂初稿》卷四十《请截漕递运札子》。
② 李绂:《穆堂别稿》卷十七《记六·漕行日记一》。

仓廒，每廒可贮米六七千石，约计可承载约三十万石的粮食。对于北仓的管理，由于其是漕重地，因此专设仓大使一员进行调度管理。同时为了加强北仓的储存能力，提高管理效率，乾隆十五年规定："天津北仓截留漕米储存在仓三年以后者准其开报气头一百五十石，廒底四十石，仍按成出粜，报部查核，其不及万石以上者概不准开报。"① 由于天津北仓的漕粮截留数量较大，次数较多，为了保证截漕的顺利进行和经费的开支应用以及支放时的数量，在交兑时一般执行在通州交兑时的整套程序和相关防范措施。北仓所截留的漕米，一般来说，既有转运至京通各仓的，也有因直隶地区灾歉被转运分配至各需粮州县的，也有拨运至直隶各地作为驻防兵米所用的。由于北仓地理位置优越，水运条件良好，再加上朝廷对直隶地区社会秩序的关注，当直隶有截漕之需时，即使漕船已过天津关，有时仍会通令原船返回，将漕粮截留储存于此，乾隆十五年即有此例，由于各省丰收，水运顺利，至七月漕船已全数过津，皇帝仍谕令"于最后帮次内截留十万石，即令原船运回天津储存北仓，以备将来直隶地方或有赈恤之处动用，或留补常平未足额数"。② 天津北仓的设置，一方面克服了地形以及气候条件对漕粮运输的阻碍，使漕船通过变通的形式转输至京；另一方面将漕粮与直隶地方州县联系起来，既能保证对地方的及时赈济，又能充实直隶仓储，增强直隶地区对自然灾害的抗御能力，体现了清廷利用漕粮调控直隶地区民食的良好愿望。

2. 漕粮的截留与山东水次仓储

山东不仅是清代有漕八省之一，承担着漕粮征收的任务，而且在以京杭大运河为主体的漕粮水运运输路线上，山东省处于特殊的地位。山东运河位于京杭运河的中段，北接京师，南控江淮，是每年南方数百万石漕粮转输京通的必经之路。同时，由于山东省邻近直隶、河南、江苏、安徽各省，运输较为便利，沿河仓储较多，且少受漕粮的季节影响，因此多有截漕的任务，以调剂本省以及邻近各省的粮食需求。以德州、临清和济宁三地的仓储为例。德州和临清均地处山东西北部运河沿岸，北接直隶，西近河南，德州邻近直隶，属于山东运河的最北端，临

---

① 光绪《重修天津府志》卷三十一《经政五·仓储》。
② 《清高宗实录》卷三百六十八，乾隆十五年七月癸丑。

清则扼据运河与卫河交汇之处，济宁为山东闸漕中枢，北承临清，南接江淮。三者都是因为大运河的漕粮运输和商品流通而迅速崛起的城市，地理位置十分重要。正因为三地为南北辐辏之地，漕运和民食均为攸赖，因此十分重视仓储的建设，既有为供应运漕军丁口粮，以及驻防、过往官兵的粮饷等而建的水次仓，又有征收漕粮暂时储存以兑运的水次漕仓，也有为备水旱赈祟之需而建的常平仓等。由于三地仓储靠近运河水次，不仅可以储存漕粮转运低通，使得漕船能及早回次兑运来年新漕，而且当山东地方因灾歉而需要截留漕粮备用时，通常将漕粮截留于此等地方仓内暂时储存，遇到需要动用时则酌量分配接济，如乾隆九年山东济南东昌等府因雨泽不足，丰歉难以预料，除截留本省漕粮四万余石外，"再将北上粮船内截留漕米二十万石分贮沿河临清德州二仓，倘遇需用之时即动拨接济"。① 同时，由于德州、临清二地靠近运河、卫河，济宁为南北适中之地，水运方便，又有仓储，截漕储存和转运较为方便，因此所截漕粮除可供本省使用之外，又可供直隶和河南使用，也可供安徽、江苏等地使用，拨运调剂十分便捷。如乾隆七年，因山东上年有歉收之州县，直隶二麦未见丰稔，当粮船经过山东时，即"速行文与漕运总督将尾帮漕粮截留十万石酌量于临清德州二处分贮备用"。② 由于临清位于卫运河与大运河的交汇处，因此，当直隶广平、大名、顺德南三府和河南需用漕粮时，通常将漕粮截留于此以待转运。安徽、江苏等地也是山东仓储的受益省份，乾隆七年九月江南淮徐凤颍等处被水甚重，民人困苦，急需赈济。而山东德州临清两处存有漕粮十万石原以备山东直隶两省所用的，但两省秋收丰稔，无须米粮接济，因此，朝廷将之"拨发下江淮徐等处，则顺流而下，一水可通，于地方甚有裨益"③，暂时缓解了江南地方需米的燃眉之急，而漕粮得以迅速拨运，则与地方仓储的储存大有关系。也有大臣认识到济宁的仓储对于山东以及江南省份的重要性。认为将漕粮截留储存于此，"在山东需米固易于拨运，即直隶需米而德州所储之数倘或不敷，则由济顺流而北，亦自便捷，且江南徐州府属之丰沛等县与济宁相近……则南北上下均可拨运以

---

① 彭元瑞：《清朝孚惠全书》卷四十八《截拨裕食二》。
② 顾琮等：《奏为截留江西尾帮漕粮押赴临德二处分贮备用折》，《乾隆朱批奏折》，乾隆七年五月十九日，中国第一历史档案馆馆藏。
③ 彭元瑞：《清朝孚惠全书》卷四十七《截拨裕食一》。

济民食，而路远行迟之江西粮船又可及早回次，实于地方漕运均属便益"。①

山东特殊的地理位置和便利的水运交通条件，其地方仓储对截留漕粮的储存关系十分紧要，它使政府利用漕粮对地方食粮进行有效调拨和调剂成为可能。

3. 漕粮的截留与其他地方仓储

中国是粮食生产大国，同时由于小农经济的长期大量存在，因此历代均相当关注粮食的安全问题。在粮食生产条件相对确定和产量有限的情况下，官府通常通过加强对粮食的管理来实现对粮食的有效分配，以稳定社会秩序。因此，对粮食的仓储和流通环节的有效管理和把握，也是保证粮食安全的主要措施。对于截留的漕粮，通过仓储来调节其流通的时间、地区和数量，能使其得到更合理的配置和利用，尤其是对于地方不甚紧急的粮食需求，通过仓储的形式预为筹备，则更能有效地调节粮食市场的价格以及部分地区的粮食需求。如乾隆三年，监察御史陈其凝奏请"于直隶沿河州县酌量截留，每处若干石，令附近歉收之处转运贮仓，以备平粜之需"。②乾隆二十二年由于江苏徐州府属州县迭被水灾，连年积歉之地仓粮已经赈粜动用，储存无多，徐州由于人口殷繁，地理位置重要，仓储更为紧要，因此截留漕粮五万石，拨徐州府属四万石，海州所属一万石，并"饬令该府州查明各州县仓储多寡，酌量分派，委员接运收贮，以备应用"。③京杭大运河沿线州县的常平仓，也多有划拨漕粮而得以充实的。如康熙五十八年，由于"京城通州仓内，贮米甚多"，且江南苏州等地"俱有仓廒，与水路相近"，皇帝即下旨"将江西、湖广见今起运米内，苏州截留十万石，镇江截留三万石，江宁截留十五万石，淮安截留五万石，安庆截留十万石，俱交地方官加谨收贮，以备动用"。④嘉庆十八年，山东截漕二万石，即将一万二千石分贮于济宁，八千石贮于东昌，"责成该府州择定仓廒加谨收贮

---

① 海望等：《奏为遵旨速议截留南漕米石分贮济宁德州二处事》，《乾隆朱批奏折》，乾隆七年六月初八日，中国第一历史档案馆馆藏。

② 陈其凝：《请截留漕艘以备平粜疏》，贺长龄编：《皇朝经世文编》卷四十四《户政十九·荒政四》。

③ 尹继善等：《奏报截留徐州漕粮存贮府仓情形折》，《乾隆朱批奏折》，乾隆二十二年四月二十五日，中国第一历史档案馆馆藏。

④ 《清圣祖实录》卷二百八十三，康熙五十八年正月壬寅。

以备来年平粜之用"。① 以后历朝皆有此举。截留漕粮米谷，是沿运河州县常平仓贮粮的一个重要来源。

同时，由于漕米容易浥烂，不便于长期储藏，因此，有的地方有专门的漕谷仓，将截留后的漕米以一米二谷的兑换方式兑换成漕谷储存于仓内，以备不时之需。如郧阳府的大丰仓额贮漕谷一千二百六十石。②河南漕仓即是此类漕谷仓的典型，此类漕仓不是专门用以收贮漕米兑运旗丁运京的，而是主要用于预备本省以及山陕赈济之需，以及平抑地区性的粮价波动，这类仓储在河南通常被称为新建仓。河南漕仓兴建于康熙四十四年，当时在河南府的府治所在地洛阳建二百九十三间仓廒，并在沿汴水和洛水附近的祥符、中牟、汜水、巩县、渑池、偃师、陕州、灵宝和阌乡等地建仓七十一间，共计仓廒三百六十四间，收贮漕米四十六万五千六百八十二石，其中以二十三万五千六百八十二石收贮于河南府，以二十三万石收贮于其他各地。并以河南府为重心，因为该地"居数省之中"，而且靠近陕西和山西二省。河南漕仓之主要目的就是为"赈济山陕之需"而设的。在平时，漕仓的存谷"每年于青黄不接之时，出陈易新，照依三分之一，借给农民，秋后还仓"。③ 换句话说，河南漕仓的功能就是以防备邻省的周期性波动为主，而以调节本省的季节性波动为辅。

二 清代漕粮仓储的社会意义

在传统社会，由于粮食生产的季节性、产量的有限性以及区域的差异性，加之粮食市场不够发达，从而导致粮食供应短缺的经常性发生，因此国家必须从时间和空间上对粮食的丰歉进行双重调节以保证灾歉年份及特殊时期的粮食需求，这便是各类仓储建立的重要原因，可以说仓储对于漕粮的意义十分重大。

其一，漕仓是实现漕粮官收官兑的重要手段，并有助于提高漕粮的

---

① 光绪《户部漕运全书》卷七十一《截拨事例·截拨赈粜》。
② 同治《郧阳志》卷四《仓储》。
③ 光绪《清会典事例》卷一百九十二《积储·裕备仓储》。

征收效率。清代即有地方官员和学者认为,漕仓的修建是保证漕粮得以及时足额征收,使得军民两不相见,以杜绝旗丁之勒索,推行官收官兑良法的关键环节,所谓"由于仓廒栉比,秋成后有司即敛正额以贮足于仓。故临兑则粮无不足,旗军无须索之衅。迩来仓廒倾圮,窄狭不过十分之三,以致粮米或散贮别所,或不足掩藏,势不能使民输米于军,军取米于民,欲不相见得乎? 相见则弊有不可胜言者矣,是故造廒最急"。① 同时,漕仓对漕粮的收纳储存,集零为整,提高了漕粮的征收效率,保证了兑漕的顺利进行。正所谓"国脉在漕,漕贮在仓,仓规肃则漕举,仓储坏则漕倾"②,漕仓的建设既使得零散的漕米有"总会处",同时又能"杜鼠雀中饱"③,更重要的是体现国家对漕运的重视,以及朝廷的威严和意志。

其二,漕仓是发布漕政命令以及惩治漕粮弊端的场所。由于漕仓是民户交纳漕粮汇聚的场所,许多漕政的相关政策和条例便由此发出,如漕粮每户交纳的具体数额、漕折、漕粮蠲免缓征的相关政策,以及漕粮交仓时的相关注意事项等。这样,漕仓就成为信息的发布场所。

为约束漕粮征收中的不法现象,州县也通常制定条例和章程,发布于漕仓外,以威慑视漕粮为利薮的既得利益者,如乾隆十九年,御史杨开鼎条奏江南收漕诸弊,敕时任两江总督的庄有恭,"寻疏言:'江南收漕诸弊,以苏、常、松、镇、太五属为尤甚。已酌定条例,勒石漕仓,遇收漕,饬粮道以下官周巡察访'"。④ 不仅如此,漕仓还通常成为惩治不法吏胥以及奸宄之徒的现场,如乾隆五十六年,由于"收漕一事蠹书地棍均为滋弊之尤",因此,浙江省即将查获海宁等州县积年舞弊之"漕总记书密孝年等五十二名逐一拘拏斥革,各用重枷枷示漕仓门口以杜暗地朦充","俾衿士乡民一体公平交纳,依限输将,庶狡猾之辈不能幸占便宜,而安分良民得免暗中受累"。⑤ 虽然由于漕弊环环相扣,弊窦丛生,不可能从根本上得以消除,而且征漕官员往往也是漕

---

① 光绪《嘉兴县志》卷十三《漕运》。
② 韩应恒:《重修便民官仓碑记略》,同治《长兴县志》卷三《公署》。
③ 龙之珠:《邑令王世允建漕仓记》,乾隆《望江县志》卷八上《艺文·记》。
④ 《清史稿》卷三百二十三《庄有恭传》。
⑤ 福崧:《奏饬漕仓门口枷示漕总记书密孝年等舞弊犯事》,《乾隆朱批奏折》,乾隆五十六年十月十九日,中国第一历史档案馆馆藏。

弊的受益者，但是，在漕仓惩治不法书吏以及奸牙地棍，对于惩戒漕弊，多少具有积极的意义。

其三，漕仓是实现漕粮远距离安全、顺利运输的中转站。漕粮在由生产地向京、通各仓的输送过程中，由于路途遥远，受交通路线和交通工具的限制，需要设置仓储以便于转运。为转换而设置的粮仓称为转运仓，特点是其储备粮食不是为了直接消费而是满足远距离运输的需要，实现粮食运输的安全。清代，当漕粮由漕仓搬运至漕船后，漕粮即以水运的形式由专业化的运军即旗丁运送至京师。由于漕粮的主要运道京杭大运河并不是天然河道，而是由人工挖掘挑浚连通而成，且整体地势北高南低，又有黄河穿插而过。长江以北的运道地形复杂，水源不足，常易淤塞，由此导致转运艰难，常恐误交兑以及赶运来年新漕的期限。因此，为了保证漕米的安全以及顺利运京，朝廷在长江以北运道邻近水次处所多修建仓储，暂时储存漕粮，以待转运至京或储存于沿河州县仓内以待地方拨用。类似的仓储如山东临清仓、德州仓，天津北仓等，解决了因运道艰难导致漕粮运输梗阻的问题，为漕粮及时运京以及新漕的按时兑运创造了条件。

其四，漕仓是官府调配粮物，发挥其在京功用的粮储地。漕粮一年一度被运送至京师，储存于京、通各仓，主要是为了满足京师皇室、官僚、军队的俸饷以及京城百姓的日常食米之需，因此每年当大量的漕粮被运送到京城后，必须入仓储存起来，以便按期发放给皇室、官员以及旗丁，并在必要时调出部分粮食平粜或赈济，以维持京城政治、社会秩序的正常运转。

其五，漕仓是保证漕粮安全，实现漕粮截留政策，调剂地方社会的物质载体。当地方出现灾歉、食粮缺乏，米价高昂的情况时，朝廷通常破例截留部分漕粮以实现对受灾地区或米价暴涨州县的平粜或赈济。由于平粜或赈济时也需要依据地方实际情况酌定时间和需要量进行发放，因此当被截留的漕粮运送至所需州县后，一般不会全部直接发放出去，特别是当地方暂不缺食粮，漕粮是用于"预为储备"或充实仓储之时，漕粮一般是被运送至地方常平仓或义仓、社仓之内妥为储存管理，以便于必要时进行发放，以接济地方米食之需。

其六，漕仓是清代国家仓储体系的有机组成部分。中国自古就非常重视仓储的设置，以实现粮食在时间和空间上的调配，稳定社会秩序，实现有效统治。漕粮仓储的设置，既有储存仓，又有转运仓，体系完备，数量众多，在清代南北经济发展不平衡的现实条件下，能把有漕八省积少成多的漕粮顺利运送至京师或其他地方，实现了漕粮在时间上和空间上的有效转移，有利于国家对于粮食资源的掌控和利用，是清代国家仓储体系中不可或缺的组成部分。

  清代漕仓在漕粮实现征收、转运、京师的储存以及地方的截留、储存等各个环节均起到了相当重要的作用，当为漕粮征运体系中不可或缺的重要部分。漕仓的设置，杜绝了旗丁直接扰民，对于染指漕粮征收的各类人员的舞弊行径有所约束，一定程度上维护了漕粮的征派秩序；作为中转站的漕仓，提高运漕的效率与安全性；京、通各仓则在维护京师的政治秩序和社会秩序方面起了重要的作用；而漕粮经过截留，储存于地方仓内，能有效地维护地方社会的市场秩序以及经济生活秩序。

  漕粮运送至京师，储存于京师各仓，是国家粮食储备的大宗。"民以食为天"，对于任何时期的任何国家来说，粮食的储备都是必要和必需的，是调节粮食产需、平衡供求的"蓄水池"。由于粮食在日常生活中不可一日或缺，属于常年消费的商品，其需求弹性相当之小，但是，粮食的生产是有季节性的，且产量由于自然或人为的因素表现出不确定性和不稳定性，因此，"粮食生产的季节性、不稳定性以及粮食消费的常年性和连续性，决定了必须进行一定数量的粮食储备，以解决供求矛盾，确保常年消费"。① 同时，也是国家调控社会，保持社会安定的重要战略措施。由于我国的粮食生产的地区分布以及品种结构、生产总量的不平衡，常常极易引起粮食市场价格的大幅度波动。而粮食又是民众保证基本生活的必需品，粮价稳，粮食足，则人心定，社稷安。因此，保证充足的粮食储备，通过对粮食的合理支配和吞吐，保证粮食供求的平衡和市场粮价的基本稳定，则能为社会的安定提供基本的物质保证。虽然清代的漕粮仓储多是为了保证政府的财政收入，维持政治秩序的稳定，其调控社会、发展经济的作用不可高估，但是，其对部分地区的民食供应，民生安定而言，还是十分重要的。

---

① 刘甲朋：《中国粮食储备问题研究观点综述》，《粮食安全问题研究》2004年第4期。

第五章 清代的漕粮截拨

所谓漕粮截拨，即为漕粮的截留与拨运。作为"天庾正供"和国家粮食储备的主要来源，漕粮以实物的形式通过水运的方式转输到京城。但是，由于种种原因，部分漕粮并没有被运送至最终目的地——京城、通州各仓储，而是以截留或拨运的形式留在地方，或转运他地。简言之，"截留"即指各地漕粮即将或已经起运，遇有特殊需要，截留部分或全部于本省，或运往他地。所截之粮或充实地方仓储，或作地方兵饷，或赈灾平粜。"拨运"指河南、山东两省部分漕粮不运至京、通各仓，而是拨运储存于直隶蓟州、易州等地，以充陵寝与近畿驻防官兵的俸饷。

一 清代漕粮截拨政策、方式及用途

直隶密迩京师，在险要之处皆驻扎绿旗兵丁，饷糈供应较多。清初多为地方官员采买给发，但由于价高、盘剥等原因，遂于康熙三十四年将山东漕粮粟米截留三万六百余石以供兵饷，截拨遂为常制，特称之曰"蓟粮"。[①] 同时直隶遵化、易州为清朝历代皇室陵寝所在，常设驻防官兵实行护卫，需要日常的粮食消费，而截拨于这两个地方的漕粮特名"陵粞"。[②] 清政府明确规定，"蓟粮"与"陵粞"主要承担者为山东、河南二省，这主要是基于此二省临近直隶的优越地理位置以及较为便利的交通条件。康熙四十五年，朝廷特命山东与河南两省轮流拨运蓟州漕

---

① 光绪《清会典事例》卷一百九十八《户部·漕运·转输蓟易》。
② 光绪《户部漕运全书》卷六十八《截拨事例·截留拨运》。

粮，运往密云、易州等处供驻防兵食用。① 乾隆三十年，由于海河挽运艰难，于是停止豫、东二省船运陵糈粟米及马兰镇属官兵俸饷，改支本色。② 但是，运往直隶保雄、密云等处的兵米仍在继续，如嘉庆元年，直隶良乡等处需兵米一万一千三百石，由豫省在截存蓟粮内拨给，以裕兵储。③ 由此可见，为了保证京畿地区的社会安定，朝廷特别把漕粮的一部分作为专项之用，运往所需地区。而且为了保证运输的数量，豫、东二省往往协调进行，如某省应运之年遇灾或蠲免漕粮，无粮可运，则由另一省代为转输，被代之省则一般连运两年以补缺额。如乾隆四年本应豫省拨解蓟米，由于豫省被水，漕粮蠲缓，"无可拨运"，则"咨准于东省拨运，俟庚申年豫省拨运一年以补停运之数"。④

由于漕粮上关天庾，关系到整个皇室以及官僚机构的正常运转，关系到整个京师的政治、经济秩序的维系，因此朝廷对于截漕的态度是非常审慎的。清初在进行漕运制度建设的时候，并没有明确规定漕粮截留⑤的条件、用途、时间、数量、地点以及其他相关事宜。但是，由于漕粮截留同时关乎地方社会的安定，以及中央对地方的掌控，康熙中期以后即有限度地放宽了对漕粮截留的政策，对于仓储缺额地区以及受灾严重地区，或者漕船行进中遭遇阻滞，经皇帝特准后，进行特殊处理。其程序往往是先根据漕务官员或地方督抚要员的奏报，朝廷讨论临时性截留与否，在朝廷做出截漕的决定后，地方奉旨协调进行。由于漕粮截留的非制度性的特性，因此，在很多情况下，中央部议并没有准许地方截漕，而皇帝多以民生和国家的整体和大局为念，特旨允行，如乾隆年间，皇帝对于六部关于不允截漕的决议多有不满："向来各省督抚奏请截留漕米，若发部议多以天庾正供为重议驳，是以历年截漕皆特旨允行"⑥，往往越过内阁和六部，直接下旨截漕，这也反映了集权政治的特色。对此，时人已有明确的认识："凡遇被灾深重之年，截漕备用，

---

① 光绪《清会典事例》卷一百九十八《漕运·转输蓟易·截拨兵米》。
② 同上。
③ 光绪《户部漕运全书》卷七十《截拨事例·截留拨运》。
④ 光绪《户部漕运全书》卷六十八《截拨事例·截留拨运》。
⑤ 由于漕粮的拨运主要针对河南、山东两省，且是顺治初年制定的漕运制度里早已规定的，因此，本书主要探讨漕粮的截留问题。
⑥ 彭元瑞：《清朝孚惠全书》卷五十二《截拨裕食六》。

乃出自皇恩，非可妄行陈奏"。① 纵观整个清朝，历代君主均不同程度地实施了漕粮的截留，可谓截留之政频施，其数量之大、次数之多、受益地区之广，为历代罕有。因此，漕粮的截留虽然在制度上没有明确规定，但在事实上已成常例。同时在截漕的具体事宜上，如截留的数量、地点、截留后转运的方式、运输费用的提供等，在截留政策执行之初根据实际情况酌情议准，随后逐渐形成成案固定下来，体现了统治者的变通和务实的精神，当然这也是清朝定例的通常做法。

具体来说，截漕政策的具体实施包括以下程序：

一是决策过程，通常在地方有截漕需要的时候，如遇粮价暴涨、地方灾伤或是军饷匮乏等情况时，由地方督抚要员或是漕务官员上达有关截漕的奏折，在经过军机处、内阁或六部审议后，由皇帝下旨推行，命令通常下达于漕务官员以及需要截留漕粮省份的督抚大员。

二是具体的执行过程，对于漕务官员来说，在接到截漕命令后，即要根据实际情况考虑截漕的具体交兑地点、时间、具体截留的船只、帮次以及截漕的具体数量，等等，如漕运总督阮元在办理嘉庆十八年六月直隶、山东、河南三省的截漕事宜时奏报："直隶在临清闸外之清河县交兑，河南在临清交兑，山东在东昌济宁交兑，并据江西粮道张溶禀在尾后之吉安、抚州、九江后三帮船粮内截留"。② 同时要将办理缘由及注意事项告知截漕省份督抚以及司道各员，还要注意协调旗丁的利益，在抚恤兵丁如考虑其行月银米的发放数量的同时还要注意钳制旗丁，以免其借外省截留之机掺和使水，中饱私囊，贻害民食，以保证漕粮的数量和质量，保障截漕的顺利实施，并且随时向朝廷奏报漕粮的截留情况。

地方官员则要做好漕粮的接收工作，首先要考虑如何在水次接运，使用何种运输工具以及预先筹集运输费用；其次要考虑漕粮的具体分派情况，如运往何地、如何具体分配漕粮的数量和用途，用于恤军、存仓、平粜还是散赈等；最后则将具体漕粮截留情况上奏给朝廷。官方截留拨运的漕米，往往有一些优惠条件，以减少漕米的损耗，尽可能多地

---

① 姚碧辑：《荒政辑要》卷三《粜借章程》，载《中国荒政全书》第二辑第一卷，北京古籍出版社 2004 年版，第 788 页。

② 阮元：《奏为遵旨截留漕粮帮次及交兑地方事》，《嘉庆朱批奏折》，嘉庆十八年六月二十七日，中国第一历史档案馆馆藏。

留民食于地方。如多给耗米，雍正年间曾规定："今既经截留，省却剥船之费，请令旗下每米一百石，给地方官耗米一石，庶支放不致亏折短少"。① 也有免税的优待，如乾隆十八年规定："截留拨运九江、赣州二府米石，应照例会九、赣二关，一体免征税料"。②

纵观清代整个截漕政策的实施过程，这里面涉及中央和地方的利益，漕务系统与地方行政系统的利益。而整个政策实施的顺利与否和所达到的效果，则与这两套利益系统的协调与否密切相关。

作为政府主导行为的漕粮截留，其情况是多样的，考诸史籍，主要有以下几种：一是支放地方兵米之需。为了巩固清廷的统治，稳定社会秩序，清政府在各地设置了大量的兵营，并派重兵防守，其兵饷需要政府供应。二是地方充实仓储、以备凶荒之需；地方青黄不接或因发生灾情引发粮食短缺，因而造成市场粮价波动时平粜之需。三是地方发生灾荒时，赈济之需。四是漕运河道淤浅，漕船行进遇阻，恐误交仓期限或交仓后不及赶运来年新漕，临时截留地方。如乾隆五十年七月，江西部分漕粮帮船在渡黄时，由于河水陡落，导致运道淤塞，漕船遇阻，不能如期抵通，因此奉旨截留漕米储存于江苏部分州县，"既可免长途牵挽之劳，又得及早回至水次受兑，实属两便"。③ 京师米谷较多，截留地方以备用。这是属于比较特殊的情况，多发生于康熙至乾隆时期。由于京师仓储充盈，米谷储存过多，"恐致红朽"，因此考虑将漕粮截留于近河地方仓内，以备地方之用。

清代漕粮的截留地区主要有三种：一是截留于本省，或是截留于征漕本府州县，或是运往邻近不征漕州县；二是截留于其他征漕省份；三是截留于其他不征漕省份。由于漕粮数量有限，且没有制度作为保障，因此，对于漕粮截留的数量、地点、截留后转运的方式、运输费用的提供等，清政府的态度相对谨慎，并有其考虑标准，主要包括：

其一，交通条件。由于漕粮的运输路线主要是水路，经由长江中下游以及京杭大运河，因此对于处在运河沿岸或者是有水路可通至长江及运河的地区，截留漕粮是非常便利的。清代有漕八省的水运交通都较为

---

① 《清世宗实录》卷一百零八，雍正九年七月己卯。
② 《清高宗实录》卷四百三十三，乾隆十八年二月甲寅。
③ 光绪《户部漕运全书》卷六十九《截拨事例·截留拨运》。

便利，且靠近漕运路线，因此这八个承担漕粮的省份通常也是截漕的受益省份。直隶地区系京师门户和屏障，处于大运河的北端，因此也屡有截漕之实。福建与江浙地区有海路可达，因此，也有漕粮运往此地，但是，次数较少。而两广以及广大的西部省份云贵川地区，由于多崇山峻岭，地形条件复杂，且路途遥远，因此，朝廷的截漕之政很少惠及这些地区。

其二，截漕费用。截漕属于朝廷对地方的惠政，为了保证漕粮能够及时送达地方，必须充分考虑运输费用和储存费用等相关问题，如果费用问题不能解决，则截漕不能顺利进行。雍正元年办理天津截漕案时，截漕的反对者户部尚书隆科多与主张截留的兵部侍郎李绂在事前进行辩论时，除漕粮的储存方式以外，关键的辩论点即在漕粮的搬运以及囤积的费用问题。隆科多道："去冬奉旨于天津教场截留漕米二十万，费银三万余两，俱累地方官赔用，今若截米五十万，当用银六七万两，若再起运，交通费又加倍，地方官断不能捐赔，君能自捐此费耶？抑动库帑耶？责旗丁出耶？"李绂则对费用之事胸有成竹："起囤自不能无费，亦何至费如许，以我筹之，万金足矣。库帑固不敢动，地方官与旗丁亦不敢累，我贫无一钱亦不能捐，若节省粮船自天津抵通，诸陋例似可敷用。"最后，在李绂的谋划下，此次截漕之事得以圆满完成。① 乾隆八年对运输脚费问题作了明确的规定，成为多次截漕的标准，即"一、拨运粮石，大江大湖顺水每石给水脚银五厘八毫，上水每石按站给银六厘九毫，险滩上水一分二厘。一、拨运米石，令各府县自差丁役赴领，一切脚费，由司库公项支用"。② 相反，如果运输费用过大，导致截漕成本过高，则会采取别种方式进行接济。

其三，米质条件。截漕贮仓对米质有较高的要求，如果米质不好，导致存仓后短期内红朽浥烂，则无疑是对粮食资源的巨大浪费。康熙六十年即有此例，当时准备将湖广稜米运至河南以备需用，但是，由于"需运费银十二万两，且稜米贮仓易致浥烂"，因此，河南巡抚奏请停止拨运，最后截留本省漕粮二十万石，并以"每米一石请易谷二石贮

---

① 李绂：《穆堂别稿》卷十九《记八·漕行日记三》。
② 《清高宗实录》卷二百零三，乾隆八年十月壬申。

仓，可免浥烂之虞"。①

其四，地方灾歉的程度。由于漕粮的首要用途是供京师需用，地方不能动辄以截漕为请。因此，只有在地方大规模歉收或者是受灾的前提下，地方官员才能奏请截漕事宜，且漕粮的截留数量一般也与地方的灾歉程度有关。②

其五，京、通仓储的盈缺状况。当京、通仓储的储存的漕粮数量较多，甚至可供数年之用时，统治者多考虑截漕地方以备赈济、平粜或者是充实仓储之用，但是，当京、通仓储存额较少，甚至不敷支放，统治者尚为中央财政的匮乏而焦头烂额、多方筹措时，地方截漕的次数则会少之又少。

其六，漕运制度的运转状况。截漕政策的顺利进行是以漕运制度的正常运转为前提的。首先要保证征漕的数量以及质量，如果漕粮不能如数交纳，中央仓储的丰盈尚不能保证，遑论截留于地方了；同时漕务官员与地方官员的协调，也是截留政策执行力度与效率的保证，通常在皇帝有关漕粮截留的谕旨下达以后，漕务官员即着手调查被截漕船的行进情况，并确定截留的地点，同时要知会截漕地方官员负责漕粮的接运事宜。救灾如救溺，要保证在短时间内将漕粮运送到所需之地，需要不同系统官员的通力合作，才能保证截漕平粜或济荒的高效进行，使需粮地方的民众早得食粮，尽早摆脱困境。最后水运体系和河道状况的好坏也是截漕政策能否顺利进行的重要条件。由于漕粮多是在运输途中或是在原征地被截留，对于漕粮的运输来说，水运是最为高效且成本最为低廉的运送方式，因此，如果水运体系比较发达，河道状况完好，漕粮则会比较方便快捷地运送至目的地，以保证仓储的储存及赈粜的顺利进行。

二 清代漕粮截留的时空特征

为了便于较为直观地考察清代漕粮截留与分派的情况，通过翻阅

---

① 《清圣祖实录》卷二百九十三，康熙六十年七月癸巳。
② 当然，这并不是衡量漕粮截留数量的唯一标准，截漕的数量还与国家的财政状况，京通仓储的盈缺状况以及路途的远近、运输成本的高低有关。

《东华录》、光绪《户部漕运全书》等,制作出表5-1和表5-2。该统计虽然属于不完全的统计,但是,足能大致地反映清代漕粮截留的基本情况。

表5-1　　　　　各省(直隶除外)截拨漕粮情况

年份	漕运省份	截拨粮额(万石)	截拨地区	用途	备注
康熙三十年		20	陕西西安、凤翔二府	赈恤	灾荒
四十九年	淮扬本地浙江		淮扬所属各县、福建泉州、漳州	减价发粜	水灾旱灾
乾隆七年	江浙		上下两江		水灾
八年	江西		江西		
	湖南		广东		
九年	江浙		福建		
十五年	丹徒	3.32	镇江	驻防兵米	
	丹阳金坛	2.321			
十八年		107	江北高邮	赈济	水灾
	江西	20	河南	赈济	歉收
四十三年		5	山东济南、东昌各属	赈济	河南仪封考城等处水灾
		5.18	淮扬各属	赈粜	漕船浅阻
	江浙	20	江浙	平粜	
四十四年	安徽颍州凤阳泗州三属及六安霍山二州县	3.5	亳州蒙城暨下游凤阳泗州各处	减价平粜	水灾
四十五年	山东	2.3	密云	驻防兵米	
	江苏	10	江苏崇明县	赈济平粜	风潮
四十六年	淮徐各属	5	徐州府属沛县睢宁丰县铜山邳州宿迁等州县	赈济平粜	被灾
	江西	30	山东兖州	赈济	水灾
四十七年	江苏	8	徐州海州淮安所属	赈济	水灾

续表

年份	漕运省份	截拨粮额（万石）	截拨地区	用途	备注
四十九年	江浙	20	江浙	临时平粜	皇帝巡幸江浙
五十年	江安	20	山东兖州等府	赈借	
	河南、山东	30	河南卫辉	赈借	旱灾
	邳、宿一带水次	10	徐州海州各属	赈贷	旱灾
	江西	10	安徽亳州、蒙城等处	赈贷	旱灾
	江西	18	江宁7万石 江南11万石	兵糈备粜	江西漕船因河水浅阻未能全数渡黄
五十一年		20.1	山东兖曹济宁等府州属	赈恤	旱灾
	山东	本年应行运通米豆尽数截留及带征上年漕米尽数截留	山东兖曹济宁等府州属	赈恤	旱灾
五十五年	山东	12.195	山东济南、武定、曹州、东昌、临清所属二十七州县	借粜兼行	水灾
五十七年		20	河南	赈恤	雨泽愆期，收成歉薄
嘉庆三年	湖南	13.47	湖北	兵耗所需	
	江西	40	山东曹、单等十州县	粜卖	曹汛漫口，水灾
		12.796	河南睢州等九厅县	抚恤赈济	
五年	湖北	2	郧宜两处	驻防兵米	
	铜山等州县	4	徐州府属之萧砀等县卫	散赈	被灾，邵家坝兴工，粮价增
	湖北	12.77	湖北	赈恤	歉收，农民暴动
六年	湖北	4.78	湖北	充实军粮	

续表

年份	漕运省份	截拨粮额（万石）	截拨地区	用途	备注
八年	山东	13	山东菏泽等州县卫	赈济	水灾
十二年	江西、湖南并宿州二等十三帮	20	江南	平粜	河口浅阻，未能及时渡黄
十六年	杭严头二海宁所等三帮		北仓		帮船受伤过重
十八年	江西	4	河南河北三府及开封府	赈恤	
十八年	江西	2	山东济宁、东昌二府	平粜	
二十四年	江西		河南、山东		
	泰安等闸内三十八州县	10.3667	山东被淹各属	赈恤	水灾
道光二年	常镇两属	4	江宁	兵匠恤孤	
	江宁所属江浦六合及安徽附近州县	2			
十八年	江南上元、南陵、芜湖、东台等地	0.4546	江淮、兴武、凤阳帮丁行月等米		
二十年	安徽太湖、泾县、合肥、舒城、庐江、巢县、天长	1.38	安庆各帮行月等米		灾缺
二十二年	江苏	2.59			灾缺
咸丰二年	湖南、江西	30	江南	赈济	水灾
	江西	30	山东	赈恤	
五年	河南荥阳等十二州县	5.03	河南兰仪等六县	赈恤	水灾（除济源县已解本色4600石备展赈外，余者按照每石1.25两折银报解，散给被水灾民）
同治六年	山东	18	山东沿河一带及济南滨州等	赈恤	水灾

续表

年份	漕运省份	截拨粮额（万石）	截拨地区	用途	备注
光绪二年	江苏	1	江苏江北	赈济	旱灾
四年	湖北、江西、江苏、江北、浙江	23	山西	赈济	旱灾
九年	湖北	3	湖北	赈济	水灾
十三年	河南		河南郑州		黄河决口，留漕折银
十四年	山东	5	河南		
十八年	山东		山东	赈济	新漕全截留
	江苏江北	5	江苏镇江府属	赈济	旱灾
	江苏江南	3	江苏宁、扬	赈济	旱灾
十九年	山东	6	山东	赈济	
二十四年	江苏	8	江苏淮、徐、海各属	赈济	
二十六年	江安	10余	山西	备赈	被旱、粮价贵、太后巡幸太原

表 5-2　　　　　　　　直隶历年截拨漕粮情况

年份	漕运省份	截拨粮额（万石）	截漕赈粜区	用途
康熙三十三年	山东		直隶景州	发粜
六十年	江西		直隶大名等处	
雍正三年	江西		直隶保定等处	
乾隆二年	湖北	30	直隶	备赈
九年	通仓	30	直隶	赈恤
四十三年	江西	5.899	直隶大名、广平、顺德等府	赈饥
四十五年		10	直隶	赈恤
		20	直隶	
		60	武清、房山四十一州县	
四十七年	天津北仓	9.232	直隶	存仓
四十九年	天津北仓	22	直隶	买补仓粮

续表

年份	漕运省份	截拨粮额（万石）	截漕赈粜区	用途
五十年		10	大名等十州县	赈借
五十五年	江西	30	北仓	储存
五十七年		50	直隶顺德、广平、大名三府	赈恤
嘉庆六年		60	天津、泊头、郑家口	
十三年		60	直隶	
十八年	江西	4	直隶顺德、广平、大名三府	赈恤
	湖广	5	直隶顺德、广平、大名三府	赈恤
二十二年	湖南	11.79	直隶保定一带	备赈
	通仓	0.8	大兴、宛平一带	
二十四年	江西、湖南	18	永定河下游各州县	赈恤
	京仓	0.44	大兴、宛平二县	
道光二年	天津、北仓	35	直隶	赈恤
三年	江西、湖广	40	直隶	赈恤
	江西		直隶	
	河南、山东	12.12	直隶文安等州县	平粜
	江安	8	直隶文安等州县	平粜
六年	江苏	4	直隶大名等府属	赈恤
	浙江	6		
同治六年	江苏、浙江	10	直隶	赈恤
	通仓	0.1	通州	赈恤
七年	天津、北仓		直隶沧州、南皮等十州县	赈恤
十年	江苏、浙江	10	天津等处	赈恤
十一年	江北	10.58	直隶各州县	赈恤
十二年	通仓	0.1	直隶	赈恤
十三年	通仓	0.1	直隶	赈恤
光绪四年	江苏苏、松	12	直隶	赈恤
	江苏江北	4	直隶	赈恤
五年	江苏江北	6	直隶	赈恤
六年	湖北	3	直隶	赈恤
	江苏、浙江	10	直隶	赈恤

续表

年份	漕运省份	截拨粮额（万石）	截漕赈恤区	用途
七年	湖北	3	直隶顺天府属	夏秋雨水过多，赈济
九年			直隶	赈恤
十年	江苏、浙江	10	直隶通州、天津各州县	赈恤
十二年	江苏江北		顺天府属	
十三年	京仓	5	顺天府属	
十七年	江苏	16	直隶各属	积水未消，赈济
十八年	江苏及江北	10	直隶	赈济
十九年	江苏及江北	10	直隶	赈济
二十年	江苏	12	直隶	赈济
二十二年	江苏江北	10	直隶	赈济
二十七年	山东	5	畿南	赈济

资料来源：以上两表根据雍正朝至同治朝据光绪《户部漕运全书》卷六十四、卷六十五、卷六十八、卷六十九、卷七十一等制作，光绪朝据《东华录》等制作。

根据上列两表可以窥见清代漕粮截拨的时空特点。在时间上，康熙和雍正时期属于起步阶段，这一阶段的漕粮截留表现出间断性、规模小、数量少的特点；乾隆时期则为漕粮截留的黄金时期，表现出持续性、规模大、频率高的特点；而道光、咸丰以后，截漕的次数和数量逐渐减少；在空间上，被截漕地区主要集中于江西、湖广等省份，受益地区多为江苏、浙江、安徽、山东、河南等漕运省份和福建、广东、广西、贵州、陕西、山西、直隶地区。而漕粮的流向大致为：东向、北向、南向、西南向，其中，截留漕粮东流的数量最大，几乎占总额的3/4。① 其次，江苏、浙江、安徽、山东、河南等漕运省份也屡有截漕任务，主要是用于本省或邻省所需。

清代漕粮截留的时空分布有明显的不平衡性，其原因在于：

其一，漕运制度健全与否。康、雍时期，朝廷对漕政大加整顿，各项漕运制度日臻完善，皇帝务实有为，吏治清明，整个漕运体系运转正

---

① 吴琦：《漕运与中国社会》，华中师范大学出版社1999年版，第136页。

常，在保证京、通仓储的前提下，朝廷多注意用漕粮来调控地方，在地方因仓储不足而引发的粮食安全问题出现后，即着手截留漕粮，使地方多得民食。在乾隆时期，这一宏观的粮食调控政策达到了顶峰。由于此时土地的开垦已呈饱和状态，粮食的生产力水平难有大的提高，在人口激增、商品化趋势不断加强、经济作物的种植面积不断扩大和非农业人口大量增加等多种因素的共同作用下，粮政和地方粮食的安全问题成了政府不得不关注的首要问题。因此，清代漕粮的征解与运输制度的高效运转，保证了京仓、通仓粮食来源的数量和供给的稳定，在健全的漕运制度的保障下，乾隆政府不断加大对地方的粮食投入，以扩大地方的仓储容量，增强地方抗击和抵御灾伤的能力。道光以降，地方漕政的弊端日益严重，州县之浮收、生监之白规、大户之少完、豪强之包揽、书吏之中饱、旗丁之需索，导致民众的抗完不交，地方闹漕事件迭起，既不能保证漕粮的如数如期交兑，也严重冲击了地方秩序，影响了地方社会的稳定，同时，由于地方灾伤日甚，漕粮带征缓征的数量不断增多，积欠日多，正如道光年间任江苏巡抚的林则徐所言："自道光三年水灾以来，岁无上稔，十一年又经大水，民力愈见拮据，是以近年漕欠最多，州县买米垫完，留串待征，谓之漕尾，此即亏空之一端"。① 再加上河道时常淤塞，疏浚不力，漕船难以畅行，地方漕粮本色难以顺利运京。以上种种原因均导致漕粮的运通数量逐年减少。根据李文治和江太新对清代漕粮历年起运交仓的研究也显示出："嘉庆以前每年平均在400万石以上或接近400万石。道光之后逐渐减少，由400多万石减至300多万石乃至200多万石"②，因此，在漕运制度日渐废弛的情形下，中央对地方粮食安全的控制能力趋弱，截漕举措也日益力不从心。

其二，京、通仓储的盈缺状况。由于漕粮的截留是在保证中央粮食储备的前提下的变通政策，因此京、通仓储的盈缺状况直接关系到漕粮截留数量的多寡和频率的高低。在康、乾时期，由于漕运制度完善，京、通仓储的粮食储备往往处于充盈的状态，"当乾隆中岁，京仓之粟陈陈相因，以数计之，盖可支二十余岁"，存粮最多；而到嘉庆时"今

---

① 林则徐：《江苏阴雨连绵田稻歉收情形片》，盛康编：《皇朝经世文续编》卷四十五《户政十七·荒政中》。
② 李文治、江太新：《清代漕运》，中华书局1995年版，第54页。

则仅支一年而不足"①，积存渐少，但仍能支应；道光年间则不断筹划将地方仓谷运送通州，以充实京仓，如道光二十二年据漕运总督朱树奏称："河南、山东及附近运河省分仓贮有余者，应请酌拨米石，附入粮船，以益京仓"②；咸丰以后，漕粮入不敷出，朝廷则不断饬令地方采买以接济京仓储备，已成捉襟见肘之势。京、通仓储粮食储存额的日益短缺，有其深刻的社会原因：

第一，漕运制度衰败，运京米石日益减少。由于漕运弊政，导致地方漕粮难以如数收齐，如期到京，地方漕粮不断地蠲缓，导致积欠增多。再加上咸、同年间，由于漕政大坏，本色漕粮难以征收，各地督抚纷纷奏请折漕，京师仓储更是难以足额。

第二，京城粮食需求量日益增大。京师为全国的政治文化中心，既有王公贵族、宗室人口需要奉养，又有吏胥百官、八旗兵丁的俸饷需要支放，同时京师还聚集了数量可观的工商业者和城市居民，再加上灾荒时期不断涌入的大量流民等，京师形成了一个庞大的消费群体，成为一个巨大的消费型城市。而这一消费群体的数量到清中期以后更是不断膨胀。嘉庆朝官员管同在洞悉此情后表示了担忧："以通漕十分，官俸兵粮去其六，匠米去其一，恩米去其三四，是故一岁之漕仅敷一岁之用，漕一不足则必抽旧积，旧者日绌而新者无赢，然则京仓之粟日减日虚，二十年而大变于前者无足怪也"。③

第三，监督不力、管理不善，导致漕粮侵盗以及红朽腐烂，造成大量的亏空和浪费，储存量逐渐减少。漕粮通过漕运这一供输系统运送至京以后，由京、通仓储官吏负责漕粮的保管及出纳。但是由于政府政治腐败，官吏素质较低，薪俸待遇低下，仓场管理水平不高以及监督制度薄弱等原因，导致仓储官吏营私舞弊、上下其手、侵盗仓粮等事件频繁发生，使漕粮的库存量日趋减少。

其三，朝廷的荒政执行力度和实效。清代被视为中国古代荒政发展史上的鼎盛时期。救灾程序和救灾措施完全制度化，救灾支出浩繁，蠲

---

① 管同：《拟筹京师积储疏》，盛康编：《皇朝经世文续编》卷四十三《户政十五·仓储》。

② 《清宣宗实录》卷三百七十七，道光二十二年七月戊申。

③ 管同：《拟筹京师积储疏》，盛康编：《皇朝经世文续编》卷四十三《户政十五·仓储》。

赈面广，并且统治者高度重视，形成了一整套较为严密的有着多方监督渠道的救灾组织体系，提高了办赈救灾的效率。但是总体而言，清廷的荒政执行力度和效果是呈现出阶段性的，前期统治者励精图治，吏治清明，其荒政的执行较为有力，确能惠及灾民，起到了维护社会、保证生产正常进行、缓和阶级矛盾、提高统治效率的重大作用，漕粮也通常被视为调控社会秩序的重要手段，但是，嘉道以后，由于荒政制度本身不完善、吏治腐败、社会风气败坏以及阶级矛盾突出、社会动荡不安等因素，荒政的弊端百出，国家的救荒力度不断降低，再加之漕粮运通的数量逐年减少，截漕之政便很难经常性实施了。

其四，地方经济的发展水平、地理位置以及自然灾害的损伤程度。清代以来，湖广、江西的经济发展水平较高，农业生产非常突出，不论耕作技术还是粮食产量，都居全国前列。尤其是湖广，更是全国著名的大粮仓。由于此三省的人口数量居于全国中等水平，因此大量多余的粮食则通过长江及其他水陆交通，源源运往下江及各地。同时，湖广、江西的漕粮经过长江、京杭大运河最后到达京师，历经数省、运途最远，抵通的时间也较晚，机动性最大，因此经常被作为漕粮截留的对象。江浙地区虽然在全国的经济发展水平中居于领先地位，但是由于其商品经济的发展，非农业人口的大幅度增加，使得江南成为全国人口最稠密的地区，人多地少的矛盾相当突出，有限的耕地再加之经济作物的大量种植，导致粮食的耕种面积逐步缩小，粮食问题逐渐突出，往往依赖外埠接济，因此漕粮的截留也是经常性的。同时，清代是中国历史上灾荒发生最为频繁的时期之一。有清一代，"最大的灾种是水灾，占全国灾况的56%。水灾主要发生在江苏、直隶、山东、安徽、湖北、河南、浙江等省。其次是旱灾，占全部灾况的32%。直隶、山东、甘肃三省是重旱区，浙江、江西、江苏、河南、湖北、陕西、安徽等地次之"。① 安徽凤、颖、泗和江苏淮、徐、海地区、河南、山东以及直隶地区，受自然环境、地理条件和生产技术等因素的影响，生产力水平相对低下，很多地区处于黄、淮、海河或运河的流经处，水患时常发生，再加之北方季节性的干旱，水旱灾害交替发生，严重影响了农业生产，威胁到人民生命财产的安全，因此，也依赖江西、湖广或本省漕粮的接济。

---

① 李向军：《清代荒政研究》，中国农业出版社1995年版，第131页。

三　漕粮截拨的社会功能及其意义

漕粮截拨属于清代漕运中的特殊政策，朝廷利用其对粮食的调配优势，频繁地调动漕粮，使得漕粮具有了更多、更广泛的用途，不断发挥重要的社会功能，体现了积极的社会意义。

（一）充实军饷，供养军队，备战应战

军队是国家暴力机关的重要组成部分，是维持国家政权稳定的强有力的武器。而充足的军饷则是保持兵源稳定性和保证军队战斗力的重中之重。因此，历代均十分重视漕运对军事的支持和保障作用。清代统治者以少数民族入主中原，建立了一个版图庞大、民族众多的大一统国家，为了维护其统治，并建立起庞大的军事队伍，除在京师及其附近驻扎大量八旗、绿营兵丁外，还在全国各边防重镇以及战略要地布置了大量的兵力。同时为了镇压各地的叛乱，不断把军队调往战争前线，因此，要保证战争的胜利，维护社会的安定，必须要有充足的物资供给。而漕粮在运输的过程中，机动性较大，因此通常被用作兵饷，这主要是包括常规性的拨运与临时性的截留。常规性拨运的主要承担者为山东和河南，兼及江西，其专项漕粮主要供应直隶近畿地区的驻防官兵以及守卫陵寝的官兵。一般来说，每年均要运送大批的漕粮赴直隶各驻兵处，没有特殊情况不得变更。临时性的截留主要是由于战争的需要或者因灾害等导致兵饷稀缺，由各地临时性奏请截留，以充实军饷。如：

> 雍正六年题准，沧州驻防兵米，若秋冬截漕、春夏采买，恐价有不敷，转致迟延，嗣后仍照旧例，每岁截拨江西漕米七千石，以三千五百石作本年秋冬二季之需，以三千五百石作次年春、夏二季之用。①

> （乾隆十八年）蓟、遵、丰三州县岁需粟米五万余石，易州岁需粟米五千余石，定例于豫、东二省帮船内派拨以充陵寝官兵

---

① 光绪《清会典事例》卷一百九十六《漕运·截拨兵米》。

俸饷。①

（嘉庆元年）直隶良乡等处岁需兵米一万一千三百石，奏明在豫、东二省截存蓟粮内拨给，本年因东省轮免漕粮，先令豫省代运，除拨运天津等处兵米外，不敷米石准动支节年仓存蓟米，并动碾蓟谷凑运。②

除此以外，由于灾荒的侵袭，以及漕政的衰败等原因，多数地方的驻防兵缺乏食米，漕运兵丁的行月银米也不能按时发放，为了维持地方的兵防以及漕运的进行，漕粮在嘉、道以后多用于此项。如：

道光二年奉上谕孙玉庭等奏筹备灾缺兵糈酌分上下两江截漕米数一折，前据孙玉庭等请于苏常成熟州县内截米六万石，以供江宁兵匠恤孤等米之用，业经降旨准行。兹据该督等请截拨附近江宁所属粮石以符六万石之数，着照所请苏松粮道在于常镇两属酌量匀截米四万石，江安粮道在于江宁所属江浦六合及安徽附近州县内截留米二万石以备支放，俟本年秋成后于应解带征灾缓兵米内陆续拨还搭解通仓，该部知道钦此。③

谕内阁："琦善等奏筹备灾缺兵恤等米，请截留漕粮支放一折。江苏省上年因成灾蠲缓，所有应放道光七年旗营、绿营、兵粮局恤等米，均皆缺额。加恩着照所请，江藩司属灾缺七年分兵恤等米，准其截拨江宁、扬州、通州、常州、镇江熟田起运漕粮，并兴化县征存缓漕，共米五万一千余石。苏藩司属灾缺七年分兵米，准其截拨上海、南汇、青浦三县熟田起运漕米七千六百石，就近分别截留以供支放。统俟各属按限带征拨还，搭运归款。此项灾缺兵米，例应于成熟地方发价采买拨放。今暂准截借漕粮，嗣后不得援以为例。"④

截留江苏江宁、扬州、苏州、松江漕粮六万七千六百石有奇，

---

① 光绪《户部漕运全书》卷六十八《截拨事例·截留拨运》。
② 光绪《户部漕运全书》卷七十《截拨事例·截留拨运》。
③ 光绪《户部漕运全书》卷七十一《截拨事例·截留拨运》。
④ 《清宣宗实录》卷一百一十三，道光七年正月癸未。

协济次年应放兵丁、匠役等米。①

拨江苏句容县漕粮六千石,抵放帮丁行月等米。②

(二) 充实仓储,平衡地区积贮

粮食充足是国家的根本,粮食的储备问题关系国计民生。为了应付粮价的波动、灾荒及其他突发事件,维护社会的稳定,历朝历代无不把粮食的仓储问题摆在治国安邦的重要位置,"不仅重视中央仓储的建设,也注重地方仓储的发展,从中央到地方都兴建了规模不等、层次多样的仓储,仓储制度渐趋成熟,仓储规模不断扩大"。③清代的仓储建设吸取历代之长,极为发达,不仅从中央到地方设立规模不等、职能众多的仓储,如京、通仓储、地方常平仓、义仓、社仓、漕仓等,还不断完善仓粮的收放制度、平粜制度、管理制度、监督制度等,并使仓储在平抑粮价、调控市场、赈灾备荒、安定民心、保证军需、供给俸禄等方面发挥重要的作用,保障了生产的发展与经济的繁荣,有利于统治秩序的巩固。

要保证仓储的正常运转,保证其调控社会职能的充分发挥,必须要有充足的米谷储存,《礼记》说:"国无三年之储,谓国非其国",因此,千方百计地筹措粮源,保证国家粮库的储存量是历代王朝孜孜以求的目标。一般来说,清代地区仓储的米谷来源主要有政府筹措如采买和截留漕粮、民间筹措如私人捐纳等。政府可以直接拨运的漕粮是仓谷的一大来源,富余的漕粮常常被截留在有征漕任务的省份以充实本省的地方仓储,或者在运输途中调拨到运输较为便利的地方。康、乾时期即进行了两次大规模截漕补仓的活动:一是康熙五十八年,于江西、湖广起运米内,截留四十三万石储存江苏、安徽地方仓内。二是乾隆六年"因各省积贮缺额之米,争购于产米省分,以致米价昂贵",奏请截留漕粮,最后将江苏、安徽、浙江漕粮截留八十万石于各省存仓,"至三省既有截留,自可不往邻境采买,而产米之湖广江西等省不致昂价,亦

---

① 《清宣宗实录》卷六十三,道光三年十二月甲寅。
② 《清宣宗实录》卷三百零六,道光十八年二月丁未。
③ 施峰:《中国古代仓储制度的作用与弊端及其对当前粮食储备管理的启示》,《经济研究参考》2001年第28期。

有裨益矣"。① 既可使地方多留民食，又可平抑邻境米价，可谓一举两得。

同时，康、乾时期，统治者为了解决全国的粮政问题，一方面加大仓储的建设力度；另一方面不断地增加政府采买米谷的力度，以充实地方仓储，积极干预地方仓储的积贮。据学者的估计，"乾隆初年全国仓储的总数（不计正税收入），可能已经达到四千数百万石。较之乾隆以前，大约增加了近三千万石……从数量上来看，三千万石约居全国粮食总产量的百分之四"，"而十八世纪早期每年经由长江水路运输到东南沿海省份的米粮，约在一千六百万至二千七百万石之间，而短期内仓储数量的增加，可能已经与这种省际贸易的数量约略相当。这当然是一个不低的数值"。② 由于采买过多，年年买补，年年增储，再加上人口激增、水旱偏灾等因素，导致乾隆初年粮价节节攀升，终于引发了乾隆十三年朝野关于粮政问题的大讨论。此后政府逐渐转变了角色和干预社会的方式，开始缩减仓储的数量，并且减少官方采买和仓储的定额。由于采买的弊端，政府逐渐放弃了依靠大规模官方购买的形式以充实地方仓储的方式。

虽然乾隆皇帝明令漕粮关乎天庾，地方不得援以为例，截漕充仓，但是对于尤其处于运河沿岸受灾严重和仓粮有大量消耗的省份，政府多采取截漕的方式来补充仓储。光绪朝编定的《钦定大清会典事例》即明确规定截漕充仓为常平仓积谷的来源。③ 因此，清代，尤其是乾隆以来，天津北仓、德州、临清、济宁等水次仓、地方府州县仓，均根据需要不同程度地截留漕粮以储存，或备本属赈济之需，或调往邻省赈济，如乾隆四十三年将河南漕米"每米一石易谷二石"，"积谷以备山陕赈济之需"。④ 中央官员也认识到地方由于"盛世滋生人口日众，岁时丰歉各处难一，以有限有则之田土，供日增日广之民食"，米谷不但没有多余，而且日显不足，米价日增。需要地方仓储和积贮来调剂，但是若

---

① 彭元瑞：《清朝孚惠全书》卷四十七《截拨裕食一》。
② 高王凌：《活着的传统——十八世纪中国的经济发展和政府政策》，北京大学出版社2005年版，第131页。
③ 此外还有劝绅民捐输和地方官采买。参见光绪《清会典事例》卷一百八十九《户部三十八·积储·常平谷本》。
④ 光绪《清会典事例》卷一百九十二《户部四十一·积储·裕备仓储》。

令地方采买补仓,"窃恐各处买补并举,每省莫不以数十万百万计,交相争购于一时,必致米价昂贵,是地方未受平粜之利,先受目前米贵之累",权宜之计,是"运漕各省积贮所缺之额,请即于应行运京之漕米内酌量拨留本地,以充积贮",这样"一转移间各省仓储俱少买数十万石米谷作为本地之需,官仓盈而额数不缺,民食足而价值不贵,不待耕九余三而旱涝无虞,不须采买而官民无累,一举而数善备矣"。① 而且越到后期,作为清代最主要、最普遍的官方仓储——常平仓普遍衰落,储存严重缺额,究其原因,"总由各州县平日不能实心经理,或出粜后并未随时买补还仓,或竟任意侵挪亏缺,以致积贮空虚,猝遇偏灾,茫无所措",嘉庆皇帝为此而责备各省大员论补救之策,"大率奏请截漕,殊不思京通各仓所贮漕米,以之颁给廪禄兵粮,无论岁收丰歉,俱应按数支放"。② 对此,魏丕信给予了比较中肯的解释:"国家为维持中央政府而贮存和支配一定粮食的制度,看来运作得很好,而且比常平仓制度持续的时间更长,后者更为分散,对于国家机构生存的重要性也相对较小。"③ 但是,为了维持地方常平仓的正常运转,把它作为地方荒政的主要仓储来源,截留漕粮确实是补充其库存量的有效方式之一,这样才能够平衡地区积贮,使地方在遭遇粮价波动或是灾伤时能够及时有充足的粮食于市场上流通或散发给灾民,使米价回落,稳定社会秩序。史书也多有记载:

> (乾隆三年)直隶截漕三十万石,存贮天津北仓,备赈拨用。④
> 乾隆十七年九月二十三日奉上谕浙江、江西、湖广等省上年动缺仓储,恐一时采买,市价腾涌,因酌量截留各该省本年应运漕粮,以资拨补,所有浙江截留四十万石,江西截留二十万石,湖广截留二十万石。⑤
> 乾隆四十七年十一月钦奉谕旨,据英廉奏,直省各仓因赈恤之

---

① 朱伦瀚:《截留漕粮以充积贮札子》,贺长龄编:《皇朝经世文编》卷三十九《户政十四·仓储上》。
② 光绪《清会典事例》卷一百八十九《户部三十八·积储·常平仓存粜定例》。
③ [法]魏丕信:《十八世纪的官僚制度与荒政》,江苏人民出版社2003年版,第237页。
④ 光绪《户部漕运全书》卷六十八《截拨事例·截留拨运》。
⑤ 彭元瑞:《清朝孚惠全书》卷四十九《截拨裕食三》。

后贮谷未能足数,请将天津北仓截存漕米九万二百三十二石零,赏拨直省,以备缺额等语,着照所请,北仓截存之漕米全数拨给直省缺额州县,各仓存贮,该部知道。钦此。①

(三) 平抑粮价,调控市场

"民以食为天",米谷是人们日常消费的生活必需品,不可一日或缺。在商品经济条件下,其价格的大幅上涨,连带其他物价的上涨。在社会总的生产力水平不变的情况下,必然会导致人们经常性支出费用的不断增多,使得其收支结构发生变化,从而导致人们生活日趋贫困,极易引发社会的动荡。清代前期,在主要的产粮区和缺粮区之间已形成区域间的米谷贸易市场,如在产粮区的湖广和四川与缺粮区的江浙等省之间已经形成了较为固定的粮食市场网络体系,可以用来调剂余缺,平抑米价,进而达到调控整个物资交易市场的目的,使社会秩序趋于稳定。但是由于市场本身所具有的自发性、盲目性和滞后性等的特点,再加上前资本主义时代市场的不充分发展,市场调控的效果是极为有限的。或者由于产粮区歉收,导致米谷不能自由流通至缺粮区,又或者是由于地方政府为了保证所属省份的民食以及米价的稳定,屡下遏籴之令,如康熙四十七年,江宁等府属入夏久雨,导致米价腾贵,由于"本地户口繁庶,产米不敷所食,全赖外省客米接济,今湖广、江西等省俱严禁贩米出境,以致米商裹足,米价愈增"②,这种地方保护主义、不顾全局的作为无疑更加重了缺粮区的灾情,因此江苏巡抚不得不上疏皇帝,"请特敕各督抚开禁,听商贩卖,庶江南米价可平",皇帝只得加以干预。地方仓储,尤其是常平仓谷,本来是用于"备水旱偏灾粜借放赈之用"③的,秋后丰收时以高价买进新鲜米谷存仓,既可充实仓储,同时又防止"谷贱伤农";等到来年青黄不接时以低价卖出,既可卖出陈谷,同时也防止"谷贵伤民"。既能推陈出新,保证了仓储的正常运转,又能平抑市价,调控市场,使物价趋于平衡。但是,常平仓功能的发挥,是以充足的米谷储存为前提,正所谓"平粜必须仓有积贮,然

---

① 光绪《户部漕运全书》卷六十九《截拨事例·截留拨运》。
② 《清圣祖实录》卷二百三十三,康熙四十七年六月乙丑。
③ 光绪《清会典事例》卷一百八十九《户部三十八·积储·常平谷本》。

后因时出粜,谷价可平,收获可待"①。在仓储不断废弛的情形下,其平粜以平抑物价的实际功效也值得推敲了。因此,在前述功能不能正常发挥的情况下,朝廷也经常利用截留的漕粮进行平粜,以平抑粮价。尤其是在地方发生大规模灾荒或因特殊事件,粮食需求甚多,而市场来不及迅速筹措或者仓储已经不能敷用的情况下,通过迅速截留漕粮,能够使地方多得粮食,有效地平抑市场。如乾隆四十四年皇帝因为次年要巡幸江浙,"第扈从官兵以及外省接驾人等辐辏云集,经过地方米粮价值恐一时或致腾涌,着照从前之例于江浙二省冬兑漕粮内各截留十万石在水陆驻跸地方分厂平粜"②,有利于防止因为地方人口突然大量聚集而导致米价波动情况的出现。又如道光二年江苏淮安徐州等府被灾,即截留漕粮两万余石,每石减价三钱粜卖③,有效地调控了地方米谷市场。因此,截留漕粮于地方粜卖,实际上是有效地调节了地区间的粮食供求关系,能够调节市场价格,从而维护了社会的稳定。

(四) 赈灾备荒,安民固本

中国自古以农为本,农业是封建社会最为重要的物质生产部门,社会的积累和消费都依赖于农业生产的保障。而农业生产和人们的日常生活都极易遭受到自然灾害的侵袭。由于生产力水平和科学技术不发达以及社会财富分配严重不均等原因,国家预测和抵御自然灾害的能力受到了很大的限制,导致灾害发生的频率高、规模大、破坏程度大,往往造成大规模的人员伤亡和财产损失,而普通民众在重大自然灾害面前更是无能为力。再加上社会积贮不充分,盖藏不多,阶级对立,贫富不均,在农业生产的周期性规律的影响下,每年都有青黄不接之际,因此规模不等的灾荒时常发生。既灾之后,为拯救民生,政府往往会大力组织救荒活动。而能够迅速筹措大量的粮食,则是救灾的重中之重,正所谓"地方荒歉,民间乏食,全以多筹米粮为要"。④ 除地方仓储所储存的粮食外,截留的漕粮也是保证地方食米的重要补充。因为漕粮在运输途中

---

① 陈其凝:《请截留漕艘以备平粜疏》,贺长龄编:《皇朝经世文编》卷四十四《户政十九·荒政四》。

② 光绪《户部漕运全书》卷七十一《截拨事例·截拨赈粜》。

③ 魏元煜:《奏报淮安等属截留漕米数目片》,《道光朱批奏折》,道光二年三月二十八日,中国第一历史档案馆藏。

④ 尹继善:《奏请截留漕米以济民食折》,《乾隆朱批奏折》,乾隆十年九月二十二日,中国第一历史档案馆藏。

机动性较大，而且数量较多，质量上乘，一旦地方有需即可通过奏请之后转运至赈灾地方发放，具有快捷、便利、高效的特点。漕粮的截留对于救荒的重要性清代学者已有充分认识，如《救荒策》云：当事之策"一曰留请上供之米。地方大饥，或有本地应解粮米及他处经过米船，不妨权留赈济，然后申报，秋熟即行籴偿。在朝廷不过缓数月之粮，在百姓即活数十万人之命。虽以专制贾罪，又何伤哉！"①《康济录》也载有"目前救荒，简便应急，百方以思，莫如截留漕运之米为善"。②

　　正是因为漕粮的截留有高效、快捷且少扰民众的特点，所以，通常被看作为比捐纳更好的补仓和赈济灾荒的方法，如康熙四十六年十月，浙江巡抚奉命赈济嘉杭等处，查常平仓库存粟米不多，奏请开例捐纳以补常平仓储，皇帝谕令："浙省被灾州县亦照江南，着总漕桑额会同该抚截留漕粮赈济，何必捐纳"③，同时认为："仓谷数少，未足遍给，惟各州县截留漕米可以实惠及民。"④ 可见，漕粮截留对于民生和政府社会控制具有积极意义。

---

① 魏禧撰、俞森辑：《救荒策》，载《中国荒政全书》第二辑第一卷，北京古籍出版社2004年版，第13页。
② 陆曾禹著：《钦定康济录》，载《中国荒政全书》第二辑第一卷，北京古籍出版社2004年版，第279页。
③ 蒋良骐：《东华录》卷二十，中华书局1980年版，第333页。
④ 《清朝文献通考》卷四十六《国用考八·赈恤》。

第六章　清代漕粮的平粜赈济

在清代，灾荒救济形式多样，组织者既有官方，也有民间团体和个人。而以官方为主的救济活动则被称为荒政，清代官方救济的主要方式和措施有平粜、蠲免、赈济、调粟、借贷、除害、安辑和抚恤等。① 其中，平粜和赈济又是荒政的主要内容，而影响平粜和赈济效果的关键在于政府手中掌握粮食数量的多少和富余程度。作为国家粮食储备的重要部分，漕粮也通常被用于赈粜，漕粮赈粜为官方赈济的主要形式之一。

一　京畿及各直省的漕粮平粜与社会赈济

（一）京畿地区的漕粮赈粜

京师是国家的首善之区，王公百官的薪俸发放、驻京兵丁的军饷给养、旗丁的家属津贴以及普通民众的粮食需求等，都关系到京师社会秩序的安定和朝廷统治的稳定。畿辅地区即直隶地区，京师之门户，同时也是一个农业生产相对落后、在正常年份仅能勉强自给的省份，因此，直隶地区的农业收成和社会稳定也关系到清王朝的长治久安。

清代在京师设立京仓，在直隶通州设立通仓，京、通两仓的粮食，主要是直接供应京师王公百官和八旗兵丁的粮食需求。一般来说，王公百官的俸米主要在通仓内领取，八旗兵丁所需粮食在京仓支取。除此之外，由于京师人口汇聚，各类人口若以百万计，每年所消费的食粮也在二百万石以上，如此巨额的粮食需求，非京师附近的农产所能供应的，而京师和畿辅地区由于受漕粮的季节征收的影响较小，一般只要京、通

---

① 李向军：《荒政研究中的拓荒之作——清代荒政研究》，《中国社会科学》1996年第3期。

仓储充盈，都可资利用，因此，京仓和通仓以及从南方八省所截留的漕粮在解决北京及畿辅地区百姓粮食需求方面也发挥着一定的调剂作用。清政府利用粮仓储存的漕粮以及截留的漕粮，根据市场状况及时进行粮食的吞吐，米价高则粜卖以平抑物价，遇灾荒则开仓赈济。此项措施一直持续到清代后期，这对解决部分民食以及稳定社会秩序方面起到了一定的积极作用。

需要平粜的情况，一是灾荒缺粮时节。或地方发生灾情，但情形尚不严重；或地方歉收，食粮缺乏；或赈前、赈后粜卖食粮以作赈济补充；或逢青黄不接。二是粮价暴涨的时节。政府通过向市场上投入大量粮食以平市价；或以低价出售，以保证普通民众的粮食需求。当然，粮价暴涨通常与灾歉紧密关联，正所谓"其轻灾僻邑及歉后米少价昂，行之为有实益"。①

对于京师来说，由于其是消费型的城市，朝廷平抑粮价的手段除了政府的采买、商人的贩运、官员和兵丁的俸甲米石通过商人流通至市场等外，京、通漕粮的平粜是控制京师粮价的主要措施之一，尤其是当近畿地区歉收、商贩难至、政府采买艰难等原因而导致京师粮价上涨，民食倍艰的情况下，尤其依赖漕粮。对于畿辅地区来说，平粜所需漕粮的来源是多样的，既有京师和通州仓储的漕粮，又有临时截留南方各省的漕粮。平粜粮食一般有稻米、粟米和麦三种。漕粮平粜的价格一般低于市价，最初定为"成熟之年，减市价银五分，歉年，减一钱"②，后来通常根据实际情形，酌情定价，通过京师漕粮平粜的价格记载分析，一般来说，老米、稜米和粟米的平粜价格一般比市价低一钱左右，也有两钱到三钱不等，据有关学者分析，"据从乾隆二十四年至五十七年举办的21次平粜统计，较市价降低10.4%。乾隆三十六年，每石粟米市价为1267文，平粜价压至1000文，差价在21%以上"。③ 而麦的价格一般比市价低一到四五钱不等。直隶减价，"将所粜官谷比市价每石酌减

---

① 方观承：《赈纪》卷六《借粜蠲缓》，载《中国荒政全书》第二辑第一卷，北京古籍出版社2004年版，第590页。
② 同上书，第589页。
③ 李文治、江太新：《清代漕运》，中华书局1995年版，第81页。

三钱"。① 平粜的数量则根据市场流通的粮食量及市价的高低临时筹划，如乾隆五十二年京师米价腾贵，朝廷先是拨京仓米五万石设厂平粜，后皇帝恐"粜竣之后（粮价）又复渐次加长，非朕轸念民依随时调剂之意"②，继而又拨米五万石减价粜卖。有时用于平粜的漕粮数量相当之大，如乾隆二年，直隶部分地区由于雨水过多导致歉收，粮价日渐昂贵，朝廷即将"天津北仓截留漕米五十万石……酌拨被水州县减价粜卖，以平时价"。③漕粮平粜的形式多样，既有官方设厂粜卖，又有官督商办的形式。

为了使漕粮的平粜真正惠济贫民，清政府采取了一系列措施，既使得受惠的民众不断增多，又能有效地抑制粮价的上涨，从而达到利用漕粮平粜实现社会稳定的目的。这些措施包括：

其一，大量增加平粜点，扩展平粜区域。如京师一般在五城设立十厂专事平粜，城外设立四厂，城内设立六厂，乾隆三年一度因发粜米石增多，为了使更多的乡民也能购买漕粮，一度将城内六厂移于城外关厢粜卖。嘉庆二十三年，邻近京师的大兴、宛平二县所属村庄粮价上涨，朝廷即拨麦一万石，"于城外四乡，按村庄远近分设厂座，减价平粜，以资接济"④，有效地平抑了因雨水不足而歉收导致的粮价上涨的状况。通州的成色米石一般只在通州城内设厂粜卖，但是，乾隆二十七年其所属的漷县城内也开始设厂粜卖。直隶地区也是如此，乾隆二年，直隶春夏之间二麦歉收，朝廷设八厂派员平粜，使米价不致踊贵。同时，由于担心发卖官谷之处与乡村相隔太远，乡民搬运艰难，朝廷惠民之政难以周全，乾隆二年规定："如离府县城郭路远乡村，有司当设法运至，倘脚价无出或动存公银两，或开销正项钱粮，皆所不惜"⑤，有效地解决了运送官粮发粜的运输费用问题，大大增加了受惠民众的数量。

其二，增加平粜的粮食数量，延长平粜时间。粮食的平粜是以粮价的回落以至平稳为指归的，因此当先期所投入的漕粮并没有完全达到平

---

① 方观承：《赈纪》卷六《借粜蠲缓》，载《中国荒政全书》第二辑第一卷，北京古籍出版社2004年版，第589页。
② 彭元瑞：《清朝孚惠全书》卷五十五《平粜减价二》。
③ 彭元瑞：《清朝孚惠全书》卷五十四《平粜减价一》。
④ 光绪《户部漕运全书》卷六十五《京通粮储·发粜仓粮》。
⑤ 彭元瑞：《清朝孚惠全书》卷五十四《平粜减价一》。

抑粮价的目的时，朝廷通常继续追加漕粮的投放数量，对于京师和畿辅地区来说，漕粮的市场投放量通常是几万石乃至十数万石不等。同时，市场上的粮价回落是需要一段运转周期的，必须遵循市场规律，不可能一蹴而就，因此，朝廷一般会不断地调整和延长平粜的时间，如乾隆二年直隶地区的漕粮平粜，自九月开始，即压下了米价，但是，皇帝担心歉收后粮食的收获多寡不一，不能及时补种晚禾的地方民食依旧艰难，于是下令十月起至来年三月，"分设四厂，将通仓米石运往被水州县，仍行平粜，以济民食"。① 乾隆十年，直隶密云、古北一带因雨泽稍迟，米价增长，于是朝廷将通州漕米运往此地区，以每石低于市价银一钱五分的价格，分厂平粜，自八月初九日始至十二月初，历时四月之久，有效抑制了粮价，达到了"市无贵粮，民无乏食"② 的目的。朝廷的这些惠民之策，使京师的缺粮季节和畿辅的缺粮地区的粮食逐渐充裕，市价益平。

其三，限制民众籴买的数量。漕粮的平粜主要是为了解决普通贫民的缺粮问题，使其不致饿馁，满足其基本的生活需求，并借此平抑市场物价，使社会不致发生大的波动，但由于漕粮的数量和政府的财力有限，不可能长期以低价满足民众的粮食消费，因此，为了达到使大多数困难民众都能满足基本粮食需求的目的，同时也为了防止奸商的囤积居奇，朝廷通常会限制民众籴买漕粮的数量。如关于京师麦的平粜，通常是朝廷命令五城的麦铺商人承领票据，以平价购买官麦，然后磨面粉向市民转售。面粉价格则由官府规定，并限制购买的数量。如乾隆五十三年的小麦平粜，规定："麦石一项，交五城拣选殷实面铺磨面粜卖，每人不得过十斤之数"；"平粜麦面原为利于小民食用，若不于承买之人定以限制，诚恐启奸商囤积之弊。酌定每人承买自半斤至十斤为止，不得过十斤以外。令各该指挥就所属铺户严密稽查，倘有多买及私行囤收情弊，即行查拿究治"。③ 嘉庆十一年，关于米麦数量的平粜规定为："其出粜之米每人每日准其籴买自一二升起至一斗止，出粜之麦每人每

---

① 彭元瑞：《清朝孚惠全书》卷五十四《平粜减价一》。
② 马尔拜：《奏报密云古北一带停止于粜漕米缘由事》，《乾隆朱批奏折》，乾隆十年十二月初十日，中国第一历史档案馆馆藏。
③ 光绪《户部漕运全书》卷六十五《京通粮储·发粜仓粮》。

日准其籴买自一二升起至二斗止，均不得逾数多买"。①

其四，加大对漕粮平粜的监察力度，维持平粜秩序，使民众均沾福利，同时防止商人贱籴贵粜，囤积居奇。京师举办漕粮平粜时，皇帝即临时命令高级官员充当监粜大臣，同该城巡城御史以及步军统领等衙门官员共同监察粜卖情形，通州漕粮粜卖时一般由仓场侍郎以及巡漕御史等留心稽查，以防止胥役市侩旗丁等从中滋弊。直隶平粜时也一般由皇帝派出的监粜官员连同地方督抚大员进行监察。由于漕粮平粜与市场紧密相连，而官厂平粜又难免滋生诸多弊端，"既不免经费之繁"，又"难保无暗中串通滋弊情事"，因此，朝廷不得不借助商人的力量来整合粮食市场。于是乾隆五十二年发布指令，"朕意不若于五城各派大臣一员在城内城外公同拣择殷实大铺户各一处，将官米交给该铺户自行粜卖，仍官为酌定价值，令其稍沾余润，俾资赡给，所有卖出价值，即随时缴纳"。② 在朝廷所挑选的商人中，既有拥有固定店铺的坐商和实力雄厚的大商人，也有走街串巷的小商贩，使得漕粮的平粜既有固定的商铺粜卖点，又有零星小商贩肩挑背扛，"俾得沿途籴买，使僻巷穷檐皆沾实惠"③，以期达到朝廷惠济贫民的愿望。但是商人始终是以逐利为目的的，在粜卖过程中难免有少数奸商贱籴贵粜，从中谋利，使市价难以平减，鉴于此，朝廷对承粜的商人也不断加以牵制，谕令曰：

……如该铺户不遵官定价值，仍私行抬高年利者，一经查出，不但将官米撤回，另选殷实大铺承粜，并将其铺内米石一并入官为平粜之用，仍将该商治罪，其有不愿领米者，即是把持禁令奸商治罪，如前另选一人充之，如此惩一儆百，则粜卖官米之商人知所畏惧，自不敢复蹈故辙，而各城既有官米铺户平价出售，小民自必皆赴该铺籴买，其余民间米铺若抬价居奇，亦无人向彼籴买，则该商等自不能不仿照官定价值出售，米价不期贱而自贱，所谓无官局之名，而得便民之实。④

---

① 光绪《户部漕运全书》卷六十四《京通粮储·仓粮拨赈》。
② 彭元瑞：《清朝孚惠全书》卷五十五《平粜减价二》。
③ 彭元瑞：《清朝孚惠全书》卷五十四《平粜减价一》。
④ 彭元瑞：《清朝孚惠全书》卷五十五《平粜减价二》。

此举既牵制了商人，有效地抑制其不法行为，同时也使得市价得以平减，民食有资。

当地方发生轻微灾歉导致粮食短缺以致粮价上涨时，多方筹措米粮以平抑市价则是当务之急。对于城市里手艺营生或佣工度日的普通民众以及乡村里食米无多且尚有积蓄的次贫之民来说，漕粮的平粜既能使民众口食有资，又能稳定粮价，有效地调控粮食市场，同时也能使社会迅速恢复生产能力，有效地稳定社会秩序，即"少平市价，以系民心"。乾隆时期，由于漕粮的运输数量多，且政府多以平粜为惠济贫民的第一要务，因此也投入大量的漕粮进行市场的平粜，以致京师很少发生粮食恐慌，其附近若干州县的粮价也比较稳定，一直到嘉庆初期，京师的粮价还相对稳定。说明漕粮的平粜政策在稳定京师以及畿辅地区的粮价方面还是起过相当作用的。嘉庆以后，由于京师漕粮储量逐渐减少，投入平粜的数量也远不及前，京师粮价逐渐上涨。嘉庆七年，稑米一石的市价已达到二千九百文，粟米一石的市价已至二千六百文，比乾隆年间已经上涨一倍，虽然有银钱比例变动以及人口增长等方面的影响，但是国家缺粮平粜则是其中的重要原因。

京师及畿辅地区的漕粮平粜在充实粮食市场，平抑粮价，稳定社会秩序方面起着相当重要的作用，但平粜的对象主要是针对那些略有余蓄、尚有一定购买能力的城镇居民和百姓而言的，对于因灾害或其他原因而陷入赤贫的民众来说，在生死边缘苦苦挣扎，早已丧失了基本的生活保障，需要政府和民间的无偿赈济才能够维持其基本的生存条件，正所谓"能粜者尚非极贫，极贫者无钱可粜"，"次贫者自可糊口有资，而极贫之户及流离觅食之人无钱粜买，仍复待哺"。① 因而，对于京师及畿辅地区因寒冬和灾害而造成的大量流民以及贫民，政府通常投入大量的救灾物资，保障灾民的基本生活，恢复生产能力。而在诸多救济物资中，漕粮的投入则占有一定的分量。

漕粮无偿赈济的形式主要有两种：一是煮赈，即政府设立粥厂，利用漕粮煮粥，粥厂救济的对象以城市里的贫民、灾后垂死之民和流民为主，具有救死和防止灾民流动的双重功能，这就使得已经无举炊能力的贫民和流民能够到这里直接就食，立即解决其不能活命的问题；二是散

---

① 光绪《户部漕运全书》卷六十五《京通粮储·发粜仓粮》。

米，即将粮食无偿发给非常贫困的人户，使其不致断炊。这两种形式都是无偿舍施，对象都是城市里的极贫、次贫户和灾后的流民、饥民。

京师是全国的大都会，拥有大量的常住人口，其中有不少贫民在冬季艰于就食；同时在农闲期间，尤其是在周边州县发生灾歉的时候，会有大量饥民和流民涌入，进京谋生，成为京师社会安定的潜在威胁因素。因此，既为了救助京师贫民，也为了抚恤流民，动员饥民尽快回乡，京师经常举行赈济活动。由于京师储备有大量的漕粮，通常也被用来赈济灾民。

京师漕粮的赈济既有寒冬常规性的赈济，又有灾后临时性的赈济。

常规性的赈济，即朝廷于隆冬和初春时节，定期设置饭厂进行煮赈和散赈。从乾隆二年起，鉴于"京师辇毂之下民人众多，更有外省失业之民来京觅食"①，朝廷定例于每年的十月初一日至次年的三月二十日在五城地区设立十处饭厂赈济贫乏之民，每厂日给米二石，并且经常根据实际情况临时调整赈济的时间和地点。如因天气早寒、米价昂贵或地方歉收等原因，提前开厂时间或延展闭厂日期。如乾隆十六年因为京师米价昂贵，闰年春寒未解，皇帝担心穷民难以糊口，加恩于限定日期外再赈一月。②乾隆二十五年，因"春田虽得透雨，而麦秋未届，正值青黄不接之时，着再加恩内城展赈十日，南城展赈十五日，城外展赈二十日，以示轸恤"。③同时由于最初赈厂专设在外城地面，内城的百姓因为道路远近不均，不能遍得实惠，乾隆二十四年即定于内城设立分厂，并加大赈济米石的投入。④除设厂煮赈之外，在赈期将满时，即驱散流民回归本籍春耕务农，此时仍经常酌量散给食米作为其路途食用。

灾后临时性的赈济主要是针对流民和近畿灾民而言的，朝廷通常会根据流民的聚集地点，临时性地设点赈济，赈济时间也长短不一，如嘉庆六年，京师中顶庙内存留难民千余名，为数较多，朝廷则先于该处设厂煮粥。同年京师永定门右安门外各村庄受灾，朝廷加恩赏拨京仓稉米二千四百石以资赈济，同时对于不能佣工度日的妇女幼孩及老病残废之人，在增寿寺设立饭厂煮赈一月。⑤乾隆三十六年由于秋季雨水稍多，

---

① 彭元瑞：《清朝孚惠全书》卷五十六《京厂常赈》。
② 同上。
③ 同上。
④ 同上。
⑤ 光绪《户部漕运全书》卷六十四《京通粮储·仓粮拨赈》。

近京地方间有被涝之处，收成歉薄。而受灾之民由于距京厂稍远，难以就食，即"加恩于近京四乡地面，约计三四十里许，再行添设四厂"，并派科道官员轮流稽查，防止吏胥侵渔滋弊，"俾各乡民均沾实惠"①，这样，既能保证近京受灾乡民的基本需求，使其不致因路远而难以就食，又能避免因灾民大量聚集拥挤于城内粥厂而造成的混乱与争端，有效地防止饥民的奔波跋涉和拥挤践踏，可谓一举两得。此外，由于京师赈厂有限，城市贫民逐日赴厂领饭跋涉艰难，朝廷恩准折给米粮，以散米的形式进行赈济，道光三年，京师大兴、宛平二县赈济，户部拨稄米二千石，即"以五日之米并一日给发，每月于逢一逢六日散放，每次大口给米一升五合，小口给米七合五勺，均于九月初一日开厂折米散放"。②

作为首善之区，京师还设立了较多的善堂机构，借以救贫恤孤。其经费米石的来源也是多样的，漕粮的投放也占有一定的比例，这在漕运制度运转良好的乾隆时期尤为明显。如：

乾隆四十四年十月二十四日奉上谕，京城广宁门外普济堂冬间贫民较多，所有经费米石恐不敷用，着加恩将京仓气头廒底内较好之小米拨给三百石，以资接济。③

乾隆四十七年十一月二十日奉上谕，京城德胜门外功德林冬间贫民就食较普济堂人数虽减，但常例赏银一千两，经费惟恐不敷，着加恩将京仓内小米赏给一百五十石，以资接济。④

京师漕粮赈济的数量不大，一般每次只有几百石至几千石，对于救灾济贫也只是起辅助性的作用，但是其赈济制度的实施，对于缓解京师贫民在冬春间艰于就食的窘境，以及为京师流民和饥民提供口食，有效地抑制流民给社会带来的负面影响，使得多数流民能够勉强度过饥寒交迫的冬春季节，为来年的返乡保存生产力量，产生了积极的影响。

对于直隶地区来说，一方面，由于其是京师的屏藩，关系到京师的

---

① 彭元瑞：《清朝孚惠全书》卷五十六《京厂常赈》。
② 光绪《户部漕运全书》卷六十四《京通粮储·仓粮拨赈》。
③ 彭元瑞：《清朝孚惠全书》卷五十六《京厂常赈》。
④ 同上。

安定，战略地位非常重要；另一方面，由于其处于华北干旱区和永定河流域，因此经常旱涝无定，在正常年份仅能自给，生产能力比较薄弱。政府通常对其倍加关注。正如魏丕信所言，在近京农村或直隶地区发生灾情后，通常进行急赈，一方面，担心大量人口的无控制的流移，威胁社会秩序和治安；另一方面，担心"放弃耕作的农民在'生产战线'留下了危险的间隙，随之而来的是恶性循环"。①

在对直隶赈济的各种粮食来源中，有本地的存仓米石，有民间的捐输，也有官方调拨的粮食，而在官方调拨的粮食中，除了政府利用经费从各地采买的粮食外，还有漕粮。

由于直隶优越的地理位置和便利的交通条件，使其成为漕粮赈济的主要受益地区，其赈济所需的漕粮，相比京师来说，投放的数量要更多，其来源既有拨运的京通粮仓的存仓米石，如乾隆九年直隶地区被灾需要赈济，"钦奉上谕于通仓内拨发米三十万石，令各州县自雇船只赴通请领"②；又有天津北仓的存仓漕粮，天津北仓作为南方漕粮的中转仓和储粮仓，一般储存有大量的漕粮，由于其处于直隶境内，便利的地理位置使得它通常成为直隶拨粮赈济的首选。如乾隆三年，直隶曾经截留南漕三十万石储存在天津北仓，以便备赈拨用③；最后还有直接从南方截留转运而来的漕粮，由于漕粮运送到京、通各仓必须要经过直隶地方，交通较为便利，截留漕粮所花费的交通费用也较少，因此当直隶发生大规模灾荒时，每年通过大运河源源而来北上的漕粮也成为其赈济粮食的重要组成部分。如乾隆五十七年四月，直隶顺德、广平、大名三府自三月以来雨泽短缺，麦收歉薄，朝廷即命仓场侍郎以及直隶总督办理截漕事宜，"于续到津关南粮漕船内，截留漕米六十万石，以三十万石留于直隶地方，以备顺德、广平、大名三府接济之需"。④ 嘉庆六年直隶地区发生大规模水灾，曾截留南漕二十四万石以资赈借之用。⑤

乾隆八年至九年，直隶的赈济是清政府使用漕粮赈济的典型事例，

---

① ［法］魏丕信：《十八世纪的官僚制度与荒政》，江苏人民出版社2003年版，第39页。
② 光绪《户部漕运全书》卷六十八《截拨事例·截留拨运》。
③ 同上。
④ 光绪《户部漕运全书》卷六十九《截拨事例·截留拨运》。
⑤ 光绪《户部漕运全书》卷七十《截拨事例·截留拨运》。

从方观承所记载的关于这次官方赈济的《赈纪》一书中，我们可以了解漕粮在官方赈济中所占的重要地位。乾隆八年的春末夏初，直隶河间、天津等府属二十七个州县由于雨泽稀少，导致冬季作物（大麦，特别是冬小麦）颗粒无收，而由于夏季的炎热少雨，导致了持续性的干旱，严重威胁了秋季作物的播种。因此，到了七月，地方官员认为旱象已成，需要向朝廷申报以期获得救济。经过官方按照既定的标准进行的勘灾活动后，最终认定此次旱灾导致的全灾州县有十六个，偏灾州县有十一个，虽然这次旱灾并不是清代灾害史上持续时间最长，波及范围最广，危害性特别大的一次，但是，其对地方社会所造成的影响，则是具有相当代表性的一次。官方记载此次旱灾导致秋成无望，百姓为了糊口，流移外出，"有因旱不能耕种四出佣工者，有无业穷民携带家口随地乞食者，更有富民因村众俱散、无与为守、不敢独留者"①，大规模的流民络绎于途，纷纷涌向城镇以及周边未成灾的州县乃至京城地区觅食。为了安抚流移，使百姓尽早重返家园，恢复生产，清政府对灾区进行了大规模的赈济活动，从八月的普赈开始，再到十一月的大赈（也即加赈），官方的赈济一直持续到乾隆九年的五月末，几乎到了仲夏季节。此次官方救济取得了相当好的成效，有效地控制了灾情的蔓延，对受灾民众进行了高效率的安顿和抚恤，使灾区的农业生产能够尽快地恢复，也使社会秩序趋于安定。而这一成果的取得，在很大程度上依赖政府高效的官僚行为模式、救荒政策的坚定执行以及大量粮食的不断输入与有效分配。在此次救灾活动中，政府进行了持续一年、十次左右的粮食输入活动，基本满足了灾区的粮食需求，从下列《直隶赈济粮食分配表》中可以得出，在这次赈济中，官方投入的漕粮总量有八十万石，占粮食输入总量的57.6%，其中通州漕粮占总量的46.1%，截留南漕的数量（包括河南、山东的漕粮）占11.5%，所占比例是相当大的，对此次荒政进行过细致透彻研究的法国著名汉学家魏丕信总结道：

> 绝大部分来自南方的粮食，以及河南和山东甚至是北部的粮食输入，是由于漕粮制度才得以实现的，不管是取自通州仓还是截留

---

① 方观承：《赈纪》卷五《安抚流移》，载《中国荒政全书》第二辑第一卷，北京古籍出版社2004年版，第563页。

运河漕船。在所有这些供给中，显然大部分是来自通州仓。京城地区漕粮储备的存在对于直隶救荒政策来说是一个极为有利的因素，因为这种"人为"的（即非商业性的）源源不断的粮食输入总是有意维持在超出朝廷、各级官僚以及军队供给的水平。超出官府需求的漕粮也被认为是一种安全保障性储备，它使政府能够采取有效步骤来救济贫民——只要遭受饥荒的地区没有超出一定范围。①

魏氏精辟的论述点出了漕粮的赈济政策在朝廷正规用途之外的重要作用，以及清政府不拘于制度的务实与变通。直至嘉庆年间，漕粮还经常被投入于直隶地区的救荒活动中。嘉庆二十四年七月，由于永定河南北两岸同时漫溢，导致邻近州县如大兴、宛平、固安、永清等猝被水淹，受灾严重，朝廷于八月开始赈济，或设厂煮粥，或散发米粮。据时任直隶总督方受畴奏报所需赈米的来源和分配情况，大兴、宛平二县距通州较近，所需米石由通州领运；固安等县除豫省协拨粟米外，可使用天津北仓及直隶省仓存米。此外，"约计尚需米十万石，遵旨在杨村以南江广各帮船内照数截卸北仓，臣核计该州县需米若干，饬令前往领运"。② 此次赈济漕粮在赈粮中所占比例也是比较重的。

（二）各直省（直隶除外）的漕粮赈粜

除京师和畿辅地区以外，对于其他各省，当地方发生粮价暴涨以及因灾歉等原因造成民食缺乏等情况时，政府也通常通过漕粮的截留政策，命地方截留一定数量的漕粮用于平粜或社会赈济。

清代以来，由于城市经济的发展，大量非农业性的人口依赖市场的粮食供应，同时，由于商品经济的发展，各地的经济联系加强，粮食市场也连带其他市场，因此，粮食的匮乏以及粮价的波动对社会秩序有相当重要的影响。因此，清代，对市场的粮食平粜十分突出，平粜的规模大、范围广。在官方平粜粮食的来源中，既有地方的存仓粮食，又有政府通过财政拨款所采买的粮食，同时也有通过截留而来的漕粮。其中利用漕粮平粜的情况屡见不鲜。如：

---

① ［法］魏丕信：《十八世纪的官僚制度与荒政》，江苏人民出版社2003年版，第141页。

② 方受畴：《为遵旨约计应放大服银米数目事奏折》，嘉庆二十四年八月十一日，出自吕小鲜《嘉庆二十四年京畿赈灾史料》，《历史档案》1996年第2期。

表 6-1　　　　　直隶赈济粮食分配表（乾隆八年—九年）

粮食分配次数	数量（万石）	分配地区			粮食品种	来源地	来源方式
		16个"全灾"州县	11个"偏灾"州县	其他地区			
1	10	7.7	2.3	—	小米	通州以北	关外采买，暂存通州
2	40	32.8	6.7	0.5	各种	通州以南	通州仓拨运
3	2.6776	2.6776①	—	—	小米	北部	政府采买
4	9.6118	2.5	1	6.1118	小米、大豆	东北部	
5	7.0990	4.5990	2.1	0.4	高粱	东北部	
6	10	8.9	1.1	—	—	"南部"	截留南方漕粮
7	6	6	—	—	小米	河南、山东	通州拨运
	24	22.2	1.1	0.7	稻谷	通州以南	
8	8.2	7.1	0.85	0.25	小麦	河南	
9	6.5152	4.4702	2.045		小麦	河南	
10	6.3415	4.5667	0.7	1.0748	小麦	直隶南部	政府采买
	4.3408	1.5458	0.4	2.395	小麦、小米	河南	
	4.0092	1.1092	0.8	2.1	小麦	河南、山东	
总计	138.7951	106.1685	19.095	13.5316			
占总数（%）		76.5	13.8	9.7			

注：北部为热河、察哈尔等地区；东北部为奉天地区；"南部"为未说明确切地点的长江流域各省。

资料来源：方观承：《赈纪》，载《中国荒政全书》第二辑第一卷，北京古籍出版社 2004 年版。

雍正十三年闰四月，截留漕米二十万石，俟市价增长平粜，以便民用。①

（乾隆四十四年十一月）安徽省所属之亳州、蒙城、暨下游凤阳、泗州各处低洼地亩本年秋间被水……着该抚于各处应征漕米内截留三万五千石，预备明岁减价平粜，以济民食。②

---

① 江南总督赵弘恩奏：《雍正朱批谕旨》，雍正十三年闰四月初十。
② 光绪《户部漕运全书》卷七十一《截拨事例·截拨赈粜》。

山东省嘉庆三年曹汛漫口，曹单等十州县被淹成灾，奏准截留漕粮，在于江西最后之安福等九帮漕船内截拨米四十万石兑交，各船只剩余米就近变粜。①

除直隶外，漕粮的赈济一般分为截留本色赈济和改征折色赈济两类。其中以截留本色赈济为主。清代除直隶省外，其他省份的漕粮赈济通常是通过截留而实现的。由于漕粮是定期征收于各有漕省份，然后通过水运形式北运至京师。而各省离京师远近不一，因此漕粮运送时间比较长，特别是湖广漕粮，从每年十月起开始征收，直至次年七八月方能兑交完毕，在长江及运河流域经过数月时间，因此通常被作为截留的对象，用于地方的赈济。在清代各时期，朝廷都有不同程度的截留漕粮以施行地方赈济的情况。如：

> 康熙三十四年二月，陕西、西安、凤翔两府上年遇灾，故截漕二十万石，由黄河挽运至山西蒲州等处，预为积贮，如遇灾荒，即可有所贮备。②

> 雍正元年八月，因山东连年歉收，"发币挑河，寓赈于役"，并"截漕散给"。③

> （乾隆四十六年）江苏崇明县猝遇风潮，被灾较重，贫民口食未免拮据，着加恩于苏属本年应行起运漕粮内截留十万石，以备赈济平粜。④

> 嘉庆八年，山东菏泽等州县卫俱被黄水淹浸，奏准将闸内漕粮米麦豆除蠲缓外实应运十三万余石，酌留本省，以备赈济之用。⑤

> 咸丰二年，将湖南省起运漕粮十二万六千四百余石截留，作为江南赈需。⑥

> 同治六年、七年，山东沿河及济南一带被灾，先后截留漕粮十八万石，交地方分别灾区散放，以资赈恤。⑦

---

① 光绪《户部漕运全书》卷七十《截拨事例·截留拨运》。
② 陈梦雷编：《古今图书集成·食货典》卷一百七十《漕运部汇考》。
③ 都察院左都御使李绂：《奏为据实奏闻事》，《雍正朱批谕旨》，雍正元年八月初一日。
④ 光绪《户部漕运全书》卷七十一《截拨事例·截拨赈粜》。
⑤ 同上。
⑥ 同上。
⑦ 同上。

（光绪四年，"丁戊奇荒"发生后）截拨南漕末批米二万石，就近解豫放赈。①

自明朝起政府就把漕粮的改折当作赈济灾伤的一个重要部分，清代也时有为之。如乾隆十一年，江苏省被灾，由于成灾州县中海赣二州县漕粮向来是民折官办，因此地方奏"请将熟田项下应征漕米每石征银一两，凑为折赈之用"。②乾隆十二年，江苏省再次被灾，米粮昂贵，客米稀少，采买艰难，仓粮不敷，于是"量为折征漕米，使民间多留米谷，庶于民食有济"。③类似漕粮折征救济的方法虽然能够在短时间内缓解地方钱粮缺乏造成的窘境和困难，但是这种以本地钱粮赈济本地灾伤的做法只能治标，而不能治本，难以收到真正的实效。

由上可以看出，随着漕运制度的不断完善及健全，政府也多利用漕粮来对社会进行宏观上的调控，抑或平粜以平抑物价，稳定粮食市场，抑或直接投入大量粮食于灾区，以充裕地方民食。并且漕粮的这种调控政策一直延续到清末，只是因漕运制度以及中央财政的健全与否导致调控能力的强弱不同而已。

二 清代漕粮赈粜的时空特征

通过对前文《各省（直隶除外）截拨漕粮表》和《直隶历年截拨漕粮表》二表的综合分析，我们形成这样一种印象：在整个清代，从时间上看，漕粮赈粜的规模和密度呈马鞍形分布——清朝初年，由于各项制度尚不完善，运往京通各仓的漕粮数额相对较少，对于地方赈粜投入的比例较小，而乾隆时期以至嘉庆初年，由于国家财政充裕，漕运制度、救荒制度以至市场价格监控体系等都比较完善，此时利用漕粮进行赈粜的规模和密度达到鼎盛时期，而嘉庆中期以后，由于运道梗阻、漕

---

① 《清德宗实录》卷七十一，光绪四年四月甲申。
② 陈大寿：《奏为查办截留漕米事宜折》，《乾隆朱批奏折》，乾隆十一年九月二十日，中国第一历史档案馆馆藏。
③ 高斌等：《奏为酌议江苏折征漕粮折》，《乾隆朱批奏折》，乾隆十二年十月初五日，中国第一历史档案馆馆藏。

粮征收弊端日益凸显等原因导致漕粮实际征收总额不断下降，虽然截漕或采用漕粮赈粜的情形时有发生，但是，投入赈粜的漕粮次数和数量则相对减少，呈下降趋势。

从空间分布上看，漕粮赈粜的受益区主要集中于京师、直隶以及东部漕运省份。京师乃国家的政治中心，是朝廷的中枢神经所在，同时又是漕粮的最终目的地，其大规模地利用漕粮自不待言。直隶既是京师的门户，又是漕船的必经之地，朝廷多对其格外恩恤。而东部漕运省份如江浙、安徽以及河南、山东等省，从政治和财政上看，既是国家施政的重点省份以及重要的财政来源区，也是漕粮征收的主要省份，从地理位置上看，其便利的水陆交通使得这些地区更便于利用漕粮。

乾隆时期是清代乃至古代中国统一王朝的盛世时期。在这一时期，人口殷繁、农业发展、商品经济空前发达、政治清明、社会安定，统治者在前代创业的基础上，不断完善了各项制度，并且有效地监控了各项制度的实施，使得社会经济空前繁荣，创造了一个令后人津津乐道的乾隆治世。

而作为调控社会的有效手段，漕粮在乾隆时期曾被大规模地用于地方的赈粜，发挥了相当大的作用，为整个古代社会的漕粮赈粜记下了浓墨重彩的一笔。

作为有为君主，乾隆皇帝非常关注民生以及社会秩序的稳定，他深谙"将欲取之，必先予之"的真谛，重视恤民，因此对于与百姓日常生活息息相关的粮政问题极为关注，认为"唯为民食留其有余，国用自无不足"。① 为使百姓在歉年和青黄不接之时有糊口之食，大力加强地方的积贮，重视官方常平仓和地方义、社仓的建设，在地方歉收和因灾害侵袭，民食极度缺乏之时，则多方筹措粮食，并多次施行截漕之政。乾隆皇帝这种轸念民生的情怀，在其诗作中多有流露："江北河以南，今岁率艰雨；淮徐既截漕，凤亳可忘补；况复接豫疆，池鱼殃更苦；驰谕经屡询，漕米乞截取；批诺不停时，俾救饥民普；司农尔莫惜，民庾即天庾"。② 据相关记载，康熙年间曾截漕二百四十万石，雍

---

① 《清朝文献通考》卷三十七《市籴考六》。
② 彭元瑞：《清朝孚惠全书》卷五十二《截拨裕食六》，《御制命截留漕米五万石于安徽省备赈贷之用，诗以志事（乙巳）》。

正年间共截漕二百九十万石，而乾隆元年至二十三年已截至一千三百二十余万石①，年均截漕五十七万余石。也有资料显示："即以乾隆十八年至二十七年此十年中统计，截留漕米五百四十余万石，平粜米四十六万余石"②。数额之大，频率之高，令历代叹为观止。由于皇帝对民生问题的密切关注和上行下效的行为倡导，乾隆时期朝廷重臣以及封疆大吏也积极关注民生和地方民情的安定。正是由于漕粮这种国家机动财政的特性，当地方需粮之时，官僚集团也多为奏请，以解地方燃眉之急。也正是基于此，乾隆时期成为历代运用漕粮最为广泛和密集的朝代，因而也极其富有特色。

乾隆时期的漕粮赈粜体现了清代（尤其是盛清）的一般特征。

（一）"预为筹备"

"凡事预则立"，乾隆年间，朝廷不断完善了地方的粮价、雨雪以及灾情的奏报制度，并且不断完善地方的监察网络，因此，通过地方官员的奏报，民情得以及时上达，地方农业收成的丰歉程度、粮价高低以及灾情状况等都能尽早被朝廷掌控，并得以预见其发展趋势。尤其是地方水、旱等灾情对地方社会所造成的不利影响，朝廷可以提早预见，并作出相应的对应策略，将灾情的损害降至最小。乾隆时期有官员奏折为证：

……（山东）沿河州县多系济南、东昌二府所属，如聊城堂邑清平临清博平夏津武城恩县皆属东昌管辖，连月以来各处俱有雨泽，而风力过紧吹扬，沙土所得至雨未能普遍深透，是以二麦收成歉薄，秋田亦未畅茂，济南所属德州大概相同，此地方现在望雨情形也。德州系水陆要冲，贸易滋生者多，兼因修理城垣，百姓借以佣工度日所济甚重，至东昌所属沿河地方时见妇女幼孩挈带行走者，因时值麦秋，乡民以拾麦为常，间有艰食贫困杂于其中，且与河间天津相近，迁徙觅食者有去岁被灾尚未复业之人，此沿途所见民情之拮据者也，若旬日得雨则可转啬为丰，毋庸计虑，如过五月下旬尚不得雨，则须预为筹划。以臣所闻，州县等官有奉上司谕

---

① 《清高宗实录》卷五百五十五，乾隆二十三年正月丙辰。
② 《清朝文献通考》卷三十七《市粜考六》。

令随宜资借者，于地方甚有裨益，且又闻平粜米石颇多，也可接济民食，但恐州县仓粮既有借出及平粜等项，秋间如有需用，临时转费周章，合无仰吁天慈将未过天津之漕米截留十万石存贮天津、德仓、水次有仓州县，如秋稼丰收则长留此项作临河官仓储蓄，如将来有蒙恩赈粜处所，即可就近转移，臣识见短浅，回蒙谕旨询问雨水民情，谨据实覆奏，仰维圣主爱养黎元先事预防至意，用敢直陈所见，伏祈皇上睿览训诲施行，臣谨奏。①

漕臣的奏请很快就得到了皇帝的应允，山东也因储蓄有方，增强了对灾荒的抗御能力。再如乾隆九年二月，朝廷因为上年山东部分州县被灾歉收，已经加恩赈济，但是，来年春上虽有雨泽，但不丰裕，恐"将来丰歉难以豫定"，即截本省漕粮四万石就近预备灾地借粜，并将北上粮船内截留二十万石存于沿河仓内以备接济。②纵观乾隆一朝，由于漕运制度高效有序地运转，京通仓储相对充盈，因此当地方出现需粮情况时，朝廷往往预先筹备，多给地方民食。

（二）时间性强、效率高

当地方出现青黄不接、丰歉不齐或者灾荒等情况，而地方仓储不足时，能够迅速往需粮地区调集大量粮食则是至为关键的。由于漕粮在运输过程中路途较远，机动性大，因此常常被作为截留的对象通过水道或者陆途迅速转运至需粮地区。乾隆时期，由于皇帝以民生为重，吏治较为清明，漕务系统的官员与地方官员往往能够通力合作，及时地实现漕粮的截留与有效分配，使缺粮地区能够及早地获得粮食，得以抑制市场粮价的波动以及实现灾区的赈济。京师漕粮的赈粜毋庸赘言，当出现粮价高昂，粮食缺乏时，朝廷通常会立即从京仓调拨大量粮食设厂平粜和赈济。而当各省地方筹措粮食出现困难时，如果皇帝先期得知，一般即会直接下令截漕于地方；而如果大臣奏报截漕之请经部议后未获准行，皇帝即会越过中枢决策部门直接下令截漕，甚至责备中央官员不体民情，不以地方民食为急务，而应像地方官员那样"入疆体民艰，截漕

---

① 刘统勋：《奏陈山东雨水民情并截留漕米存贮天津等处事》，《乾隆朱批奏折》，乾隆十一年四月二十八日，中国第一历史档案馆馆藏。

② 彭元瑞：《清朝孚惠全书》卷四十八《截拨裕食二》。

请以迫",认为"斯诚符我意,肯令部议格"①,这样就提高了截漕在决策阶段的效率。而当漕务官员、河道官员以及地方大员接到截漕通知后,往往迅速筹划,以期漕粮能够及早到达所需地区。此外,在截漕过程中,官员必须及时奏报截漕近况,以便朝廷能及时了解漕粮的转运情况和分配情况。如《乾隆朱批奏折》里有档案显示:乾隆十三年朝廷截留江浙漕粮运赴闽省,从署理两江总督奏报之日起到浙江提督总兵官奏报截留漕米全数到闽,仅历时四月,并且其间约有十份奏折上报此项事宜,在交通和通信手段并不发达的古代社会,这是难能可贵的。由此可见乾隆时期截漕政策实施之高效。

（三）赈粜具有连续性

粮食的赈粜以急为先,讲求时效性,但是要取得长期相对稳定的效果,则要讲求长效性。粮价的回落和灾情的缓解都需要一个较为长期的过程,因此粮食市场的平粜和灾后的赈济都需要根据实际情形持续投入大量的粮食。由于乾隆时期漕粮的相对充裕和官方对民生的关注程度,乾隆朝多次出现粜后再粜,赈后加赈的情况,体现出一定连续性,而这种持续性的漕粮赈粜和源源不断的粮食输入,对巩固地方的救济成果是至关重要的。如乾隆五十一年山东部分州县被旱成灾,朝廷降旨赈恤,并截漕二十万余石给发民食,后因散赈米石需用甚多,即又将山东省五十年应征漕豆及带征上年漕粮尽数截留,以裕灾区民食。② 又如乾隆五十七年因直隶顺德、广平、大名三府属入春雨泽短缺,麦收歉薄,已经降旨截漕三十万石以备借粜接济,后因缺雨地方较广,已过小暑节气,大田赶种不及,朝廷随又增拨三十万石漕粮于直隶,宽为筹备以裕民食。③

（四）赈粜地区集中且次数多

由于漕粮数量的有限性以及水陆交通条件的限制,乾隆时期也集中于部分地区进行漕粮的赈粜,主要受益地区为京师、直隶、山东、安徽、江苏等地。对于这些地区的赈粜,在时间上较为密集。由表6-2可以看出,上述省份几乎每隔一至两年即有一次截漕机会,或充实仓

---

① 彭元瑞:《清朝孚惠全书》卷五十二《截拨裕食六》,《御制河南巡抚毕沅奏请截漕以备赈饥即允所请,并志以诗（乙巳）》。
② 光绪《户部漕运全书》卷七十一《截拨事例·截拨赈粜》。
③ 光绪《户部漕运全书》卷六十九《截拨事例·截留拨运》。

储，或平粜，或赈恤，甚至有的省份在灾年连续多次截留漕粮。

终乾隆一朝，国库充盈，社会安定，人民富庶，民食有资，这与乾隆一朝粮食调剂有方、调度有序是密切相关的。

表6-2　　　　乾隆时期部分年份漕粮截拨赈粜情况

年份	月份	漕运省份	截拨粮额（万石）	截拨地区	用途	备注
三年	五月	浙江	10	福建	赈济	
	六月	湖南	13	北仓		挑河迟滞，恐误回空
	十月	安徽	6.9	安徽	赈恤、平粜、储蓄	
四年	一月	江苏	20	江苏	接济平粜	
	四月		10	北仓	供畿辅地区备用	雨泽不足，歉收
六年	九月	江苏、安徽、浙江	80	江苏、安徽、浙江	积贮	
七年	三月	江广漕船尾帮	7	江南淮徐等处	平粜、散赈	水灾
	四月	尾帮漕粮	10	山东、直隶	分贮备用	歉收
	九月	尾帮漕粮	10	江南淮徐凤颍等处		水灾
八年	一月	浙江	10	福建	预筹积贮	
	七月	通仓	50	直隶天津河间等属	平粜赈恤	旱灾
	十月	山东	8	山东济南、武定、东昌各府属	预备仓储	灾后来春借粜
	十二月	山东、河南	10	直隶天津河间等属	借粜	
九年	二月	山东	4	山东	预备借粜	
			20	山东	预备借粜	分贮沿河临、德二仓
	三月	江苏、安徽、浙江、江西、湖广		各留10万于本省		
		江苏、浙江	20	福建		
		江西	10	广东		
		湖南	4	广西		

续表

年份	月份	漕运省份	截拨粮额（万石）	截拨地区	用途	备注
十年	六月	尾帮漕粮	20、30	直隶	存仓备用	有雨少之处
	十月	安徽（5万石）江苏（10万石）		安徽凤、颍、泗等处，江苏淮徐海等处	赈粜	水灾
	十月	通仓	5	直隶宣化所属	储存备用	旱灾歉收
十一年	闰三月	通仓	10	直隶宣府		雨泽稀少，为边区保障
	五月		10	山东济南、东昌二府	平粜借给	丰歉难定，预为储备
	七月	江苏	20	淮徐海三属	赈粜	水灾
	九月	安徽	10	凤颍泗各属	储民食	水灾
	九月	山东	10	山东	赈粜	水灾
十二年	二月		10	山东	赈粜	
	五月		10	山东	备用	恐歉收，豫为筹划
	六月		20	天津北仓	备用	
	九月	山东漕、蓟二粮		山东	赈恤	水灾
	十	江苏	20	淮徐海三属		
四十五年	八月		30	北仓	赈恤	直隶雨水多，州县有淹浸
	十一月	通仓	30	直隶武清、房山等41州县	赈恤	
四十六年	七月	江苏	10	江苏崇明县	赈粜	猝遇风潮
	十一月	江苏淮徐各属	5	江苏徐州府属	赈粜	被灾较重
四十七年	八月	江西	30	山东兖曹等府州属	接济	水灾
	十月	江苏成熟州县	8	江苏徐州、海州、淮安所属	接济	水灾
	十一月	天津北仓	9.232	直隶	存仓	赈恤过后，仓贮缺额
四十八年	十一月	江苏	10	江苏	分厂平粜	皇帝南巡
	十一月	浙江	10	浙江	分厂平粜	皇帝南巡

续表

年份	月份	漕运省份	截拨粮额（万石）	截拨地区	用途	备注
五十年	三月	河南山东	128	河南卫辉、怀庆、彰德等府	存仓	旱灾，仓粮缺额
	五月		20	山东曹州、东昌、济宁、临清各府州属	接济	仓储无多，雨泽稀少，麦收歉薄
	五月		10	江苏淮徐海三属	赈贷	旱灾
	五月		5	安徽凤阳、颍州、泗水三属	赈恤	旱灾
	六月	江西	10	安徽省亳州蒙城等处	赈恤	旱灾
	七月		10	直隶大名等十州县	赈借	雨泽愆期
	八月	江西	10	江苏淮安、江宁、常州、镇江、扬州等五府属	平粜	被旱，收成歉薄，粮价渐昂
	十二月	河南	3.19	河南归德、陈州、彰德三府属	赈恤	旱灾
五十五年	九月		30	北仓	赈济	直隶被水需用
五十七年	四月	天津北仓	60	直隶顺德、广平、大名三府属（30万）、河南彰德、卫辉、怀庆三府属（30万）	豫为接济	雨泽稀少，恐麦收歉薄
	五月		20	直隶顺德、广平、大名三府属（其中10万为河南赈济所剩余）		
	八月	通仓	20	直隶保定、天津、河间、景州等	赈恤	旱灾
五十九年	五月	江广漕船	60	直隶	赈济	雨泽愆期，麦收歉薄

资料来源：彭元瑞：《清朝孚惠全书》卷四十七至卷五十三《截拨裕食》。

三 平粜赈济与社会制衡

纵观整个清代，政府对于漕粮的运输和利用，一直存在两套运输体系和运用方案。一是向上的运用体系，即漕粮征收后，通过漕仓和运道的储存和运输，最终到达京城京、通各仓，实现漕粮的分配以及对京畿地区的粜赈。这是漕粮直接的用途和功能，其政治意义重于社会经济意义；二是向下的运用体系，即当地方发生灾歉饥荒、仓储缺额或军饷缺乏等情况时，政府通常会截留部分漕粮于地方，通过运道的转运和漕粮仓储的储存，对地方进行平粜和赈济，使漕粮参与到对重要省份的救荒体系中。虽然这是漕粮的非常规用途和功能，但仍然有着重要的社会经济意义。

社会控制的基本概念是指社会组织利用社会规范对其成员的社会行为实施约束的过程，以实现社会的和谐与稳定。其手段有政权、法律、纪律、各种社会制度、宗教、风俗习惯、社会舆论等。

对于政府来说，一方面要增加赋税收入，维持统治阶层的消费，保证官僚机构的正常运转，实现对国家的统治；另一方面又要保障民众的基本生活，使其各得其所，各安其业，维护社会的稳定，限制其发生不利于社会的行为。漕粮既是政府财政岁入的一部分，也是国家中央粮食储备的有机组成部分，正因为其是"天庾正供"，地位重要，因此，历来这部分粮食一般不轻易动用，也不通过流通渠道转入市场。但有清一代不断扩大漕粮的运用范围，不仅经常截留这项专用粮，并通过流通领域转入市场，用经济的手段，通过市场和行政两个途径，实现其对社会的控制。因此，可以说，清代是漕运社会性最强，社会功能最为广泛的朝代。

民以食为天，粮食是民众日常必备的基本生活资料。但是，粮食生产的产量极易受到各方面因素的制约和影响，并且分布的区域也不平衡。在粮食生产水平一定的前提下，需要在流通领域进行重新配置。由于生产的有限性和市场流通的盲目性，再加上自然灾害或青黄不接的季节性影响，容易造成粮食的供需失衡，给民众的正常生活带来困难，极易造成社会秩序的波动。政府作为一个非生产性实体，利用政权的力量，把漕粮作为社会和国家的机动财力，不断扩大漕粮的分配功能，来干预粮食的流通领域，通过平粜和赈济的形式，力图保证国家的粮食安全，维持社会的正常运转，维护和扩大其统治的能力。

漕粮的平粜是为了缓解粮食生产、灾害等因素对粮食市场造成的波动和冲击，是政府将掌握的粮食投放市场，一定程度上改善供需之间的不平衡局面，以达到平抑腾涌的米价的目的，使一个地区的米价相对稳定，连带可以维持其他物价的相对稳定，同时，还可以通过行政和经济的手段遏制奸商囤积居奇，哄抬物价，保证广大百姓尤其是城市居民的日常食粮。可以说漕粮平粜是通过政府和市场两个途径，来改善市场供求之间的矛盾，使其符合社会稳定以及持续发展的需要，进一步符合社会公众的利益。

平抑米价主要是针对灾区的城镇居民和略有积蓄的百姓而言，对于那些无己田己屋又无佃田的极贫户，只有无偿地发给粮食，施行赈济，才能使他们免予流离失所，饿死街头。但是，清代的平粜和赈济并不是截然分开的，它们都是政府保证社会粮食安全，巩固社会稳定的两项重要手段，手段不同，但有殊途同归之效。两者的区别也仅是程度上的差异，在很多救济活动中都存在赈中有粜、粜中有赈的情况，或是粜后再赈，赈后续粜的情形，灾歉的轻重，是粜是赈，一般根据地方官员的申报情况酌情决定。

灾前预防，灾后救助赈济，始终是中国历代王朝社会救助活动的基本内容，备荒和救灾因之成为中国官僚制度的头等任务。在清代，对于一般性的灾荒，主要是依赖于地方开仓赈济和地方性的筹措，而对于一些受灾严重或经济力量薄弱且交通条件较为便利的地区，在漕运制度空前发达的清朝，则采取漕运的形式加以赈济，或仓、漕并赈，漕粮也因之不断地参与到社会的备荒和救灾活动中来，其经济利益和社会价值不可忽视。

当地方出现荒歉时，为保证国家的粮食安全，朝廷通常会以常规或非常规的手段干预地方粮食的供给。平粜、赈济虽是常规救济手段，但在皇帝的特恩下利用漕粮赈粜则是非常规的方式，体现了政府的灵活与务实。漕粮赈粜作为官方赈济的主要手段之一，能通过行政命令和方式迅速调拨大量的救灾物资（主要是粮食）投放到歉收地区和被灾地区的救助中去，具有速度快、数量大、效率高等特点，在波及范围广、受灾程度较深的灾荒中体现尤为突出。

因此，漕粮的截拨与赈粜可视为大宗的粮食物资在国家的行政调控下参与财政收入的再分配过程，以达到稳定社会秩序，实现社会制衡的目的。但是其作为漕粮的辅助功能，调节作用是有限的。究其原因如下：

其一，由于政府的社会发展理念问题。政府实现国家管理的主要目的是维持中央乃至地方统治机构的正常运转，以实现对百姓的有效统治，保证赋税收入和维持社会的安定，在"稳定"与"发展"的理念上趋于前者，因此其不可能像现代政府一样通过国家的宏观调控来充分克服市场的局限，使各项社会资源得以合理优化的配置，以获得更多的经济效益，促进国家快速健康地发展。

其二，国家的社会控制能力问题。事物之间是相互联系的，随着整个清朝政府对社会控制力的降低，各项原本比较完备的社会制度运转的机制逐渐衰落。一方面，由于乾嘉以后清政府财政的日益困顿、吏治的日益腐败而产生的种种弊端，导致政府救荒的力度降低，对此，学者已经作了总体上的评论，认为"'清代是中国古代荒政发展的鼎盛阶段'，但道光以后则收效甚微"。① 就漕粮的赈济实效来说，中央有截漕之政，对民生多有眷顾，但是在具体实施漕粮赈济的过程中，由于吏治清明与否和监管力度的大小问题，往往多有欺瞒隐藏，未必能使百姓遍得实惠。康熙朝即有此例。康熙五十年由于福建饥荒，康熙帝即下令截漕三十万石由海路运往福建，但由于大臣和地方官员的坚持，遂存留十五万石。由于此米大概"俱散兵丁，未必能及百姓"②，导致因岁歉乏食，饥饿难耐的百姓聚众数千，于泉州等地抢夺食物，奔入山中，造成了小规模的地方骚乱。另一方面，随着漕运制度的衰落，用于地方赈粜的漕粮比例越来越小，漕粮的用途日益萎缩，政府利用漕粮这一辅助性的手段来调控社会的愿望远远没有达到。

其三，漕粮截留赈粜的制度性缺陷及其非常规功能所处的尴尬地位。由于漕粮的截拨与赈粜没有制度的保障，只是出于皇帝的特旨与恩典，而且漕粮的截留与各直省的赈粜是以京通仓储的丰盈、京师民食为

---

① 朱浒：《二十世纪清代灾荒史研究述评》，《清史研究》2003年第2期。
② 蒋良骐：《东华录》卷二十一，中华书局1980年版。

首要保障和条件的，即使是在截漕之政频施的乾隆朝，皇帝对于漕粮的截留也是相当谨慎的。一方面皇帝认识到政府掌握的粮食过多（包括漕粮与地方常平仓储），而当时人口发展又过快，粮食危机日益严重。为了应付这种局面，乾隆朝采取限制官方粮食储备、调整政府机构粮食消费的办法，推行了"留食于民"的方针。漕粮的截留即是在这种背景下大幅度施行的，体现了乾隆朝限制官方用度，改变粮食管理方针，制定合乎时宜的粮食政策的勇气和决心。另一方面，由于地方过多截留，皇帝对臣下的屡次截漕之请也有所不满，如乾隆九年上谕曰："国家岁转漕粟以实京师，乃备天庾之出纳，关系最重，或因偶遇灾歉，万不得已而为截留之计，仅可间一行之，岂遂视为常法，今内外臣工动以截漕为请，朕念切民依，亦屡次允从，出于一时之急济，其实京仓所贮虽云可备十年，要仅为官俸兵粮所必需，若统为京师民人计，即一二年恐亦不足供支，况欲更分此以赈贷，直省何未之思也"。① 当乾隆二十八年因屡次截留，京师粮价上涨，导致储积渐减，一度"于湖广、江西、江南、浙江产米之区，开捐贡监，均收本色，收足别贮。遇截漕之年，即于次年照数补运京仓"。② 乾隆年间即有如此忧虑，而当嘉庆以后，京通仓储出现严重短缺问题的情况时，朝廷为了筹措食粮，往往首先就是减缩地方的漕粮截留量，因此，越到清代后期，漕粮的年均截留量日少，用于赈粜的比例也不断缩小。

从社会学控制的理论上来解读的话，漕粮的赈粜集中反映了清政府的意志和利益，服务于其稳定社会和控制民众的总体利益和最高意志，由于其是属于超个人性的控制手段，因此更能有力地控制个人和底层社会民众。但是，社会控制只有依赖于社会实体才能发挥作用，当社会实体的力量日益衰弱时，所起的作用则会大大衰减。由于漕粮的截留赈粜属于漕粮的非常规功能，且越往后期，截留量越少，再加上要使漕粮的非常规利用的效能达到最大化，需要政府的漕务系统、仓储系统以及荒政系统各官员的通力合作和皇帝的统一调度。而当清政府的社会控制能力逐渐衰弱时，政府不断疲于应付农民战争、对外战争与赔款媾和、财政枯竭、地方势力崛起等严重的社会问题，对民生的关注也大不如从

---

① 彭元瑞：《清朝孚惠全书》卷四十八《截拨裕食二》。
② 《清史稿》卷一百二十二《食货志二·赋役仓库》。

前，因此可以说，漕粮的经济意义和社会赈恤功能在整个清代也呈马鞍形的发展态势，这与清朝的漕运发展状况以及社会经济的发展状况是息息相关的。

附　录

保水济运与民田灌溉
——清代山东漕河水利之争

漕运以水利作为最基本的运输条件，因此为了保证运道的畅通，统治者通常是不遗余力地治理和控制水利系统。元代统治者在隋朝大运河的基础上全力开通了南起杭州、北抵京师的京杭大运河。这条贯通南北的交通大动脉基本上保证了漕粮的顺利运输，成为元明清三代王朝的生命线。

古代以农业为本，水利的应用也是影响农业收成状况的关键因素。京杭大运河流经富庶的江南地区和鲁西地区，农业用水和漕运用水都至关重要。一方面，朝廷为了兼顾漕运与农田灌溉，不仅制定了相关政策，并且修建了一系列的配套设施以保证运道蓄泄水利和分流溉田；另一方面，为了保证漕运的正常进行，也同样采取了一系列旨在"保运"的水利措施，这些措施的实行，使得运道流经的广大地区的水利基本上服从于漕运的需要，从而严重限制了这些地区的农业用水。受此因素的影响，运道与附近农田在水利方面两利的情况并不多见，即使是在江南地区，运道与农田争水的现象也时有出现，但是由于江南地区河流众多、水源丰富，用水矛盾尚不突出。而山东鲁西地区由于地形复杂，水利匮乏，由此而导致的漕河运道与民田的水利矛盾相当突出，也由此折射出了清代保运政策下的水利冲突与矛盾。

一　山东漕河与民田的水利矛盾

山东运河位于京杭大运河的中段，北接京师，南控江淮，是每年南方数百万石漕粮转输京通的必经之路，地理位置十分重要。同时又由于山东运河所处的地形条件十分复杂，因此，对山东运河的疏浚和管理，是历代王朝常抓不懈的主要政务。

为了保证漕粮及时达京，清廷对山东运道的维护和治理着力尤多，除大力整治黄河，使其不致冲决运道外，清初统治者还进一步完善了一套加强对运河河道管理的官僚体制和规章制度，力图在人事上保证运河航道的安全畅通，如康熙元年"定运河修筑工限：三年内冲决，参处修筑官，过三年参处防守官，不行防护，致有冲决，一并参处"。① 同时，对山东运河进行挑挖疏浚、闸坝维护、定期修治也成为国家和地方保证漕船通行的主要任务，如清初即规定："河漕总督专管运粮，督率各官挑浅疏通"。② 为了保障运河的水源补给和蓄泄得宜，也不断开挖泉源，引诸水济运，并对沿河水柜进行综合治理，如顺治十年，"定南旺湖每年小浚，间年大浚"③，雍正四年"钦差勘议南旺、独山、马踏湖地增修堤堰闸坝支河，添斗门闸板"。④ 由此可见，清政府为了把数额庞大的漕粮顺利运送到京师，把漕运与运河的管理紧密结合起来，运道的畅通与否与漕运的顺利与否休戚相关，即清人所谓"国家之大事在漕，漕运之务在河"。⑤ 对于山东运河来说，由于其地处华北，降雨量较南方稀少，且一年之中冬春雨少，夏秋雨多，年平均降雨量分配不均衡；同时山东运河段的地形尤为复杂，地势西低东高，而且以济宁南旺水脊处为分界线，南旺高于北部临清三十米左右，高于南部沛县沽头近四十米，所以水量的调节极为复杂。由于这些原因，山东漕河对水资源的管理和利用极为重视，在国家治河保漕思想的指导下，如何保障山东漕河段的水源补给、不同地段的水量分配，以及水资源丰歉时期的水量平衡问题成为朝廷、各级漕务官员以及山东地方官员政务的重中之重。

明清以来，山东的农业种植结构发生了变化，在粮食作物的生产中，小麦取代了粟米，成为种植比重最大的粮食作物。同时，由于鲁西地区土壤肥沃、地势平衍、水源相对充足，清初国家对农业水利也进行

---

① 《清史稿》卷一百二十七《河渠志二·运河》。
② 光绪《户部漕运全书》卷四十四《漕运河道·挑浚事例》。
③ 道光《直隶济宁州志》卷一《大事》。
④ 同上。
⑤ 徐越：《敬陈淮黄疏浚之宜疏》，朱檠：《皇清奏议》卷十七。

了较为有效的治理，因此明清以来，水稻种植范围在运河流域有了明显的扩大，不少地方出现了大面积种植水稻的繁荣景象，如乾隆二十七年，汶上县人民疏通河泉故道"十余道"，数百顷沮洳之地垦为稻田，名曰"稻屯"。① 同时，山东是清代有漕八省之一，每年需向国家兑交一定数额的漕粮。在具体的漕粮征派中，由于考虑到山东各地的农业生产水平、交通运输条件等因素，对漕粮的地区分派作了一定的调整，主要集中于沿运河流域及近河曹州府、济南府属的六十九州岛县。因此保障山东运河流域的农业收成，既关系着沿运区域广大人民的日常生计，也关系着山东漕粮的征收状况和国家的财政收入。而在农业生产中，水资源的多寡及利用得当与否与农业收成的丰歉息息相关。水之于中国农业的重要性，英国著名历史学家陶内作过精辟的概括："中国农民之长期的威胁是'水'，有时过多，有时过少。水的调节在南方是生产代表作物的条件，在北方的大部分，水量适否，不仅是农业繁枯的条件，而且是农业生死的条件"。② 因此可以说，在华北相对严峻的自然生态环境下，水资源对山东运河区域农业的兴衰至关重要。

山东漕河运输与农业种植都依赖于对水资源的利用，在水资源有限和分配利用不合理的情况之下，两者的矛盾冲突就不可避免了。对于山东运道来说，每年四五六月正是漕船重运经临之时，河道内需要保持充足的水源，而此时正值春季苦旱，农田需要灌溉水源之际，在济漕保运思想的指导下，漕河取得了优先的用水权。其采取的广收水源等措施，客观上掠夺了农业生产所需的宝贵的水资源，对民田生产不无影响。对此，地方士绅发出了哀叹："秔稻既种之后，正重运北上之时，舳舻相接，惟恐愆期，巡役一来，则声言误漕，睢盱官吏肆虐愚民，甚则频频踵至，使闸堰屡启，泉水直泻，地涸苗枯，赀种并失，水田湮废之故，盖为此也"。③ 当每年夏秋经旬霖雨、雨水盛涨之时，此时漕船已经基本到达通州，漕河不需要太多的水，同时也需要宣泄多余之水，以防冲决运道，而此时农田也需要排水以防淹没，因而在需水和排水问题上，双方总是处于矛盾状态，在调节不合理或者不得力的状态下，极易产生

---

① 陈冬生：《明清山东种植结构变化及对农业的影响》，《古今农业》2002年第2期。
② 应耕廉、陈道等：《以水为中心的华北农业》，北京大学出版社1948年版，第4页。
③ 光绪《辉县志》卷十六《艺文志二·重兴水田碑记》。

冲突。光绪五年，两江总督沈葆桢对此表示了忧患："意谓运道存则水利亦存，运道废则水利亦废，臣以为舍运道而言水利易，兼运道而筹水利难。民田于运道势不两立。兼旬不雨，民欲启涵洞以溉田，官必闭涵洞以养船。迨运河水溢，官又开闸坝以保堤，堤下民田立成巨浸，农事亦不可问"。① 可谓精辟地道出了漕河与民田在水利上的争夺和难以兼善的窘境。而当漕运与民田用水发生矛盾之时，朝廷总是以牺牲民田灌溉为代价来保全运道的畅通。

二 争水利、避水患——山东漕河与民田的水利之争

（一）山东运河段漕河的水利需求特点

山东运河起自峄县台儿庄，由德州入直隶吴桥界，全长近千里。其全程根据主要水道可分为自台儿庄到临清的会通河段和自临清到直隶的卫河段，而按地形条件可把会通河以南旺水脊为分界线分为南北两段。从水利需求的角度看，南旺以南至台儿庄段由于地势比较低下，自明代引汶水于南旺分流济运以后，即定三七分水之例，"三分往南，七分往北"。由于南旺以南湖泊众多，泉流丰富，且地势洼下，因此"济运之水不患其少也"。② 所以，此段对水利的需求主要以泄水为主，即使河道中的水位在丰水季节保持平衡，不使过多以致冲决运道。南旺以北至临清段由于地势较为高亢，而周围湖泊较少，因此要保证运道的通畅，主要以蓄水和保水为主。临清以北的卫河段由于为了保证济运，在整个卫河流域广收水源，纳丹河、洹河、漳河诸水以济运，因此在伏秋雨水盛涨之时，众水归于一处，排泄不及，卫河下游容易泛滥成灾，所以，亟须排泄多余的水流以保运道之安全。

（二）漕河争水利、避水患的表现

保水济运，一方面是要求漕河在枯水季节漕船重运北上时有充足之水量以保证顺利通行；另一方面是要求漕河在丰水季节能及时排水以保

---

① 《清史稿》卷一百二十七《河渠志二·运河》。
② 张伯行：《居济一得》卷五《东省湖闸情形》。

证运道安全,无冲决溃溢之虞,正所谓"漕渠通塞二者,国之要害也,可不念哉"①!因此朝廷采取了一系列措施以保证漕河的水量平衡。

1. 疏浚沟渠,广收水源

为了确保漕河有丰富的水源注入,清廷历代皇帝不断采取引水济运的措施,如大量开挖泉源,引汶、泗、洸河诸水以济运等,如乾隆二十五年,阿尔泰上疏称"东省水利,以济运为关键,以入海为归宿。济、东、泰、武之老黄河、马颊、徒骇等河,兖、沂、曹之洸、涑等河共六十余道,皆挑浚通畅"。②这在一定程度上保证了运河的水源补给和济运诸水沟渠的畅通。但是,由于广收水源,使得民间农田用水量减少,而且引汶、泗诸河济运,遏制了其正常的入海之途,改变了河流的正常流向,如果堤防的修治稍加懈怠,极易造成灾害,不仅民田受损,而且沿河一带城池、庐舍均有淹没之患,如东平县志记载"汶水收诸泉"西注东平之戴村坝截流,而南出分水口入漕河以济运,绵亘二百余里,"每值夏秋之交,河水骤发,洪涛奔□,浩漫沸腾",濒河之民频受灾难。③又如卫河自引漳河济运后,由于漳水性猛,导致汛期水势猛涨,冲决堤岸,"自乾隆二年至嘉庆二十四年,八十年间被水患十有余次,至淤塞闸口更不胜纪,上下虽有滚水坝两处,仍不免河患"。④

2. 严禁民间盗水,占种湖地

为了保证水源以及水柜蓄泄水流的通畅,朝廷出台了一系列政令,严禁民间盗水以及占种湖地,如"山东运河全赖众泉流蓄微山诸湖以济漕运,康熙六十年钦奉谕旨不许民间偷截水泉"。⑤雍正四年还"增设管泉通判一员"⑥,以便专司督责,严防民间偷截灌田。同时为了保证水柜的有效利用,严禁沿湖居民占种湖地而导致水柜不能济运,如康熙年间,济宁州在马场湖处立有禁碑,称"周围六十里蓄水济运,军民不得占种"。⑦

---

① 乾隆《兖州府志》卷十八《河渠志》。
② 《清史稿》卷一百二十九《河渠四·直省水利》。
③ 《重修汶河堤工记》,民国《东平县志》卷十七《志余》。
④ 《临清州西南宜设减水闸议》,民国《增订武城县志续编》卷十三《艺文上·议》。
⑤ 光绪《户部漕运全书》卷四十一《漕运河道·河闸禁令》。
⑥ 乾隆《山东通志》卷十九《漕运》。
⑦ 张伯行:《居济一得》卷二。

3. 设置水柜，开挖减水河

明代会通河疏浚以后，为了保证运河的水源补给，利用运河周边的天然湖泊，在会通河沿线的沼洼地带设置了一系列水柜，并以济宁为界，逐渐形成北五湖（安山、南旺、马踏、蜀山、马场）、南四湖（南阳、独山、昭阳、安山）的水柜格局。水柜的设置，使得运河"水涨则泄漕水入湖，水涸则出湖水入漕"①，调节了运河在旱涝季节的水量分配，保障了运河对水源的需求。同时，为了保障卫河能顺利济运，并结合卫河下游主要以泄水为主的水利需求特点，明清以来在卫河下游疏凿了恩县四女寺、德州哨马营等减水河，还修建了一批减水闸坝，以备在雨季宣泄运河之水。

4. 侵占民田以蓄泄

当朝廷对水利的治理较为得力，堤防闸坝等水利设施较为完备的情况下，有时尚能兼顾漕运同民田灌溉，但是当洪涝灾害严峻之年，或者是在水利废弛的情形下，为了保漕，只有以牺牲民田为代价，如康雍之际，由于南旺湖堤二十余年未经修补，导致漕河之水无处蓄潴，一遇水潦之年，则"近湖之地如宋家等洼民田数千百顷""二十余年汪洋浩瀚，无一可施犁锄"。② 光绪二十年，由于运道废坏已久，且水源不济，正值夹滩以内民田积水甚多，即"严禁宣泄"，留待漕船回空时济运，查其原因，乃是"河臣挖河岁费帑金数万，而蒙蔽搪塞不肯浚深，乃霸占民田屯水接运，使亿万灾黎秋麦而空"。③ 在河道官员的怠惰和国家财政拮据的情形下，民众往往处于被动和弱势地位，听任利益受损而无能为力。

（三）民田争水利、避水患的表现

农业既是国家的根本，也是财政收入的主要来源，为了保证农业的收成和民众的生计，不得不依赖于对水利资源的有效利用。在漕河用水严重损害了农田灌溉利益的情形下，地方官员、豪强缙绅以及普通民众都在不同程度上与漕河争水利，以争取农业的生存空间。

1. 偷截济运诸水以资灌溉

在济运泉水和河水流经之处，沿途民众多偷截以溉田，对此，康熙

---

① 光绪《东平州志》卷四《漕渠志》。
② 张伯行：《居济一得》卷五《东省湖闸情形》。
③ 民国《续修东阿县志》卷二《河防志·黄河考》。

皇帝早已洞悉，"山东运河全赖众泉蓄泄微山诸湖以济漕运，今山东多开稻田，截湖水上流之泉以资灌溉，上流既截，湖水自然无所蓄潴，安能济运？"并因此而责备地方官员为私利而损害国家利益："地方官未知水之源流，一任民间放水灌田，以为爱惜百姓，不知漕运实因此而误也，若不许民间偷截泉水则湖水易足，湖水既足自能济运矣"。①

2. 围湖造田

安山湖、南旺湖、马场湖等水柜本以蓄泄运河之水，为了保障水柜正常运转，朝廷不仅要求河道官员经常对水柜进行疏浚清理，而且还订立了严厉的规章，不准民间占种湖地。但是由于种种原因，导致很多水柜年久失修，淤垫日高，不少水柜均被地方豪强或流民占种。如东平州境的安山湖，明朝时即时淤时浚，民间多有侵占，至明清易代之际，由于黄河决于安山湖附近之张秋镇，致使湖地淤塞，"湖身卑而河身高，不堪蓄潴"，"民多私植"，康熙年间，即"奉文丈勘，听民开垦"。②随后虽时禁时垦，但是，在山东运河淤塞严重，诸湖淤废，被大量围垦的现实情况下，政府不得不做出一定的政策调整，逐步放宽了湖田禁垦的政策，到乾隆年间，"安山湖堤内垦种如鱼鳞，无隙地矣"。③水柜湖田的出现，既是人与河争夺土地资源的结果，同时也是民田与漕河争夺水利资源的结果。民众占种湖田，不仅利用湖田久淤后形成的膏壤，同时也能够便捷地利用湖内的水资源，给漕河的蓄泄带来了不便。

3. 筑堤保田

为了避免因运河决口所带来的洪涝灾害，沿河州县不得不大力地修筑堤防，以保障民田、庐舍的安全，如道光初年，武城县令徐宗干议论本县水利时认为："卑县连年被水，均因运河决口，今两岸堤工各处一律兴修，运道不至旁泄，民田亦借以保障，可以免其大涝"。④ 同时，为了加固堤防，免予溃决的危险，道光二十四年，县令厉秀芳鼓励民众沿河堤多植柳树，以固堤防，"思所以固此堤者惟植柳"。⑤ 当然，修固

---

① 乾隆《山东通志》卷十九《漕运》。
② 中科院地理科学与资源研究所编：《清代奏折汇编——农业、环境》，商务印书馆2005年版，第42页。
③ 光绪《东平州志》卷四《漕渠志》。
④ 《上程大中丞议水利书》，民国《增订武城县志续编》卷十三《艺文上·书》。
⑤ 《武城民堰种柳记》，民国《增订武城县志续编》卷十四《艺文下·记》。

堤防对民田的保障来说只是治标之方，并不能使民田水利蓄泄得宜，只是应对漕河泄水的权宜之计。

4. 挖塘蓄水，疏通沟渠引水入河、湖

为了满足民田的水利需要，一方面要保证灌溉的水源；另一方面在丰水季节要及时将多余的水导引、宣泄出去。地方官员在保证漕河用水的需求下，因地制宜，积极措置良方，以保证农田的水利。道光初年，武城县令徐宗干可谓是一位关心民瘼而又谙于治水的专家，临清州所属的武城县濒临卫河，嘉道以来，由于水利失修，大小河道淤塞，导致卫河治水经常冲决，武城频年被水，因此为了保证民田水利，他一方面在境内选择低洼地亩凿为深塘，以积蓄本县的雨水；另一方面于各乡深挖沟渠，使之相通，并将以前的沟渠和减水河加以疏通、挑深，"即以当年泄水之沟为今日聚水之塘"①，以导引疏浚外来之水，既保障了本境的农业生产，同时也与"邻境运道两无所妨也"。②

三　河南卫河流域的水利争夺
——与山东漕河相对照

卫河发源于河南卫辉府辉县苏门山的百泉，又名挪刀泉，经河南、直隶境达于山东临清，与会通河相汇，最后北上至通州。清朝初年由于漕运制度尚在健全完善之中，而卫河之水尚足济运，因此，在康熙二十三年以前，卫河济运与民田用水的矛盾尚不明了，卫河"使大流济运，余水灌田，既以济漕，亦无妨于农业"。③ 由于水源相对充足，卫河及小丹河流域的农业生产大为发展，沿河民间多种稻田，地方政府也把其作为主要的赋税来源，因而"河内赋高数倍"。④ 康熙二十三年以后，由于总河靳辅大规模治理黄河、整治运道，"以卫河水势微弱"，不足济运，因此令每年五六七月间，"速启闸板，尽堵渠口，不致旁泄，以

---

① 《上程大中丞议水利书》，民国《增订武城县志续编》卷十三《艺文上·书》。
② 同上。
③ 光绪《辉县志》卷七《渠田志·河渠》。
④ 乾隆《新乡县志》卷十五《河渠下》。

济漕运"。① 至此，卫河流域漕河与民田的水利争夺拉开了序幕。尤其是当康熙五十八年奏定卫辉府水次为河南漕粮的兑运处所后，卫河不仅济运临清至通州的大运河，也成为转输河南漕粮的主要运道，卫河水源的保障更是被提上日程，其与民田灌溉用水的争夺也更为激烈。

与朝廷在山东漕河段不折不扣的保漕政策相比，对卫河则就显得相对折中一些，即"使卫水有济漕运兼不误民田灌溉"。② 因此，对卫河来说，其既要保运，又要灌田，其中以保运为主。正是由于国家的这一政策，才使得卫河流域的水利矛盾出现以后，地方官员、士绅以及百姓利用朝廷的既定政策维护自身的利益，同时也使得朝廷不断地调整卫河水利资源的分配时间和用水量，以期漕运民田两有裨益。

为了保证卫河有足够的济运之水，朝廷一方面广收水源，如引丹河、洹河、漳河诸水入卫；另一方面也遏制民田的用水时间和用水量，康熙二十三年奏定"每年自五月初一日起将闸板封贮，尽启渠口，毋致旁泄，俟漕船过竣，再行分泄，以资民田"。③ 但是丹、卫、洹诸河沿岸均有民田开渠或建闸资以灌溉，如丹河旁的六渠，"民间引水种竹溉地约计一千四百余顷"，辉县民众借搠刀泉建五闸以溉泉旁稻田，彰德府安阳县也开万金渠引洹河水灌田，同时五月也正是民田需水之时，朝廷这一政令严重损害了沿河民众的利益，如辉县"康熙二十八年，辉县沿搠刀泉一带水田自奉封板以来，阖邑士民坐视膏腴之产尽为石田，莫不辍耕叹息"。④ 因此，康熙二十八年河南辉县的地方士绅呈请县令滑彬上疏要求变通这一政策，使得民田能有涓滴之水以供使用。对于河道官员来说，由于秉承卫河"漕运民田均关紧要"⑤ 的既定政策，当然寄希望于有好的年景，"使雨旸时若，田既沾足，河亦无干涸之虞"，但是如果年景不好，雨泽愆期，则"泉流微细，河既浅阻，而禾亦枯槁"⑥，只有斟酌变通成法。于是在地方官员的要求下，朝廷令河道官员和地方督抚于康熙二十八年、二十九年对卫河流域的水源状况进

---

① 光绪《户部漕运全书》卷四十三《漕运河道·卫河挑浚》。
② 乾隆《新乡县志》卷十五《河渠下》。
③ 光绪《户部漕运全书》卷四十三《漕运河道·卫河挑浚》。
④ 光绪《辉县志》卷七《渠田志·河渠》。
⑤ 光绪《辉县志》卷十六《艺文志·重修水田碑记》。
⑥ 光绪《辉县志》卷七《渠田志·河渠》。

行了大规模的会勘验试活动。二十九年由总河王新命奏请,定于每年三月初至五月用竹络装石堵塞各渠闸,使得大流济运,余水灌田。康熙三十年由于漕船重运北上的时间提前,为了保证卫河下游的水源,即定"如雨水匀足,照河臣所议用竹络装石塞口济运灌田,倘遇亢旱请于每年三月初一日起至五月十五日止令三日放水济漕,一日塞口灌田,以后听民便用"①,即所谓的"官三民一"之例。

虽然朝廷试图兼顾卫河流域民田灌溉与运道的通畅,但仍以济运为主,因此两者的矛盾并未消除。在对灌溉水利的迫切需求下,民间不时有偷水灌田之事发生,甚而"每有守口之夫伙同堰长奸民违禁卖水,以致运河浅涩"。②为了保证卫河济运的水源,雍正年间对卫河进行了大规模的挑挖浚深的活动,同时注意疏通泉源,汇流入卫以济漕运,并设置章程严禁盗泄水利。雍正五年侍郎何国宗条陈辉县五闸偷水灌田有妨运道,奏准拆去灌田五闸,另在河源高处设立三斗门使水分流,中间济漕,"两旁斗门共分一半,另于大河两岸各开小河,建立小闸灌田"。③当时的河东总督田文镜等并不熟知地方情形,当谕旨宣布以后,五闸百姓咸集,争相诉苦:"河身低下,两岸甚高,虽以斗门分水,而大水奔趋河身,两岸之水将随之俱下,虽另建十闸,终归无益"。④事实上这个方案对民田来说根本得不到益处,因此百姓要求将稻田减去重赋,情愿仍种旱田,以免缺水之苦。田文镜得知百姓苦处,下令暂不拆去五闸,留水以溉民田。随后,朝廷又根据现实情况的变化,为解决卫河灌溉与漕运的矛盾采取了一些措施,如乾隆十五年又规定凡粮船未行,不许开闸(此闸指百泉河上的溉田之闸);粮船下过山东临清,方许开闸。道光十九年又先后实行过"官八民二""官七民三"的分水法。由于百泉和丹河、洹河的水量有限,因此上述的这些调谐措施始终未能很好地解决卫河灌溉与漕运的矛盾。

但是,与山东漕河相对照,由于山东漕河是朝廷重点的保漕地段,保水济运政策的严格实施与农业生产形成了不可调谐的矛盾,其解决之途往往是以牺牲民田为代价的。卫河流域是山东运河的上源,在康熙末

---

① 乾隆《新乡县志》卷十五《河渠下》。
② 光绪《户部漕运全书》卷四十三《漕运河道·卫河挑浚》。
③ 光绪《辉县志》卷七《渠田志·河渠》。
④ 同上。

年以后才承担了河南二十余万石漕粮的运输工作,因此朝廷对其的政策是要求漕运民田两不误,同时还不断调整两者之间对水利的需求,因而矛盾冲突的程度较为缓和。

山东漕河与民田的水利之争的矛盾冲突,在程度上存在阶段性差异。顺治年间至嘉庆初期,由于吏治较为清明,国库充裕,朝廷不时对水利进行大规模的治理,对于漕河的挑浚以及闸坝堤防的修治维护一直是历朝常抓不懈的工作,因此水利设施较为完备,水资源的调剂相对较好,即使在干旱和洪涝之年,矛盾冲突的程度也相对缓和,甚至出现漕河与民田两相利的现象,如"乾隆二十三年至二十五年,清政府通过对运河及其沿途河闸湖坝的综合治理,在一定程度上缓解了运河漕运与沿途农作之间的用水矛盾,从而更引发了运河流域人民扩大稻作生产的积极性"。①

自嘉庆以降,由于吏治的逐渐腐败,军事多兴,国库空虚,再加之以环境的恶化,天灾不断,导致水利设施逐渐废弛,运河淤垫日高一日,闸坝圮坏失修,水柜和减水河多废而不用,或淤塞被民耕种。在水利资源有限和其他人为因素的影响下,矛盾冲突更为严重。由于减水河或水柜淤塞,导致洪水期来临时运河排水不畅,冲决运道,进而淹没民田,坏民庐舍,甚至冲毁城池,造成严重的水灾。而地方为了避免水患,有时采取以邻为壑的办法,导致冲突更为加剧。如武城县与恩县均在运河东岸,为防止运河决口泛滥成灾,恩县修筑圈堤以护城池,导致武城一带迭遭水患,两地因此而势若水火,争讼不断。同时也有因河道官员不能通力合作,各怀私利导致冲突加剧的。南旺以南水源较为丰富,但是河道官员未能通盘筹划,为蓄水"堵何家石坝、王堂诸口,使水涓滴不向北流,而又建利运闸以放蜀山湖水,开十字河以放南旺湖水,使水尽往南行"②,致使"南旺以北每逢天旱之年处处胶舟,而南旺以南无论旱潦处处淹没"。③ 张伯行认为,"此则运河厅任同知之怀私自利也,盖南旺以南为运河厅之境,而南旺以北则渐至捕河厅境,止顾一己,不顾他人,止顾一境,不虑全河"。④ 由此可见,两者矛盾冲突

---

① 陈冬生:《明清山东种植结构变化及对农业的影响》,《古今农业》2002 年第 2 期。
② 张伯行:《居济一得》卷五《东省湖闸情形》。
③ 同上。
④ 同上。

的程度随着多方面的因素而不断加深。由于这对矛盾是随着国家的漕运政策的变化而变化的,因此当漕粮在光绪末年全部改折征收后,"河道遂废,而运河水利亦由各省分筹矣"①,这组矛盾也因而缓和。

山东漕河与民田的水利之争,既反映了河与地对水利资源的争夺,同时也更深层地反映出国家与地方对水利资源的利益之争。对于国家来说,虽然民田的收成关乎着国家的赋税收入和财政状况,朝廷的治水保漕方针势必使国家的漕务政策同财政利益发生一定的冲突,但是运河区域所涉及的民田范围毕竟较小。而且具体到山东漕河段来说,其农业生产水平始终不及南方,因此国家从漕务利益和全局利益出发考虑,当漕河与民田因为争水而产生矛盾时,势必以牺牲地方利益和农业利益为代价。正所谓"以国家之利害论,则漕运大而州县之利害小"。② 对于地方来说,民田灌溉关系着一方的农业收成和民众的生计,也关系着地方官员的政绩仕途,因此,即使在国家明令禁止不准侵害漕运水利的情况下,地方为了保证农业收成难免采取一些趋利避害的措施,同漕河争夺华北本就有限的水利资源。

对于水利资源的利用方式来说主要取决于自然水环境,而其使用效率则在很大程度上取决于制度水环境,当国家在制度层面规定的方案没有有效地解决水利资源的合理使用和分配问题,使水资源的使用达到最优,则会导致国家与地方在水资源利用方面的紧张,因此可以说民田灌溉让位于漕河用水这一政策的偏差,使双方陷入了对水利资源争夺的拉锯战。如何比较好地解决这一矛盾,关键在于朝廷统筹兼顾的程度。当国家对水利资源的管理和利用较为合理,在济运的同时关照民田的灌溉,较好地解决运河区域的水利问题时,两者的矛盾相对缓和,尽管民田在这场对水利资源的博弈中仍是弱势的一方。但是如果国家采取一味的保水济运的政策,对民田的利益大加损害,对此,民众只有处于被动和无奈的境地,正如一位方志编纂者指出的那样:"元时,滕州有稻堰称饶给,明朝十八泉则一切规之以济漕,而行水者奉法为厉,即田夫牵牛饮其流,亦从而夺其牛矣,一害也。往凿新漕欲避水之害,则坝以遏之,欲得水之利则开渠为陂以蓄之,其所发民庐舍冢墓不可胜数而堤鹾

---

① 《清史稿》卷一百二十七《河渠志二·运河》。
② 《临清州西南宜设减水闸议》,民国《增订武城县志续编》卷十三《艺文上·议》。

不与焉，二害也。既为坝以遏水势，而每岁霪潦，诸山溪之水溢于皋陆，尽夺民下泽膏腴而居之，三害也"。① 尤其是在水利设施废弛的情形下，双方的冲突和争夺更为激烈，而在相互争夺的过程中，双方利益受损的程度更深，甚至陷入恶性循环之中，如民众为了解决生计问题而占种湖田，导致在丰水季节运河之水无处排泄，只有漫溢而淹没民田，同时运河堤坝也有溃决的危险。所以透视保水济运与民田灌溉产生的矛盾，可以看到在这场国家与地方利益的争夺中，关键在于国家如何统筹，如何从全局的角度综合治理水利与分配水资源，以便较好地解决由于漕运政策的偏差所产生的水利争夺的矛盾，使双方因利益争夺而造成的损害最小化。

---

① 康熙《滕县志》卷三《山川志》。

下 编

第七章 清代闹漕的地域性差异与阶段性特征

闹漕即拒绝缴纳漕粮。清代闹漕有多种表现形式,包括"个人日常反抗"、"漕控"与"集体公开闹漕"等。"个人日常反抗"在文献中更多被指述为漕弊,资料庞杂而零散;"漕控"则主要指京控之外的控告行为和现象,也多以漕弊出现在文献中,表述的言辞一般较为隐晦;而"集体公开闹漕"则是文献中最为确切的"闹漕"所指,案件规模较大,闹漕情形也较为典型,能较好地体现漕粮征派对地方社会的影响。

闹漕体现出不同的地域性和阶段性特征,既是清代有漕八省漕政问题的表现,也是清代地方社会政治、经济等诸多状况的反映。

一 清代闹漕案件

清代闹漕案件散见于清代多种文献之中,诸如官员文集、官箴书、地方志、清实录、笔记小说等。本章选择《清实录》与地方志两类,通过对闹漕案件的分析,以揭示清代有漕八省漕政的地域性差异与阶段性特征。需加以说明的是,表7-1到表7-6中的闹漕多为"集体公开闹漕"案例。

表7-1 《清实录》中的闹漕案件

时间	地点	事件	资料出处
乾隆四十七年	浙江省桐乡县	办漕有聚众喧闹之事,仅以枷责完结	《清高宗实录》卷一千一百七十二
四十七年七月	浙江省青浦县	该县生监倪溶等揽收花户漕米,勾通漕书梅锦章等包纳上仓,享分余利	《清宣宗实录》卷一千一百八十四

续表

时间	地点	事件	资料出处
四十八年二月	浙江省桐乡县	劣衿地棍挟制包揽把持漕务成规例,甚至纠众抗拿,喧闹公堂,地方官却惧而讳匿不报	《清高宗实录》卷一千一百七十二,卷一千一百七十四
五十六年十二月	江西省广丰县	革职侍卫严梦彪包揽漕粮一案	《清高宗实录》卷一千三百九十三
五十八年十一月	浙江省	刁民倚众挐交,殴毙多人,所有先经锁押人犯又趁机脱逃,恃众行凶	《清高宗实录》卷一千四百四十一,卷一千四百四十二
嘉庆十年五月	江苏省吴江县	生监王元九等在仓吵闹,勒索陋规,挟制官长	《清仁宗实录》卷一百四十四
十四年六月至十五年	山东省平原县	县官甄士林因民欠漕米未完,畏避误运,加收斛面抵补,引发闹漕,之后又处理不善,滥责闹漕之张树桂,导致民由此酿命	《清仁宗实录》卷二百一十三
道光元年五月	江苏省嘉定县	民人沈志忠控告土棍王荣芳等结党闹漕,称八卦青龙党	《清宣宗实录》卷十八
二年十月	湖南省醴陵县	县民甘启秀呈控县令诬告匪光文闹漕	《清宣宗实录》卷四十二
五年十一月	浙江省	沈培政、徐寿高等闹漕京控,抗不完漕。及漕书蒋姓之不法勒折	《清宣宗实录》卷九十一,卷一百一十三
六年十二月至七年	浙江省仁和县	徐凤山等于开仓收漕时闹漕,拒捕,伤官差,程含章饬调杭协等营官兵弹压	《清宣宗实录》卷一百一十二,卷一百一十六,卷一百一十九
七年正月	江苏省	江苏省镇洋、青浦、太仓绅士各公呈漕书蓄养打手,殴控漕之人,等事	《清宣宗实录》卷一百一十三
十四年七月	湖南省	省候补通判署攸县知县叶起鹏到任横索绅民,并诬告情愿完米之余谭二姓不肯折价、抗漕阻饷、毁破公堂	《清宣宗实录》卷二百五十四
十五年正月	湖南省湘潭县	湘潭章炜为闹漕土棍,居心贪诈闹漕	《清宣宗实录》卷一百六十二
十六年	湖北省崇阳县	钟人杰领众抗漕,杀知县,占县城	《清宣宗实录》卷三百六十四

续表

时间	地点	事件	资料出处
二十年	江西省新喻县	生员胡思泮、欧阳濂等闹漕滋事，教官不能约束，请旨分别休致褫夺	《清宣宗实录》卷三百三十
二十年正月至二十一年	江西省新喻县	新喻县已革监生万国彩闹漕京控，藉称完漕不便，聚众敛钱，私造急公堂，把持滋事，地方官用兵，扩大案情	《清宣宗实录》卷三百三十二，卷三百四十六，卷三百四十九
二十四年三月	江西省安仁县	高嫩汝包漕渔利，并于开仓收漕时，倚众滋扰，并掷石拒捕，伤官兵差役	《清宣宗实录》卷四百零三
二十七年九月	江西省贵溪县	贵溪县文童闹漕罢考，县官称此乃生员包漕不成之举，而生员则称事出于县署滥刑激众	《清宣宗实录》卷四百四十七
二十九年	河南省涉县	花户聚众抗漕，拒捕伤官	《清宣宗实录》卷四百七十四
咸丰二年十二月	江西省泰和县	泰和县棍徒于开征漕粮时聚众滋事	《清文宗实录》卷八十
五年二月	河南省	各属聚众抗漕	《清文宗实录》卷一百五十八
六年九月	江苏省	请严禁官吏……通同分肥，以致开征时有抗欠闹漕等事	《清文宗实录》卷二百零八
同治元年三月	山东省乐陵县	乐陵县人郑纯借团练之名，聚众抗漕	《清穆宗实录》卷二十三
二年六月	山东省莘县	莘县土匪闹漕滋事	《清穆宗实录》卷七十
三年五月	江西省	县民纠众闹漕，江西知县杜林被革职	《清德宗实录》卷五十一
四年九月	山东省陵县	兰汰、马希固等纠众抗漕，沿庄抢掠，追官兵往拿，胆敢拒敌，知县动兵捕捉	《清德宗实录》卷七十八，卷八十二
二十二年十二月	山东省观城县	观城县教谕赵金镕居心阴险，怂恿闹漕	《清德宗实录》卷三百九十九
宣统元年	浙江省乌程等	浙江省乌程、归安、德清、桐乡县民抗漕毁仓，拒捕	《宣统政纪》卷二十六

注：表格中之"地棍"、"刁民"、"棍徒"皆为原始文献中的表述。

表 7-2　　　　　　　　　地方志中的闹漕案件

时间	地点	事件	资料出处
顺治年间	江苏如皋	江南生员抗漕粮	嘉庆《如皋县志》
康熙十年	安徽安庆	灾荒连年，民力难堪，漕米采买无从出，民赴衙门呼号，府县以为闹漕	民国《安庆府志》卷二十五《疏》
康熙年间	山东临淄	邑中漕赋最多，西乡著名痞棍高云若鼓众抗粮，倡言民若敢完粮，必火其居，民不敢完漕粮	民国《临淄县志》卷二十四《人物传四·宦迹》
康雍年间	江苏无锡	漕粮征收期间，因前县令催科尤酷，草菅民命，刘三起事杀吏，进而抗漕	乾隆《锡金识小录》卷四《司牧·苛虐》
乾隆年间	山东齐东	乾隆时漕米均官收民解，解至德州车马云集，有人者卸，有钱者卸，否则迟延时日，甚至月余不获呈报，刘光亮等愤此黑暗赴京控漕	民国《齐东县志》卷五《人物志·事迹·义行》
乾隆年间	山东历城	乾隆末年历邑漕米犹征本色，吏胥多方挑拨侵蚀，乡民苦而请改折，邑令不顾民情。李岱慨然联络数十村庄讼于诸院司，挺身出与官抗辩，官恫吓又继以重杖，引发众人汹汹之京控	民国《续修历城县志》卷四十四《列传六·一行》
乾隆年间	浙江龙游	同知催粮到乡，忤乡人，乡人怒而抗粮	《龙游县志》卷十九《人物传》
乾隆年间	山东潍县	漕务哄斗多起衅于假斛，高守训莅任后严办受贿之门丁，漕务肃清	民国《潍县志稿》卷二十八《人物·事功》
嘉庆元年	江西丰城	丰城漕米称难征，嘉庆元年乡民不逞，几酿成大案	同治《江西新城县志》卷十《宦业》
嘉庆年间	山东安邱	乡民抗漕纠众围城，县令束手，绅衿马秀出谕之	民国《续安邱新志》卷十七《事功传》
嘉庆年间	江苏江宁	江宁黠徒乘收漕粮时约众包庇折扣，名曰会茶，勒派钱文为抗官，缠讼费	光绪《增修诸城县续志》卷十二《列传第一》
嘉庆年间	浙江嵊县	县令魏敦廉解任后，新令征漕，几激变，魏敦廉往谕，民见之欢呼听命，未几漕尽完	康熙《嵊县志》卷十五《人物志·宦绩》
嘉庆二十五年	湖南醴陵	知县王述徽不法浮收，程亮书起京控闹漕	民国《醴陵县志》之《赋役志·赋税》

续表

时间	地点	事件	资料出处
嘉庆道光年间	河南郑县	灾年下，民无力完漕，官吏却追呼更甚，嘉庆道光绅民赴省赴京呈诉漕控	民国《郑县志》卷十五《艺文志·传》
道光元年	湖南醴陵	道光元年，知县金德荣署县事，横征暴敛，众人求减不成引发众怒，有渌口闹漕之事	民国《醴陵县志》之《赋役志·赋税》
道光元年至二年	湖南醴陵	道光元年，知县金德荣署县事，横征暴敛，欲挟匡光文为助，匡光文不从，遂诬匡光文为渌口闹漕的首犯。匡光文不服，进而赴京控告，进行控漕斗争	民国《醴陵县志》之《人物传四·匡光文传》
道光二十一年	江西贵溪	贵溪闹考抗漕，聚众杀差	同治《新昌县志》卷二十五《传》
道光二十九年	湖南宁乡	生员江大鹏控漕	民国《宁乡县志》
道光二十二年	山东潍县	道光二十二年壬寅冬十月十七日午刻，乡民因纳漕与县吏争哄，知县枪击一人死，始散	民国《潍县志稿》卷三《通纪二》
道光二十二年	河南陈留	县官加收漕价，民情汹汹，闹漕风波遂起	《续修陈留县志·孝子传附善人》
道光三十年	江西庐陵	因漕价骤增，乡民哄闹	民国《吉安县志》卷三十一《职官志·名宦》
道光年间	山东历城	州民因漕滋事，几酿大变	民国《续修历城县志》卷四十《列传二》
道光年间	山东平原县	民因胥吏舞弊，赴县请核减，官误以为民抗漕，有剿灭全县之举，在绅沟通下，民闹才停止	民国《续修平原县志》卷十《人物·孝义》
道光年间	山东阳信	道光时年年歉收，又遇贪官污吏横征暴敛，曹锡汤等四人积不能平，连名呈请本县照市价完漕粮，邑令却诬其抗拒国课，四人怒而转府控	民国《阳信县志》卷五《人物志·义侠》
道光年间	河南南阳	密县知县因加漕事激众怒，民众大噪毁垣，进而闹漕	光绪《南阳县志》卷十二《人物下》
道光年间	江西临川	临川漕赋甲江省，陋规多，乡民哄漕，聚众代者不能禁，县令王嘉麟为开譬之，民即散去	光绪《费县志》卷十一《国朝·人物二》

续表

时间	地点	事件	资料出处
咸丰初年	山东德川	东乡邢某数次抗漕,张应翔以信义结民心,且剿且抚,平之	民国《德县志》卷九《宦迹志·政绩》
咸丰二年	江苏乌程	民闹漕,知府拟用兵力,林钧请缓行,谕以大义,民遂帖然	《重修奉贤县志》,第25页
咸丰四年	河南禹县	知州朱光宇加赋激成民变,民请减浮收,官不许,民再请,官仍不许,民怒而大哗,朱光宇即以民抗漕上请兵剿	民国《禹县志》卷二下《大事记》
咸丰四年	河南禹州、滑县、封丘、孟县、泛水、辉县等	河南省除许州尉氏外,禹州、滑县、封丘、孟县、泛水、辉县等均有抗粮聚众之案,著名者如辉县戴莹等的聚众抗漕	民国《禹县志》卷六《赋役志》
咸丰十年	浙江桐乡海宁	咸丰十年冬,岁饥。乡众聚众抗官闹漕,土匪乘机蠢动……揭竿响应,旗分五色,乌合万余人,暗结南捻,同举反旗	《冠县县志》卷十,第13页
咸丰十一年	山东淄川	革监刘德培借团练抗漕	宣统《三续淄川县志》卷九《三续兵事》
咸丰年间	山东聊城	邑郓城单莘抗漕	宣统《聊城县志》卷八《人物志》
咸丰年间	山东历城	郭绍唐抗漕激众变,杨攀桂枪单骑往,解散之	民国《续修历城县志》卷四十《列传二》
咸丰年间	山东平原	咸丰年间乡人聚众抗漕,绅衿刘凤祥劝谕里民毋反抗	民国《续修平原县志》卷十《人物·孝义》
咸丰年间	浙江余杭	余杭积匪胡万成霸粮漕,毁税关,加以亢旱民骚动,闹漕风波扩大	民国《续荥阳县志》卷八《人物》
咸同年间	山东陵县	陵民刁民依团势倡议抗漕,愚民和之	民国《陵县续志》卷四《第二十四编·官师传》
同治四年	江苏光宣宜荆	漕胥藉荒勒费,不给者以抗赋论拘击之,树勋愤然上控,进行控漕反抗	民国《光宣宜荆续志》卷九中《义行》
光绪二年	山东齐东	光绪二年夏大旱,五谷不登,县民呈请蠲缓丁漕,县令概匿不报,照常征收,民力难堪,控漕	民国《齐东县志》卷三《政治志·职官》

续表

时间	地点	事件	资料出处
光绪二十八年	河南阌乡	民纳漕有拥挤与守候之苦,乡间刁民乘机聚众抗官	民国《新修阌乡县志》之《通纪》
—	山东临淄	县令为政苛虐,诸生倡议罢试,商民和之,罢市罢漕	民国《临淄县志》卷二十四《人物志四·宦迹》
—	山东莱芜	莱芜民抗漕聚众,大府檄刘煜往按其事,煜至止擒其魁,众解散	民国《南丰县志》卷二十《宦业》
—	浙江	浙江有闹漕之案,抚臣原奏不实,吴杰奉旨审办	道光《会稽县志稿》卷十八《人物·宦绩》
—	江西奉新	邑令收漕下乡被辱	同治《奉新县志》卷九《人物二·举人》

注:(1)"土匪""刁民""棍徒"皆为原始文献中的表述。
(2)因为方志资料中许多年份无法确定,故不少案例时间以"年间"或"?"表示。

表7-3　　　　　《清实录》中闹漕案件的时间分布

朝代	顺治	康熙	雍正	乾隆	嘉庆	道光	咸丰	同治	光绪	宣统
次数	0	0	0	5	2	13	3	2	3	1

表7-4　　　　　《清实录》中闹漕案件的省份分布

省份	山东省	河南省	江苏省	浙江省	安徽省	江西省	湖北省	湖南省
次数	5	2	4	7	0	7	1	3

表7-5　　　　　地方志中闹漕案件的时间分布①

朝代	顺治	康熙	雍正	乾隆	嘉庆	道光	咸丰	同治	光绪	宣统
次数	1	2	1	4	6	12	11	1	2	0

表7-6　　　　　地方志中闹漕案件的省份分布

省份	山东省	河南省	江苏省	浙江省	安徽省	江西省	湖北省	湖南省
次数	18	6	5	5	1	5	0	4

① 另有四起漕案无法判定时间。

以上各表为不完全统计，所谓不完全，其一，实录记载的是要案，方志则体现了隐恶扬善的原则，尽量减少对于相关事件的记载；其二，笔者统计遗漏。不过，作为一种线索和走向，表7-3至表7-6的数据还是一定程度上揭示了清代漕粮征收在有漕八省的不同情况，体现了清代漕政的发展状况。当然，我们不完全拘泥于此种数据，而是以数据中体现出的高峰期与低潮期为分析重点，选取其中典型地域与朝代进行分析。如表7-2中共同体现出的江浙、山东是为漕案高发省份，湖北与安徽则相对较为平静；道光与咸丰时期为清代漕案高潮年代，而顺治、雍正时期则较为平静，等等。

二 地域性差异的原因

清代定鼎伊始，有漕八省即承担了不同的漕额负担，八省对清廷漕粮供给均不可或缺，但正如清人所谓的"江浙膏腴，淮扬咽喉，山东腑脏，江广肩背"。[①] 不同的漕额负担，加上运漕条件、地方民情及政治、经济特点决定了漕粮征派这一国家事务在地方引起的反响不同。

（一）漕额之异

漕粮负担包括漕粮额数与运漕过程，两者轻重与便宜程度不同造成八省漕粮负担差异。

江浙二省的赋重居于有漕各省之首。以江苏省为例，额重之叹常见于官员文集，有称其赋额"比诸他省有多至一二十倍者"。[②] 具体到漕粮负担方面，"江苏漕额之大，有一县而可抵湖南北一省者"。[③] 所以，论及江南守令职责，时人常常感叹"其知县之职任，不较重于他省之知府乎"、"其知府之职任不竟等于他省之藩司乎"。[④] 不仅如此，京仓充实的考虑让江南的求蠲求折较他省尤难。本色征收下，为输漕赋，民

[①] 陈文述：《漕船递年减造议》，盛康编：《皇朝经世文续编》卷四十七《户政十九》。
[②] 光绪《苏州府志》卷十二《田赋一》。
[③] 林则徐：《议覆筹划漕运事宜疏》，王延熙、王树敏辑：《皇朝道咸同光奏议》卷三十四《户政类·漕运》。
[④] 中国第一历史档案馆：《康熙初年有关官员铨选之御史奏章》，《历史档案》1992年第1期。

力难堪，有常熟人曾叹言："常熟一邑，纵横不越百里，岁输漕米一十八万，并日夜之力，拮据卒瘏，尚不免有稽迟之罚"。①

浙江省情况亦是如此。历任浙江、江西巡抚的吴文镕曾言"浙西各郡钱漕困敝情形无异江苏，办理诸多棘手"②，为了办漕，"年换一官"③已不足为奇。"浙省嘉湖地方赋税之重甲于天下，历逢开漕时，乡民聚众滋事者无岁无之"④，已是浙江地方官一大忧患。

江浙漕赋之重，从八省漕运负担数额的比较中也可略见一斑（见表7-7）。

表7-7　　　　　　　　　有漕八省漕额

省份	山东	河南	江苏	浙江	安徽	江西	湖北	湖南
漕额（石）	348778	219874	171689	856739	566276	770132	132403	133743

资料来源：乾隆《大清会典》卷十，文渊阁《四库全书》，上海古籍出版社2003年版。

州县的运漕便宜也是漕运一大负担，此以江西省最为突出。运漕不便造就了江西省的一个独特现象，即漕仓尤多。漕仓方便民运漕于县，而县则要运漕上纳，路远、滩险加剧了州县的漕运负担。清代江西省运漕过程中典型的"诬扳害"现象⑤，即源于运漕之苦。对此，同治《安福县志》记载道，"概漕苦，江右为最，概江右之苦，安成为最，江右泛鄱湖越江踰河，三历巨险，苦视吴越荆楚为甚"。⑥所以，一旦为漕运佥点运丁，县民通常"避同寇贼"，而官差却"追呼急如星火"。⑦这一

---

① 《邑侯京山杨公酌议漕政八款》，江苏省博物馆编：《江苏省明清以来碑刻资料选集》，生活·读书·新知三联书店1959年版，第574页。
② 《恭报到任折》，吴养原编：《吴文节公遗集》卷十九《奏议》。
③ 《复倪廉舫观察》，吴养原编：《吴文节公遗集》卷六十五《尺牍》。
④ 《桐乡征收冬漕记》，戴盘：《两浙宦游纪略》之《桐溪纪略》。
⑤ 据龚汝富研究："清代漕运军丁是由明代卫所军户演变而来，原有卫所屯田的屯丁成为赡运漕粮的军丁。由于漕运军丁担负的造运漕船之责不仅耗费甚巨，而且兑漕任务艰辛危险，军丁避之若虎，因而军丁隐匿逃避，互相推诿，甚至诬扳民人为军丁，此案常被称为'扳害'"（龚汝富：《清代江西诬扳漕运军丁讼案浅析——以〈康熙四十五年诬扳案集录一本永远存据〉为例》，《清史研究》2006年第4期）。
⑥ 邹德溥：《安成济漕全书序》，同治《安福县志》卷十七《艺文·序》。
⑦ 刘垂宝：《本邑漕运疏》，同治《安福县志》卷十六《艺文·奏疏》。

佥点之苦加上株连之苦、造船之苦、诛求之苦、守冻之苦、赔破之苦①，江西省漕运困难重重。尤其是赣州县，赣江之险加上十八滩之难，赣漕求折的声音不断。② 运漕之难使漕额负担名列全国第三的江西省雪上加霜，所以表7-4中，江西省以总数为7与浙江省并列榜首。

与浙江、江苏、江西相较，安徽与湖北不论在漕额负担还是运漕便宜上均较为有利，当然，表7-4与表7-6中的"零"并非表明清代湖北或者安徽二省的漕务状况清明到无闹漕之事。③ 只是相较于他省，此"零"确显示了安徽、湖北的闹漕事件相对他省较少。

（二）民风之别

风俗关系古代社会治乱，古人言"嗟夫风俗之所以关乎治乱者，其故何哉，臣民之于君，非骨肉也，其为情本易涣也，风俗正，然后伦理明，伦理明，然后忠义作"。④ 清代从中央到地方，多级政府与地方力量无不重视社会风化。

> 你们众百姓听着，世间最吃亏莫如打官司，又破财，又受气，又荒误正业，你们岂不晓得，只因一时抱忿忍耐不过些小事，便酿成大祸，兴起讼狱来。尤可恨者，乡间有等坏种，遇事不肯替人排解，惯会刁唆人告状，你们有一点半点争端，他便从中播弄，这事你怎样有理，某人怎样无理，定要怎样，才了得，不然你就告官，我替你做状字，包你打赢官事。⑤

此段息讼俚语体现的即是地方官劝民息讼，勿信讼师，以求肃清民

---

① 刘垂宝：《本邑漕运疏》，同治《安福县志》卷十六《艺文·奏疏》。
② 明朝时赣州府有漕粮征派之令，后因赣州府所属之远，所经路途之险，时人称其到省兑粮水次，已"几同淮安之抵京师"，所以，嘉靖时期漕督王宗沐上请赣州府漕粮改折征收，以求苏民困。但是，入清之后，清初以明中后期各府漕额为基准恢复各府漕粮，赣州府又因此背上了漕粮征收负担。顺治十四年赣州巡抚佟国器奏请将赣、宁二县漕粮改为赣镇兵米，即"漕解抵兑"之法，赣州府才稍解其困（同治《赣县志》卷十七《食货志·漕运》）。
③ 清代安徽省即有不少此类言论，"安徽系北漕省份，宜有漕项盈余，而京饷出其中，协饷出其中，本省军饷出其中，以盈补拙，尚难相抵"，故"安徽之窘甚于江苏，力不从心，不言而喻"（沈葆桢：《漕项无从划拨，海运难以议分覆陈疏》，饶玉成编：《皇朝经世文编续集》卷四十八《户政二十三》）。
④ 光绪《续纂江宁府志》卷十四之八《人物·管同传》。
⑤ 《邑侯颜公香陔先生劝民息讼俚语》，同治《于都县志》卷十三《息讼俚语》。

风。对于闹漕与抗粮，时人往往也将之与民风联系起来，诸如方志所载：

> 嘉靖志曰，民和讼简，钱谷易完。①
> 民醇事简，讼少粮完，从来易治之善地。②
> 干嘉时农民力耕而畏法，咸同之后，惰耕而玩法，附近城镇之农习惯抗租，长工佣钱倍于昔时，往往不能如约。③
> 俗最奉法，逋赋绝少。④
> 莲花厅地处僻壤，其风土与安福、永新相似，人多恃险而长奸法，因辽远而难及，以致养成犷悍之性，聚处不良，抗粮拒捕之风牢不可破。⑤

以上言论皆将民风与抗粮关联起来，所谓"民风清，抗粮断；民风繁，抗粮多"，甚至有将抗粮称为只有奸暴游民才会有的行为。民风与漕案间的关系在江浙体现得尤为明显，且文献中批判更多地还体现为士风与闹漕间的关系。

（三）情势之殊

闹漕是漕粮征派与地方社会情况不适应的结果，区域社会的政治、经济差异导致漕粮征派在地方引起的反响不同。

江浙除漕额负担最重及民风较他省更易引发侵漕外，其米价与市场因素的活跃对漕粮征派影响也较他省尤盛。在赋役折银的清代，漕粮虽然仍保持本色征收，改折之请却一直是绅民努力的事情。改折漕粮必然将漕粮征纳与市场、米价联系起来。其实，即便是本色征收，在赋役普遍折银情况下，百姓生活与市场关系也日益紧密，这一联系必定影响漕粮上纳。

漕粮本色征收之路远不便、纳粮守候、刁勒之苦及所纳非所产等弊端，引起了广泛而激烈的求折呼声。求折之下，市场、米价与漕粮征收

---

① 光绪《溧水县志》卷二《舆地志》。
② 民国《建德县志》卷三《风俗·旧习》。
③ 光绪《重修嘉善县志》卷八《风俗》。
④ 同治《安仁县志》卷八《风俗》。
⑤ 光绪《吉安县志》卷一《地理志·风土》。

关系更为直接，由此也引发了不少闹漕斗争。毕竟漕粮折价相对稳定，米价却受粮食收成与市场等诸多因素影响而高低不定。时人有论，"米价时而贵贱其上下至一二千，若永以四五百为准，恐米贱则病民，米贵则病官，其势岌岌不可终日"①，反映了两者的矛盾，所以，漕粮折征地区米价变动与市场直接影响纳漕行为。更有此类州县，小民种稼收米后先经市场以米易钱，再到州县水次漕仓以钱买米上纳漕粮。两次交易看似方便了民众纳漕，但在米价差额下，民众却受到多层剥削，由此而"卖男鬻女""倾家荡产"，闹漕也便由此而生。②

折价与米价的价差直接影响民众漕粮上纳，两者矛盾引发的系列问题更容易波及民众生活，典型者如米价影响粮食流通情况及官民关系。

米价影响粮食流通，受灾年份尤为明显。一旦受灾，州县面临的首要问题是粮食歉收、米价昂贵，奏请截留漕粮赈济是对策之一。但截漕从请求到批准，不仅耗费时日，且获批概率受限。相较之下，到邻省购米更为及时有效。但缺米省份的"争购"往往导致邻省米价腾贵，于是"闭籴""遏粜"之类阻止粮食流通举措紧随而至。粮食流通不畅下，民众纳漕与生活均受影响，为缓和生存危机往往寻求各种方式闹漕。

米价影响官民关系。官民利益纠葛下，米价难以确定，所谓"米价太昂，则食于人者困，太贱则食人者困"。③ 明代淮安郡守曾提议解决这一矛盾的方案："谷贵则病民，官则为之贱粜，以分贵粜者之势，且下令曰粜者，尽如此价，则粟不至踊贵，为粜者病。谷贱则病农，官则为之贵籴，以分贱籴者之势，且下令曰籴者，尽如此价，则粟价不至太轻，为籴者病"。④ 为疏通官民关系，清人极力寻求稳定米价，"贵籴贱粜"与本折之改均是对策。浙江省更有"不计米色征收"，以防米色的计较导致"米价昂贵，民间难以输将"。⑤

不仅如此，米价直接影响官民关系。一旦米价"无一定"，则"民

---

① 秦湘业：《折漕变通议》，光绪《无锡金匮县志》卷三十八《艺文》。
② 道光二十六年江苏昭文县的抗租闹漕斗争即源于米价与折价矛盾。案件的相关研究可见［美］白凯著《长江下游地区的地租、赋税与农民的反抗斗争：1840—1950》，林枫译，上海书店出版社2005年版，第84—88页。
③ 光绪《金山县志》卷十七《志余》。
④ 《明郡守高捷三仓二法议》，乾隆《淮安府志》卷十二《赋役》。
⑤ 光绪《嘉兴府志》卷二十三《蠲恤一》。

无遵守，诚恐不肖官吏遂得高抬浮收，难免滋累"。① 尤其是在农民与市场关系更为紧密的江浙，在米价飘忽之际，官民关系极易受到撩动。一旦米价与折价差距过大，民众即以各种方式闹漕。

表7-4中，山东以5起漕案名列第一；表7-6中，山东省以18起漕案名列榜首。清代山东省漕额负担并不算重，运漕里程距京师最近，何以闹漕案件如此频繁？

《清实录》与方志统计中，山东省漕案时间分布如表7-8和表7-9所示。

表7-8　　　　　《清实录》中山东省闹漕朝代分布

朝代	顺治	康熙	雍正	乾隆	嘉庆	道光	咸丰	同治	光绪	宣统
次数	0	0	0	0	1	0	0	2	2	0

表7-9　　　　　地方志中山东省闹漕朝代分布②

朝代	顺治	康熙	雍正	乾隆	嘉庆	道光	咸丰	同治	光绪	宣统
次数	0	1	0	3	1	4	6	0	1	0

以上两组数据清晰地反映出山东省闹漕高峰期出现于清朝中叶之后。此期的山东恰是捻军起义与太平天国运动爆发的时期，这些民众运动与闹漕有否关联？

捻军起义与太平天国运动期间，山东省是试办团练的示范区，山东巡抚即曾组织农村全面举办团练运动。③ 团练限制了太平军的大规模扩散，也改变了地方社会结构与风气，因为"这些团练终于很快地充当了适合情况需要的民众抗争工具"。④ 对此，张之洞曾言："查咸丰、同治年间，发、捻为乱，皖、豫、山东及直隶南数府，处处办团，流弊滋多"。⑤ 什么流弊？与漕运何关？时人有详细叙说：

---

① 光绪《嘉兴府志》卷二十二《田赋二》。
② 说明：其中有二起不确定年代。
③ 《山东军兴纪略》，范文澜编：《捻军》第4册，第22章。
④ [美] 裴宜理：《晚清抗粮斗争：上海小刀会和山东刘德培（续）》，《史林》1988年第4期。
⑤ 吴庆坻：《蕉廊脞录》卷二。

陵县俗尚质朴，士勤耕读，政简刑清，素称易治，自军兴后始则各庄举办团练，保卫身家，狡黠之徒因充团长，欺压良懦，继则包霸钱漕，抗官蔑法，如侯家庄之侯登亭纠连十八庄聚众抗粮，杨冲霄庄之杨志岭命案劫狱夺犯，慭不知畏，比比皆然。①

团练肆行改变了民风质朴状况，民风之刁又促发闹漕抗官。

除团练外，美国学者裴宜理在分析山东刘德培抗漕时指出，"横贯全省的黄河走道北移达数百英里之遥，如此激烈的黄河改道，对当地广大平民造成了极其惨重的影响"及此期"从征收谷物到折征银两的折算过程中的非法行为"②是导致山东刘德培抗漕的原因。刘德培闹漕发生于同治年间山东省淄川县，规模较大，有一定代表性，其闹漕缘起一定程度上体现了道光、咸丰、同治年间山东漕案的社会背景。

表7-4与表7-6中，湖南省漕案的数据并不算多，但与湖北省相较，却多于湖北，这值得探究。两湖的漕额负担相当，地域社会情况也大体相似，为何湖南省闹漕之数远高于湖北？

有漕八省的运漕负担数湖南最远，且途径洞庭之险，运漕负担远重于湖北，巡抚赵申乔即叹道："漕运惟湖南为最远，而运丁又惟湖南为最苦"。③运漕之难加重了漕运负担。

同时，湖南省的软抬、硬驮及私派之弊甚于湖北。对比两湖地方志书，湖南省论及软抬、硬驮与私派之弊时的不惜笔墨彰显了问题的严重性。湖南省的私派不仅体现在"私派横行，而加耗亦较他省为独重"④；更体现为名目繁多，即"安化县之多取火耗，岳州卫之私用重法，署湘潭县之见事婪赃，黔阳县之违禁杂派，或登白简，或列露章"。⑤第九章分析的匡光文控漕，即缘起于湖南省醴陵州县官与藩、臬二司的浮收欺民、杂派严重现象。相较之下的湖北省，我们不怀疑仍有软抬、硬驮与私派之弊，道光年间亦有为人熟知的钟九闹漕，但就清代湖北省地

---

① 戴杰：《敬简堂学治杂录》卷一。
② [美] 裴宜理：《晚清抗粮斗争：上海小刀会和山东刘德培（续）》，《史林》1988年第4期。
③ 《运军二耗请照旧给发疏》，赵申乔：《赵恭毅公自治官书类集》卷四《奏疏》。
④ 《钱粮开征严禁陋弊示》，赵申乔：《赵恭毅公自治官书类集》卷九《告示》。
⑤ 《禁属员重耗示》，赵申乔：《赵恭毅公自治官书类集》卷九《告示》。

方志书显示的情况，湖北省漕务确较湖南省清明一些。

总之，有漕八省政治、经济特点不同，民风及漕粮负担亦各异。闹漕作为漕粮征派这一国家事务在地方社会运行中出现问题时的表现，也是地方政治、经济、社会等诸多因素共同作用的结果。数据各异的漕案是漕粮征派对地方社会政治、经济状况不同影响的结果。

三　阶段性特征

漕案是漕粮征派出现问题的表现。漕粮征派作为清代漕运的重要环节，其运行状况直接反映清代漕政发展状况。

顺康雍三朝为定鼎之初，漕政重建不久，弊端尚未明显，吏治相对清明，漕粮征收弊端尚未大规模出现。加以建国初的体恤政策，漕粮赋役负担较轻，此期闹漕案件相对较少。乾嘉之际为清代漕政转型时期，漕政弊端渐显，漕案也逐渐增多，乾隆朝漕案的频繁发生也是盛世景象下潜藏的危机。道、咸年间情况进一步恶化，漕政的败坏已是不争事实。关于此，李文治与江太新二先生合著的《清代漕运》对道光朝漕政之变及之后漕政状况已有专门论述[1]，历来学界也关注较多，漕案的多发即是此期漕政状况恶化的最好体现。光、宣时期，漕粮转海运，一定程度上缓解了前代漕政危机，但这一舒缓更多还是在运漕方面，漕粮征派环节情况仍较为严重。加以此期民教冲突、会党肇事等加剧了社会矛盾，社会危机一触即发。在复杂社会中，脆弱的漕政极易引发漕案。

漕案多寡是清代漕政发展状况的侧面体现。而漕案发生月份的统计，亦体现了闹漕的阶段性特征。

鉴于方志对闹漕月份记载较为含糊，故以《清实录》为依据，清代漕案月份分布如表7-10所示。

表7-10　　　　　《清实录》中闹漕月份分布

月份	一	二	三	四	五	六	七	八	九	十	十一	十二
次数	2	2	2	0	3	2	2	0	3	1	2	4

---

[1] 李文治、江太新：《清代漕运》第九、十、十一、十二章，中华书局1995年版。

十二月为闹漕高发期，五月、九月、一月、二月、三月、六月、七月与十一月屡有漕案，四月与八月相对较少。闹漕高峰期与清代漕粮完纳时间及漕法有何关系？

清代各省漕粮征收大致是七月开征，九月全完，十月运次贮仓。① 欠粮分为三限，"以一月为一限，十月三十日止为头限，十一月二十九日止为二限，十二月三十日止为三限"②，到限日期，地方官应填单上交。地丁钱粮则一年分两限，大致是"二月开征，五月底完半，八月接征，十二月底全完"。③ 对照地丁钱漕征收时间与闹漕高峰期，两者关系一目了然。

九月乃完漕期限，漕粮难完，漕案自然频发。五月与十二月为完地丁钱谷的二个期限，虽完者非漕粮，但漕粮、钱谷征纳来源均是百姓，民力有限，两者难以兼顾。加以漕粮欠额分三限完纳④的规定，十二月才是完漕最后期限。几项任务的重叠更易激成民反，所以，十二月的闹漕更为频繁。漕案高发期与漕粮征收期对应联系下，更可管窥其中的漕法不足。

（一）完漕时间短

漕粮征收规定七月开仓、九月全完，但实际上，民力的负担、完漕条件艰难及办漕人员不法，完漕时间十分有限。

清代百姓负责地丁、钱漕、军饷等赋税之责，各项完纳日期甚近，所谓"刈获未终，追呼已急"。⑤ 清代有名巡抚吴文镕任职浙江期间感叹道："秋冬间到任，即赶忙漕事，漕事出门又忙道款，道款未了，更忙奏销，及六七月奏销方竣（亦属创闻），则各人已喘气息肩思卸事脱身矣"。⑥ 试想，地方官为催征已成"喘气息"，民力又何以堪？有限收成下，即便有两月完漕之期，百姓能分配至漕粮的份额亦值得考虑。

---

① 琴生氏手抄：《钱谷金针》上，中国科学院图书馆藏清抄本。浙江省的说法则是九月米谷收成，十月内分限上纳，详见光绪《嘉兴县志》卷十三《漕运》。
② 《行催各属完粮限单》，蔡士英：《抚江集》卷十一。
③ 江苏省情况稍异，为"二月开征，七月底完半，八月接征，十二月底全完"（席裕福、沈师徐辑：《皇朝政典类纂》卷二十六《征收事例·催科一》）。
④ 三限分别为十月三十日，十一月二十九日，十二月三十日。
⑤ 徐之凯：《上制府请减南折银复旧书》，民国《衢县志》卷二十七《诗文内编上·文》。
⑥ 《复倪廉舫观察》，吴养原编：《吴文节公遗集》卷六十五《尺牍》。

漕法规定，漕仓遵例应是"辰开酉闭"，米到仓后，插旗编号，挨次斛收，如果米多，即多开廒口分斛收，但"总在本日斛完，毋许后掺越耽搁守候。倘有挨至暮夜，米不收完，仍然斛收者，明系弊混，严拏，漕记从重究处"。① 此法意在防漕书等暮夜收漕不法，实施中却被曲解，征漕成了仅开仓三日或两日，过此限制即为欠粮，或只征折色，时人记载道："更有永远不遵定章之州县，每年只开仓三日，或继日为止，花户之强而有力者争先交米，往往拥挤践踏伤人，过此即行封仓，概收折色，每石定价七八千，有多至十余千者，而百姓之完纳愈难，朘削愈苦矣，此弊之在官大吏从未有觉察者"。② 更有州县，"但开柜征收仅限一日，过此即为欠户，逐卯增加，甚有加至九千九百文者"。③ 所以，百姓不仅需为完粮争先拥挤，导致不少意外之伤；更有已运来漕粮却无能挤入完纳者，只得受高折价之朘削。民力难堪下，自然走向了闹漕。

此外，运粮不便又加剧困扰。以湖北省崇阳、通城二县为例，因"溪河水浅，挽运艰难"，二县应征漕米早在六七月收割时，即已"责令上繁征输"。因为一旦水涸即难上纳，水期的参与使纳漕任务更为紧迫。这一现象在僻处万山，交通不便地区尤为普遍，黄六鸿即曾叹道："东南州邑，多在山陬僻壤，险阻崎岖，一人担负仅能四斗，若粮有十石须得二十五人，而加耗饭米不与焉，及至城中不能露处也，又须歇寓不能即兑也，又须守候其间收受，保无仓胥之勒索乎，往返动须数日，农事未免荒废"。④

可见，漕粮征收虽有两个月期限，民力负担、完漕条件艰难及办漕人员不法，完漕时间十分有限。民力难堪下，无能力及时完漕，只能不断闹漕。

（二）开仓征收期与禾稻成熟期背离

漕粮定例七月开仓，九月征完，之后又分三限交纳，每逾一限，民众即应为此多上纳"滞纳银钱"，有漕八省在此制上统一。但从地域分

---

① 光绪《南汇县志》卷四《田赋》。
② 王邦玺：《条陈丁漕利弊疏》，王延熙、王树敏辑：《皇朝道咸同光奏议》卷二十七上《户政类·赋役》。
③ 光绪《富阳县志》卷十二《赋役·田赋》。
④ 黄六鸿：《福惠全书》卷八《钱谷部三》。

布上看,八省遍及北部与中南方,自然条件差异使各地禾稼成熟期不一致,征收期与禾稻成熟期不一致问题由此产生。闽浙总督刘兆麒即叹言:"征收粮米近例八月开仓,九月征收,十月告竣,十一月交兑,但差漕粮俱系晚禾,九月末尽登场"①,一旦加以水灾,更难如期上供。加以征收时,官胥"不问里民已未收获,竟提粮长横加追比,俱责令籴米上仓"②,民为完漕只能籴买,为此费钱财又废业失时,影响庄收,当然也伴随了不少闹漕、逋赋之事。所以求请"十月开仓,十一月征收,十二月完兑"③,甚至有求请"九月开征,次年四月扫数全完"。④

江苏省亦是如此,林则徐曾叹言江苏省漕粮,"俱系晚稻,成熟最迟,秋分后稻始扬花"⑤,一旦遭到水旱灾害,漕粮征收结果自然不及七月开征,十月征完的规定。

江西省四月才种苗,七月难上纳时只能哀叹"迫于追呼,势必称贷"。⑥

划一的开仓征收日期,难以适应各地稻谷成熟期不一致情况,民为上纳漕粮进行籴米加剧了民累。因此征纳期间,绅民不断逋赋、闹漕。

---

① 《禁饬漕弊条约》,刘兆麒:《总制浙闽文檄》。
② 《禁仁和县强勒籴米完漕积弊》,刘兆麒:《总制浙闽文檄》。
③ 康熙《钱塘县志》卷六《田赋》。
④ 席裕福、沈师徐辑:《皇朝政典类纂》卷二十七《田赋二十七·征收事例·催科二》。
⑤ 光绪《川沙厅志》卷四《民赋》。
⑥ 《请缓征兵粮疏》,宋荦:《西陂类稿》卷三十二。

第八章 漕案参与者的成分及动机

闹漕案件的参与者，一般来说，有州县官、绅衿（一般士绅、刁监劣绅及胥吏）和民众（地方豪强、较有声望的民众、一般民众）三大主体。州县官在征漕中被视为"饿虎出林"①，因不才及处理不善激发民变；也可被视为亲民贤令，不仅劝谕平息漕变，还亲革漕弊。绅衿也不能一概而论，对比史料中的"一般士绅"与"刁监劣绅"，发现"绅衿如毒蛇发动"②论断不可取。民众也非清一色的"鱼肉"角色，在闹漕中又可区分出地方豪强、地方上较有声望的民众，还有一般民众。由此看来，漕案应该是社会群体间的斗争，厘清漕案的主要参与力量、分析各群体的闹漕动机对于我们更深入地理解闹漕的社会意义不无裨益。

一 视漕为利薮抑或秉公办漕：闹漕中的州县

（一）州县在征漕中的作用

在漕粮征运中，"漕米则民纳于县，县上于粮道，乃船通于运河，而后连樯续进，循闸而上，累时费月，乃达通州，搬丁二万人，背置仓中，然后次第运至京师"。③ 也就是说，州县作为地方最基本的行政单位，是国家漕粮征派在地方社会的代理人。具体征漕中，州县负责漕粮征收各项杂务，时人认为："一则春筛白粮，采买糯米，一切夫工折耗，口袋麻绳，向由州县津贴。一则逃亡绝户，废地老荒，向由州县垫

---

① 柯悟迟：《漏网喁鱼集》，中华书局1997年版，第95页。
② 同上。
③ 汤志钧编：《康有为政论集》上册，中华书局1981年版，第354页。

补。一则票册纸张，夫役饭食，篷厂薪烛，向由州县措办"。① 可见，州县关系漕粮征派是否顺畅进行。王岂孙在论及清代漕运时，认为漕督对整个漕务体系鞭长莫及，"设可也，不设可也"，清代漕务的顺利进行，"其实下无不由于州县，上无不归于督抚。漕之误与不误，仍在督抚州县，总漕无能为也"。② 作者意在论废漕督，无形中却极大肯定了州县在清代漕务中的作用。

也正因为体会到州县在征漕中的作用，清廷对州县官品质十分重视。认为，如果牧令洁己勤民，催科得法，每逢开征地丁漕米时，良民会踊跃输纳，甚至"即有刁徒挑唆，众户不随，渠亦无所施其伎俩"。③ 史册中诸如"征漕思好官"案例④及"凭县令而决定是否完漕，为完漕而争县令"⑤ 都表明了地方州县官与完漕程度的关系。

（二）州县在漕案中的角色

概括而言，州县在漕案中的角色主要有以下几种：一是贤明县令平息与减少漕案；二是县令不才与不法引发闹漕；三是县令诬告绅民闹漕；四是县令处理不善而成闹漕。而闹漕是为漕粮征收不当引发的社会骚动，动及催科抚字。"催科抚字"关系地方官考成与仕途升迁⑥，为何州县官不仅激怒民闹，甚至凭空诬告绅民闹漕？探讨个中缘由，能对闹漕中州县的角色有所了解。

1. 贤明县令平息与减少漕案

在中国古代，统治者构想中的理想社会状态为："吏不侵民，下不负上，咸安其业"及"海内承平，百姓乐利无兵戈之苦，无迁徙之劳，

---

① 林则徐：《议覆筹划漕运事宜疏》，盛康编：《皇朝经世文续编》卷四十八《户政二十》。
② 王岂孙：《转般私议》，贺长龄编：《皇朝经世文编》卷四十七《户政二十二》。
③ 璧昌：《牧令要诀》。
④ 许重熙：《江阴守城记》（《台湾文献丛刊》第246种）记有类似史料，"每当征漕之月，比屋思今相国尹公不置，好官亦尽做得过"（龚炜：《巢林笔谈续编》卷下）。
⑤ 事情发生于咸丰年间安徽省。咸丰二年，安徽宁国知县因办漕不善被罢，伍庆祥由此接任，反前官所为，民人大悦，输纳踊跃。此时，宣城亦出现类似情况，输将不前，故伍庆祥移官宣城，这在中国古代本是极为平常之事，但对此，宁国民人大怒，称"非伍令则漕不能纳"，而宣城又不放人，所以为了争抢县令，二县争夺。最后，伍庆祥兼任二县，输漕才恢复正常（光绪《续纂江宁府志》卷十四之一《人物》）。
⑥ 江西省即因闹漕等钱粮征收不善导致京官与地方官调任，以致出现严重的缺官现象。可见钱粮征收关系地方官考成并非纸上虚言，州县的仕途生涯与其紧密挂钩。

故民无旷业，国无乏用，休养生息，上下相安，于无事者百余年于兹矣"。① "廉明为政""事必躬亲"也成了朝廷劝谕地方官的常用语。如若州县在治理地方时做到了以上几点，一般都会出现政清民勤的景象，赋役征收相应地也会呈现出百姓踊跃输纳之状，"闹漕"出现的可能性很低。即便闹漕出现，贤明县令的办漕态度与执政理念也会促使他努力劝谕，平息漕案。

面对漕案，贤明县令往往以德服人、劝谕感化、平息激变。如嘉庆年间浙江省嵊县之魏敦廉②与江西奉新县之余振采③等。对待漕案，贤明县令采用的是"化大为小"治理策略，扮演的是矛盾平息者角色。

不仅如此，贤明县令治理过程中的"守法"行为也减少漕案发生的可能性。如征漕过程中，如果县官"自临米廒监视"④，侵渔积弊往往会"为之一清"。而若县官于征漕日坐仓中，更是"吏绝侵盗之计，民无守候之苦"。⑤ 所以，清廷往往要求州县官"事无大小，裁决惟己，不假吏胥"⑥，收漕、征赋时更应"躬亲会计，不假手于吏胥，故无敢夤缘为奸"。⑦ "躬亲会计"下的贤明县令重视地方收漕，漕务人员非法侵渔漕粮可能性降低，漕务一清，民间闹漕可能性自然降低。

2. 县令不才与不法引发闹漕

相较贤明县令的劝谕、平息漕案，酷吏因为不法侵漕引发了更多绅民闹漕。

诸如在民力已竭，无力上供时，酷吏往往不断"移垫"，时人概述为："以存留而抵起解，或以此项而借彼款，或以新粮而抵旧欠，参罚期迫，则以欠作完，赔补维艰，又以完为欠"。⑧ 移垫虽然舒缓了催科急迫下官民紧张状态，实际却是"不过移杂垫正，移缓垫急，移新垫

---

① 《冯渭重建新阳县水次仓碑记》，光绪《苏州府志》卷二十三《公署三》。
② 在前令征漕几激变情况下受命前往劝谕，不仅成功平抚民众的情绪，更达到"未几漕尽完"结果。详见康熙《嵊县志》卷十五《人物志·宦迹》。
③ 在县令收漕被辱"遥闻鼓吹声，衣冠数十辈簇簇道左"情况下，余振采努力劝谕使人皆"贴服"，平息漕案。详见同治《奉新县志》卷九《人物二·举人》。
④ 乾隆《淄川县志》卷四《续秩官》。
⑤ 同治《广信府志》卷六《职官·名宦》。
⑥ 《昆山先贤冢墓考》卷三《吕廷章故令郭公墓记》，清末钞本。
⑦ 赵瑞吉：《送钱二尹序》，民国《齐河县志》卷三十一《艺文·序》。
⑧ 光绪《川沙厅志》卷四《民赋》。

旧，移银垫米，以官中之钱完官中之粮"。① 不仅如此，移缓还提供了不法侵渔资本，时人曰移垫之后"或豁免，或摊赔，同归无着，犹之未完也"。② 久而久之，此策成了"昏愚有司"的惯常行为，严重性更让它跻身州县钱粮不清六大积弊③，对民众生活造成极大影响。因为不管州县所移为哪项，所垫为何类，百姓完数并未减少。更有不少贪吏在垫完应纳之项后，加倍对百姓浮征，漕粮征收过程中的漕尾加增即是如此。总之，移垫加重了民力负担，增加了闹漕发生的可能性。

浮收亦是如此。虽然浮收乃州县财政结构不合理的代价④，但酷吏对浮收的态度与做法确实与贤令有很大区别。⑤ 酷吏浮收往往不是为了抵州县漕务开支与上司浮勒，包世臣谈道：

> 说者皆谓漕弊已极，然清厘实无善策，或以为州县一年用度，取给于漕，故不能不纵之浮收勒折，是无漕州县，其用度又将何出乎？或以为帮丁需索，兑费盈千累万，岁革此项，则势必误漕，州县亏空，贯由于此，是无漕及有漕而不起运之州县，其亏空又从何来乎？凡此皆贪黜州县造作言语，愚弄上司，以遂其朘民肥橐之私，而为之上司者，或受其愚而不加省察，或利其贿而为之饰词，以致浮勒日甚。⑥

---

① 光绪《川沙厅志》卷四《民赋》。
② 同上。
③ 州县钱粮不清六弊为：侵欺，挪移，透支，冒破，未获批，未获领。详见席裕福、沈师徐辑《皇朝政典类纂》卷二十八《田赋二十八·征收事例》。
④ 即浮收是为侵漕的体现，但在清代"起七存三"制度下，州县往往难以供付地方开支，只好进行浮收（吴琦、肖丽红：《漕控与清代地方社会秩序：以匡光文控漕事件为中心的考察》，《华中师范大学学报》2009 年第 2 期）。
⑤ 这里需要说明的是，浮收与否并非区别贤令与酷吏的唯一标准。毕竟清代，浮收已成漕务征收过程中不可或缺的一项。两者区别更多在于浮收数额，或说是"度"的把握上，只要不超过惯例中之数字，这种"多取"还是能为民众及社会所接受，这种官吏，一般也不会作为酷吏载在史册。同样的道理曾经亦为一名谙习中国官场的外国人密迪乐所提及："我相信，所有中国官员除了薪俸都要拿外快及养廉银，中国人所谓'清官'与'贪官'，最大的区别就在于前者使百姓为公道而付钱，而后者则贩卖不公道给最高的出价者"（密迪乐：《中国政府、人民……杂录》，第 114—115 页。转引自约翰·R. 瓦特《衙门与城市行政管理》，注释 24，参见［美］施坚雅主编《中华帝国晚期的城市》，中华书局 2001 年版，第 462 页）。
⑥ 《庚辰杂著三》，包世臣：《安吴四种》之《中衢一勺》卷三。

这样，日甚一日，地方官不能洁己奉公，给了绅民口实。所以，论起清代漕政败坏、漕案层出原因时，时人感叹："自州县任意浮收，无所顾忌，遂致舆情不服，屡酿事端"①，"浮收勒折，日增一日，竭民力以积众怨，东南大患，终必在此矣"。②州县浮收勒折过甚；民力难堪只能进行闹漕，典型者即如湖南醴陵长达三年的民人反抗州县加收漕价，最后酿成京控一案。③

而"奸书"的煽惑又加剧了州县不法累民行为。对此，江苏巡抚丁禹生谈到，对地方事务"漫不经心"的州县往往"惟门丁之言是听"④，甚至"奉书差若神明"⑤，执案中不只忍气吞声且不敢有任何异议，这种"官亦忍气吞声，姑置不问，非不问，不能问，抑不敢问也"⑥态度，让书吏的不法及越过州县办理地方事务，激发不少闹漕案件，钟九闹漕即是典型个案。⑦

由此可见，不法县令"以漕为利薮"，征漕成了渔利的中介。而州县的不才又让奸胥有了作弊空间，由此引发种种闹漕。州县品质关系征漕事务，时人即言"州县平日果能听断勤明，舆情爱戴，必不至因收漕而滋事"。⑧

---

① 陈岱霖：《请严革征漕积弊疏》，王延熙、王树敏辑：《皇朝道咸同光奏议》卷三十三《户政类·赋役》。
② 《庚辰杂著三》，包世臣：《安吴四种》之《中衢一勺》卷三。
③ 个案分析详见第九章，也可见吴琦、肖丽红《漕控与清代地方社会秩序：以匡光文控漕事件为中心的考察》，《华中师范大学学报》2009年第2期。
④ 《通饬各属词讼立限审结》，丁禹生：《抚吴公牍》卷二。
⑤ 《札饬查明开征不贴简明告示，各州县详记大过一次》，丁禹生：《抚吴公牍》卷五。
⑥ 柳堂：《宰惠纪略》卷二。
⑦ 案件缘起县官昏庸，任凭书差，歇家不法。案情分析详见张小也《史料·方法·理论：历史人类学视角下的"钟九闹漕"》，《河北学刊》2004年第6期；《社会冲突中的官、民与法：以"钟九闹漕"事件为中心》，《江汉论坛》2006年第4期。
⑧ 汤金利：《另陈收漕八折室碍情形疏》，王延熙、王树敏辑：《皇朝道咸同光奏议》卷二十七上《户政类·赋役》。

3. 县令诬告而成抗漕

清代漕案收集中发现，县官诬告绅民反抗案件不少。① 漕案彰显了催科抚字不济、州县政绩不良事实，酷吏不仅不劝谕平息，反倒诬告民闹？诬控背后州县官的策略较有意思。

综观此类漕案，县官诬告起因一般是浮收过甚激发民怒。试想：此类案件如果稽查起来，县令必当受罚。但诬告策略下，地方官却掌控漕案主动权。因为，此时催科抚字完成不济责任在于民众的不守法——既不如期完纳又刁顽反抗，于是案后州县既可免予浮收而坐罪，又可在镇压民反中邀功。策略的有效性使得酷吏处理漕案中往往"藉词于抗粮滋事，以掩其浮勒之咎"②，甚至有不惜将案情扩大者。如嘉庆十年江西万载县因县吏、书差浮收过甚，监生怒而上控时，州县即上疏监生"抗粮"。此案周旋长达两年，因为在"抗粮"这一"莫须有"罪名下，监生上控多了一层不合法的成分，上控之路尤难。③

虽然此类案件一旦被澄清，州县须为此付出一定代价，但最大的责罚也不过是降级调动，在经过利益权衡之后，诬告绅民成了州县的最佳选择。顺治年间震撼世人的浙江众绅抗粮案即源于诬告④，时人感叹道："官吏所以制民之术，其道有三：一曰抗粮，一曰包完，一曰硬交丑米"。⑤ 以"抗粮"、"包漕"、"丑米挜交"定罪民众闹漕的现象十分普遍，这也给我们研究提出了要求，即分清史料中的"闹漕"究竟是

---

① 如道光年间山东阳信州县横征暴敛，曹希汤等四位义士连名呈请县照市价完漕，邑令却反诬其抗拒国课（民国《阳信县志》卷五《人物志·义侠》）。咸丰四年知县朱光宇浮收加漕价，刘化振请免浮收，光宇匿浮收事反诬化振抗粮叛变（民国《禹县志》卷六《赋役志》）。嘉庆二十五年湖南醴陵知县王述徽征漕浮收，有民众以岁旱求减，则指为抗粮，立予杖刑（民国《醴陵县志》之《赋役志·赋税》）。同治乙丑江苏光宣宜荆漕胥浮收勒费，不给者以抗赋论拘击之（民国《光宣宜荆续志》卷九中《义行》）。光绪二十五年绅只欠十余石粮，太守却诬绅包抗漕粮（《徐兆玮日记·乙亥日记》[常熟图书馆藏稿本]1899年乙亥，7月30日）。

② 同治《铅山县志》卷八《食货·练保关门·上谕》。

③ 民国《万载县志》卷尾《案牍·浮收》。

④ 顺治年间，饷部蔡边奉旨查浙江顺治十二年至十五年粮豁免情况，因绅衿羽京等不配合，且醉酒后无礼，二人怀恨在心，遂造册诬告程、安二县绅衿抗粮甚多，且为首者即为羽京，此案影响极大。同治《湖州府志》卷九十五《杂缀三》，光绪《乌程县志》卷三十四《杂识二》均有记载。

⑤ 姚文田：《敬陈漕运情形疏》，王延熙、王树敏辑：《皇朝道咸同光奏议》卷二十七上《户政类·赋役》。

民闹还是诬告下的"莫须有"罪名。

4. 县令处理不善而成闹漕

诬告以求脱罪是州县应对闹漕策略之一，如何平息动乱才是关键。贤明县令往往是以德服人，劝谕平息激变。酷吏则往往误解民意，因处理不善加剧了案情。

误解民意激成民众抗漕，通常表现为民众请愿求减不成反被激成众变。以道光年间山东平原县抗漕为例。平原县征漕吏役舞弊严重，往往"照额定数目，加至三四倍不止"，苦穷难完下，乡民聚众赴县请求核减。当时民意很清楚，即非以令为难，只想求减而已，县令徐昌绪却未晓民情，以"抗漕不完"详述于僧邸东昌行营。因时值军兴，所征漕米关系军需，徐令一言很快引起僧邸注意，便派徐昌绪监收漕米。乡民见求减不成，反令上官严格收漕，不平下"乡民绝迹不入城，守候多日不得要领"。由此官民误会更深，官以为民抗漕，有"剿没全县之举"；民以为官不恤民力，双方矛盾一触即发。①

胥吏等中间阶层的不法蒙蔽更加剧了这种情况。清代湖南长沙巡抚周召南论催科抚字时即叹道官民之间的交困状态，他说：

> 以一钱银明日可必完者，今日立地追求，竟有断其肢体而毙其性命者，夫以一钱银而杀一命，不可谓今日无其事，无其人，岂父母爱子之心哉？何相残之深也。惟其做官不知大体，而行事遂无法术，亦非愿死，此人以其一怒之间，棰楚之下，遂不识有轻重矣。民岂不畏难而愈滋其顽梗乎？自然东逃西躲，一日全一日之生，盖畏之如狼虎，遂避之如汤火也，及至百姓逃躲乃不自究。②

官民交困中，官怨民逋逃，民怨官催科不恤民。而论起官民交困的原因，周召南的"所欠粮者一二狡猾之徒，皆其串通衙役有所凭依，以愚弄其无知之官"③，体现了不法胥吏的破坏作用。此时如果加上漕督参与，漕督的不熟悉民情更易激成闹漕。清末《点石斋画报》曾记

---

① 民国《续修平原县志》卷十《人物·孝义》。
② 周召南：《严饬征收檄》，乾隆《长沙府志》卷二十二《政绩·檄》。
③ 同上。

"闹漕惩办"案例：光绪年间，江苏省镇江因灾歉收，各属上请县署饬定划一灾歉分数。而这正为总漕所忌讳，所以，漕总动兵捉拿上请之人，结果是"漕总以拿人激众怒，以众怒激官怒，而闹漕之势成"，画中主角江某被捕定罪。对此，画作者感叹道：

> 智犹忆曾文正公总制两江，其实大难甫平，疮痍殊甚，江南始减赋而闭征之始，其除全荒芜，人望种外归，一律征收，献策者谓地之荒熟不能无差等，即外种不能无区别，文正越宿答之曰，此事情细思之终觉不妥，呜呼，以文正之才之学，岂不知熟与荒之未能一律，而其不能不归一律者，蓄深知以荒做熟，以熟作荒之为弊漏刘也，滑吏之滑早在文正洞察中矣。①

图 8-1　闹漕惩办

误解民意是州县处理漕案不善原因，"请兵剿"举措又加剧了处理不善情况。

---

① 《点石斋画报》庚六，第 45 页。

以江西省为例。吴文镕为令期间，德兴、贵溪、临川三县因漕变纷纷向府求兵剿平，情势之急"未免骇人听闻"。向来执"劝谕以化大为小"政策的吴文镕对请兵举动并未苟同，而是先访探三县闹漕，发现"其实非漕务也"。如德兴县并非民户闹漕，实乃盐犯拒捕，只是"其时正值开仓，适有挐犯之事，花户畏事不前，并非藉端闹漕"。贵溪县更是因州县不才，姑息绅衿太久，导致"上下忙开征，须官犒给酒席钱"，绅衿方肯投柜交纳，否则即欲"藉考滋事"。绅衿本想借此要挟州县，却因"闹得太甚"，致使官绅冲突公开化，而州县则"酌调营兵弹压挐犯"。临川县则因漕米本折征收混乱，漕棍得以"拨弄把持"，州县无奈而请兵弹压。三个县令对冲突第一反应即是"以漕务困，上请兵剿"，希望以兵威慑造事之人，将闹漕苗头掐灭，结果反倒扩大动乱。① 吴文镕在给李石梧回书中即叹道，其"似专属漕事，而实与漕务无干"，如若"因漕事而纷纷调兵，未免骇人听闻"。因为历来漕务矛盾，往往只是"小小唇舌，几乎无岁无之"。所以对于闹漕，督抚往往希望州县能尽量劝谕，"先求官与民洽，使舆情不致隔阂"②，避免官民之间交怨乃至交困、交争。但对酷吏而言，请兵求剿或干脆诬告民反以推卸脱罪。这一处理不善举措又加剧了闹漕。

（三）漕案中州县不同角色之原因

州县在漕案中的四种不同的角色，除劝谕平息漕案是贤明县令行为外，州县不法、诬告、处理不善均为酷吏举措。除与州县本人的素质、行事风格有关外，更深刻的原因则在于作为漕粮征派在地方社会的代理人，州县在国家、州县与民众的利益纠葛中处于一个尴尬的地位。③ 作为一名官员他要及时完成漕粮征收任务，以保障自己的政绩优良。另

---

① 如临川县后来即爆发了更为激烈的周祥彩包漕抗闹之事。
② 《复李石梧制军》，吴养原编：《吴文节公遗集》卷六十四《尺牍》。
③ 州县官在其中的作用如社会关系学上的"桥"。在社会关系学上，如果有一个人在两个分离的组件中间形成了一个连带的话，这个人就是一个切点（cutpoint），也就是我们俗称的桥（bridge，学理上桥是沟通的线，而不是节点）。且如果两个分离的大团体间彼此的信息交流，意见沟通，行动协调均需要"桥"的话，就说明了这个"桥"的中介性极高。据博特结构洞理论分析，中介性高的人就掌握了信息流以及商业机会，进而操控两群人，获得中介利益。

但是，这一桥也很容易被其中介的两个网络都认为是自己人，要求其代表该团体的利益，遵守该团体的规范，以致"桥"没有任何自由度，两面难讨好。这种人际中间地位的两面为难在社会关系学上称为"齐美尔连带"。详见罗家德《社会网分析讲义》，中国社会科学出版社 2005 年版，第 156、161—162 页。

外，作为一名基层管理者他又不能不考虑地方和百姓的完漕困难，宽容那些因经济问题起而抗议的民众。漕案动及催科抚字，这也是清代地方治理的两难困境的一个方面。

清代《州县事宜》对州县政务内容记载如下："夫任土作贡，国家之常经。抚字催科，有司之专责。为有司者，固不可任性滥刑，徒事敲扑，亦不可沽名邀誉，一味忽延，要在劝输有术，宽严合宜，使粮无逋欠，民无扰累，则催科之道得，而抚字即寓其中矣。"① 言辞中体现了两层含义：一是催科抚字是为州县政务重心；二是催科抚字之间的关系应为"抚字寓催科之中"。

催科抚字对州县政务的重要性，清人已有明确认识，时人曰"钱粮为国家之重务，催科乃有司之常政"②、"抚字催科责在司牧"。③ 催科抚字结果与地方官考成的结合，更提升了两者的重要性。诸如钱漕征收上，往往是"地丁钱粮经征州县官欠不及一分者，停其升转，罚俸一年，欠一分者，降职一级，欠二分者，降职二级，欠三分者，降职三级，欠四分者，降职四级，俱令戴罪征收，欠五分以上者革职"④，所以赋重州县往往奏请"不与小县一例考成"。⑤ "催科抚字"重要性也日渐成了评价州县的重要标准，清人曰"朝廷之设州县，曰催科也，抚字也，二者兼之斯为循吏"。⑥

但毕竟州县在地方政务不止钱名刑谷，还有劝课农桑、兴修水利、抗灾自救、教化劝谕等系列职务。对于催科抚字关系，虽然州县明白"抚字弗尽，其道固难，徒事催科，而催科未举，其纲亦岂能空谈抚字"⑦，现实中却两难兼顾。史上"欲催科，必先抚字"还是"寓抚字于催科"等争论不休，清人官箴书中不少的"寓催科于抚字"为官心得与赞扬州县变通催科之法⑧的言辞，也从侧面体现了问题的棘手。

---

① 田文镜、李卫：《州县事宜》之《圣谕条列事宜·催科》。
② 《隆庆二年瑞州府知府邓之屏申详文》，同治《高安县志》卷五《减浮疏呈上》。
③ 民国《万载县志》卷四《食货·清田赋》。
④ 文孚纂修：《钦定六部处分则例》卷二十五《催征》。
⑤ 光绪《川沙厅志》卷四《民赋》。
⑥ 《泲水客谈》，康熙《耒阳县志》卷三《公赋》。
⑦ 沈衍庆：《槐卿遗稿》卷三《书牍》。
⑧ 清人王邦玺论丁漕利弊时，对县令在催科中能对串票制进行改革，以使征收有起色的做法大为赞赏，认为"讲求催科者，当知所变通也"，详见王邦玺《条陈丁漕利弊疏》，王延熙、王树敏辑：《皇朝道咸同光奏议》卷二十七上《户政类·赋役》。

理论而言,"催科抚字"不可分割,即"欲催科,必先抚字,抚字尽其心,则催科即抚字之一端,事可不劳而举"。① 两者协调之下,地方钱粮征收必当"平日著名顽户,当无不改头换面,踊跃输将"。② 若将两者割离,则易出现"抚字心劳,催科政拙"局面。现实中,两者往往难以兼顾,原因如下。

首先,"县官专心催科,无暇抚字"。催科抚字虽然同为州县两大政务,但催科艰难让其地位凸显抚字之上。沈衍庆任江西泰和县令时即无奈叹道,自己"到任以来,迭经劝谕,谆谆舌敝唇焦"③,抗欠仍如故。所以,一年下来,州县为完地丁、漕粮、南米、军饷及新收旧欠等任务,往往需逐图催征,以免"(印官)一或不到,即互相观望,抗不完纳"。④ 但清代州县幅员并不小⑤,这样一来,为了催科,州县往往"坐署治事之日少,下乡催粮之日多"⑥,根本无暇顾及捕盗等"抚字"。加上催科对州县考成的重要性,是为"有司之督抚,必以催科试其贤能,盖催科不扰,其余可知也,抑催科不扰,其余皆可不问也"⑦,州县逐渐形成了"以催科为上考,抚字为缓图"⑧的治理习惯。这种"专以钱漕为意,于听断大都怠慢"⑨态度下,州县自然难以平等对待催科抚字。

其次,地方民力之疲加重了这一困难。论及本地田土赋税时,方志常言"山多田少,出产微而办赋艰"。⑩ 所以,当苏州府地方官因逋欠太多遭罚时,有司委屈谈道:"臣竭尽心力,多方劝征,难得仅能如额,惜完斯实迫于功令,不得不令民剜肉医疮"。⑪ 民力难堪下,如果

---

① 梁章钜:《退庵随笔》卷七。
② 《按月册报词讼禁押事由》,佚名辑:《江苏省例》。
③ 《谕各乡贤后裔清完钱粮》,沈衍庆:《槐卿政绩》卷一《示谕》。
④ 《覆吉安李太守谕行事宜书》,沈衍庆:《槐卿遗稿》卷四《书牍》。
⑤ 据瞿同祖对清代地方政府的经典研究,州县的大小规模,通常按其最长最宽处(方圆)来描述,从大约一百里到几百里不等。它包括一个州县治所(有围墙的城),环布在它四周的一些市镇,几十或上百个村庄,村镇规模大小不等。详见瞿同祖《清代地方政府》,法律出版社2003年版,第6页。
⑥ 王邦玺:《条陈丁漕利弊疏》,王延熙、王树敏辑:《皇朝道咸同光奏议》卷二十七上《户政类·赋役》。
⑦ 梁章钜:《退庵随笔》卷七。
⑧ 《皇朝政典类纂》卷二十七《田赋二十七·征收事例》。
⑨ 《山东西司事宜条略》,包世臣:《安吴四种》之《中衢一勺》卷四。
⑩ 乾隆《太湖备考》卷五《田赋》。
⑪ 《康熙四年巡抚都御使韩世琦请减苏松田赋》,光绪《苏州府志》卷十二《田赋一》。

继续催科，必将激成民反，清人曰"催科一急，则动至激事，此处一动，邻境因之生心，此处甫平，彼处效尤又起"①。所以，地方州县只能"当食不能下咽，中夜彷徨起坐，绕室而行，不知天心何以严酷"②，独叹漕粮颗粒无收，地丁上下忙之难征。

"催科抚字"两难中，紧接而来的往往是"官困考成，民苦赋重"。江西省在漕粮与南米征收时，即叹道"缓漕急南而误在漕，借南补漕而误在南，两急而病在民，先漕后南而病在官，日复一日，年复一年，民甘逃徙，官受严谴"③。此时，如果地方官继续催征收，结果只能是"无岁无不逋之赋，亦无岁无不参之官"④，甚至是"民毙杖下，官罹参罚"⑤。所以，面对江南钱漕催征的苦难，地方官如实说道"实乃产不敷出，官民均无能为力也"⑥。

可见，两难中，不仅地方官难以兼顾催科抚字，伴随而来的官民交困状态更令县官头疼。困境中，州县官的不同执政理念直接引向不同的治理格局。在漕务上即表现为贤明县令的劝谕平息漕案，与酷吏的不法、诬告、处理不善激发民闹漕不断。

二 利益追逐中的特殊阶层：闹漕中的地方势力

关于闹漕，文献中最常见的表述是"刁监劣绅"与"刁民"作乱。清代闹漕案中，"刁监劣绅"与"刁民"的成分并不单一。传统中国社会，只要危及统治秩序的社会反叛，均被打上了"贼""逆""刁民""寇"等字样。闹漕即是如此。

清代闹漕案，可将参与主体分类如下：地方豪强、地方上有声望之民

---

① 张之万：《酌拟通查豫省积弊疏》，王延熙、王树敏辑：《皇朝道咸同光奏议》卷二十七下《户政类·赋役》。
② 《复毓星甫观察》，吴养原编：《吴文节公遗集》卷六十五《尺牍》。
③ 同治《奉新县志》卷六《食货·田赋》。
④ 同治《高安县志》卷五《减浮疏呈上》。
⑤ 同治《高安县志》卷六《减浮疏呈下》。
⑥ 光绪《苏州府志》卷十二《田赋一》。

众、一般绅衿、刁监劣绅、胥吏及一般民众。① 传统社会中，"一般民众"是社会各个阶层的欺压对象，其他五类群体则冠以"地方势力"之名。

（一）地方豪强

地方豪强闹漕是为私利，且更多为非正当利益。

相较于后文将提到的刁监劣绅借身份资本的侵漕活动，地方豪强靠的是在地方社会的强势影响力逃避漕粮征收。② 史载，地方豪强有"朝三暮四，经年不纳者……有数年钱粮延挨拖欠竟不完纳者，有串通蠹歇或捏赔亏，或称故绝，纵令代赔者"③，欠粮手段种种。州县整顿漕务，主要是压抑豪强的侵漕活动，而这又往往激起豪强闹漕，甚至煽惑民众一起闹漕。他们常常借助一些地方矛盾，借抢米风潮④、借团练运动⑤，借饥荒⑥，借民意不满⑦、借民众愚昧⑧，还有利用强势胁民⑨，等等。如山东临淄县漕务整顿时，地方痞棍"鼓众抗粮，久成惯例，至是倡

---

① 不管是"地方豪强""刁监劣绅"还是"较有声望民众""一般绅衿"，清代文献经常统一冠以"狡猾者""痞棍""无赖子""积匪""土棍""土匪""奸民""刁民"头衔，各类人员的区分应从史料背景出发，分清究竟是为正当利益还是为非正当利益而闹。

② 这种"强势"影响力通常指的是地方豪强的不法，武断乡曲，也包括了因不怕丢脸而出名的土豪劣绅的种种欺压乡民行为。

③ 民国《海宁州志稿》卷九《赋役》。

④ 嘉庆九年，苏州府因灾米价腾贵，刁民纠众抢米，规模之大达到"九邑同日而起"。此次抢米风潮亦带来了不少的闹漕风波（光绪《苏州府志》卷一百四十九《杂记六》）。

⑤ 如咸丰年间，山东陵县之"狡黠者依团练势倡议抗漕，愚民和之"（民国《陵县续志》卷四《第二十四编·官师传》）。

⑥ 咸丰十年，浙江桐乡、海宁"岁饥，乡民聚众抗官闹漕，土匪乘机蠢动……揭竿响应，旗分五色，乌合万余人"（《冠县县志》第十卷）。

⑦ 包世臣在论及历来讦告条漕之源时，论道"讦告条漕之源，则以平日不能受理民事以郁民气，上控之后，曲意拖累，以积民怨，于是一二棍徒乘间阘郁之气，出头讦告条漕，合属良懦敛资以助"（《山东两司事宜条略》，包世臣：《安吴四种》之《中衢一勺》卷四）。

⑧ 主要指奸民利用古代社会民众对政令的不理解而煽惑，这尤为地方官所防范。如戴盘在主事浙江期间，因海宁、海盐二处被灾，奉文停征，而桐乡却仍负有补充京仓缺米重任，不能享受同等待遇。接此通告之时，戴盘立即对民劝谕，说明原因，以免"桐之奸民闻之，窃思煽惑愚民"（《桐乡征收冬漕记》，戴盘：《两浙宦游纪略》之《桐溪纪略》）。

⑨ 这一现象在清代闹漕案中更为普遍，毕竟地方豪强之所以得名原因即是其在地方上之强势，使民众畏惧而从之。在这一类闹漕事件中，地方势力胁迫民众痕迹明显。如道光二十七年，浙江省石门县匪徒倪锡淋闹漕一案中，即宣称如有民众不支持，"定行杀害"（《审拟石门县闹漕匪徒折》，吴养原编：《吴文节公遗集》卷二十六《奏议》）。还有前文提及的康熙年间山东临淄高云若抗粮，亦是倡言民若不支持他，仍赴县完纳，"必火其庐"（民国《临淄县志》卷二十四《人物志·宦迹》）。

言有敢完纳者必火其庐，乡愚惴惴莫敢违"①，县令为继续整顿，只好"亲至其地"，不料豪强"大肆咆哮，形同叛逆"②，无奈下只好动兵平息闹漕。

江西省也有此类案件。道光年间临川县漕米征收混乱，县令进行整顿，令"通县一律米皆平斛，响挡颗粒不加"，由是民输将大为踊跃，史称"临川漕事可从此相安"。漕事相安，减少了豪强侵漕可能性，时人描述道"因定章如此，无从煽惑百姓，亦无从挟制官长"。所以，临川县不法之徒只好假借建造"许真君庙"向民勒派漕米银钱，最后发展为公开闹漕。③

不管是私利受损，还是乘机谋利，漕案中地方豪强总在积极扩张权力，而清代地方政治环境又给其私利追求提供了有利土壤。

清代地方官通常三年一调，三年中若不能久任当被降调，所以地方治理当以稳为主。黄六鸿在《福惠全书》中曾通过自己处理地方恶势力的两次经验，劝谕地方官应该"忍性气"，毋"任事太真，疾恶太甚"，处理地方公事应"使两家之意平"。④ 贤明县令已是如此，一般县令对奸民不法更是"因循隐蔽，以博宽厚名"⑤，以免"奸民辄起操长短而中之"。⑥ 但久而久之，地方社会形成了不怕官的习气。奸民闹漕时，即便"闻官差来缉"，奸民仍"复鸣锣妄行拒捕"，致使州县"不

---

① 民国《临淄县志》卷二十四《人物志四·宦迹》。
② 同上。
③ 《复李石梧制军》，吴养原编：《吴文节公遗集》卷六十四《尺牍》。
④ 黄六鸿这两大经历如下：第一个是对包粮劣衿的处罚，劣绅某包粮达二十余年，历任却无敢过问，"追鸿至，令里长开报欠户，拘讯之，唯叩头号泣而不敢言，欲责之，乃言恶粉劣状并所以包揽拖欠之故，鸿闻之不胜眦裂发指，立命补牒公举，与诸欠户对簿，彼愤众遽敢撄锋，乃起而批举首之颊。鸿遂大怒，立请教官，褫其衣杖之于庭而通申各宪"。事情虽解决了，但是结果"鸿果获罪地方"，治理过程中障碍重重。第二个也是对劣绅的处罚。劣绅某"平日把持衙门，包揽赋税，无异彼生，其本邑更名地粮花户半归劣手，而勋之更名粮独多"，此时，黄六鸿不再像前一个例子一样，直接将矛头对准劣绅，而是总结了前一个经验，更改策略，之后达到的则是完全不同的结果。黄六鸿得意地对自己新策略及达到效果记载如下："佥劣姓为催头，劣一日登堂，面求更金他姓，鸿不许，劣争辩良久，词色颇不逊，鸿怒填胸臆辄欲掀案挞之因创畴昔彼生之事。屡遏而止，乃好言慰之出，而催头卒不更，是后更名粮，卒如额全完"。不仅如此，黄六鸿还在地方留下了极好的官声。关于黄六鸿的这两大处理经验见其著《福惠全书》卷四《莅任部二》。
⑤ 民国《临淄县志》卷二十四《人物志四·宦迹》。
⑥ 《劝谕征输示》，陆寿名，韩讷辑：《治安文献》卷二。

敢履勘"。① 对此，时人总结道"民知官长之必去，视为电泡，绝无慑服之心"。② 所以，闹漕继续。

（二）地方上较有声望之民众

与地方豪强类似，地方上较有声望之民众亦被称为"经济人"③，在地方社会发挥重要功能。具体而言，地方豪强个人权威的建立凭借的是其强势、无赖、不怕丢脸而为民众惧怕；而"地方上较有声望之民众"则更多依靠的是其公正及博学，能为民众解决日常纠纷及提供生活等方面的有益帮助。但是其行为往往会引起统治者的不满和反感，闹漕案中两者的区别应结合案例分析，因为文献往往以"刁民"统称这类人。山东乐陵县郑莼抗漕为我们分析"地方上有声望之民众闹漕"提供了典型个案。

咸丰十年前后，乐陵县连年大旱，几乎颗粒无收，县民难以自给。加之地方豪强借太平军期间兴办团练之机④与地方政府勾结包揽全县粮米地税，私抬米价，加剧县民负担。怨恨中，民众纷纷赴县喊冤请减，知县任天洪却置之不理。于是郑莼联合孙家埝、铁营、庆云等村民众一同闹漕，规模浩大，曾"三进县城"，且迫使知县答应免粮减税，严重影响了地方豪强利益，由此也引来了西团极大反抗，两者交锋，郑莼获胜。此时知县任天洪却向上告急求援，山东巡抚谭廷襄更是以"郑莼造反，借口办团，抗粮聚众，殴官围城"上奏朝廷，于是遭至清廷镇压，郑莼抗漕失败。⑤ 虽然如此，郑莼却留下了英名。今天山东乐陵县仍有不少人相传其英雄事迹，并留有一"郑莼树"。⑥

之所以将此案例放于"地方上较有声望民众"闹漕名目分析，主

---

① 柯悟迟：《漏网喁鱼集》，中华书局1997年版，第8页。
② 郎廷佐：《请舒江南三大困疏》，嘉庆《重刊江宁府志》卷五十六《艺文》。
③ 此概念借助于杜赞奇的研究，此类人可分为"保护型经纪"与"营利型经济"两种，前者代表社区的利益，并保护自己的社区免遭国家政权的侵犯，后者视乡民为榨取利润的对象。这种分类跟本书研究中的"地方豪强"与"地方上有名望的民众"切合度较高，所以，在此亦借其"经济人"的概念统称之（杜赞奇：《文化、权力与国家：1900—1942年华北农村》，江苏人民出版社2004年版）。
④ 指城西北靳家之大地主李吉的家人借李吉"咸丰帝二品告官御马快"职位谋得西团团总之位。
⑤ 《清穆宗实录》卷二十三，同治元年三月下。
⑥ 传说当时郑莼是在此树下聚众反抗的，后人曾赠有一首诗："当年树下聚英雄，抗漕减税泽众生。义胆忠魂随风去，空留此树掉秋风"。

要有两个原因：一是郑莼在地方社会有一定影响力，所以才能纠合各乡村民，组织了这场规模浩大的闹漕；二是郑莼闹漕的出发点是为乡民谋利，求减漕粮。这也是界定此类群体参与漕案的主要标准。

（三）一般士绅

"一般士绅"主要指漕粮征收中相对守法的士绅，概念是相对"刁监劣绅"提出的。

清代法律明文规定，"征收漕粮定例，无论官儒民户一体督催，及时入廒"，如果生监拖欠税粮，则"除去儒户宦户名目，如有生监仓揽拖欠即行重处"。① 清代法律下，绅衿仍须纳漕。但传统中国社会，绅衿享有许多特权②，其中赋税的优免权使绅衿虽为"编户齐民"，又有别于一般的"编户齐民"。同时各级官府的无力直接干预地方事务，又给了绅衿一定的权力参与地方事务。绅衿在清代地方社会的责任更多体现在传统社会对绅衿的角色要求上。以赋税漕粮征收为例，绅衿不仅要"独善其身"，踊跃完粮；更要"兼济天下"，劝谕民人早完粮。两者履行情况，成了清廷区别"一般士绅"与"刁监劣绅"主要依据。③

综观漕案，史上诸如刘凤祥因劝谕民众毋聚众抗漕有功，县令致匾表彰④的案例不少。如前文提及的道光年间山东平原县，因征漕导致官民冲突，官有"剿没全县"之举动的闹漕个案中，最终矛盾的解除即是绅衿的参与与劝谕。史载，邑绅张光灿及时赶回籍见县令"力言民无他，并为画六策"，结果不仅平息了风波更是"旬日之间大漕完全收讫"。⑤ 绅衿在闹漕中的这种劝谕功能，时人常深有感触描述为："皆帖

---

① 光绪《户部漕运全书》卷九《征收事例》。

② 1959 年日本学者荒木敏一即通过雍正二年河南开封府封邱县生员罢考原因和过程的考察，指出生员阶层享有"相当于九品官的'衣顶'和免役两项特权，这两项特权对生员的生活影响甚大，前者成为其行为的护符，而后者则使其免除承充官役之苦"（郝秉键：《日本史学界的明清"绅士论"》，《清史研究》2004 年第 4 期）。

③ 综观漕案，刁监劣绅往往为富不仁，既不努力完粮，反更包揽侵蚀他人之粮，在劝谕民人早完粮与毋反抗方面也做得不尽如人意。而"一般士绅"则会恪守绅衿职责，遵守清代县学门口的卧碑内容，认识到完粮乃分内之事，故不会因拖欠漕粮出现于漕案与官府作对，更不会因追逐私利鼓动民众反抗。

④ 民国《续修平原县志》卷十《人物·孝义》。

⑤ 同上。

然散去"①,"乡人感其言,抗粮事遂"②,"力为排解,民始按堵"③,"周旋于上下之间……鼎沸得息,一言除具害,合邑蒙其福"④,"晓以理法,乃散"。⑤

当然,并非所有的"一般士绅"均能将"劝谕"内化于自己言行中,诸如咸同年间山东陵县绅衿对县官"劝谕"之请"相视瞠目不语"情况也不少。⑥ 所以,为了内化绅衿对自身道德义务的认识,清廷不仅表彰优秀绅衿行为⑦,更与惩罚相结合劝谕,清人曰"钱粮不完,无论绅衿尽行褫革,究拟其在小民,更不必论,从未闻有因逋赋而辱身,能愬冤于上雪愤于朝者,可见钱粮之完与不完,关尔民自己之祸福"。⑧

总之,作为地方法令及自身身份要求的恪守者,一般士绅在漕案中要么努力早完国课,要么尽心劝谕民人毋庸反抗。

（四）刁监劣绅

闹漕中,"不知抗欠者悉是衿监租业之户,其自种小户不但不敢抗欠,并且颗粒不能短完"。⑨ 不仅如此,刁监劣绅闹漕时往往"以欠粮为能,相率效尤"⑩,这一侵漕的严重性让它跻身道光征漕三大积弊⑪之

---

① 民国《续安邱新志》卷十七《事功传》。
② 民国《龙游县志》卷十九《人物传》。
③ 光绪《南阳县志》卷十二《人物下》。
④ 《续修陈留县志》卷二十一《孝子传·附善人》。
⑤ 同治《江西新城县志》卷十《宦业》。
⑥ 咸同年间山东陵县发生民众闹漕,县令因漕案被罢职而新令又不能劝动民人时,只得出面"遍招邑绅开明伦堂劝谕之"。不料,士绅对此项请求"相视瞠目不语",合作态度漠然。教谕芮元对此勃然大怒曰:"尔等料陵漕终能已乎？今国事孔棘,上官不忍遽兴大狱耳,一旦承下,罪立至矣,且人民纳粮为绝对义务,非苛派也,能听我,我与尔约请诸邑,令漕米减轻征收,先是完正米一斗,本色需二斗六升,折色需钱一吊八百文,今完本色减四升,折色减百分之六,愿从,即登大府定为例,否则余司教职,日后祸福不能为尔等谋也,其各思之"。听罢,绅才恍然大悟,虑及其与自身利益的牵连,才改变独善其身的态度,尽心劝谕。漕案由此平息,漕粮也迅速征齐（民国《陵县续志》卷四《官师传》）。
⑦ 咸丰年间,当山东平原县乡人聚众抗漕时,邑绅刘凤祥劝谕里民不做反抗,结果"邑令张以里仁为美,额其门"（《续修平原县志》卷十《人物·孝义》）。
⑧ 《一件京饷急若燃眉,兵粮迫如星火,劝谕作速清完,官民两利事》,戴兆佳:《天台治略》卷五《告示二》。
⑨ 《征收钱粮禁止截串发差》,《江苏省例续编》。
⑩ 《覆吉安李太守谕行事宜书》,沈衍庆:《槐卿遗稿》卷四《书牍》。
⑪ 其他两项为:书吏高下其手、催漕胥役从中舞弊（陈岱霖:《请严革征漕积弊疏》,王延熙、王树敏辑:《皇朝道咸同光奏议》卷二十七上《户政类·赋役》）。

列。除去胥吏的暗中嫁祸①，包漕、借漕讼兴事与公开抗漕是刁监劣绅闹漕的三种主要形式。有着优越的身份和荣誉的绅衿为何总是挑战清代法律权威，成为官民痛恨的刁监劣绅呢？可以从漕法败坏与私利的驱使两个方面对刁监劣绅的闹漕动机加以解释。

　　漕运发展到清代，臻于完善的同时，亦渐渐只能"靠赏罚制度来维持"。②"凡制国必有成法，法久必坏，坏必更始，然后例生焉"，例的产生是为了"辅法而植事"③，但是，例太多又带来另外一个问题，即"偶有未善，即设一例，究竟法立弊生，所除者一二人之弊，而所苦者多矣"。④确实，例的产生虽为规范他人，但循例者渐少，违例者渐多。特别到了清朝中后期，花样繁多的漕弊已经预示着漕政危机的严重程度，看似十分规范的漕运制度对各级官吏的约束力与清初已不能同日而语。惩罚绅衿包漕的法律慢慢流于形式，严密的制度在实施中出现了背离，漕政的败坏大大刺激了绅衿闹漕，所谓"包户不完，其抗半系富家"。⑤

　　私利的追求加剧了绅衿闹漕，绅衿借漕侵肥靠的是身份特权带来的额外资本。

　　首先，大小户之分给绅衿侵漕提供了绝好机会。漕粮征收中，大户能够得到官府减免漕粮的优待，而小户非但不能减免，反得承担大户减免下来的漕粮负担，史载："自绅缙之家以至刁生劣监好讼包揽之辈，往往与州县相持，非特不能多收，甚则升合不足，于是摊之民户，惟所诛求漫无定限，大率以小户之浮收，抵大户之短价"。⑥即使是朝廷开恩普遍蠲免漕粮，小户得到的好处也少于大户。以咸丰九年为例，常熟开仓价折六三四，"小户只恩减一分"，大户则"分优劣，定短长"，

---

① 如清初的"吴下钱粮一案"中，时人即为受害之绅衿鸣不平，认为其间"有实欠未免者，有完而总书未经注销者，有实未欠粮，而为他人影冒立户者，有本邑无欠，而他邑为人冒欠者，有十分完全，总书以纤怨，反造十分全欠者……千端万绪，不可枚举"。详见佚名《研堂见闻杂录》，《清代史料笔记丛刊》。
② 李文治、江太新：《清代漕运》，中华书局1995年版，第171页。
③ 谢纯：《漕运通志》卷八《漕例略》，《续修四库全书》，《史部·政书类》。
④ 陈宏谋：《论漕船余米书》，贺长龄编：《皇朝经世文编》卷四十六《户政二十一》。
⑤ 《专折开呈征收钱粮实情并善后事宜》，罗迪楚：《停琴余牍》。
⑥ 《征收漕粮改定耗余记》，戴盘：《浙西减漕纪略》。

"大小户之甘苦，不啻霄壤也"。① 现象的严重程度已经影响国库的充实，因为"一县之中，大户居其半，若小户有耗，大户无耗，必至复事浮收，否则不敷漕用"②，但大小户现象造成的漕粮征派不均影响终清一代。

其次，身份特权给绅衿提供了包漕便利。漕粮征收过程中，丑米挪交现象十分普遍，一旦被发觉，民众往往被责罚补完，但绅衿政治与经济上的特权，让他们往往能顺利过关。所以，包揽小户漕粮上纳让绅衿获利极多。清代州县对绅衿这一闹漕行为感触很深，常叹言道"又漕务中更有刁绅劣监包揽完纳，名曰包户，或以折色取于小户，以本色交于官仓，或取于小户者价甚重，交于官仓者价甚轻，刁挟把持，分肥串弊，稍不遂欲，即蛊众闹漕"③，江苏巡抚陶澍更痛称其"病官病民，大为漕害，革除不可不亟"。④

最后，绅衿在地方社会影响力让其得以"借讼而闹"。不管是湖北的钟九闹漕还是江西的万国彩闹漕，"煽民众反抗，勒讼费"均为官方强调的重点。⑤ 可观的讼费加以漕讼时州县官不敢向刁监劣绅征收应交漕额，让刁监劣绅尝到了极大的甜头，由此闹漕不断。

由此可见，漕法不足加以地方绅衿私利驱使决定了清代闹漕案中刁监劣绅力量的活跃。

（五）胥吏

胥吏侵漕历来是文献叙述的重点。

---

① 柯迟悟：《漏网喁鱼集》，中华书局 1997 年版，第 35 页。
② 《浙江巡抚马新贻奏为核减漕南浮收禁革陋规，以肃漕政而苏民困》，民国《杭州府志》卷六十一《赋税四》。
③ 《请奏严定减收丁漕裁停繁费章程详》，李恒：《宝韦斋类稿》卷十一《官书七》。
④ 陶澍：《严禁衿棍包漕横索陋规片》，王延熙、王树敏辑：《皇朝道咸同光奏议》卷二十七上《户政类·赋役》。
⑤ 当然，这其中免不了地方官"伪造"的成分，毕竟"讼米"历来最为地方官痛恨，同时也是对绅衿定罪最好的理由（因为这样，即可转移地方官因治理不当引发讼案。在古代社会，这种"借控为抗"为朝廷所杜绝，于是地方官这种理由极易引起上司帮忙平息讼闹）。对于讼米，清人记述如下："缙绅之米，谓之衿米。举贡生监之米，谓之科米。素好兴讼之米，谓之讼米。此三项内，缙绅之米，仅止不能多收。其刁生劣监好讼包揽之辈，非但不能多收，即升合不足，米包潮杂，亦不敢驳斥。并有无能州县，虚收给串，坐吃漕规，以图买静就安，遂致狡黠之徒，视为利薮，成群包揽，讼讼不休。州县受制于刁衿讼棍，仍取偿于弱户良民。其安分之举贡生监，所加多少不一，大约总在加二三之间"（蒋攸铦：《拟更定漕政章程疏》，贺长龄编：《皇朝经世文编》卷四十六《户政二十一》）。

胥吏存在是为协助州县办理日常事务。虽然清廷希望地方州县"躬亲会计"①、"事无大小,裁决惟己,不假吏胥"②,但州县政务之繁,使借助胥吏统治地方社会十分普遍③,胥吏由此得以非法渔利。如漕粮征收中,漕书往往借联系花户与县官的有利位置侵蚀漕粮,且侵漕过程中,一开始可能"官得八九,而吏得二三",但最终结果却是"其既也,干冒侵渔无所不至,每每官得二三,而吏且得其八九"。④ 所以,清代州县往往被告诫要提防"中饱之胥"。但是,因为现实中差役往往择"中上家产能自完纳之花户,代为截串完粮,然后持票向本户加倍勒还",而地方官虽明知该举措给民众增加了负担,却"利其垫解,亦不之禁"⑤,所谓"利于钱漕之速完者,官也。利于钱漕之多欠者,差也"。⑥ 所以,即便民间有再多的批判胥吏之词,其在地方社会仍有很大生存空间。

不仅如此,清代漕法败坏的大背景下,胥吏往往能为自己的不法行为找到护符与靠山。与前文提及的地方官能容忍书差征漕不法同样的心理,即便书差下乡"辄先饱索贿赂,名曰包儿钱,包儿到手,公项即可央缴"⑦,地方官也不会加以禁止。即便有禁令,也流于形式,因为胥吏这一行为能为州县缓解民欠不止的考成压力。更有甚者,官吏勾结共同欺民。总之,只要胥吏的不法在州县官接受程度内,侵漕即不会引起太大的惩罚。可以说,漕运的制度缺陷刺激了胥吏侵漕行为,而侵漕过于严重又导致绅民闹漕不断。

当然,传统政治制度中胥吏的尴尬地位也影响其行为,有人即指出,"官僚阶层一方面依赖胥吏来处理各项事务性工作,另一方面又对胥吏阶层表现出极端的不屑,表现在制度规定上就是堵塞胥吏由吏职而

---

① 赵瑞吉:《送钱二尹序》,民国《齐河县志》卷三十一《艺文·序》。
② 《吕廷章故令郭公墓记》,《昆山先贤冢墓考》卷三,清末钞本。
③ 即便清人对胥吏在地方社会的不法深有感触,仍不能摆脱对胥吏的依赖。最为典型的如清丈一事,田亩不清、赋税征收混乱下,县官开始清丈,亲临此事才发现"案牍山立,虽有畴人之术,亦不能履亩而亲勘,按户而周稽",只好暗愁"去制于老书"久矣。即便如此,仍须依靠胥吏清丈(光绪《邳志补》卷七《田赋》)。
④ 《严侵克说》,盤嶠野人辑:《居官寡过录》卷二。
⑤ 王邦玺:《条陈下漕利弊疏》,何良栋编:《皇朝经世文四编·漕运》。
⑥ 同上。
⑦ 王邦玺:《条陈下漕利弊疏》,王延熙、王树敏辑:《皇朝道咸同光奏议》卷二十七上《户政类·赋役》。

品官的升迁之路"①，位卑职重的不对称地位极易引发不法的心理，直至逆反行为。漕粮征派中的胥吏负责漕粮征纳事务，却始终处于协助州县治理环节，往往还可能成为州县不法侵漕的"替罪羊"，这一角色地位也刺激侵漕行为。侵漕又加剧了闹漕。

三 人为刀俎，我为鱼肉的无奈：闹漕中的民众

民众的无权地位使上至朝廷，下至生监胥吏均可对其施压，对他们生存状态的考察能让我们对其闹漕动机有更客观的认识。综观清代漕案，民众闹漕原因主要如下：一是不平而鸣，无奈而反；二是请愿不顺而反；三是众人附和而闹漕。其中第一种方式所占比例最高。

（一）不平而鸣，无奈而反

"不平而鸣，无奈而反"源于民众生活之困。清代民众生活疲状的描述常见有漕八省的方志之中。

以江南为例，方豪以亲身经历上疏督抚，为昆山县求蠲免逋负时说："臣每一陆行，饿莩塞路，每一水泛，枯骨填河，触目伤心，动辄流涕至废食寝，说者谓昆山三尽，上户财尽，中户逃尽，下户死尽，殆非虚也"。②清代中后期，东南财赋巨邑的繁华已渐渐流于表面，时人即言苏松只有"富庶之象者"。③地方疲状下，为了兑漕，民间即便倾尽家中所有之物，仍是"民力不能猝应"。所以，嘉兴县令叹言兑漕时"种种艰苦之状，难以绘图而尽"。④而兑漕一毕，兵饷、解运南米等负担又紧随而至，所以江南百姓只能"典衣鬻儿，十家而九，情景甚是堪怜"。⑤江南民众之苦，时人常言："天下之最可悯者农民，一家妇子常年勤动，所收不过数斛米，易钱完粮恒虑不敷，乐岁终身苦良非虚语"。⑥

---

① 臧知非、沈华：《分职定位——历代职官制度》，长春出版社2005年版，第249页。
② 方豪：《乞蠲逋负书》，光绪《开化县志》卷十一《艺文二·奏疏》。
③ 王家相：《敬陈八折收漕不可者十事疏》，王延熙、王树敏辑：《皇朝道咸同光奏议》卷二十七上《户政类·赋役》。
④ 潘湛明：《通申会议官兑法则》，陆寿名、韩讷辑：《治安文献》卷二。
⑤ 《题官保借窟播恶，请敕部禁革疏》，光绪《富阳县志》卷二十二《艺文上·词章》。
⑥ 民国《杭州府志》卷六十一《赋税四》。

关于漕运对于地方百姓之苦与累，史书记载甚多，诸如江西省漕运之后"小民之脂髓毕竭，地方之凋瘵堪怜"①、山东省"历年运解漕粮，里下深为被累"②、河南省漕事为"民所最苦之事"③、湖南省苦于漕粮私派下"筋力交疲，不得休息，困惫之状，无不九死一生"④、安徽省本色征收中百姓"计穷力竭，徒然迫之逃亡"⑤，湖北省完粮后"富者贫，贫者逃，载途鸿鹄，满路悲号，鬻女卖男，伤心惨目"⑥；等等，可见漕运累民之重。

但清代漕粮有一定额数，导致民众闹漕不断究竟是赋额之重抑或其他因素？

1. 重赋、重役

明清两代民人负担之重可从承担的赋税种类上一目了然。一年下来，民众不仅需完纳地丁、漕米、南米、军饷还有新旧欠等。而完纳时间衔接之紧，加重了民力负担，时人即曰："量从宽减，乃免其必欠之额，非免其可完之额也，若一概勒追，小民必破家亡身，因之田荒户绝，是百姓受不免之害"。⑦为完国课，民间往往倾尽家中所有物品，嘉庆八年富阳知县对征赋期间民众完纳情形记载如下："征赋之日，邑民纷至，或持絮布，或持菽麦，或持鸡卵等物，甚有以双不借上供者，世传悉令纳之库，土货山积，无异集市"。⑧这种重赋更体现在漕粮征收上⑨，清人感慨道："惟漕粮一项，徒累里甲，里甲因此包赔逃窜，

---

① 同治《奉新县志》卷六《食货·田赋》。
② 《运漕章程序》，乾隆《青城县志·序》。
③ 段国璋：《抚宪亢公改迁漕厂碑记》，乾隆《济源县志》卷十五《艺文》。
④ 张长庚：《请蠲恤疏》，乾隆《长沙府志》卷二十二《政绩·疏》。
⑤ 徐国相：《请赐改折疏》，康熙《安庆府志》卷二十五《疏》。
⑥ 洪起元：《禁革里役碑文》，同治《应山县志》卷十六《田赋碑》。
⑦ 光绪《苏州府志》卷十二《田赋一》。
⑧ 光绪《富阳县志》卷十七《名宦》。
⑨ 关于田赋与漕粮的区别，李文治有详细论述。他认为，两者有五大不同之处：一是田赋以征银为主，漕粮除例折及因特别事故改折外，全征实物，大部分征米，小部分征麦豆；二是田赋普征于各省田亩，漕粮只征于山东、河南等八省；三是田赋分上下两忙征收，漕粮则于冬季另款征收；四是田赋征收所得一部分存留地方备用，另一部分起运中央，漕粮则起运通州、北京，截留在地方支用是例外；五是田赋部分明代实行一条鞭法，已有部分役银并入田赋，雍正间实行改制后，所有户丁银均行摊入，漕粮则否，但随粮带征轻赍、席片、竹木等项银两解交粮道作为办漕之需（李文治、江太新：《清代漕运》，中华书局1995年版，第1页）。

已株连不知凡几"。① 漕粮征派累民主要体现在额重与役重两大方面。

清代漕额之重是普遍事实。正常年景，民众尚能勉强完及部分，一遇战荒，重赋的负面影响体现无疑。即便是繁华的杭州，太平动乱后也是"小民畏漕额之重，未收复者观望迁延，已收复者流亡迁避，使东南膏腴之地不敢归耕"。② 重赋加以重役，清代小民生存状态可想而知，这种重役最普遍的即是运漕之苦。如江西省远离京师，僻处一隅，加上鄱阳之险，江西漕运艰难，所以江西省漕仓建设较他省尤多。漕仓建设不仅加重了民众徭役负担，更体现了江西运漕之难。清代江西省负有漕粮的九府四十九县③，半数以上均在叹自己运漕不便，更有赣州的折漕之请。④ 所以，综观清代江西方志，诸如莲花厅这种不难以催科而难以挽运⑤的感叹，成了清代江西绝大多数有漕州县的同感。

重赋加上重役，一年下来民众往往"今年又收十分租，摘银折漕骨髓枯"。⑥ 清人对民众完漕后惨状描述不少，尤其是地方官对钱漕难完时百姓的无奈感触甚多，胡学衍即言每当征赋逼迫时，"减价变产者有之，逃窜流离者有之，甚而卖男鬻女者有之，又甚而棰楚致毙者有之，此时仅完正供尚恐民力难堪，若再加耗横征是犹病，夫方在呻吟而又督以力作，加之鞭挞，痛上加痛，何以克当"。⑦ 所以，完粮之后，百姓往往"终岁勤动，纳赋之外，竟至不敷养赡"。⑧

---

① 光绪《苏州府志》卷十二《田赋一》。
② 民国《杭州府志》卷六十一《赋税四》。
③ 张光华：《漕运摘要》卷三。
④ 明朝时赣州府有漕粮征派之令，后因赣州府所属之远，所经路途之险，时人称其到省兑粮水次，已"几同淮安之抵京师"，所以，嘉靖时期漕督王宗沭上请赣州府漕粮改折征收，以求苏民困。但是入清之后，清初以明中后期各府漕额为基准恢复各府漕粮，赣州府又因此背上了漕粮征收负担。顺治十四年赣州巡抚佟国器奏请将赣、宁二县漕粮改为赣镇兵米，即"漕解抵兑"之法，赣州府才稍解其困（同治《赣县志》卷十七《食货志·漕运》）。
⑤ 原文为："伏查莲厅僻处山陬，民皆朴愿，其间力穑之家十居八九，岁遇丰收，户多积贮，在邻封商贩既迁途挽运之维艰，而本地绅民亦闭粜，自封之无患，故米粮市价较他处独平，而民食充余，输漕颇称踊跃，今因运兑之难，另筹改折……"（李其昌：《漕运事宜议》，乾隆《莲花厅志》卷之八中《议》）
⑥ 《己卯岁朝松江即事》，包世臣：《安吴四种》之《管情三义》卷二十二。
⑦ 《钱粮说》，盤崎野人辑《居官寡过录》卷二。
⑧ 姚文田：《论漕弊疏》，贺长龄编：《皇朝经世文编》卷四十六《户政二十一》，光绪十七年上海广百宋齐桥印。

2. 灾年，恩泽难及于民

重赋与重役加上无尽的漕弊，丰年中小民已奄奄一息，加以灾变，民力更加难堪，是谓"虽大丰之年仅可当他邑之半稔，若岁半稔即同年饥，况遇年饥，唯有转徙"。① 一旦再遇兵荒，民往往"无以为生"。② 即便只有普通水旱之灾，传统社会缺乏灵活自救机制也让饥荒影响深远，时人即言："偶愆雨泽即虑无禾，岁乙未南省尽旱，溧之收获更无一二焉"。③ 如若频繁遭灾，地方民力更难以舒缓。如道光年间几次水灾后，苏州府已陷入困状，时人曰："道光年间两次大水以后，各州县每岁荒歉加恩蠲减，遂成年例，嗣是每年征收之数内除官垫民欠，率得正额之七八成或四五六成不等，民力殆已难堪。"④ 此时，若再加上"至闭币不敢应贷"的富民，贫民必定"一遇凶荒，坐以待毙"⑤，结果往往也是"官困考成，民困逋负"。于是，州县要舒缓民力，只能进行"乞籴"与"乞蠲"。一旦这两个途径受到破坏，地方社会的矛盾极易升华，引发暴乱，漕粮征派中即表现为闹漕。不幸的是，私利的驱使不断破坏这两种地方自救方式。

"乞籴"破坏的表现为"闭籴"、"禁粜"。这对灾区的打击是直接的，尤其是本身产米即不敷用的州县。如浙江省开化县"田少而瘠，在丰稔年分犹藉外县运米接济，况年来兵燹频仍，饥馑叠告"，此时若加以"奸棍强兵抑夺阻遏，致米价腾涌"，定当"合邑啼饥"。⑥ 虽然对闭籴的严重性，州县有清醒认识，前人即论道"今婺源亦罹水患，闭籴正严，而德兴又复禁米，际此秋收难博一粒米珠，枵腹待毙，恐有铤而走险之患"⑦，但官府的请求开禁却往往难能如愿。即便州县内部籴粜，胥吏的不法与清代"告示"制度的缺陷，灾民也难得实惠，时人对此情形记载如下："当其出粜之时，惟附城居民就近赴买，而乡民则往返守候，不能遍及，且城中衿户、役户、牙户、囤户与仓书声气相

---

① 同治《高安县志》卷五《减浮疏呈上》。
② 光绪《嘉兴府志》卷二十二《田赋二》。
③ 凌世御：《丙申赈粥记》，光绪《溧水县志》卷十六《艺文志上》。
④ 光绪《苏州府志》卷十二《田赋一》。
⑤ 康熙《钱塘县志》卷七《风俗》。
⑥ 李际期：《通籴示》，光绪《开化县志》卷十一《艺文三·公移》。
⑦ 王家彦：《水灾请蠲赈申文》，光绪《开化县志》卷十一《艺文三·公移》。

通，捏名报买，而州县之内随丁随役亦乘机暗窃，通同盗卖"。①

灾年中，"乞蠲"更为频繁，出于对小民惨状之怜悯，朝廷恩准"乞蠲"频率较高。清代康乾时期的普蠲与历朝历代的小蠲小免恩惠不少，这点我们可从光绪《户部漕运全书》中清晰看出。但频繁蠲恩下，小民仍然"终岁勤动，无论田亩多寡，均不无升斗盈余"②，即便"县官踏灾来"③，民众状况仍无多改变。灾年中恩泽难及于民，结果必加剧民累。

3. 民众遭遇重重盘剥

清代漕粮征收过程中，民众的被盘剥角色体现得尤为明显，是为层层盘剥的最后承受者。

官—官层层盘剥的最终受累者。古代官场运行存在一定潜规则，下层官员往往需为仕途交不少的"保护费"。对这一情形，光绪《钦定大清会典事例》卷一百七十三记载：

> 有遇差役因公济私，以一派十者；有年节派送礼仪者；有郡守交际派各属者；有府县卫所官出门，中火路费及跟役食用派之里民者；有上官差使派往来，派送规礼下程者；有起解饷银派出解费者；又有道府开征奏销之陋规；征漕有监兑下县及差人坐催之规例。

层层下来，"京官吃地方官，地方官中督抚吃老百姓"④，民众才是"保护费"最终缴纳者。

官—绅层层盘剥的受累者。清代地方官名目繁多的浮收，最终承受者除了民众还有绅衿，由此有了不少绅衿借浮收要挟州县，使州县对绅衿的闹漕给予一定程度包容。这种官绅追求两者私利相对平衡的代价，即是牺牲民众的利益。于是，州县往往加收小户之粮以抵漕粮征收不足。所以，征漕中"漕米一石，民间有费至数石者，款目繁多，民间

---

① 乾隆《震泽县志》卷三十《积贮》。
② 《筹议漕米碍难改折情形上大宪书》，沈衍庆：《槐卿遗稿》卷五《书启》。
③ 《戊申秋鄱阳大水，余勘灾过儒堂山庄廉苍亭，封翁招饮，并愿出积谷贷贫户赋赠》，沈衍庆：《槐卿遗稿》卷二《古今体诗》。
④ 李映发：《清代州县陋规》，《历史档案》1995年第2期。

难以析算"。① 可以说，只要绅衿侵漕渔利保持在地方州县接受范围内，毋出现柯悟迟笔下的常熟县情况②，州县即不会去破坏两者间利益的平衡。而利益表面平衡的代价，当然也是将负担转移至小户身上。民众成了官绅权力博弈的最终受累者。

官—旗丁层层盘剥的受害者。清代社会官丁之间反复演绎着冲突③与合作④，但不论是合作还是相竞，最终对利益的需求都转嫁于民众。史称："运丁之需索有禁，州县之浮收有禁，今运丁以北坝需索为词，取之州县；州县以运丁需索为词，取之百姓。而北坝则曰，吾因运丁取州县，分肥焉；运丁亦曰，吾因州县取百姓，分肥焉，其浮收于百姓则一也"。⑤

漕粮征派环节中官、绅、胥、旗丁各个阶层利益纠葛不断，利益纠葛过程中反复演绎着冲突与合作，最终承受者都是民众，而负担之名即是所谓的杂派。

4. 杂派累民

清代漕运负担较重，但赋额确立后即少有变更，为何前期完粮情况较好，中后期却渐渐不济？漕弊日盛是一种解释，而漕弊的体现则是名目繁多的杂派。

言及民众负担，清人常感叹"小民不苦赋而苦赋外之赋"、"不苦差而苦差外之差"。言辞下，杂派累民可见。其中，杂派又主要体现在

---

① 骆秉章：《骆文忠公奏议》戊午上。

② 江苏省常熟县一带大小户之分严重，县令不得不进行改革。但对此改革，柯悟迟认为县令"非出本心也，实因陋规多，浮收少，所入不补所出，故有此变耳"，即因为常熟的大小户之分，绅衿豪强之索取，使县令收入减少，入不敷出，才导致了县令这场名为清漕政，实则为自己谋私利的改革（柯悟迟：《漏网喁鱼集》，中华书局1997年版，第6—7页）。

③ 这方面最有代表性的史料即是林则徐的言论，其曰：论起漕弊之源，往往是"南北亦各执一词，以北言南，则谓州县浮收，以致旗丁勒索，旗丁勒索，以致到处诛求；而以南言北，又谓旗丁既被诛求，安得不勒索，而州县既被勒索，安得不浮收。每以反唇相稽，鲜能设身处地"（林则徐：《议覆筹划漕运事宜疏》，盛康编：《皇朝经世文续编》卷四十八《户政二十》）。

④ 州县与旗丁在漕粮征派中亦有合作的一面。特别是"尖丁"对有些州县的影响很深，"州县之兑米无美恶，以尖丁之言为美恶而已；仓场之收米无美恶，以尖丁之赂为美恶而已"（孙鼎臣：《论漕一》，盛康编：《皇朝经世文续编》卷四十七《户政十九》）。

⑤ 陈文述：《漕船递年减造议》，盛康编：《皇朝经世文续编》卷四十七《户政十九》。

名目繁多①，浮费过重②与中间阶层勒索③几个方面，结果"小民剜肉医疮，竭力以完私派，反致正供惟日不足"。④ 正课影响地方官考成，杂派影响地方官及地方势力中部分群体的私利追求。所以，杂派虽于法不合，生命力却极强，最为典型的即是钱漕征收上的"耗外有耗"。

清代漕政改革意在除漕弊，却也可能带来"耗外有耗"的负面效应。因为改革中，将民间默认的一些私派纳入正供交纳。改革初衷固然良好，因为"与其听地方官私行征收，不如明定分数，使有节制"。⑤但久而久之，或因中间阶层不法，或因已有征收之弊死灰复燃，定义以新名称的杂派再次出现，而此项其实已纳入正供之中，新征杂派已有重复多征之实。这也就出现了所谓的"黄宗羲定律"。⑥ 清代这一现象十分普遍，如嘉兴知县潘必镜所言：

> 是谓私折，则是九石八斗，米色在其中，筛扬在其中，折尖顺风在其中矣，若安家则有月粮，薪盐则有行粮，起剥雇夫则有轻赉，以致修船有银，回空有银，费三石之课而得收一石之用，朝廷亦何负于军哉，相沿久而加四之耗晦矣，官军发兑粒粒皆曰正供也，久而九石八斗之耗晦矣，漕规发运粒粒皆曰额粮也，于是巧为截头之说，初谓以耗米本色改折色，犹之可也，无何截头之行，久而九石八斗又在截头外矣。⑦

---

① 如光绪十二年浙江巡抚叹道："军兴以来，田赋缺征，不得已别为筹饷，关税之外又抽厘金，引课之外复增盐价，他如牙帖捐输之类，重重加收，百姓困穷疲于供亿。"（光绪《桐乡县志》卷六《食货志上·新章》）。
② 郑光祖：《一斑录》之《杂述二·漕粮》。
③ 清代江西鄱阳人史彪古论道："今之州县每有一项正供则加派一项，名色虽多寡不等，然成升合而加以分毫，积而计之遂盈千百，或一征而派以数事，合而算之，遂浮正额"（史彪古：《请禁额外加派疏》，同治《饶州府志》卷二十六《艺文一·疏》）。
④ 史彪古：《请禁额外加派疏》，同治《饶州府志》卷二十六《艺文一·疏》。
⑤ 光绪《丰县志》卷首。
⑥ 黄宗羲指出：封建赋税制度有三害，"田土无等第之害，所税非所出之害，积重难返之害"，后来清华大学教授秦晖将其定义为黄宗羲定律（秦晖：《实践自由》，浙江人民出版社2004年版）。此议目前尚有争议，本章的应用意在说明，改革之后，民众负担非但没有减轻，反倒愈益加重了。
⑦ 民国《海宁州志稿》卷十《漕规》。

"耗外有耗，耗外又有耗"①，却因"民不明其本，则民不敢与军争"②、"民不知其由，不致与胥吏校"③，已有重复多征事实的新杂派又渐渐为民间默认接受。

白粮征收也是如此。康熙年间，苏、松、常三府赋重民疲，钱粮多逋，白粮有征折色现象，却因白粮糙米时价不一，出现复征本色请求。原因是民间在征输糙米时，必须舂办后方成白粮，所以，白粮征收有"舂办"一项。以往征收本色尚无矛盾，一旦征折，则"以为糙米舂白二折耗，向来原非起解之数，今改折若照糙米定价，则舂办即在其中，而又重复算派，皆作正数，岂非一项两征，舂办之外，复加舂办乎"。④权衡下，韩世琦上请，令白粮复征本色。

杂派，加以重赋、重役、地方官和地方势力中部分群体的不法渔利，民众成了社会各个阶层转嫁矛盾的对象。因此漕粮征派中，他们往往要支付几无穷尽钱粮，所谓"粮外有粮，赋外有赋"，这些非制度性（或借制度之名）的征派，将这个阶层置于最为"鱼肉"的地位。不平而鸣，无奈而反，民众只好不断进行形式各异的闹漕。清人对民众闹漕的"无奈"成分已有论述，左宗棠的"以小户之浮收，抵大户之不足，官吏征收不善，小民咨怨有词，故闹漕之案往往因之而起"⑤，不仅体现了"州县官任意浮收，无所顾忌，遂致舆情不服，屡酿事端"⑥的激民情状，更揭示了"小户之粮田日少，办漕之经费日绌，不酿成巨案不止"⑦现象。于是"天下之事起于相激，吏之虐民，无所复入，民不得不起而与抗"⑧，民众闹漕出现。

（二）请愿之路不顺而反

民众闹漕中还有一类典型，即"请愿之路不顺而激成闹漕"。

---

① 光绪《嘉兴府志》卷八十三《艺文二》。
② 民国《海宁州志稿》卷十《漕规》。
③ 光绪《乌程县志》卷二十五《田赋》。
④ 光绪《苏州府志》卷十二《田赋一》。
⑤ 民国《杭州府志》卷六十一《赋税四》。
⑥ 陈岱霖：《请严革征漕积弊疏》，王延熙、王树敏辑：《皇朝道咸同光奏议》卷二十七上《户政类·赋役》。
⑦ 《皇朝政典类纂》卷二十九《田赋二十九·征收事例》。
⑧ 《皇朝政典类纂》卷五十《漕运三·漕制》。

以段光清①为官经历为例。咸丰二年浙江奉化、鄞县等地因征收钱漕乡民滋事,"烧毁府县衙署",无奈中督抚调段光清往治且欲用兵剿灭。段光清一上任立即"进拜绍兴府,俱言用兵,恐非上策",并于次日"只带一书一差,书用以传话,差执一牌,用纸书鄞县正堂段"赴四乡劝谕,与乡民进行了一场颇有意思的对话。对话不仅表达了乡民闹漕动机,更体现了州县不法引发民众反抗的成分。对话的几个回合如下:

1. 段光清问道:"事已至此,尔等真一县同反乎?"
老农皆曰:"何敢反?前不过听周祥千谓:完粮有红白两封名目,太不均平,故邀同四乡百姓入城,请平粮价"。
2. 段光清又问:"衙署已毁,何云非反?"
百姓惊恐道:"将如之何?"
段光清曰:"尔等各自为谋,呈明某乡、某村、某月、某日并未入城滋事,且申明本户应完钱粮,情愿照常还纳。如此办法,将来官拿周祥千,尔等亦不与闻其事,省中即有兵来,亦与尔等无干矣"。

结果"民皆愿具呈"②,把矛盾转向了官府与周祥千之间。
对话分析可见,在这场官府认定的闹漕案中,民众的出发点并非拒绝缴纳漕粮。聚众只是为了"请平粮价",或者是"赴臣衙门匍匐呼号"③ 表达穷困。其实,这一现象清代较为普遍,如咸丰年间张之万曰"臣伏思奸民之纠众,皆谓减价完纳,非敢谓抗不完纳也,皆谓求减差徭,非敢谓不应差徭也"④,然而"请愿不成而激成民变"。如清末浙江省桐乡县的两次闹漕斗争中,官民的冲突均较为激烈。但真正论起民众闹漕缘由,宣统二年《申报》的一篇评论精辟指出了原因:

---

① 字俊明,号镜湖,安徽宿松人,主要生活在嘉庆年间,著有《镜湖公自撰年谱》,介绍了太平天国时期浙江情况详细,特别是农民起义一块。字里行间总能看到作者吹嘘自己的"政绩"一面。
② 段光清:《镜湖公自撰年谱》,中华书局1997年版,第51页。
③ 徐相国:《请赐改折疏》,康熙《安庆府志》卷二十五《疏》。
④ 张之万:《酌拟通查豫省积弊疏》,王延熙、王树敏辑:《皇朝道咸同光奏议》卷二十七下《户政类·赋役》。

> 嘉湖闹漕年年不息，多右残暴官吏促成，人民本不思乱，又以控告无门，不得已而聚众呼吁……而闻者不谅，军人借弹压为名而凌辱之，胥吏借搜拿首恶而贪婪之，冤杀者已冤杀，（生者）唯有吞声饮泪忍死待命而已，是第一次之乱事方平，而第二次之种子又播种矣。①

可见，"民控诉无门，只能起抗闹"。同样的评述在清中期已出现，孙鼎臣论漕变缘起时曰：

> 天下之事，起于相激，吏之虐民，无所复入，民不得不起而与抗。而吏转为民所挟，贪狡之徒，因其隙而攻之，为包揽，为评讼，以求得所欲。吏不胜其患，乃借上官之力制之，吏务求胜其民，而民无所控诉，其怨毒益深而不可解。弱者谤，强者畔矣。②

鉴于"愚民附和"闹漕为学界论述较多，在此不赘述。

不管是无奈而反还是请愿不顺而反，民众为生活压力所迫而闹漕的动机体现明显。

---

① 《申报》，宣统二年十二月二十五日。
② 孙鼎臣：《论漕三》，盛康编：《皇朝经世文续编》卷四十七《户政十九》。

第九章　方式与角色互动

角色不同，动机各异，由此导致绅民闹漕形式各种各样。为分析便利，我们将"闹漕"区分为法内路径和法外路径。前者主要指绅民的控漕；后者则形式相对较广，包括绅民的丑米挓交、诡寄、罢考、包漕、逃亡、逋欠、抗漕等。不同方式下，绅民扮演的角色与参与情况不尽相同。如丑米挓交这类个人日常反抗，绅民反抗姿态甚为模糊，隐蔽性的特点决定了这类反抗规模不可能大到触及官府神经，引发官民激烈冲突的可能性也相对较小。集体公开抗漕则多兵戎相见，伴随着官民间的激烈冲突。漕控属于法律行为范畴，控案中被告与原告双方的身份往往较为明确，在历次漕案的上诉与"澄清调查"周折中，绅民因何而控以及官府的回应均较为公开化。漕控、个人日常反抗与集体公开闹漕反抗激烈程度不一，但就效果而言，正如白凯所言，"集体反抗行动与每天发生的平淡无奇的农民抵触行为并无二致，它当之无愧地称为变化的一个动因"①，在引起清代漕政变化上有异曲同工之妙。

闹漕方式及其变化，对分析清代漕政与地方社会政治经济状况十分必要。清代漕粮征派指令源于朝廷，主要执行力量是地方州县，协同力量是绅衿胥吏，最终任务却落实在民众身上。漕粮征派环节触及社会各个阶层，闹漕方式的变化是分析社会各个阶层关系变化的一个基点。不

---

① ［美］白凯：《长江下游地区的地租、赋税与农民的反抗斗争：1840—1950》，林枫译，上海书店出版社 2005 年版，第 10 页。

仅如此,这种变化还体现出了社会各个阶层间角色互动的丰富内容与清代地方社会状况。本章即希望在典型个案选取基础上,分析围绕闹漕体现出的社会各个阶层角色互动与围绕漕粮征派这一国家事务下的清代地方社会情况。

一 法内路径:漕控

(一)漕控:法内路径的尝试

漕控属法律行为范畴,控案中被告与原告双方的身份往往较为明确,在历次漕案的上诉与"澄清调查"周折中,绅民因何而控以及官府的回应均较为公开化。就结果而言,漕控对社会的破坏往往大于"个人日常反抗",但又远远小于集体公开闹漕。在此我们有必要指出的是,"对社会的破坏"并不等于"对社会秩序的影响"——前者更多是从直接结果而言,如人员伤亡、设施破坏等;后者则更多强调所引发的政策变化,以及社会政治、经济生活格局的变动。漕控、个人日常反抗与集体公开闹漕在清代社会秩序变动上有异曲同工之妙。

对于控案,地方官往往深怀敌意,在地方官笔下,我们总能看到"告讦之人,总非善类"[①],"藉控为抗,以遂其包揽之私,尤仗讼分肥,以长其白规之数"[②] 的评语。但考察具体案件,其性质却表现出多样性与复杂性。诸如,有因州县胥吏不法浮收,绅民突破层层障碍,最终上控成功之案。也有绅民在私利驱使下,诬控漕书胥吏不法之案。更有甚

---

① 林则徐:《筹划漕务折》,饶玉成编:《皇朝经世文编续集》卷四十六《户政二十一》。
② 《附陈漕务情形,严禁包漕陋规折片》,陶澍:《陶云汀先生奏疏》卷十七《抚苏稿》。

者，州县胥吏一反历来的被告身份，诬告绅民不法闹漕，以掩饰其浮收激民之罪。不同类型下，官绅民之间扮演着不同的角色。站在各自的立场与利益，在讼案演化的过程中，也尽显双方对法律的不同理解与运用。如漕控案中的"正当控漕"与"非法诬控"两种形式。无论哪一种形式，皆属于对法律这一手段的运用，试图通过法律途径达成自己的目的。

关于漕控，近年来学界不乏研究①，但仍有许多值得拓展之处。比如，在清代文献记载中，小至府控，大至京控，数目甚多。特别是在江浙一带，更有"江苏讼案，大半在漕"②的记述。但目前进入史家视野的无非是"钟九闹漕""万国彩漕讼"，其他个案则鲜少为人提及。张小也先生笔下的漕讼研究，更多是深入于法律社会史的研究，重视漕讼之于法律社会的意义，而非立足于漕运领域审视清代漕政与地方社会秩序的关联与互动。漕讼是因漕粮征收不当而引发的，其性质决定其不仅触及法律这一层面，而且触及政治、经济、社会秩序等方面。除此之外，对于漕控的动因，漕案背后所体现出来的地方州县官对漕粮征派这一国家事务的理解，及漕粮征派在地方社会秩序变动的种种影响等问题，学界也无太多的关注。

---

① 近年来，张小也发表了系列相关成果。如《健讼之人与地方公共事务——以清代漕讼为中心》(《清史研究》2004年第2期)；《史料、方法、理论：历史人类学视角下的"钟九闹漕"》(《河北学刊》2004年第6期)；《社会冲突中的官、民与法：以"钟九闹漕"事件为中心》(《江汉论坛》2006年第4期) 等，以及专著《官、民与法：明清国家与基层社会》(中华书局2007年版) 一书。

② 蒋攸铦：《拟更定漕政章程疏》，贺长龄编：《皇朝经世文编》卷四十六《户政二十一》。

（二）漕控的方式：绅民正当控漕与非法诬控

1. 匡光文告漕：一个典型的绅民正当控漕案①

在清代有漕八省的地方志查阅中，"匡光文告漕事件"②作为一个典型案例浮出水面。发生于湖南醴陵的这一事件，前后牵连三十多名无辜百姓，在官府的监禁讯问过程中，被折磨而屈死者多达二十七人，先后审讯此案或与之有关联的官吏竟有三任醴陵知县，一任长沙知府，一

---

① 个案分析详见吴琦、肖丽红《漕控与清代地方社会秩序——以匡光文事件为中心的考察》，《华中师范大学学报》2009年第2期。

② 关于此案，民国《醴陵县志》做了详细记载，其中匡光文形象实为地方之英雄。因对此案兴趣，前期前往中国第一历史档案馆加以查证，发现在朱批与录副中均有一些记载（刑部因在编，无法查阅）。但道光初年档案中体现出的该案中各犯的形象与地方志有截然之别。不同偏重的资料让我们对此案有了更为丰富的认识。如清代档案中，在护理湖南巡抚钱臻奏案中，匡光文不仅是为包漕衿棍，且在事中"应列首名"。特别是在杨清枚的包漕案中，匡光文的积极形态与主动地位有明显体现。杨清枚包漕案中，钱臻言到杨清枚与匡光文等"俱系积年包户"，因县令金德荣漕政改章，严禁衿户包揽代纳，刁监不能获利，匡光文却起意仍向各花户揽纳，挟制官吏量收。于是约会杨清枚等照例包收，相约一旦官员为难，即进行恐吓，并"各雇船只，请邀多人携带木棍竹枪在于附近仓次阻截"，开始了这场包漕活动。而又因雇人设船恐吓花户需有雇金，匡光文等无从出，即借程亮书告漕需费之说开始假传诏旨，"内称程亮书京控一案，人证解京审讯"，"嘱令各花户按粮派费，每米一石，派钱一千，倘各花户不允，即云程亮书供指作证，必致到京拖累，使其畏惧出钱，将来敛得钱文帮给程亮书银一千两，其余除雇船请人工价外，彼此分用"。因此，县令前往弹压，此时恰逢渌口收漕，于是出现了匡光文煽动的渌口闹漕案，及匡光文等的拒捕之事。（钱臻：《奏为查办醴陵县监生杨清枚把持漕务，挟制官吏等情形事》，《道光朝朱批奏折》，道光元年十二月二十七日，中国第一历史档案馆馆藏；钱臻：《奏为遵旨审明醴陵县革监匡光文等包揽闹漕，叠次拒捕，致伤兵役案定拟事》，《道光朝朱批奏折》，道光二年八月二十九日，中国第一历史档案馆馆藏）

对此，需要加以说明的是，清档中关于此期程亮书、匡光文等的闹漕案记载者多为左辅与钱臻，两者言辞很相似，均认为匡光文是为刁监劣绅，是为包漕不遂而反抗官府。但在道光三年，新任湖广总督李鸿宾对此案的最终判决意见中，我们却看到了为匡光文翻案，钱臻等人被处罚的决定。李鸿宾是湖广总督，在官职性质上他与左辅、钱臻相一致，这一前提条件也让我们在"地方志"与"档案"对匡光文截然相反的描述中，更倾向于地方志的说法。清档在此方面的资料对我们了解此案的细节帮助极大。

同时，我们也需考虑到这种因素，民国《醴陵县志》中匡光文告漕案作者的特殊性。案件列于"人物传·匡光文传"，案后作者虽然没有列出该案取材何处。但附言道"傅熊湘曰，漕案在吾醴为重要史实，而同治间修志者，乃无一字及之，岂以为不足纪钦"。而傅熊湘是《醴陵乡土志》（醴陵醴泉小学1926年出版）的作者，说明县志中匡光文告漕事件取材于《醴陵乡土志》。傅熊湘，湖南醴陵人，反清人士，早年加入同盟会，与宁调元、姚勇忱等从事反清革命。对于傅熊湘的反清斗争详见金建陵、张末梅《南社与驱张运动——从〈天问〉说开去》，《南京理工大学学报》2005年第6期。了解了傅熊湘的政治取向，对地方志中匡光文和钱臻、左辅形象的鲜明反差也便不难理解了。这也决定了我们在运用方志材料的时候应该慎重。

任湖南臬司,一任湖南藩司,两任湖南巡抚,两任湖广总督,惊动了京师的都察御史,刑部尚书,九门提督,直至道光皇帝亲自过问。① 整个漕案从嘉庆二十五年王述徽上任更定新章,引发民怨,到道光三年匡光文被绞死,历时近四年。

(1)案发:王述徽改章与程亮书控漕。嘉庆二十五年王述徽任醴陵县令,上任之初即开始改定漕政新章,规定粮户交兑漕粮时,每交一石米,需另外加粮三两六钱。当时"每银一两,实值钱不过千二三百"。如此,花户"纳米一石,并所浮收,需谷已近三石,而折纳外费银,需谷乃至二十四石"。② 由此引发了肖正芳父子③及程亮书闹漕④,尤其是程亮书的京控扩大了案情。但清代"凡遇控漕,必先押回本州岛县勒追"⑤,这一意在防止民间无止境的诬控扰官民政策⑥,却给各层级官员玩弄法律提供了绝好机会。程亮书京控后,虽"有旨解湘审

---

① 廖文伟:《打捞岁月》,大众文艺出版社 2007 年版。作为一本文学著作,要将其直接用作本书的论证材料,需要经过一定的鉴别,如书中的程亮告漕,真实姓名应为程亮书等。但在与民国《醴陵县志》对照基础上,发现其中所记多与地方志书相一致,且其中的"录副奏折"为本部分的分析提供了民国《醴陵县志》之外的许多材料。

② 民国《醴陵县志》之《人物传四·匡光文传》。

③ 左辅:《奏为遵旨审明醴陵县监生程亮书京控前署知县王述徽浮收勒索滥行杖责案定拟事》,《道光朝朱批奏折》,道光二年三月二十二日,中国第一历史档案馆馆藏,这点在民国《醴陵县志》中并无反映。

④ 对此,档案文献却给了完全不同的解释。清档在程亮书控漕一案中也留下了不少笔墨记载。在其言中,程亮书不仅不安分守己,包漕滋事,且曾捆捉粮书关禁,并逼粮书勒写浮收书信,诬控县令捏灾不报,浮收逼民种种情事,详见左辅《奏为查讯醴陵县监生程亮书京控前署知县王述徽浮勒漕费等情一案大概情形事》,《道光朝朱批奏折》,道光元年九月十二日,中国第一历史档案馆馆藏;左辅:《奏为遵旨审明醴陵县监生程亮书京控前署知县王述徽浮收勒索滥行杖责案定拟事》,《道光朝朱批奏折》,道光二年三月二十二日,中国第一历史档案馆馆藏。

⑤ 席裕福、沈师徐辑:《皇朝政典类纂》卷二十九《田赋二十九》。

⑥ 张小也在其文《社会冲突中的官、民与法》一文中对讼案到达京师后"失其本真,虽有皋陶不能究诘"的性质有不少论述,而不管是督抚还是京师"三法司"因处理事务之多,难有空闲稽查,所以讼案一旦到达京师,不管是否是诬告,对地方官均造成了不小冲击。详见《官、民与法:明清国家与基层社会》,中华书局 2007 年版。

拟"①，结果却被巡抚反坐诬告罪。②然而控案汹汹，王述徽被革职。匡光文只是"与列名"。③

（2）事变：金德荣诬告与匡光文被迫上京。王述徽被革职后，金德荣接任。比起王述徽，金德荣意识到了漕务必"如愿"进行以及联合地方势力的重要性。所以，他一边"浮勒一如王旧"，一边开始积极拉拢在地方有影响力的匡光文④，令其帮忙浮收包漕，然为匡光文拒绝，史载"欲挟光文为助，光文不从，竟自完米归"。之后不久，金德荣在渌口开仓征漕时，"众以求减不得，大哗，与官役互斗"。此时，"金令疑光文所为"，抑或金德荣欲以"抗漕"之罪推卸浮收激民之责，抑或对匡光文拒绝合作的怨结，金德荣将此次民众大哗的闹漕罪名加在匡光文头上。加之程亮书闹漕中"光文与列名"，金德荣即以"聚众闹漕，伪造诏书闻于在吏"将匡光文列为渌口闹漕首犯。于是，匡光文被迫从一个配角成为此次告漕案主角。之后两者之间还演绎了一场拘捕与拒捕的斗争，民间至今仍流传着"蜡树打金"⑤的传说。案后，金德荣即因"疏纵要犯"⑥被革职，而匡光文直接走上了京控之路。

（3）京控：官官相护与不懈上控。道光二年二月初三日，张孔言署县事，为迅速平息这场民闹再次赴醴陵北乡花桥匡光文家。但此时，

---

① 民国《醴陵县志》之《人物传四·匡光文传》。
② 同上。清档朱批中保存了不少湖南巡抚左辅对此案记载。左辅言下之程亮书不仅殴打粮书，包收漕米，且诬告州县官浮收勒折，滥行杖责，且捏灾不报。言辞下，生员因包收不成，恼羞诬告成分极浓。详见左辅《奏为查讯醴陵县监生程亮书京控前署知县王述徽浮勒漕费等情一案大概情形事》，《道光朝朱批奏折》，道光元年九月十二日，中国第一历史档案馆馆藏；左辅：《奏为遵旨审明醴陵县监生程亮书京控前署知县王述徽浮收勒索滥行杖责案定拟事》，《道光朝朱批奏折》，道光二年三月二十二日，中国第一历史档案馆馆藏。还有《军机处录副奏折》，道光元年九月十二日，湖南巡抚左辅奏，中国第一历史档案馆馆藏。
③ 民国《醴陵县志》之《人物传四·匡光文传》。
④ 虽然民国《醴陵县志》中，并未对匡光文的身份作很确切交代，只以"慷慨好义"加以定位，但据地方志书"匡光文传"的文字内容，其实不难发现，拥有"巨室"，及后来众多族人帮忙告漕开罪的匡光文，在地方上自然有一定的影响力。
⑤ 蜡树是湖南省醴陵县花桥附近一地名。金德荣捕捉到匡光文的儿子德辉与孙子兰陔后，行至蜡树下，埋伏在此的匡光藻、简开泰一哄而出，救下了德辉与声遐等人，并痛殴金德荣。此事后人即附于"蜡树打金"传说。
⑥ 钱臻：《奏为特参醴陵县知县金德荣办理漕粮不善，复疏纵要犯，请革职缉事》，《道光朝朱批奏折》，道光二年二月初三日，中国第一历史档案馆馆藏。

"光文已间道赴京",张孔言捕之不得,"乃火光文开泰及匡绍祖之居"。① 张孔言此举激化了官府与匡氏家族之间的矛盾,当匡光文到达京师后,立即诉状于都御史。不久,案件也被判"押回本州岛县勒追""诏湘抚督同藩臬两司诉拟具奏"。结果,藩司钱臻却"利漕馆摊分"②,不仅"置漕事不议"为金令开脱,更草草以"光文依诈传诏旨律,拟斩监候"罪名结案。匡光文被捕。消息传回,年仅十三岁的光文之孙兰陔上控都察院讼冤,并控于刑部。同时,光文表弟甘启琇也"控之步军统领衙门"。连连上控,引起了英和的关注,进而上达道光帝,这场连环讼案才出现转机。在英和的努力下,道光帝"诏新任湖广总督李鸿宾审拟"。③ 为寻求案情真相,李鸿宾"亲临研审,阅旬有三日",终于证实"钟贤甫所怀诏旨并无假捏后有之语,实为捏名揭帖,而非匡光文伪造,且光文自完有券,足证无揽漕政敛费事,原拟斩监候,系属错误",为匡光文翻案。判决一下,藩司钱臻十分不满,竟趁还未离任之前,"忿而挟臬行刑",将光文提前绞死。④ 钱臻的这种为私忿竟能挑战判案结果,越俎杀害匡光文的行为让我们对清代嘉道之际湖南省的"州县衙役,凶恶无忌,久所著名"⑤ 有了更清楚的认识,也显示出了官与法间的微妙关系。

"匡光文告漕"因光文之死画上了句号。但案件影响却更为深远,案后不仅醴陵县终得以进行减浮收的漕政改革⑥,到了光绪末年醴陵的

---

① 对此,清档给予的信息则是匡光文家人自行遗火焚毁,且房屋系为空屋,乃匡光文家人与简开泰等平时商议不法之据点,并非民房。详见左辅《奏为查明醴陵县革监匡光文京控词称放火烧毁茅屋一节实在情形事》,《道光朝朱批奏折》,道光二年八月二十九日,中国第一历史档案馆馆藏;钱臻:《奏为遵旨审明醴陵县革监匡光文等包揽闹漕,叠次拒捕,致伤兵役案定拟事》,《道光朝朱批奏折》,道光二年八月二十九日,中国第一历史档案馆馆藏。

② 当时醴陵县漕弊更为多样化,在王述徽改新例浮收勒折之前,即有所谓的收尾、漕规、漕馆、漕口及漕余等名目。地方志书对各名称界定如下:"州县向恃钱漕陋规以为办公津贴,不肖官吏辄视为利薮,积弊相沿,久益深锢,征漕时遇有奇零,即收整数,名曰收尾。小户穷民,尤受其害,又加派外费银两,曰漕规。漕规例勒高价折银,以之分润上司,曰漕馆。分肥劣衿,曰漕口。而州县所得,曰漕馀。岁盖以万计"(民国《醴陵县志》之《赋役志·赋税》),这里所说的漕馆即是分润上司之漕规。

③ 傅熊湘所撰的《醴陵乡土志》称其为李逢彬。

④ 判案上匡光文就刑绞死的日期为道光五年十月初三日。

⑤ 恽世临:《禁革书役积弊示》,同治《长沙县志》卷二十《政绩二》。

⑥ 主要体现在其后任县令敬惇典与陈心炳的漕政改革措施上。详见民国《醴陵县志》之《人物传四·匡光文传》。

漕政改章运动，匡光文的事迹仍不时被忆起。从该案中，我们不仅看到了醴陵漕弊之甚，更对官场上官官相护导致绅民上控之难印象深刻。案情发展过程中，督抚、州县相互"合作"，为匡光文等的上控之路制造了重重障碍，以及在最后环节中钱臻竟然公然不顾法律，自行杀害匡光文，让我们对清代官员的办漕态度与地方执政过程中对"法"的履行有了新的认识。官绅在不同理解下的法律与社会中尽显复杂的利益纠葛与角色互动。

2. 绅民诬控典型个案：以江苏省为例

道光六年，江苏省新阳县监生朱心灼一张讼纸递上了京师，控告前总书吉惠嘉等侵收漕粮。与此同时，吴江县武生费长春也赴京控县书倪顕揆等浮勒条漕等情。两起控案在清代并不算特殊，但当时江苏省此类案例之多①，让朱心灼与费长春这两起控漕案立即引起了朝廷的注意，要求琦善与陶澍立即查明具奏。结果两案的实情让陶澍大失所望。

朱心灼诬控案中县书收漕并无不法，只因曾斥绅衿"为富不仁"，为绅衿所记恨，故肆意控漕。案情如下，道光三年夏间，新阳县被水成灾，条漕奏准蠲缓，于是被灾之户如果灾前已完粮，即可留抵道光四年的新赋。因蠲缓数目按年分带，头绪繁多，应随时核算，故"依照旧章改用活串，因恐粮户仍照原额误行溢完，故于串内钤用一戳记载，明许其觅户抵补字样"，以杜绝书吏侵蒙。按此规定朱心灼应完之八十八两，即只需再纳三十二两零，其间有应完之朱炳一户漕粮每年本应完带征米一升九合，因会同各户开单抄数时，记书照单口报，清书按册查抄，误听炳字作"宾"，将同庄朱宾户下带征米二斗三升八合之数抄给朱心灼。后来清书查出朱宾并未朱心灼过下之户，且已完粮时，即告之朱心灼，朱心灼却"佯为不知"。此时县书与绅衿间矛盾已经埋下祸根。道光四年当县绅合议捐协济灾民时朱心灼不允，在公所里被董事及县书吉惠嘉等人责为"为富不仁"。愤怒中，朱心灼重提旧事，以"县书等误抄朱宾米数，遂以为有隙可乘"进京诬控县书。

---

① 据陶澍统计，自道光五年五月至道光六年四月，一年内除案情重大，奏交各省审办外，其咨交各案内控涉吏胥舞弊侵吞科敛者有53件之多。(《覆奏查讯京控事件折子》，陶澍：《陶云汀先生奏疏》卷十七《抚苏稿》）

费长春案也是如此，因兑换粮银时，吴大观（钱店老板——笔者注）统算市平，较库平为轻，令费长春补齐火工钱，费长春不满，"与之较量，致相口角"。不平下，因认定吴大观乃县书倪顕揆之婿，即开始怀疑县书浮收。加上收粮过程中，因"费长春米杂，致被风筛折耗较多"，即"心怀不甘"，赴京控吴大观与倪顕揆等勾结浮勒。①

　　两案实情浮出水面后，陶澍深叹近来控案之多，特别是诬控屡禁不绝。他总结说，道光四年五月至道光五年四月这一年内的五十三件控漕案中，具结的已有十八件，"内将原告坐诬书役免议，及将书役一并斥革者只有五件，其余大半以怀疑误控"。② 就已结案情形来看，控告漕书不法案件的诬告率达72.7%，可见绅民"以差役为切入点"诬控现象之普遍。陶澍对此深感担忧，在将两案实情上报朝廷时，也附上了一篇《附陈漕务情形，严禁包漕陋规折片》论述江苏省绅民包漕情形，分析言辞下体现出了绅民非法诬控中官、绅、民之间利益纠葛与角色互动的丰富内容。

　　由以上两类个案可见，不管是绅民正当控漕还是非法诬控，过程中均体现了绅民对法的积极运用。漕案的上控与"澄清调查"周折中，不仅彰显了漕案发生的时代背景，更体现了官绅民在不同理解下的法律与社会中，进行的复杂利益纠葛与角色互动。

（三）漕控缘起：漕政危机的社会反映

1. 浮收：州县财政结构不合理的代价

　　"匡光文事件"给我们的最直接印象是地方漕弊之甚。从程亮书闹漕开始，闹漕之由即是王述徽改革新章后的浮收。所谓的每交一石米，需另外加粮三两六钱，及"纳米必先缴外费，否则指为抗漕"等即是王述徽浮收的明证。即便清档中左辅等人的奏折并未明确指出王述徽浮收的事实，但他也不得不承认"州县征漕多收帮费，以及旗丁索津贴，沿途衙门勒索陋规"。③ 对此，朝廷也深有认识，道光帝的朱批"所奏

---

① 《覆奏查讯京控事件折子》，陶澍：《陶云汀先生奏疏》卷十七《抚苏稿》。
② 同上。
③ 左辅：《奏为遵旨办理严禁浮收漕费勒折陋规事》，《道光朝朱批奏折》，道光元年七月初六日，中国第一历史档案馆馆藏。

甚是，但须实力行之"①　即是对督抚的鞭笞之语，案中更是因金德荣的"横敛一如述徽"②"浮勒一如王旧"③　直接引发了渌口闹漕。无疑，浮收是匡光文控漕的直接导因。

江苏省连续不断的绅民诬控案给我们的最直接印象则是诬控漕书不法的普遍，此类诬控在清代甚为普遍。漕书不法与州县浮收紧密相关，且州县的不法浮收也引发不少绅民诬告。除此之外，清代漕政危机与社会问题对绅民诬控的选择也深有影响。

清廷对州县赋税征收后的起运与存留进行了严格规定，所谓"起七存三"，极其有限的存留部分包括行政开支、官吏俸禄以及其他项目的支出。仅州县官的收入中，不仅承担家庭开支与幕友、长随报酬，还有"摊捐"④　以及招待敬奉上司的种种负担。这在"知州每年名义薪俸是80两银子，知县在首府者年俸60两，在外地者年俸45两"⑤　的俸禄制度下，收入远难支付开支。虽然之后有养廉银制度，但结果则是"名义薪俸只够交罚俸""养廉银只够交摊捐"⑥　的怨言。特别是道光以后国力衰颓，不得不折发养廉银以充兵饷，地方官的收入问题日益突出。州县要生存，只能"另辟蹊径"，于是有了后人批判诸多的"陋规""浮收"。漕粮征派中即是如此，漕运事务之烦琐，让州县必须支付的办漕杂费及办漕夫役费用繁多。加上清代官场固有的"馈送上司"之习、旗丁勒索，州县更是捉襟见肘。而漕务的顺畅与否又直接关系州县官考成，浮收成为州县征漕的必由之路。

令人惊讶的是，清代不管是朝廷还是地方对州县的"浮收"乃至"陋规"往往持以宽容的态度。张仲礼先生在论起清代官员收入时，曾

---

①　左辅：《奏为遵旨办理严禁浮收漕费勒折陋规事》，《道光朝朱批奏折》，道光元年七月初六日，中国第一历史档案馆馆藏。

②　民国《醴陵县志》之《赋役志·赋税》。

③　民国《醴陵县志》之《人物传四·匡光文传》。

④　也称指令性捐献，即政府经费不足时，布政使命令州县官及省内其他官员捐钱支持政府用度。这种"摊捐"通常是由布政使直接从官员们的津贴中直接扣除。（瞿同祖：《清代地方政府》，法律出版社2003年版，第43页）

⑤　瞿同祖：《清代地方政府》，法律出版社2003年版，第41页。

⑥　同上书，第45页。

运用《湘潭县志》的一个例子加以说明。作为湖南省的"壮县",湘潭不仅"财赋甲列,县民庶繁",县令的收入也不错,民间有"不贪不滥,一年三万"之说。三万之外的收入最主要来源即是漕规,在此项上,县官往往是"嗜利者,不知足,见可以多取,辄增取之",对此,张仲礼先生认为在方志编纂者眼中,只有后面的情况才可视为腐败行为。① 也有人认为,清代官僚机构每个角落都存在腐败,"所有中国官员除了薪俸都要拿外快及养廉银,中国人所谓'清官'与'贪官',最大的区别就在于前者使百姓为公道而付钱,而后者则贩卖不公道给最高的出价者"② 的说法。这些观点体现了社会评判州县是否腐败不法时,所持标准更大程度上并不是地方官是否浮收,而是这一浮收的"度"如何。只是合理收入和过分榨取之间界限的模糊性加剧了这一情况的复杂性。而这一切即是清代不合理的地方财政结构带来的负面效果。所以,在匡光文控漕中,王述徽、金德荣等几位县令之所以激起民抗,关键就在于浮收严重超出了绅民所能承受的程度。

"度"的难以把握,加剧了浮收在地方社会作用的复杂性。因为,即便浮收未超过绅民接受范围,不法绅衿仍能以浮收为借口非法诬控州县,时人即曰:"各州县用度浩繁,不能不藉资津贴,抗玩者即因此挟制,以为控端"。③ 且京控结果往往影响漕粮上纳,因为,包户"揽纳米石,为数不少,到仓时官吏稍为查问,即抗不交纳,或将湿碎短少之米,委之仓外,一哄而散,赴上司衙门控告,转须代为看守,而漕米不准挂欠,州县官不能不买米供兑"。④ 而且,在不法绅民的挟制下,州县一旦因为浮收被控上京师,结果往往"百口莫辩",为此赔上自己的

---

① 张仲礼:《中国绅士的收入》,上海社会科学院出版社2002年版,第27页。
② 密迪乐:《中国政府、人民……杂录》,第114—115页。转引自约翰·R. 瓦特《衙门与城市行政管理》,注释24,参见[美]施坚雅主编《中华帝国晚期的城市》,中华书局2001年版,第462页。
③ 席裕福、沈师徐辑:《皇朝政典类纂》卷二十九《田赋二十九·征收事例》。
④ 席裕福、沈师徐辑:《皇朝政典类纂》卷四十九《漕运二·漕制》。

前程。① 因为刁监劣绅,特别是"健讼"之刁监劣绅,能利用上司督抚无暇查清案情,下层民众又"厌讼",甚至"畏讼"的心理,将案情"化小为大",从而让地方官陷入更大的麻烦中。为了避免陷入此种困状,地方州县(特别是酷吏)浮收过程中,"分肥"绅衿的做法十分普遍,"漕口"② 这一陋规名目也就由此产生。一旦州县的分肥不能满足绅衿的欲望,或者州县与奸民之间矛盾激化,奸民"起意京控,希图抵制"也就成了正常现象,这种京控往往都是捏词诬控。清人即曰:"衿棍所执为讼柄者,无非以违例浮收为词"。③ 江西宜黄县人谢阶树在论家乡漕运时,即以湖南京控案的例子说明绅衿京控的目的:

> 即去岁湖南论之,以漕控于京者如云,而起是殆奸民欲与州县官分漕规而不可得,以致讼也,州县官亦岂乐与奸民讼哉,然而卒如故者何也,盖自官以至于民,凡有事于漕者,皆将以漕与州县市者也,譬诸猎者一人射鹿,十人分肥,是皆陷州县官以猎取之名,而自享分肥之实也。④

清代州县财政结构不合理代价下的浮收是漕政危机的一种反映,也是绅民正当控漕原因与诬控的切入口。

2. 素质差异:官差的办漕理念与漕控兴起

匡光文的这场连环讼案中,前后五任县令对待漕案的不同举措让漕

---

① 清人对绅衿非法诬控打击州县情况已有深刻认识。时人记载道:"谨愿者无事不屈,黠且悍者无事不伸,以言语伤人,以势力胁人,以厚貌欺人,虽自指其曲而不惮于讼,州县讼不解则讼之府,府讼不解则讼之司道,司道讼之不解,则讼之督抚,督抚讼之不解,则讼之京师,至京师而情伪歧出,失其本真,虽有皋陶不能究诘,且督抚总核一省之讼而不暇遍为听,京之三法司总核天下之讼,愈不暇遍为听,况讼经载,其隐情必深,其机谋必幻,其株连必众,近者数日,远者数十日,诛一胥,纠一吏,少则累及数员,多则累及数十员,纵能洞烛奸邪,实有不易平反之势,即力为平反,而谨愿者已不胜困惫矣。彼黠且奸者见此事之不数存也,益肆行无忌,吓诈良民,在一邑则一邑畏之,在一郡则一郡畏之,否则从而效之"。(《府判录存》之路德序,张小也:《健讼之人与地方公共事务——以清代漕讼为中心》,《清史研究》2004年第2期)
② 民国《醴陵县志》之《赋役志·赋税》曰:"分肥劣衿,曰漕口",可见,漕口是州县浮收中分肥绅衿部分。
③ 《附陈漕务情形,严禁包漕陋规折片》陶澍:《陶云汀先生奏疏》卷十七《抚苏稿》。
④ 谢阶树:《综核名实折子》,同治《宜黄县志》卷四十五之一《艺文·折子》。

案出现了完全不同的发展局面，醴陵的地方社会情况也就出现了完全不同的情形。前三任县令视办漕为利薮，不顾民力浮收，甚至联络地方权势共同侵漕，醴陵县漕政自然日益败坏，并引发了绅民之间的不断抗拒，先后出现了肖正芳父子、程亮书、杨清枚与匡光文等的控漕之事。而在后两任县令执政中，我们看到的则是敬惇典等的"颗粒不许浮收""令花户亲身完纳""严禁衿棍包交"① 等漕政规章改革。改革之后尚难说醴陵县的漕政为之一清，但却带来了一丝新鲜空气，出现了输将踊跃的局面。可见，县令办漕态度和执政理念影响漕粮征派在地方进行情况。

清人王岂孙言，"漕之误与不误，仍在督抚州县，总漕无能为也"。② 州县在漕粮征派中作用突出，然而州县"掌一县管理，决讼断辟，劝农赈贫，讨猾除奸，兴养立教。凡贡士、读法、养老、祀神，靡所不综"。③ 权小而事多，施政难度极大。所以州县官的执政理念与办漕态度更为重要，视漕政为利薮？抑或秉公办漕？不仅直接影响漕粮征派的顺利推进，而且关涉地方社会秩序。试见一例，安徽州县征漕号称难治，咸丰二年宁国知县以办漕不善被罢，伍庆祥前往摄事，很快平息了民闹，且使宁国县民"争先输纳"。之后，宣城漕政也难治理，伍庆祥又欲被派往宣城，结果宁国县民纷起反抗，宣城"非伍令则漕不能纳"。对此，宣城县民也不甘示弱，也称必得伍令，于是有了宣宁交争。最后以"庆祥兼理两县"才了结了此事。对此县民即言"吾宣宁非抗粮者，前令敲骨吸髓称贷亦不及额，不得已而铤险，今官如是忍坐视乎"。④ 既然州县素质关系漕粮上纳情况，如果州县能洁己为民，地方漕政不仅会为之一清，民众输纳也较为踊跃；一旦州县以漕为利薮，自然造成浮收激发民反。

"绅民非法诬控"所举的江苏省两个案例，虽然展示的是绅衿不法

---

① 民国《醴陵县志》之《人物传四·匡光文传》。
② 王岂孙：《转般私议》，贺长龄编：《皇朝经世文编》卷四十七《户政二十二》。
③ 《清史稿》卷一百一十六《职官三·外官》。
④ 光绪《续纂江宁府志》卷十四之一《人物》。

与"以漕书为诬告切入点"的广泛适用性①，同时也展示了漕书等办漕人员不法引发闹漕案件的普遍。书差办漕理念与漕控兴起也紧密相关。

既然漕粮征收借助差役不可避免，官员就得接受"既授以权柄，势不得不听其所为"。②差役的不法让绅民不仅承受天庾之定额，更有州县浮收与胥役勒索虚数，后两项的无限度性往往导致"不独为淳良小户之害，即淳良生监亦受其累，累之不堪，遂致上控，也有不得已者"。③所以，绅民要使自己的抗闹行为具有正义特性，"州县浮收，书差不法，不堪重负"即是最好理由。且漕粮征收过程中，州县的不法浮收是通过差役之手得以实现，差役在地方社会治理中的尴尬地位④让他们不仅形象不良，更容易成为绅衿斗争矛头所指。而且差役一旦被控上案席，贤令、酷吏均难轻易为其翻案。对此，清人樊增祥曾论道："大凡作昏官者，率以差厉民为受赇鬻狱之根源，而作清官者，又皆以伸民抑差为沽名讨好之门面，是则甘为小人者，固毫无公理，而号称君子者，亦未免私心"。⑤所以，张小也认为，对待差役问题上无论是昏官还是清官，都有弱点。⑥绅民以差役为切入点的诬控抓的即是地方官的这种心理，这在其他讼案中也常能见及。⑦

---

① 清代不乏以差役不法为切入口的绅民诬控案。如道光二年，江苏沛县县民袁欣祖，赴京师呈控漕书任如秀等勒折漕米。道光四年，江西吉水监生邓辉等，赴京呈控县书娄明源等浮收勒折。道光四年，江西丰城监生熊大邦，设局包漕失败后起意京控州县浮收、官吏私蚀。这些案例体现出的绅衿"以书差不法"为由的诬控，很快引起韩世琦不满，认为绅衿非法诬告甚为可恶。(韩世琦：《韩大中丞奏议》卷五、卷八、卷九，《续修四库全书》，《史部·诏令奏议类》)

② 辛从益：《论江苏收漕章程疏》，《万载县志》之《文征·疏》。

③ 同上。

④ 传统政治制度中，差役的地位极为尴尬地。有人即指出"官僚阶层一方面依赖胥吏来处理各项事务性工作，另一方面又对胥吏阶层表现出极端的不屑，表现在制度规定上就是堵塞胥吏由吏职而品官的升迁之路"。(臧知非、沈华：《分职定位——历代职官制度》，长春出版社 2005 年版，第 249 页)

⑤ 《批临潼县禀》，樊增祥：《樊山政书》卷十八。

⑥ 张小也：《官、民与法：明清国家与基层社会》，中华书局 2007 年版，第 181 页。

⑦ 张小也在此方面做出了突出研究，详见《官、民与法：明清国家与基层社会》(中华书局 2007 年版)一书对讼师及清代法律与社会的研究。

可见，官差的办漕理念与绅民漕控紧密相关。官差的不法是绅民正当控漕主要原因，而官差在漕粮征派中的尴尬位置又让"挟州县浮收之短"与"借口差役之不法"成了绅民诬控的两大切入点。作为清代漕政危机表现之一的漕控，不仅体现出了官差办漕理念的差异，也体现出了清代地方漕政情况的状况。

3. 嘉道漕务积弊泛滥的缩影

匡光文漕控发生于嘉庆二十五年至道光三年，江苏省的朱心灼与费长春诬告案则发生于道光六年。两类典型个案缘起不同，却可作为嘉道漕务积弊泛滥的一个缩影。

漕运发展到乾隆中后期，漕政的日益腐败已成不可逆转之势。虽然此后道光年间有过几次改革，但效果均不显著。其中最为严重的即是浮收之弊，"漕务积弊首在浮收"① 已是普遍认识。道光二年，姚文田在论漕弊时，即感叹道："乾隆三十年以前，并无所谓浮收之事，是时无物不贱，官民皆裕，其后生齿愈繁，而用度日绌，于是诸弊渐生，然犹不过就斛面浮收而已。未几有折扣之法，始而每石不过折扣数升，继乃五折六折不等，小民终岁勤动，纳赋之外，竟不至不敷养赡"。② 到了嘉道年间，漕务中官、绅、旗丁等各个阶层的通同参与作弊现象越来越严重，以致成为"一个贪污网"。③ 李文治先生将一条嘉庆上谕与雍正上谕做比较，认为从雍正上谕看，那时漕政上的私弊主要是地方绅衿抗欠和沿运漕务官吏的勒索，尤其是下层胥吏的贪污；从嘉庆上谕看，严重影响漕运的则是各层高级官吏（诸如督抚司道等官）的收受规礼等侵漕活动。④ 而且，州县官吏不仅明文浮收，甚至百姓"稍不如意"则"鞭扑随至"⑤，这种既吸民之脂膏，又残民之肢体的现象在嘉道漕务中大量存在。匡光文漕控是源于县令浮收，而费长春的诬告也是县书的浮勒。两案从不同角度体现了嘉道漕务的危机。

两个个案更体现了清代地方社会的漕务危机。以湖南省为例，漕粮征收中"湖南漕粮陋例，上下通同，官役分蚀，任意摊派，群聚烹分，

---

① 瑞彌奏：《军机处录副奏折》，道光元年二月二十七日，中国第一历史档案馆馆藏。
② 姚文田：《论漕疏》，贺长龄编：《皇朝经世文编》卷四十六《户政二十一》。
③ 李文治、江太新：《清代漕运》，中华书局1995年版，第290页。
④ 同上书，第337页。
⑤ 王家相奏：《军机处录副奏折》，道光元年六月十五日，中国第一历史档案馆馆藏。

小民脂膏朘削已尽"。① 陋规之下，地方社会各种势力纷纷觊觎漕粮征收，以漕为利薮，时人叹言：

> 目前害民秕政，莫甚于收漕，收漕积弊多端，其弊之最甚者，尤在揹勒浮收，夫粒粒辛苦，民间稼穑艰难，举目即见者漕粮白粮也，乃贪残之府州县，待以实橐习仆，蠹书猾役资以饱欲，院司道府吏役据以分肥，少袗地棍藉以挟制，耽耽此项，当秋期未至，早群焉摩厉以须矣。②

匡光文漕控的兴起与此地漕政状况紧密相关，是为漕政危机在地方社会的具体体现。

（四）漕控过程：官绅民不同理解下的法律

控案之始，我们将匡光文漕控定位为"正当控漕"，朱心灼与费长春漕控定义为"非法诬控"。两者的区别，主要体现在控漕活动中绅民的出发点与最终目的的正当与否上。

综观清代绅民"正当控漕"案，不管是乾隆年间山东历城的李岱控漕③、齐东的刘光亮等告漕④，还是湖北广济的张朝宗告漕⑤、河南郑县告漕⑥及道光年间山东阳信的"四义烈士控漕"⑦，地方州县、漕书、胥吏等办漕人员的不法均是引起绅民愤而上控的主要原因。至于上控的最终目的则是希望引起上层官员重视，从而得以改革、肃清漕政。但就

---

① 赵申乔：《禁漕粮陋规檄》，同治《长沙县志》卷二十《政绩二》。
② 彭维新：《与冯粮道书》，同治《茶陵州志》卷二十《艺文·书》。
③ 案源起于漕米征收本色时"吏胥多方挑拨，计完米一斗，倍所费而犹不止"，在邑人屡次呈请改折下，县令却默然不理，终于引起了李岱"联络数十村庄迭诉诸院司"的告漕事件。详见民国《续修历城县志》卷四十四《列传六·一行》。
④ 案情亦源于交漕时，对"有人者卸，有钱者卸，否则迟延时日，甚至月余，不获呈报"现象的不满，愤而上控（民国《齐东县志》卷五《人物志·事迹·义行》）。
⑤ 乾隆年间，张朝宗见粮官勒索逼民之甚，搜集证据，开始告漕，为人讨回公道，此事在当时地方社会流传甚广，甚至为后人加工编写为黄梅剧本《张朝宗告漕》。
⑥ 嘉道年间，河南郑县因"每年粮漕百姓无力完纳，而官吏追呼更甚"，"嘉道绅民赴省赴京呈诉"（民国《郑县志》卷十五《艺文志·传》）。
⑦ 当年，曹希汤等"四义烈士"不能平于年年歉收，哀鸿遍野之时"又遇贪官污吏，横征暴敛"，才"连名呈请本县照市价完漕粮"（民国《阳信县志》卷五《人物志·义侠》）。

结果而言，却无一例外地体现出了"周折"的特点①。此种上控之困难、告漕之艰辛，在清代绅民的正当控漕案中体现得极为明显。而艰辛之由则与官、绅民之间对法的不同理解息息相关。

绅民的非法诬控也是如此。不管是朱心灼、费长春的诬告还是诸如道光二十七年江西省黄连生的包漕诬控②，绅民均体现出了对法的积极利用，但最终结果均被证实是诬控。

在绅民正当控漕与非法诬控中，官绅民表达了自己对法律的不同理解，却均体现出了对法律这一武器的积极利用。于是漕粮征派在法律与社会领域，尽显官绅民之间的利益纠葛。

1. 存异：官绅民对法律的不同态度

匡光文告漕中，面对王述徽的弊政，程亮书选择了京控这条路。渌口闹漕之后，匡光文也是采取上控的方式。还有后来的兰陔及甘启琇，均是希望通过法律途径解决矛盾。虽然在此过程中，不乏有"武力"的影子，如金德荣想拘捕匡光文时匡光文及其家人的拒捕，还有张孔言捕肇事之人时所谓的"烧毁民房"事件，等等。但是，面对矛盾，我们发现，"上控，希望通过法律途径解决矛盾争端"是绅民反抗官府的首选途径，这一现象不敢说是"健讼"的结果，但却体现出了绅民对法律的理解与积极利用态度。前文提及的乾隆年间山东历城的李岱控漕、齐东的刘光亮等告漕、湖北广济的张朝宗告漕、河南郑县告漕与道光年间山东阳信的"四义烈士控漕"均是绅民积极利用"法"为自己

---

① 李岱告漕的结果是被重杖（案例详见民国《续修历城县志》卷四十四《列传六·一行》），刘光亮等不仅重复着"赴县恳邑令转呈"与"复又直接呈控上宪"的奔波，而且"家产耗尽""卒不得理"（案例详见民国《齐东县志》卷五《人物志·事迹·义行》）。张朝宗也是屡告屡败，不仅被广济县拒收状纸，更被黄州府打入监狱严刑拷打（后人还根据当时民众的愿望，将这一失败的告漕圆满化，令张朝宗儿子继续向督抚告状，终于告倒贪官污吏。黄梅戏更是为了加强戏剧纠葛，不仅补充了张朝宗告漕前思想过程，更将最后向督抚告状者改为张朝宗妻子。详见黄梅戏剧目《张朝宗告漕》）。河南郑县绅民则因"历任不为详请豁免"，前后告漕长达四十年（案例详见民国《郑县志》卷十五《艺文志·传》）。道光年间的"四义烈士"也不断"转呈府守"，"又控至省宪"，最后"四人之心力亦瘁矣"（案例详见民国《阳信县志》卷五《人物志·义侠》）。

② 道光二十七年江西省黄连生的包漕诬控案缘于监生黄连生包漕活动受阻，面对广信府知府的派兵举措，黄光炜（即黄连生——笔者注）"自知罪无可逭，起意京控，希图抵制，随捏以该署府代县收漕，勒折焚抢毙命，并藉伊另居之祖黄灿英老病身故，指为逼死，又恐难邀准复，于词内添砌曾控督抚臬司，均未提讯各情"，进而京控，最后经审查证明黄连生乃诬控。（《审拟包漕拒捕逸犯捏词京控折》，吴养原编：《吴文节公遗集》卷十八《奏议》）

伸张正义的体现。

绅民非法诬控案件体现更为明显。不管是出于被漕书侮辱，还是侵漕渔利被漕书斥责，绅民，特别是占有一定社会资源的绅民①，往往借助法律手段进行诬控，且效果明显。陶澍对此现象即深有感触，他说，漕粮征收伊始，不法绅衿不仅包揽小户漕米更是丑米挜交，一旦地方官责备，不法绅衿即"非逞凶哄仓，即连名捏控不休"。②结果导致州县征漕粮不及额，不得已下只能"挪移"或者自己买米垫补。所以对于刁监劣绅的侵漕行为，州县要么"买静图安"，要么干脆勾结绅士、通同渔利。因为一旦"触怒"刁监劣绅，"京控"即紧随而来。而一旦京控，不管是否诬控，清廷接到控案的直接反映即是以带有责备之语警告地方官。严申道："钱漕皆维正之供，各州县如果实力征收，何至民欠累累。若刁生劣监任意抗延，动辄藉词控告，尤应随时惩办"。③这种带有责备的警告之语对地方官来说，责备之气总大于警告之语。也正是看到诬控的有效性，绅民在利益受损时积极利用法律的姿态更为明显。

而从官府层面上看，我们则看到了许多官吏对"法令"的藐视，乃至破坏。面对程亮书、匡光文及其家人的控漕，官官相护及制造重重障碍是官吏们的常见对策。在漕控案过程中，道光帝批示："（金德荣）岂心应能疏玩溺职之至尚，恐有别项情事，必须认真查办，毋为徇隐"④，然钱臻对皇帝的朱批视而不见，"置漕事不议，为金令开脱"，到了案件后期，他甚至全然不顾法令，将匡光文私下行刑处死。钱臻并非特例，因为在前任巡抚左辅身上也深有体现。诸种行为无一不体现出了官员对"法"的藐视或无视。清代官吏对漕控的排斥也体现出了对法律的藐视，时人曰"官吏一闻京控，即视原告若寇仇，辄欲加以越

---

① 虽然史上不乏有民众控漕成功的案例，但总体而言，上控尤其是京控，对绅民占有的社会资源有一定要求。且见一例，乾隆年间山东齐东绅民为正当利益赴京控时，"卒赖尚义之笔，光亮之舌，允庆之财"才使这场京控胜利。案件表达中的"笔""舌""财"体现了上控所需的几大资本。其中的笔与舌体现了控案之人，不可能目不识丁，必不应对文字有较强的驾驭能力，更有雄辩之才；而"财"一字体现了控案背后所需经济支持之大，历史上因京控令民倾家的案例不少（民国《齐东县志》卷五《人物志·事迹·义行》）。

② 《附陈漕务情形，严禁包漕陋规折片》，陶澍：《陶云汀先生奏疏》卷十七《抚苏稿》。

③ 陶澍：《陶云汀先生奏疏》卷十七《抚苏稿》。

④ 钱臻：《奏为特参醴陵县知县金德荣办理漕粮不善，复疏纵要犯请革职勒缉事》，《道光朝朱批奏折》，道光二年二月初三，中国第一历史档案馆馆藏。

控之罪"。①

由此可见，官绅民对法律的理解，与本身群体特征及在漕粮征派中的角色息息相关，有积极利用法律正当上控，也有利用法律非法诬告，甚至有州县的藐视法律行为。

2. 求同：官绅民对法律的扭曲利用

尽管绅民与官在漕案中对"法"有全然不同的态度，然其中却有一个共同点，即对"法"的扭曲利用。

清代，朝廷在法律制度的建设中力图走向完备，但立法的滞后性以及贯彻执行的程序化②，使法令往往缺乏一定的地方适应性。法令既然难以契合地方的实情，地方官"玩"法也就由此多了一层便利。为了防止地方官"玩法"，清廷也处处设防，鼓励地方民众上诉即是常用策略之一。然而绅民"上控"始终充满艰难，法的权威不断受到陋弊的冲击。

以漕粮征收为例，针对地方州县官胥的侵漕行为，清廷规定绅民手中握有"上控"之权③，但在具体实行中，漕务体系中的种种陋规之习却让绅民的这一"上控"之路布满荆棘。这种陋规之习主要体现在绅民对法的滥用与地方诸层官吏对法的藐视与破坏上。

首先，绅民对法的滥用。如我们所知，绅衿在传统社会中享有不少身份特权，更享有许多社会权力，而其所承担的义务是努力完纳课税、劝谕教化地方民众。但法令实行过程中循例者渐少，违例者渐多，绅衿为谋利铤而走险者往往有之。"挟州县浮勒之短，分州县浮勒之肥，一有不遂，相率告漕，甚或聚众哄仓，名虽为民请命，实则为己求财也"④之类的记载屡见于清人笔下，刁监劣绅漕粮诬控因此多见。久而

---

① 《加函钞案致藩司》，丁禹生：《抚吴公牍》卷十九。
② 清代立法大权握在中央手中，地方督抚在此方面权力微小。所以我们在地方志书看到督抚在面对中央的法令下传时，"原封不动"，或者只是简单地加以略写，然后贴示传达于民的现象最为普遍。相反，类似《江苏省例》、《治浙成规》、《福建省例》等结合地方情况，参考中央法令规定，制定地方性法规情况少见。
③ 如在漕粮征收过程中，乡里之民一遇有胥吏中饱等现象，即可"执串票具控"（席裕福、沈师徐辑：《皇朝政典类纂》卷二十六《征收事例·催科一》）。
④ 胡林翼：《革除漕务积弊并减定漕章密疏》，饶玉成编：《皇朝经世文编续集》卷四十六《户政二十一》。

久之,"无粮而上控,则索规可知,有粮而上控,则躲避可知"①,"讦告之人,总非善类"成了地方官的普遍认识,而这种认识自然影响到他们对漕案的态度与做法,绅民手中"上控"之权由此受到地方官员的压制。

其次,漕粮控案所需的高额成本大大降低了绅民"上控"的可能性。在清代漕控的描述中,我们见之最多的就是"绅民为之倾家"。段光清言"苟有上控漕弊,必批伸缩含吐之语,一有空隙,反必革办,庇纵已极","然不甘欺侮者不少,藉此可报捐功名愈多,皆为漕弊起见,讼之经年累月,不惜羽毛,仍可讲明完结,然小户之脂膏已竭,苟有些恒产,悉售于大户"②,一方面警告绅民应慎重对待上控行为,另一方面指出上控所需要成本之多。③ 一般绅户很难承受上控的巨额成本、上控过程的艰辛及上控不成的沉重后果,从而大大缩小了上控人群的队伍。

最后,州县对法的藐视与破坏及官役勾结"绝众粮户上控之路"④也加剧了绅民上控之难。

由此可见,官绅民出于不同的角色目的对法律的扭曲利用,导致了"法"在实行过程中出现了制度与现实的严重背离,正是这一背离造成了历次漕控案的艰辛。在漕粮控案中,不管是正当控漕还是非法诬控,绅民的"化小为大"措施与地方官的"化大为小"策略充满了矛盾,矛盾的背后体现的是官绅民对法律的扭曲运用,而矛盾的解决过程,也体现出了官绅民之间的角色冲突与利益纠葛。

(五) 利益纠葛与角色互动:漕控中的官、绅、民

遍观漕粮控案,漕控一发,查明绅民为何而控是第一步,即"嗣后

---

① 林则徐:《议覆筹划漕运事宜疏》,盛康编:《皇朝经世文续编》卷四十八《户政二十》。这种处案措施在清代十分普遍。如程亮书控漕案中,湖南巡抚与醴陵县令即以程亮书本无应完漕粮,故将程凤济户名下几户的粮产"作为己业",冒充有粮之户捏控王述徽浮收为由反控程亮书此举是为无粮上控,是为索规 (左辅:《奏为遵旨审明醴陵县监生程亮书京控前署知县王述徽浮收勒索滥行杖责案定拟事》,《道光朝朱批奏折》,道光二年三月二十二日,中国第一历史档案馆馆藏)。

② 段光清:《镜湖自撰年谱》,中华书局1997年版。

③ 对此,乾隆年间,山东齐东的刘光亮等控漕事件最具代表性,在漕控过程中,尽管刘光亮"家产耗尽",仍"不得理",最后在张尚义、张允庆、王大士帮助下,"卒赖尚义之笔,光亮之舌,允庆之财"才将控告成功 (民国《阳信县志》卷五《人物志·义侠》)。

④ 辛从益:《论江苏收漕章程疏》,《万载县志》之《文征·疏》。

控告漕案，必须查有无抗欠，尤须查其是否粮户，方可酌量准理，倘系无粮之户，其为包揽何疑，或有漕而米未交清，亦当饬令完漕，再予审办"。① 紧接而来的要么是对诬控绅民的处罚，要么是对不法州县的制裁。前者通常是先令其补完欠粮，然后绅则褫革身份，民则施以小刑，以儆效尤。后者则通常是官场升降措施，导致一场人员调动。所以就最后处罚结果而言，绅民控案与法外暴力抗漕大致相当。而就达到这一效果所应付出的代价，或说对社会秩序造成的影响来说，控漕斗争相对平和，对社会的破坏力也相对较小。作为法内闹漕之路，漕控以闹漕的一种重要形式贯穿清代始末，闹漕背后体现出来的官、绅、民间的角色互动与利益纠葛也丰富有趣。

如匡光文控漕中不管是程亮书还是匡光文的反抗，朝廷与地方均给了完全不同的解释。如程亮书控漕一出，左辅立即以"如果匡灾士民人众，何以均肯缄默，仅止程亮书一人出报"②，为王述徽"澄清"案情，将程亮书定以诬控之罪。匡光文案更是如此，钱臻等坚持"在逃之匡光文俱系积年包户，因闻禁止包揽代纳，不能获利"而起意抗官。③ 不管是在钟九闹漕还是匡光文的连环讼案中，"煽民众反抗，勒讼费"均为官方强调的重点。对待漕控的这一态度，不仅在匡光文连环讼案中体现明显，在清代官员的认识中也带有一定的普遍性，所谓"藉控为抗，以遂其包揽之私，尤仗讼分肥，以长其白规之数"④ 等的评价即可见一斑。而匡光文等则力陈案起于"浮收"，是"不平而鸣，无奈而反"的结果。这样，在案件的澄清调查过程中，匡光文与地方州县之间博弈不断。不仅闹出了一场场的捕捉与拒捕，更在历次的上控与反上控中指责对方。因此，在民国《醴陵县志》与"清档"中，我们看到了对匡光文一事完全不同的表述。绅民正当控漕案中，绅民是为正当利益积极利用法律武器，而地方官表现出的姿态则往往是藐视法律权威，为绅民的上控制造重重障碍的同时也不断挑战法律权威，两者借

---

① 《附陈漕务情形，严禁包漕陋规折片》，陶澍：《陶云汀先生奏疏》卷十七《抚苏稿》。
② 左辅：《奏为遵旨审明醴陵县监生程亮书京控前署知县王述徽浮收勒索滥行杖责案定拟事》，《道光朝朱批奏折》，道光二年三月二十二日，中国第一历史档案馆馆藏。
③ 钱臻：《奏为查办醴陵县监生杨清枚把持漕务，挟制官吏等情形事》，《道光朝朱批奏折》，道光元年十二月二十七日，中国第一历史档案馆馆藏。
④ 《附陈漕务情形，严禁包漕陋规折片》，陶澍：《陶云汀先生奏疏》卷十七《抚苏稿》。

助法律这一武器进行不断的利益博弈。

绅民诬告走的也是法律路径。与绅民正当控漕不同的是，诬告案件中的绅民钻的是法律之空，歪曲利用法律。而此类案件中体现出来的官绅民博弈特点，是绅民对漕运制度缺陷与地方社会种种陋习的熟稔，这一点从其诬告的"切入点"选择中可略见一斑。

此外还有一种控案典型是为"官员诬控"，与匡光文闹漕中的藩司藐视法律不同的是，此类案件中的地方官也是积极利用法律武器，致力于"诬告"的策略下，以闹漕"掩其浮勒之咎"。① 夸大或诬告绅民反抗是此类地方州县的主要举措。清末士绅徐兆玮在经历了 1898—1899 年的官绅漕务之争后即说道，官吏言论下的绅民抗漕，"其实比部并无包抗也，只欠十余石耳"。② 不仅如此，此类州县往往敌视绅民的正当控漕，即所谓"官吏一闻京控，即视原告若寇仇，辄欲加以越控之罪"。③

由此可见，无论是绅民的正当漕控，还是绅民的"诬告"与官胥的"反诬告"，其中总隐含着利益这一因素，即官绅民为了各自的利益，制造了种种"控"与"反控"的事件。绅民守法，官员的这一行为便属诬控。一旦绅民诬控，地方州县要么如陶澍般还地方官胥公道④，要么进行反诬控。且历来"生监因漕案被革者多矣，率未闻书役有因浮收获咎者"⑤ 情况，显示了地方官为自己翻案的可行性。⑥

清代中后期，控漕、告漕之案越来越普遍，辛从益言"数年以来，控漕之案，无岁不有"。⑦ 陶澍亦言"溯查数年以来，无岁不有告漕之案，自百起至二三百起不等"。漕粮改由海运后，虽因"用津贴无多，无可阻挠挟持，是以控案较少"，"然亦不下数十起"⑧。这体现出了清代中后期告漕案件的普遍程度，以致"藉控为抗""积习相沿"成了清人言及此事最常用的论调。控漕作为清人闹漕的一种重要方式贯穿清代

---

① 同治《铅山县志》卷八《食货·练保关门·上谕》。
② 徐兆玮：《己亥日记》，1899 年 7 月 30 日。
③ 《加函钞案致藩司》，丁禹生：《抚吴公牍》卷十九。
④ 详见陶澍：《陶云汀先生奏疏》卷十七《抚苏稿》中所记案例。
⑤ 辛从益：《论江苏收漕章程疏》，《万载县志》之《文征·疏》。
⑥ 以差役为切入点控告官府不法的叙述详见张小也的研究。
⑦ 辛从益：《论江苏收漕章程疏》，《万载县志》之《文征·疏》。
⑧ 《附陈漕务情形，严禁包漕陋规折片》，陶澍：《陶云汀先生奏疏》卷十七《抚苏稿》。

社会始末。

二　法外路径之一：个人日常的反抗

虽然漕控比起暴力抗漕对社会的破坏力小了不少，但控案原告却有一定的资产、知识及社会资源要求，否则即便上控到"倾家"地步，仍难胜诉。所以相对而言，"个人日常反抗"① 付出代价之小，及长远

---

① 美国学者斯科特的突出研究对本部分写作的兴起，影响巨大。在其著《弱者的武器》（译林出版社2007年版）中，作者继《农民的道义经济学》之后，将研究重点转入了农民的日常生活反抗。作者认为，"绝对以国家利益为中心的历史记载和档案鼓励了这种迷恋，它们从不提及农民，除非农民的行为对国家构成威胁。另一方面，农民只是作为征召、粮食生产、税收等方面的匿名'贡献者'出现在统计数字中"（前言，第1页）。

确实，在古代中国研究过程中，因资料所限，我们在前人记载中看到的农民无非两种角色，一为刑事案件，或者农民战争的主体，二为地丁漕粮额数背后的主体。这种对农民历史角色的定位，让我们忽视了日常生活中的不少问题。加之目前学界，农民战争研究虽然突破阶级斗争模式，却仍有许多不足。在此基础上，斯科特提出的关注农民日常生活反抗，诸如"偷懒、装糊涂、开小差、假装顺从、偷盗、装傻卖呆、诽谤、纵火、暗中破坏等"的社会意义，显得极有价值。如作者认为这些斗争几乎不需要协调或计划，它们利用心照不宣的理解和非正式的网络，通常表现为一种个体的自助形式，它们避免直接地、象征性地与权威对抗。了解这些平凡的反抗形式就是理解农民长期以来为保护自己的利益对抗或保守或进步的秩序所作的大多数努力。我猜想长期以来正是这类反抗最有意义和最有成效。（前言，第2—3页）这一观点直接影响了我对闹漕概念的理解。

论及闹漕，学界不仅长期将其与抗粮混用，更为普遍的是，闹漕就直接等同于暴力抗漕。所以，山东刘德培暴力抗漕、湖北钟九闹漕成了学界的研究热点。而漕讼、绅民丑米掜交、逃亡、逋欠、罢考等绅民日常小动作，却仍缺乏关注。即便是"诡寄与包漕"也只是作为漕弊论及，并未作为闹漕独立方式研究。可见，传统意义上对"闹漕"的理解，让我们落下了不少有意义的内容，而在斯科特这一关注"农村社区顽强进行的坚韧的、沉默的斗争"思路启示下，我们在暴力抗漕之外，看到了更多的闹漕方式。漕粮控案这一法内路径的关注，也是在斯科特启示下，扩大"闹漕"概念界定的结果。

需加以说明的是，本书论及的丑米掜交、包漕、诡寄、逃亡、逋欠、罢考等，类似斯科特笔下东南亚农民的偷懒等日常反抗方式，却不沿用斯科特的"弱者的武器"这一概念。这并不是为了刻意避免，而是因为"弱者的武器"概念下的主体多为农民，相较于政府要员，确为弱者，且这种反抗有很强的消极抵抗意味。而本书论及的"丑米掜交、包漕、诡寄、逃亡、逋欠、罢考"等行为主体更为多样化，如包漕的主体多为绅衿及豪强，此时较于地方官而言，他们的影响力甚至为地方官惧怕，所以称不上"弱者"。且这种包漕、诡寄、丑米掜交等行为更多地体现了绅民在私利驱使下主动侵蚀渔利意图，与东南亚农民的消极抵抗也不同。所以，在概念选择上，本书更倾向于用"个人日常反抗"。

眼光审视下收益之可观①使之在绅民闹漕中更为普遍。

（一）逋欠

论及逋欠，首先想到的是江南，时人常言"是以江南诸县，无县不逋钱粮"②。具体而言，"天下逋赋，江南一省压欠二百一十五万，各省节年漕欠三百余万，防欠亦二十万"③，欠数之多可见。浙江省情况也是如此，论起太平动乱后地方情况，时人曰："人畏其粮重，无肯收受者，积弊日甚，拖欠日多，官困于考成，民疲于征比"。④即便是太平时期，逋欠也十分严重，时人即担忧道："逋欠将无已时，何以供我王赋"。⑤论起逋欠，江西省也感叹道："惟正之供，逋欠如猬"。⑥特别是浮赋最多的南昌、瑞州、袁州三府，常常感叹："历年逋欠从无完纳，完竟纸上虚文，不能济诸实事"。⑦康雍盛世，江西省地方逋欠情

---

① 在此方面，斯科特《弱者的武器》一书有精彩论述。他认为"弱者武器"形式下的反抗与大规模的公开挑战"效果相当，而且通常更为有效"（第38页）。因为"几乎在任何情况下，公开的反抗都比日常的反抗更易招致迅速而残酷的镇压，因为后者虽然很普遍，却从不冒险挑战等级制度与权力的正式定义"（第39页）。所以斯科特认为，"公开的反抗在当时通常只是一种愚勇之举"（第41页）。农民的这种"地下革命式"的反抗斗争能达到的效果往往是暴力之路所难以实现的。

在这方面，对长江中下游租佃关系有较深入研究的白凯也将农民抗租行为区分为"个别抗租行为"和"集体的抗租"，且认为"集体反抗形式与每天发生的平淡无奇的农民抵触行为并无二致，它当之无愧地称为变化的一个动因"。（白凯：《长江中下游地区的地租、赋税与农民的反抗斗争：1840—1950》，上海书店出版社2005年版，第10页）

马克·布洛赫在法国农民史研究基础上，也认为，"大规模起义一般被迅速瓦解而不会取得持久的成效。然而，农民社区中经年累月的坚韧的、沉默的顽强抗争将比大规模起义的昙花一现更为有效"。（马克·布洛赫：《法国农民史》，转引自[美]詹姆斯·C. 斯科特《弱者的武器》，译林出版社2007年版，第33页）

以上不同研究，却趋近相同的结论直接说明的一个事实，绅民日常生活反抗所达到的效果不仅能与暴力反抗相媲美，且对社会破坏力更小了一些。

② 陆世仪：《漕兑揭》，贺长龄编：《皇朝经世文编》卷四十六《户政二十一》。
③ 《续纂山阳县志》卷三《艺文志》。
④ 光绪《嘉兴县志》卷十三《漕运》。
⑤ 《张纯东乡祈雨文》，康熙《永嘉县志》卷十二《杂著》。
⑥ 同治《高安县志》卷五《减浮疏呈上》。
⑦ 民国《万载县志》卷四之一《食货·明田赋》。

况仍未有根本好转。① 即便是漕额相对较轻的山东河南等地,诸如此类感叹也不少。如山东省曰"漕粮岁逋日积"②,河南省曰"查漕粮每年只征七八成,因岁时丰歉不定,从来未曾征齐"。③ 此外湖南省的"丰岁仅足俯仰,一遭凶旱,即赋额多逋"④、湖北省的"赋税以延抗成风"⑤及安徽省的"遍地罹灾,漕米采买无出"⑥,等等,均是各处逋欠严重的真实记载。

严重逋欠原因的解释主要有两种,一是将其与"诡寄""飞洒"等并列地方钱漕征收积弊中⑦,认为"以欠为智,以完为愚"⑧导致逋欠不断。另一种解释更倾向以同情眼光对待,认为积欠的出现,非民不完,乃民力之实在难完也⑨,而且后一种论述远远多于前者。⑩ 个中缘由,与其说源于官员出自内心的同情⑪,不如从逋欠与官吏考成的关系

---

① 康熙十六年县令孟冬对当时的地方情形记载如下:"自莅任之初,已将惨苦情形通详在案。奈地方凋敝已甚,极招徕劝垦之方,徒叹□尽能索,今奉宁檄催督十七年分钱粮,遵即出示追比,勒令全完,合邑见之,两目泪流,心胆俱碎,□阶号哭者,尽老羸残疾之人,真目不忍视耳,不忍闻也,切念户口空虚,无人民则无田土,无田土则缺额赋,卑职即忍于敲骨竭髓,亦不过十之一二,而必欲通县八九分之荒绝,问诸一二户之残黎,于时于力万万不能,况不但目前不能全征已也。"(民国《万载县志》卷四之一《食货·清田赋》)
② 光绪《益都县图志》卷三十七《列传·本朝》。
③ 民国《偃师县风土志略》第四编《政教志·财赋》。
④ 韩憬:《浏阳县利弊条陈详》,乾隆《长沙府志》卷二十三《政绩·详》。
⑤ 同治《通城县志》卷八《奏稿附》。
⑥ 徐国相:《请赐改折疏》,康熙《安庆府志》卷二十五《疏》。
⑦ 民国《万载县志》卷四之一《食货·清田赋》。
⑧ 《覆署吉安文太守询泰和地方情形书》,沈衍庆:《槐卿遗稿》卷三《书牍》。
⑨ 这一言论尤以江浙为多。如康熙十二年,左都御史吴正治论苏州府漕赋逋欠时道:"查他省钱粮积欠,并未有如江宁之多者,是浮增之粮额原非可完之数,而必欠之数也,今听纸上之成数,责有司以催科经催,则历年不欠带征,则累案算完,岂真民不急公,吏不勤比也,盖赋重力竭,实难全输也。"(光绪《苏州府志》卷十二《田赋一》)类似言论还有如柯耸在论嘉善一带逋赋时同时谈道:"康熙元年至今,粮银尚有未完,良由穷民困苦,势在万难,有不能不欠者。"(柯耸:《请蠲民欠疏》,光绪《重修嘉善县志》卷三十一《奏疏》)
⑩ 地方官对待逋欠的态度与官绅对民众抗租的态度不同。据白凯的出色研究,官方在关于抗租问题的讨论上,一律把这些贬损性的标签(如"刁佃""顽佃""奸佃""佃棍"等)贴在处理与地主关系中犯有过失的佃户身上。至于佃户反抗的原因,官方却极少会在不愿意交租和无能力交租中做出区分。一切过失都是"抗",都被描述成故意的、无理的行为。官修方志、政书传达着同样的印象,所有佃户的反,实际上都是具有攻击性的,其目的与其说是维护自己的生存,不如说是改变自己的命运(白凯:《长江中下游地区的地租、赋税与农民的反抗斗争:1840—1950》,上海书店出版社2005年版,第41页)。
⑪ 当然也不排除这一因素的存在,如贤令的恤民统治下,此因素即是此类言论的主要原因。

考虑。民力苦穷难完,导致官员无力催科,逋欠出现,总比官员不力催科更有利于树立官员的为官政绩与形象。因此,对于逋欠,文献作者常常是以"民力之实难完"① 来强调"非官之独拙"。对于民众逋欠原因,我们需将以上两种解释结合对待。

首先,逋欠乃民力难完的结果。特别对于守法百姓而言,逋欠确是"皮骨仅存,衣食不敷"②,一遇催科,已是剜肉补疮困境下的直接反应。

其次,逋欠乃官胥不法催征的副产品。逋欠并不等于蠲免,逋欠后的追比,让良民受累更深。因为百姓不仅需交纳欠粮与书吏的勒索,更有可能因此受差役之辱。但是官胥的不法催征,让民间逋欠出现了另一种情况。完粮过程中,守法百姓因忌讳差役之扰,即便剜肉补疮也认真踊跃输将。但一旦不法书吏下乡催征逋欠,已完粮百姓并不能置身事外,往往还需替他人完粮,清人秦瑞寰即描述道:"殊不知此辈得串在手,不兑逋赋之顽民,专兑易完之殷户,此利其远便,彼利其轻省,缘此而无项不兑"。③ 这种情况在浙江省尤为明显,时人即感叹道:"江浙州县办漕,不外'欺善怕恶'四大字"。④ 而地方官虽深知不合法,但往往利其结果能免去自己垫解之苦,所以抱的是"睁一只眼闭只一眼"的态度。这样,如期先完粮对百姓并不意味着免予祸害,却意味着重征的可能性。而尽量逋欠,到万不得已才交粮则成了一种明智的选择。这一思想当然也就成了逋赋之源。

最后,惩罚不善也刺激了百姓的逋赋行为。逋赋后,不少官员为仕途考虑,虽也尽力催扑,却也积极"垫补"或者"挪移",以填补逋赋下的亏空。情况一旦被发觉,对百官的处罚往往多于逋赋之民,且处罚措施的不恰当,给予了百姓继续逋负极大的空间。清初江西巡抚蔡士英曾对这一现象阐述如下:清初江西逋欠屡禁不止,清廷为了根绝此弊,严厉催征情况与官员考成相结合,所以严重逋欠下往往"此番降调见任正官逋袂而去者叁拾员,地方为之半空"。降调之后的地方官空缺,

---

① 如光绪《川沙厅志》中记有这么一句,逋欠之多,"而苏松之官催科偏拙,良以百姓之脂膏既竭,则有司之智勇俱困。"(光绪《川沙厅志》卷四《民赋》)。
② 光绪《苏州府志》卷十二《田赋一》。
③ 秦瑞寰:《禁饬兑支牌》,陆寿名、韩讷辑:《治安文献》卷一。
④ 欧阳兆熊、金安清:《水窗春呓》卷上。

伴随而来的即是无人征粮，逋欠自然更为猖獗。且久而久之，单纯的降调已难引起地方官"忌惮"，时人即曰："前人既以逋负而得去，后人必以拖欠为效尤"。这种心态下，官员对钱漕征收漫不经心。官疲民顽，逋负自然不少。所以，蔡士英提议"从地方钱粮起见，或将应调各官再降免调留任征解，其旧欠新征，勤以严限皆令并完，若遇期有欠，即请处以重法，使其知钱粮必不可少"。①

（二）逃亡

中国的农民逃亡究竟算不算反抗？还是只是一种妥协无奈？应该说，在中国古代特定的历史情境中，逃亡当为特殊的反抗形式，尤其是这种形式中深潜的反抗意识。

江苏省重赋，"民唯有逃亡而已"。综观江苏方志发现，诸如"纳粮民苦累，往往逃业"②，民难堪下"于是惟有死徙而已"③，"百姓不胜追比之苦，亡逃几尽"④，"不苦水火，止苦加派，男女典鬻已尽，逃亡十室而九空，言之酸鼻"⑤，"富者因累渐贫，贫者莫可支持，惟逃与亡而已"⑥，等等记载颇多。甚至有人形象记道："卑职入境至孝二孝三等乡，但见满目衰草黄沙，一望并无熟地，亦少人烟，间有茅屋数椽，竟无鸡犬之声，并无耕作之影，止有十数鹄面鸠形者，环道而迎，叩马而泣，曰某等不幸而生斯土也，田地硗薄，岁遇凶荒，赋役繁兴，民皆逃串，某等虽因故土难忘，不忍舍去，终不免为沟壑之鬼矣"。⑦

浙江省情况也是如此。绅民为了完粮，不仅倾尽家中所有之物⑧，加上土瘠之困，逃亡更为频繁。景宁县令曾无奈谈道：

> 方成县邑，民贫而土不瘠，则土足以养民，土瘠而民不贫，则

---

① 《钱粮时刻难缓将调各官遂难离任疏》，蔡士英：《抚江集》卷五。
② 光绪《丹徒县志》卷二十一《名宦》。
③ 光绪《宝山县志》卷三《考赋》。
④ 《论田害有四》，康熙《兴化县志》卷四《田赋》。
⑤ 光绪《通州直隶州志》卷四《民赋志·蠲恤》。
⑥ 嘉庆《海州直隶州志》卷二十一《传第一·良吏》。
⑦ 同治《宿迁县志》卷十六《宦绩传》。
⑧ 嘉庆八年，富阳县知县苏世传对征赋时情景感触极深，记述道："征赋之日，邑民纷至，或持絮布，或持菽麦，或持鸡卵等物，甚有以双不惜上供者。"（光绪《富阳县志》卷十七《名宦》）

民足以培土，无奈土极瘠，民极贫，瘠则易荒，而田不值价，势必易弃，贫亦易荒，而民莫资生，势必易逃。所以，按照籍而稽，景邑版定二十六啚，内有附三啚全里荒绝，更有全甲荒绝者十居其一，半里荒绝者比比皆是，里中熟者因荒累多，将熟田亦弃而逃，贻累及官收租抵粮谷，畜鸡卵悉充正赋，是以钱粮从来不完。①

逃亡之后，剩下的田赋又压在其他民众身上，余下民众负担更重。不堪重负下，只好继续进行逋欠或者逃亡，又或者直接暴力抗漕，重复着这种恶性循环。到了太平动乱之后，即便地方得以收复，结果却是"未收复者观望迁延，已收复者逃亡迁避，使东南膏腴之地，不敢归耕"。② 赋重下，民畏而逃亡。

江西省情况也如此。漕害下民膏已竭，"十室九空"之民享有"百孔千疮之苦"③，于是"逃亡转徙者日甚一日"。④ 此时若再加以天灾战乱，则"有一甲全逃者，有一甲或死或逃者"。⑤ 所以，进贤县邑人樊兆程将逃亡原因全部归于漕运，曰："无一岁而不漕，则无一岁而不害民，安得不十室九空，转徙相仍也哉"。⑥ 漕粮负担之重加以漕运之不便，让江右之民在钱漕负担上更重一层。民力难堪下，自然只有"非死于锋镝，便逃窜于他乡"。⑦

同样情况在两湖、山东也普遍存在。两湖之民常常感叹："丰岁仅足俯仰，一遭凶旱，即赋额多逋，流亡相继矣。"⑧ 山东省此现象贯穿清代始终，顺治四年，户部尚书英峨岱等题报山东的情况是：

山左地丁，连岁灾祲，遭饥荒，遭兵火，人人肉尽而骨存，苦追呼，苦盗贼，家家父离而子散。昔之人丁万计者，今止一二千矣。昔之膏腴千顷，今止熟地或数百顷，或数十顷矣。阡陌蒿莱，

---

① 徐必泰：《请蠲荒绝田丁详文》，同治《景宁县志》卷十三《艺文·文》。
② 光绪《嘉兴县志》卷十三《漕运》。
③ 同治《高安县志》卷五《减浮疏呈上》。
④ 民国《万载县志》卷四之一《食货·明田赋》。
⑤ 同上。
⑥ 同治《进贤县志》卷四《建置》。
⑦ 《残邑叠遭兵燹，积赋实难完输疏》，蔡士英：《抚江集》卷四。
⑧ 韩燝：《浏阳县利弊条陈详》，乾隆《长沙府志》卷二十三《政绩·详》。

惟睹兽蹄鸟迹；庄村颓废，不闻犬鸡鸣，间有附近城堡零星孑遗，效死勿去者，悉皆鸠形鹄面，竭力耕耘，惟正之供，尚苦输将不足，且自去秋土寇发难以来，随地劫杀，焚掠甚惨。城池被陷者，约近二十处，人心汹汹，逃徙靡定，夫小民有百亩自己之产，孰不愿尽力畎亩，以求广收子粒？无奈毕种人工两无所措，合家男妇，手足胼胝，仅能种地一二十亩，纵岁丰全收，除纳粮当差外，不彀父母妻子一年衣食之计。今欲以一二分之熟地，包纳八九分之荒粮，竭膏不足以赏，夫抛荒而曰无主，虽欲征之，何能责其鬼输？有主而曰抛荒，则贫难开垦可知。今欲照追比，适足以速其亡。而见在熟地，势必尽至抛荒矣。①

一旦到了征漕时期，这种逃亡更为严重，时人曰："征兑漕粮时，户口逃亡几半"。② 所以，到了康熙盛世，山东省还是"民有大半致于逃亡"③，雍正时甚至是"逃亡者十八九"。④

由以上介绍可见，清代百姓在表达不满时，"逃亡"方式堪称频繁，只是形式上更多具有无奈而消极抵抗的成分。⑤ 但作为"弱者武器"之一，其效果值得关注。湖南长沙府攸县知县徐希明即将其与讼案并列为民众表达反抗的两种主要方式，其曰："贫而懦者赔跌不及而逃，贪而狡者乘机规利而讼"。⑥

而国外也有不少研究对农民"逃亡"的作用给予十分的重视。如古利克在对前殖民主义时代国家历史的研究过程中，总结道："逃离（迁徙）是农民对抗压迫最经常的一种选择"⑦，巴灵顿·摩尔也精辟地

---

① 《户部尚书英峨岱等为山东衷恳蠲除事题本》，中国第一历史档案馆馆藏：《顺治朝题本》，转引自俞玉《清代前期蠲缓改折概论》，《历史档案》1990年第2期。
② 道光《济宁直隶州志》卷六《职官》。
③ 道光《济南府志》卷首《纶音恭纪》。
④ 咸丰《武定府志》卷十九《宦绩·阳信》。
⑤ 作为弱者的武器，逃亡不同于逋欠。如果说逋欠对顽户而言，多少有点借此渔利的性质，那么逃亡在整个漕粮征派中自始至终体现着"弱者"的武器这一性质。在漕粮征收过程中，或因于重赋，或因于重役，或因于官吏的不法剥夺，民力难堪。无奈之下，只能起来反抗。但公开抗粮对民众而言，付出代价太大，"逃亡"似乎成了更多百姓的选择。
⑥ 徐希明：《攸县新丈均赋序》，乾隆《长沙府志》二十四《政绩·序》。
⑦ John M. Gullick, Indigenous Political Systems of Western Malays, (London: Athlone, 1958) 43, 转移自斯科特《弱者的武器》，译林出版社2007年版，第75页。

提出："过去数个世纪中人们对压迫的一个最经常和有效的反应就是逃走。"① 斯科特也将其称为"通常在东南亚特别是马来西亚具有任何地方都不能及的历史重要性"，在此基础上，他更引用了 Albert O. Hirschman 的"退出"与"表达"概念，认为，"可以毫不夸张地说，正是'退出'而非'表达'表现了马来社会对于压迫的传统的和首要的反应"。②

以上论断虽多是针对东南亚的马来西亚社会提出，但在本书中，我们发现清代负有漕运事务的八省在漕粮征派环节中，因不堪重负而又无力公开反抗，"唯有逃徙而已"现象十分普遍。斯科特等研究中的"弱者以逃亡为武器，以示反抗"在本书思考中，也体现得十分明显。逃亡在闹漕中的有效性一直为史学界所忽视。

（三）包漕与诡寄

包漕主体更多是绅衿与豪强，而诡寄则是小民行为。但就性质而言，两者均是侵漕活动。所以论起二项，地方官批判不少，称为"病官病民，大为漕害，革除不可不亟者"③，"其黠者则以本粮隐附大户名下，以避重就轻"。④ 可见，包漕与诡寄并非弱者的消极反抗。

1. 包漕

与漕控和暴力抗漕相比，包漕优势明显。毕竟，漕控成功需要一定资本，而暴力抗漕对社会的破坏力也让绅衿小有顾虑。相较之下，"包漕"体现出了成本小、收益高的特点。

隐蔽性与公开性的矛盾统一体是包漕的最主要特征。作为"地下"侵漕活动，包漕隐蔽性的特点毋庸置疑。但清代漕政制度缺陷的大背景下，绅衿包漕已成"人人皆知的秘密"，时人即言："包户不完，抗半

---

① Barrington Moore, Jr., Injustice: The Social Bases of Obedience and Revolt (White Plains: M. E. Sharpe, 1978, p. 125)，转引自斯科特《弱者的武器》，译林出版社 2007 年版，第 298 页。
② 斯科特：《弱者的武器》，译林出版社 2007 年版，第 298 页。
③ 陶澍：《严禁衿棍包漕横索陋规片》，王延熙、王树敏辑：《皇朝道咸同光奏议》卷二十七上《户政类·赋役》。
④ 《覆潘季玉观察（曾玮）论减赋宜从速详办书兼简郭筠仙观察》，吴云：《两罍轩尺牍》卷五。

系富家。"① 包漕使绅衿得以侵漕渔利,但同时也给官民带来一些便利②,所以如果绅衿包漕能规范在社会接受范围内,即不会引起官民太大的反抗。此时,包漕虽不合法却能公开存在。在此,我们看到了斯科特的"如果斗争是公开的,那就极少是集体的,而如果斗争是集体的,它们就极少可以公开"③ 这一结论的不同现象。当然,如果绅民的活动突破了社会容忍限度,必会引起社会的反抗,如漕政改革与民众闹漕。试以浙江省陆名扬包漕个案,说明"个人日常反抗"中体现出的官绅利益纠葛与围绕漕务的角色互动。

陆名扬④,浙江归案人,热心村中公益之事,有较高声望,方志称"有小争讼又为之排解,无弗服,久之而大事亦争讼于其门"。⑤ 之后与地方官的两次斗争成功⑥给陆名扬赢得了不少资本,由此也导致陆名扬

---

① 《专折开呈征收钱粮实情并善后事宜》,罗迪楚:《停琴余牍》。
② 如文献显示,有些地方官认为绅衿一定范围内的包漕能免去其下乡督催诸多小户的麻烦,且在一定程度上还可能减少交纳不足、需官垫完的情况。所以,对绅衿一定范围内的包漕活动不说予以公开支持,但至少持的是"睁一只眼闭一只眼"的态度。至于小民,下文将论及的诡寄部分中,我们会有专门论述。
③ 斯科特:《弱者的武器》,译林出版社2007年版,第294页。
④ 清档中作吴明扬,参见陈若霖《奏为拿获归安县抗粮拒捕案内从犯顾丁保,并将玩纵不职署理知县王寿榕革职勒缉》,《嘉庆朝朱批奏折》,嘉庆二十五年十一月十五日,中国第一历史档案馆馆藏。
⑤ 同治《湖州府志》卷九十五《杂缀三》。
⑥ 第一次是嘉庆七年归安知县捏意八折收漕,因"湖州多乡宦,邸抄无不见者",怕一旦将八折收漕之法张示城乡后,乡宦必当反抗,故县令"以朱牌写奉旨八折收漕六字,排列仓门",这样"既可哄吓乡愚,又肘腋易防不至他患"。陆名扬看到此牌后,与知县理论,知县心虚欲与陆名扬讲和。陆名扬即与州县讲和,条件为"开仓之第四日,专收十八区额漕,万五千余石,每平斛一石,作漕九斗五升,绝捉猪飞斛诸弊"。陆名扬为此赢得更多威望,时人曰"十八区民德名扬甚,又念其公廉,一切鼠牙雀角,皆就名扬平曲直",且"自七年至二十五年,其乡遂无一纸入公门",陆名扬也因此获得"阿爹"(老人的尊称)称号。
之后,州县开始笼络陆名扬,令其协助州县征收漕粮。陆名扬又借此机会与地方官进行第二次"谈判",曰:"官能依吾价视往年所收减十之一,吾当今吾乡先期输银",地方官应允,十八区民果真如期收成。这次行动改变了陆名扬与地方官关系。陆名扬凭借对漕务熟悉与乡民的拥护,不断对地方官进行挟制(如漕运中,陆名扬交漕时,"小舟数百护之,官遣吏至船与之议,名扬念不予官以浮收名,不能持其短长,故每石必加数斗而无淋尖,无踢斛,无袋费,无票钱,名为加实视不不加更甚"),而地方官也以陆名扬"其党日益众,其行日益横""倚衙门为活计者"等言语责备陆名扬,认为"名扬之把持漕务实自此始"。
之后,双方由合作走向了斗争。
本案资料详见《文诰之案》,包世臣:《安吴四种》卷三十一下;同治《湖州府志》卷九十五《杂缀三》。

与地方官之间由合作走向了斗争。特别是王寿榕上台后，前县令的"不除名扬，归安漕不可收也"①触及了新县令的心思，上任之初，王寿榕以除陆名扬请于府，湖州知府即令乌程与德清县令前往探之。当德清县令如期往会时，"已过射村，闻程安两令不出，不敢复经其地"，于是迂道从武康回。不巧，武康去年才发生闹漕之事，民人对官府仍有偏见，此时"忽见大舟十余衔尾来，大骇，谓将捕其村中人集众奋击"②，结果德清县令狼狈而逃。事后乌程县令认为此种辱官事件为其惩办陆名扬提供了绝好时机，即与德清县令密谋以名扬滋事上诉于府衙，这样必能治名扬之罪③。加之此期德清县胥吏王五的煽惑④，德清县令随即上请督抚，请求除陆名扬。清廷批准后，由此也开始了乌程、归安、德清三县县令合力捕捉陆名扬之事。

案件中，包漕绅衿与地方官利益纠葛体现明显。为求民速完漕，官府借助了绅衿力量，官绅走向合作，绅衿包漕也在州县默许下有了一定程度"合法"成分。而一旦绅衿行为超过了官府接受范围，群官利用种种借口，甚至是诬告以打击绅衿，将其捕捉判死也紧随而至。陆名扬即是此类案件之典型。在此案件中，我们也对绅衿个人日常反抗最主要方式——包漕下体现出的官绅间的利益纠葛与角色互动有了更清晰的认识。

2. 诡寄

"诡寄"并非漕粮征派环节特有，在其他赋役征派类型中也频繁可见。关于其实质，明朝范濂有总结论述：

---

① 同治《湖州府志》卷九十五《杂缀三》。
② 同上。
③ 原文为：乌程令又招至其署，谓之曰，名扬事方棘，而君复挑衅于武康，势难兼办，诉无益，不如归咎于名扬，归安令必德君。（同治《湖州府志》卷九十五《杂缀三》）
④ 煽惑言语如下：此时距完漕尚三四月，难以措辞，现当天下缟素，可捏为陆名扬演戏，集乡众预约抗粮，如此则大县与邻县皆例得弹压禁止，而名扬竟敢纠众抗拒殴辱官吏，则事近大逆，不愁上游（指巡抚——笔者注）不严办，再改名扬为明扬，以触怒圣心，则事济矣（《文诰之案》，包世臣：《安吴四种》之《齐民四术》卷三十一下）。

在清档朱批中，我们也发现了此案记载，其中对陆名扬闹事之由也定为"屡次的借演戏集众为不法"。（陈若霖：《奏为拿获归安县抗粮拒捕案内从犯顾丁保，并将玩纵不职署理知县王寿榕革职勒缉》，《嘉庆朝朱批奏折》，嘉庆二十五年十一月十五日，中国第一历史档案馆藏）

> 诡寄之妨赋有二：其一，自贫儒偶躐科第，辄从县大夫干请书册，包揽亲戚门生故旧之田。……其二，自乡宦年久官尊，则三旗之田悉入书册，其间玩法子侄，及妻族内亲，如俗所称老婆舅之类，辄谓有司无可奈何乡宦，而乡宦又无可奈何我们，于是动辄欺赖，仅与管数人雇请代杖，迁延岁月而已。①

此论下的诡寄更多是乡间小绅宦私利驱使，胁迫他人诡寄，也就是所谓的包漕。本节则更多地将目光放在主动诡寄的民众身上，从中看其选择诡寄作为日常反抗方式的原因。

清代小户投献大户现象普遍，特别是漕赋最重的苏松地区，大小户之分尤为明显。史载："查苏松粮户向分大小，而收数因有短长，大户愈占便宜，则小户愈受苛刻，彼此相较，有数十等之差，于是小户效尤，亦诡寄于大户。"② 诡寄，对民众来说，似是缓解压力方法之一。虽然小户诡寄大户并不意味着他们就无须再受漕赋压力，相反诡寄后小户通常还得受大户的另一层盘剥，而且加深了包揽大户间的人身依附关系。但是，权衡利益之下，对小户来说，这无疑是减轻赋税的最好方法。诡寄对民众的缓解压力主要体现在以下两个方面。

一是减少了剥削对象，这是民众热衷诡寄最主要原因。有清一代，大小户的不平等待遇下，我们看到弱者地位之可悲。在正常年景，"家或有数十亩之产，既有食其田之所入"的大户可以"置官赋于不问"，而"零星小户及贫苦之家"，则是"其坟墓住屋皆须照例输纳"。③ 这样年复一年，"小民终岁勤动，纳赋之外，竟不敷养赡"自然成了正常情况。困境中，"势不能不与官抗"的抗漕机制几乎形成。相较于集体公开闹漕所应付出的代价，诡寄对民众而言似乎更具有吸引力，文献中"寡弱之户，其力不能与官抗，则转结交有力者代为输纳，可以不至吃亏"④，将小户诡寄的心理体现无疑。关于此心理的论述，蒋攸铦更精辟论道："且乡僻愚民，始则忍受剥削，继亦渐生机械，伊等贿托包户

---

① 范濂：《云间据目抄》卷四《记赋役》。
② 林则徐：《议覆筹划漕运事宜疏》，盛康编：《皇朝经世文续编》卷四十八《户政二十》。
③ 席裕福、沈师徐辑：《皇朝政典类纂》卷四十九《漕运二·漕制》。
④ 同上。

代交，较之自往交漕加五六之数，所省实多，愚民何乐而不为"。① 可见，相对于交漕，诡寄减少了剥削对象，小民交粮时免受官差之扰，自然减轻负担，缓解了压力。

正常年景，小户诡寄可缓解压力；灾年中，这一依附大户带来的好处也不少。如咸丰九年十一月，当常熟开仓价折六三四时，"小户只恩减一分"，大户则"分优劣，定短长"②，这种不平等局面必然刺激更多的小户加入诡寄行列。

但毕竟一县府中漕粮交收有定额，既然加收大户之粮几不可能，只能将大户名下漕粮转嫁其他小户身上。这样诡寄之风盛行情况下，必定导致"大户日多，小户日少"③的局面，不堪重负下的小户只能继续前人之路，投献大户门下，导致地方漕政日坏。

二是减少了差役之扰。差役之扰不仅体现在勒索，更有人身之辱等。不管古代中国社会到底是健讼还是寡讼、畏讼，本部分论及的"寡弱小户"不可能乐意与不法差役打交道。诡寄下让大户代交，避免交粮时与差役打交道对寡弱小户来说也是欣慰之事。

由此可见，诡寄对小户的吸引力，让它成了民众个人日常闹漕的主要方式。

（四）其他

除了逋欠、逃亡、包漕与诡寄这几种主要反抗方式外，绅民日常反抗有更多丰富内容，如交粮过程中的掺和丑米小动作，绅民的谣言诽谤，妇孺的反抗行为，甚至有借身体为武器的图赖等。这些方式相对更为隐秘个人化，但无疑是漕粮征派中绅民个人日常反抗一部分。

1. 丑米挜交

交粮时最常见的小动作是"以丑米挜交"。"丑米挜交"因其隐蔽性（不易被发觉）及行为性质（在官员看来，这更多的只是绅民贪小便宜的行为，即便被发现，其处罚也只是补齐坏米部分，并不会涉讼触法），在绅衿与民众中备受欢迎。所以漕粮征收中，我们看到不少地方

---

① 蒋攸铦：《拟更定漕政章程疏》，贺长龄编：《皇朝经世文编》卷四十六《户政二十一》。

② 柯悟迟：《漏网喁鱼集》，中华书局1997年版，第35页。

③ 《征收漕粮改定耗余记》，戴盘：《浙西减漕纪略》。

官为"米质碎杂过甚，筛出碎米甚多"① 忧愁，甚至有时收米一石，筛扬洁净后就只剩下八斗了。一论起原因，则曰："秕谷糠秕杂其中"②、"花户每以潮碎丑米，朦混挼交"。③ 而绅衿的参与又加剧了问题的复杂性，时人曰："缙绅之米谓之衿米，举贡生监之米谓之科米，素好兴讼之米谓之讼米。此三项内，缙绅之米仅止不能多收，其刁生劣监，好讼包揽之辈，非但不能多收，即升合不足，米色潮杂，亦不敢驳斥。"④

"丑米挼交"惩罚的微弱性，加上绅民可用"年岁有不齐，则米色不能划一"⑤ 的自然天气因素推脱，减轻责罚，让这一"武器"受用程度更高。因而，漕粮征收文献中，我们总能看到对绅民丑米挼交的责备语句。不仅如此，在赋税征收史上，我们更能看到丑米挼交的"刁佃"行为，时人曰："每逢秋成，先将好稻收藏，百计延挨，甫以掺瘪拌土挼交，或短少额租，全以破物挼抵，稍不依从，遂致凌辱业户架词先控。"⑥

可见，"丑米挼交"在清代赋税征收史上十分普遍，是清代闹漕的方式之一。

2. 绅民谣言诽谤

谣言与匿名揭帖在群发性事件中的作用历来很受关注。清代漕粮征收中，刁监劣绅与地方豪强以谣言为武器，利用民众情绪，引发闹漕以

---

① 韩世琦：《韩大中丞奏议》。
② 王家相：《敬陈八折收漕不可者十事疏》，王延熙、王树敏辑：《皇朝道咸同光奏议》卷二十七上《户政类·赋役》。
③ 韩世琦：《韩大中丞奏议》。
④ 蒋攸铦：《拟更定漕政章程疏》，贺长龄编：《皇朝经世文编》卷四十六《户政二十一》。
⑤ 姚文田：《敬陈漕运情形疏》，王延熙、王树敏辑：《皇朝道咸同光奏议》卷二十七上《户政类·赋役》。
⑥ 李程儒辑：《江苏山阳收租全案》，中国社会科学院历史研究所清史研究室辑：《清史资料》第2辑，中华书局1981年版，第9—10页。

宣泄不满的案例极为普遍。① 诸如"匿名细陈苏属漕弊利害条款,刷印遍路潜贴",或者另置信函"自称吴中老农,专言漕弊,潜致彭中堂启,书中求请肃清积弊之意"②,等等事件也时而有之。一旦漕法改革触及绅民切身利益,谣言的威力常令地方官感到惧怕。道光初年,丁禹生主持的一次"大小户一律征收"改革很形象地说明了此现象,当时"大小户均一律征收,不得稍有轩轾"的告示一出,"谣言谤书如蜂起,如雷轰,如决堤之奔流,如乘风之暴雨,盖数百年之积弊,欲一朝廓而清之,众何为而不汹汹"③,四个比喻句形象地表现了绅衿谣言对社会的冲击力,清人路德也称道:"浮费革则倚漕为生者,一旦失所,势必胥动浮言,冀图震撼"。④

因谣言的"匿名"性质,地方官难以找出真正肇事者或负责人,绅民极容易从中逃脱责任。所以对绅民而言,这一武器既能达到自己目的,又可以轻松推卸责任,这一特性让"谣言"也成了个人日常反抗的一大武器。

3. 妇孺行为

妇孺,一般以"弱者"形象出现,但史上利用"弱者"身份以谋利的也不乏其人,且效果堪称显著。这其中主要有两种类型:一是悍妇取闹;二是为他人唆使而闹。

悍妇取闹,历来为县令所忌讳,安徽省《合肥县志》对这一恶习记载如下:

乃一遇此等,矜张特甚,叱咤而兴,男未出头,妇先肆口,既反唇而戟,手且扯颠发而撩裳,晓夜喧嚣声彻闾巷,有似呼爷唤子

---

① 段光清即曾记有绅衿谣言煽动民反漕的案例。案情如下:道光三十年澉浦有绅士某甲,"见澉浦地方其家所管田亩尚有收成,因成灾缓漕,佃户皆不肯纳租",即开始"妄造谣言","谓上年海盐本不宜办灾,今都中有人奏参海盐县撤任,道台亲临开仓,佃户赶紧交租,稍迟必致干咎",乡民听后大惊,曰:"我等于道台至澉浦,跪求发赈,自然不敢开仓",且民情汹汹,围住道台公馆,几成民变。对此,段光清不忘时机地炫耀自己的为官政绩说,事后他不顾众劝,与民对话,才发现原来是绅"某甲"借道台来海盐,故意将其与州县开仓收漕结合,引发民虑,激成民变。最后段光清以"大家放心,我不开仓,尔等总无虑纳租也",平息了此次民乱。(段光清:《镜湖自撰年谱》,中华书局1997年版,第43页)

② 柯悟迟:《漏网喁鱼集》,中华书局1997年版,第35页。

③ 《加函钞案致藩司》,丁禹生:《抚吴公牍》卷十九。

④ 路德:《复朱荫堂书》,盛康编:《皇朝经世文续编》卷四十八《户政二十》。

声，乍低而乍扬，俨然画地指天，身一俯而一仰，才入户而又出，忽东诟而复西秽，语毕宣丑态尽露。①

邻里矛盾中，悍妇出头场景的描写可谓入微。而悍妇取闹不仅表现在这种邻里之争，一旦民起抗粮，妇女也积极配合，时人往往将其称为"鸡犬不宁"。②

相较于悍妇自发取闹，"为他人唆使而闹"在清代文献有更多的体现，且我们惊奇地发现，这种利用妇孺出头的行为，在日常反抗中往往能取得更大的社会效应。所以漕粮征派中我们经常看到"男丁躲避，妇女泼抵"③的情景，更有甚者，"纵令妇女拥轿滋闹"，为县令下乡催粮设置重重障碍。④即便是县令不下乡催粮，一旦官府行为与民人利益发生矛盾，妇女的出头举措也令地方官十分难堪。如漕运中的民田与漕运争水纠纷，有民起与官府闹事争水者，也有妇孺的"弱势"反抗，通常情况下后者达到了其他反抗所不能及的效果。光绪五年两江总督沈葆桢对此现象即深有感触地论道：

> 且民田之与运道，尤势不两立者也。兼旬不雨，民欲启涵洞以灌溉，官则必闭涵洞以养船，于是而挖堤之案起，至于河流断绝，且必夺他处泉源，引之入河，以解燃眉之急，而民田自有之水利，且输之于河，农事益不可问矣。运河势将漫溢，官不得不开减水坝以保堤，妇孺横卧坝头，哀呼求缓，官不得已，于深夜开之，而堤下民田，立成巨浸矣。⑤

在运河与民田争水过程中，若民强起反抗，官府镇压则是最终结果。但妇孺的"横卧坝头"，却使官府不得已只能深夜秘密开之。可见，妇孺这一武器威力不小。也正因为如此，漕粮征派中，才有如此多

---

① 《禁妇女骂街示》，嘉庆《合肥县志》卷三十五《集文》。
② 光绪《湘潭县志》卷十《赋役》。
③ 《覆署吉安文太守询泰和地方情形书》，沈衍庆：《槐卿遗稿》卷三《书牍》。
④ 《札饶州府密查鄱阳县李令催科收呈等事由》，吴养原编：《吴文节公遗集》卷四十八《公牍》，清咸丰七年刻本。
⑤ 沈葆桢：《议覆河运万难修复疏》，盛康编：《皇朝经世文续编》卷四十八《户政二十》，光绪二十三年思补楼刊刻。

的"稍不遂意,即逞其强,横拼命撒泼,甚有笑使老病妇女放赖讹诈者"。①

更为有趣的是,我们发现在其他类型赋税征收中,唆使妇孺为不法,同样为民人热衷,如租佃关系上屡禁不绝的恶佃"唆悍妻拼闹"②,交租过程中的"抗欠且多妇女出头"③ 等。且这类反抗往往导致田主以收租为畏途。可见,以妇孺为武器的个人日常反抗在清代抗租事件中占有一席之地,清人李程儒所辑的《江苏山阳收租全案》对此行为抨击不少。

4. 图赖

论及图赖,首先想到的是以往看过的一条关于1988年命案的史料。此故事的得知,源于上田信笔下《被展示的尸体》一文。作者以1988年河南省民权县程庄乡乡民与县政府斗争为中心,以人类学视角审视了身体作为武器的历史。④ 这是一起现代人"图赖"⑤ 案例,缘于交粮过程中官府与民人冲突时,民人以尸体为武器的斗争事件。也确实如上田信所说,这一案件对明清方向的人来说,直接想到的是乾隆、道光年间江苏山阳收租案中的"架病亲寻尽,坑陷业户,及一切服卤、服毒,

---

① 《劝谕民俗十条》,凌燽:《西江视臬纪事》卷四《条教》。
② 李程儒辑:《江苏山阳收租全案》,中国社会科学院历史研究所清史研究室辑:《清史资料》第2辑,中华书局1981年版,第10页。
③ 嘉庆《太平县志》卷十八《风俗》。
④ 故事如下:1988年夏,民权县由于干旱,夏粮减产,程产乡程东村的农民蔡发旺一家总共收了700多斤粮食,还不到常年的1/4,但乡政府要求缴纳的公粮为400斤。这样,蔡发旺一家七口就只剩下了300斤粮食,缴纳公粮时,蔡发旺提出无法达标,结果却被乡干部和民警殴打。蔡气愤不过,于7月12日上吊自尽,于是传开了"蔡缴不上公粮,被乡政府给逼死了"的消息,乡民由此冲进乡政府,痛打官员,直到县里派人来,才把金解救出来。之后,县政府说服死者家属,答应一定调查真相,家属同意于7月25日将尸体下葬。但在下葬这一天,周围村庄的农民将道路挡住,高叫"不缴公粮就杀人,蔡大叔死不瞑目"。结果,下葬不成,棺材又抬回了乡政府。27日,县、乡干部为了尽快了却此事,瞒着死者家属和村民,雇人将尸体偷偷装上卡车,准备下葬,却被蔡的妻子发现,蔡妻让女儿赶往墓地,自己通知同乡村民。卡车司机见乡民众多,停下车逃走了。第二天,蔡家属将卡车开进乡政府,将棺材放在卡车上,然后在棺材前设置祭坛,在这里举行了"过七"、烧纸钱等仪式。棺材就这样在乡政府放置了260天。

以上是对此案的简单描述(上田信撰:《被展示的尸体》,王晓葵译,孙江编:《事件、记忆、叙述》,浙江人民出版社2004年版,第114—115页)。
⑤ 关于"图赖",上田信引用《福惠全书》之《刑部名·人命》加以解释为"久病自杀,捏造诉状,移尸图赖,以诈取银钱",转引自上田信撰《被展示的尸体》,孙江编:《事件、记忆、叙述》,王晓葵译,浙江人民出版社2004年版,第121页。

自缢等项,以致弄假成真,遂尔心生抬诈,闹成巨案"①的"架命图赖"②事件。清代,此类"图赖"不仅在山阳有,在江苏、浙江其他府县也不少。如江苏省昆善县佃户"偶有物故及病危之人,即更借此生波,架以人命重情"③;元和县佃户陈茂因欠租难交病故,族人陈万等借尸体吵闹诈财;华亭县佃户王桂金利用生病中的父亲"扛抛诈赖,借命毁殴"④,等等,浙江省更被称为"浙俗刁险,诬赖成风,有等奸恶之徒,或欲掩饰己罪,或思中伤他人,每每假以人命罔害良善"。⑤

具体到闹漕中,道光二十七年江西省的黄连生漕控理由即有"伊另居之祖黄灿英老病身故,指为逼死"⑥的图赖。图赖的闹漕方式在清代漕粮征派中仍不少。

以身体为武器,加上讼师作用,让图赖成了打击对方的有效方式。

(五)小结

上文提及的几种个人日常反抗有以下几个共同特点:一是隐蔽性,二是侵漕性。隐蔽性特点毋庸置疑,而侵漕性更多体现的即是如斯科特说言的"以低姿态的反抗技术进行自卫性的消耗战,用坚定强韧的努力对抗无法抗拒的不平等,以避免公开反抗的集体风险"特点。且就结果而言,我们也看到了绅民"胜利"的一面。清朝屡禁不绝的一些漕弊,即是这些个人日常反抗胜利的最好反映。

丑米挐交、包漕、诡寄、逃亡、逋欠等几种方式以其各自特点为绅民接受,并成为绅民个人日常反抗最常见的几种方式。反抗虽小,却也触及官府利益,影响漕粮正常征收,但却能为官府容忍,不至于引起太大争端,个中缘由体现出了绅民与官府争利的技巧。

这一技巧首先是对反抗"度"的把握。如果这些侵漕行为超过了社会能接受的范围,不仅官府会立起禁令,大力禁革,其他绅民也会起

---

① 李程儒辑:《江苏山阳收租全案》,中国社会科学院历史研究所清史研究室辑:《清史资料》第2辑,中华书局1981年版,第10页。
② 《山阳县严禁恶佃架命抬诈霸田抗租碑》,江苏省博物馆编:《江苏省明清以来碑刻资料选集》,生活·读书·新知三联书店1959年版,第434页。
③ 《昆山县奉宪永禁顽佃积弊碑》,江苏省博物馆编:《江苏省明清以来碑刻资料选集》,生活·读书·新知三联书店1959年版,第437页。
④ 同上书,第438页。
⑤ 《禁假命诬赖》,刘兆麒:《总制浙闽文檄》卷二。
⑥ 《审拟包漕拒捕逸犯捏词京控折》,吴养原编:《吴文节公遗集》卷十八《奏议》。

来反抗,若把握在一定范围内就会相安无事。所以,在理解古代社会时,我们发现,官、绅、民之间关系并非绝对,三者间利益纠葛明显,却又有相安无事的一面,个中缘由即是各个阶层利益之争与其他层能接受范围的"度"的把握。如果能保持在社会接受范围内则表现为相安无事,一旦超出这个度,矛盾则一触即发。

其次,这一技巧还体现在官府对待反抗态度的熟稔。因为对这些日常反抗,官府的态度其实很有趣。首先因它小又隐蔽,官府不会特别在意,即使官府知道,也不会将这一"人人皆知的秘密公开化",因为一旦公开,查起来往往是查不胜查,对官府来说也只能是自添麻烦。对于这点,我们可以引用斯科特对当时马来西亚民众反抗的一段话加以说明。他说:

> 如果使用比喻的说法,当国家的航船搁浅在这些礁石上时,人们的注意力被典型地吸引到船只失事本身,而不会看到正是这些微不足道的行动的大量聚集才是造成失事的原因。正是从事这些细微活动的人们自身不想引起注意,他们的安全系于他们的匿名性。而且,政府官员也极少愿意公开这些反抗,这样做无异于承认他们的政策不受欢迎,而更为重要的是,这暴露了他们在农村权力的软弱无力,所有这些都不符合至高无上的国家利益。这些反抗行动本身的特点及其对手为自身利益的默不作声造成了一种共谋的沉默,从而几乎将这些日常反抗形式从历史记载中全然抹去。①

对待绅民个人日常反抗,清代官府与斯科特笔下的政府官员拥有同样的心理,而绅民正是出于对这一心理的把握,反抗中能把握好"度"才让这种反抗方式能以"人人皆知的秘密"贯穿清代漕运始终。

个人日常闹漕中,官绅民的利益平衡需要各个阶层角色的周旋,而一旦一方突破社会能容纳之度,利益纠葛将扩大化,一旦矛盾无法解决,以法律之控或者暴力走向抗漕也就成了最后结果。

---

① 斯科特:《弱者的武器》,译林出版社2007年版,第43—44页。

三　法外路径之二：集体公开闹漕

集体公开闹漕是官绅民矛盾激化的结果，官方称之为"乌合之众，群聚滋事"、"愚民附和滋事"、刁监劣绅"不自爱"，内含责备意味。而绅民则以州县浮收勒索，甚至诬告绅民抗漕等责备州县。当然，其间也有民责绅衿包漕渔利，官绅民之间的利益纠葛与角色互动尽显其中。

（一）典型个案

1. 江西安仁县高嫩汝闹漕

道光二十四年九月，清廷对江西巡抚吴文镕的"棍徒聚众抗漕，拒伤官"一折反应极大，认为江西安仁县棍徒高嫩汝等"胆敢于该县开仓收漕时，倚众滋扰"，该府营前往拿办时又"掷石拒伤官员兵役"，"实属目无法纪"。虽案后，案犯陆续捉获，且本县漕粮也已照数完纳，但清廷仍下谕"案关重大，必应严行惩办"。原知县林汉乔随即被撤任，一场继续搜捕行动由之展开。

据案犯招供，高嫩汝、胡老五等人乃道光元年武生，道光二十三年州县林汉乔出示开征漕粮时，高嫩汝等人"约会同赴投纳"。因本都花户不少，高嫩汝"起意商同李白华等包揽渔利"，"因恐各花户不允"，所以捏称"本都漕粮现经伊等公议起立义图，若随同完纳较为便宜，即米色不纯，仓书亦不敢挑剔"，怂恿各花户一同赴仓完纳，花户信以为真，即将米一同运至都内"志远寺"准备一同交纳。得知消息后，县令林汉乔随即"饬差查拿"，抓获李白华并革去武生身份。此举惹怒了高嫩汝，即纠合胡老五等二十七人前赴仓内，"令仓书方向高等，将本都漕米尽归伊等量收"，方向高见"势汹人众"即"畏惧走避"。县役曾兴、王贵，兵丁桂喜上前喊拿，高嫩汝却用木担"殴伤"曾兴、王贵等人，并用绳子将曾兴等捆缚"关禁仓廒"，双方矛盾顿时升级。县令林汉乔亲自带差赴仓查拿，一同闹事者随即逃散，吴和良等却不仅"恃众抗拒，不服拘拿"，还"把持各花户不许将米运仓完纳"。林汉乔只得禀知饶州府知府，知府当即派下兵役，令林汉乔同饶州营官兵亲往查拿。吴和良仍顽力反抗，最后吴文镕只好暂撤林汉乔职务，令景德镇同知前往查拿，终于将滋事人员逮捕归案。①

直接触动州县不满神经的是豪强"包揽"。特别是当豪强能以切入民心之语煽惑民众，令其主动将米运予豪强一起交纳时，州县不满体现无疑。清人王邦玺曰：

> 绅衿恃符抗欠不过自占便宜，且愿他人及早完纳，借以抵塞卯限，其无故挺身为一村包抗者尚无其事，惟有一种刁横武断渔肉乡里之人，交结衙蠹，包揽丁漕，每向愚懦花户骗钱入己，不为完纳，而差役仍向本户追索者，真侵赋害民之滑徒。②

可见，包揽丁漕、愚骗花户的豪强比起抗欠劣绅更为可恶。因为在处处抓住完粮花户心理的煽惑言辞下，影响了州县漕粮正常上纳。高嫩汝的行为即是典型，道光年间上高等地"义图制"收漕的成功③给花户完漕以极大的幻想，所以，高嫩汝首先标榜自己是"义图"收漕，吸引了百姓极大热情。紧接言论中诸如"随同完纳较为便宜"、"即米色不纯，仓书亦不敢挑剔"等也是针对百姓完粮时最常见问题而提，一下切入了百姓"畏难"的心理。所以此议立即得到花户的支持，煽动性极大，也极大地撩动了州县神经。

案情紧接发展也尽显绅民与州县官争利的周旋。案情一出，林汉乔立即带差经办，后又禀知知府，希图将案情平息于萌起阶段。这种积极姿态是闹漕案中，地方官于公于私应有的态度，林汉乔即是此类官员典型，但却没能遏制住高嫩汝与吴和良行为，且不久后也被撤任。吴和良等的反抗心理，文献并没有太多透视，但文献对类似案件中"奸民"的分析，让我们对本案有更好的理解。清人郎廷佐在论江南官吏困于逋欠，考成难完，再努力催科，奸民仍不愿交完时，对官民的心理做过如下描述："今江南官吏多以降调为幸，为钱粮积欠多而考成严……夫以数年积逋催征一时，官知考成之不能免，尽力搥敲，已有必去之念，民

---

① 以上材料均见《审拟安仁县闹漕匪徒折》，吴养原编：《吴文节公遗集》卷十一《奏议》。
② 王邦玺：《条陈下漕利弊疏》，何良栋编：《皇朝经世文四编·漕运》。
③ 详见龚汝富《清代江西义图制之图议、图约举隅》，《华南研究资料中心通讯》2005年第38期。

知官长之必去，视为电泡，绝无慑服之心"。① "电泡"一词，将闹漕中奸民心态体现无疑。奸民对闹漕后地方人事调动情形的熟稔，加剧了奸民恃符而抗的嚣张程度。对此，清初蔡士英也深有感触谈道："有种势族豪娃及刁顽里户人等，乘此正官动摇，必生心抗违，倡言惑众，不服比追，而众追各役，俱系积年奸恶，知官将离任，又必串通里递，故意延迟，以图于中取事"。② 吴和良等顽强反抗的心理也是如此。而且结果也显示，漕案后县令随即被降调。抓住官民恃符而抗成了奸民闹漕策略，此案体现明显。

2. 江西贵溪县生童闹漕罢考

道光二十七年，江西省贵溪县发生一起生童闹漕案，因案件双方言辞之异③立即引起清廷重视。清廷令吴文镕立即查明案情，弄清究竟是"该署县滥刑激化，酿成事端，还是生童等欲为包漕"。至道光二十八年二月，吴文镕才将案情及处理意见上奏朝廷。

道光二十七年二月，贵溪县新任知县阎彤恩抵任时，得知该县"钱漕历有衿棍揽纳"，出示禁令严禁绅衿包漕。政令立即引起包漕绅衿不满，倪步蟾等"平日互相包揽钱漕，把持渔利"者甚为"不悦"。四月十一日，粮差刘春茂与生员侯邦理发生冲突，县署随即传案查讯。公堂上，侯邦理不仅无悔认之意，反"出言顶撞"，结果"署县令学掌责管押详革，谕俟查明有无劣迹，再行究办"。管押期间，侯邦理心急求救，托人带信予倪步蟾，请其设法求救。这一求救信件激起了倪步蟾本已"不悦"之心，矛盾急剧升级。此时，恰巧倪步蟾的门生刘丙照与县署门役争斗，被署县戒责。倪步蟾等随即以"署县屡辱斯文"为由，煽动本年应试童生，分写"换官，再考"之揭帖，分布张贴，进行罢考，甚至阻考，毁坏考棚，开始了这场官绅间的利益纠葛斗争。

案情继续发展，绅衿也从阻考发展到拒杀差役及拆毁差房，且滋事人员逃亡时又与同县邻村的黄连生闹漕京控纠合一起，案情更为复杂。至道光二十八年四月，吴文镕才将案情详细上禀，称案起于"已革贡生倪步蟾因县示禁衿棍包揽欠漕，辄藉侯邦理欠粮顶撞被责详革之由，

---

① 郎廷佐：《请舒江南三大困疏》，嘉庆《重刊江宁府志》卷五十六《艺文》。
② 蔡士英：《留降调印官征粮牌》，陆寿名，韩诩辑：《治安文献》卷一。
③ 官以该县催科认真，绅欲借考试人之多挟制官长，欲为包漕地步上报上级，而生员则以该县屡次擅责生员，导致士心不服，所以贴帖阻考解释自己罢考行动。

起意罢考,挟制先胁,令伊徒刘丙照等分写换官再考揭帖,分布张贴,并主令将考棚头门毁匿,迨县将刘丙照等拿获,复敢于该县考试之日纠集六十余人,欲赴考棚阻闹,以致考童均未完卷出场,实属罢考",其中原县令阎彤恩并"无滥刑激众情事"。①

从州县与绅衿对本案的两种完全不同表述中,不难看出闹漕中官绅利益纠葛成分。这种"官责绅包漕不成,怀恨而抗;绅责官不尊重、擅责生员,士心不服而抗"借口,在当时社会具有很强的代表性。

对于绅衿包漕抗粮,清代地方官首先进行的是道德责备,称其为"败操裂检"的刁生劣监。②或者进行谆谆劝导,强调对绅衿抗粮的惩罚并非"本县之不恤尔等",而是"尔等有负本县"③,极力引起绅衿的道德自省。在道德责备并未产生实效的情况下,褫夺绅衿身份的法律惩罚才得以实施。口头道德责备及法律惩处的运用均是事后补救措施,但在清代却极为普遍。所以,久而久之,绅衿也抓住这一特点反攻地方州县,认为:

> 现在州县动云刁生劣监,凡生监有事到官,不分曲直,擅自责打,或纵令吏役凌辱,百方挫折,士类既已短气,齐民愈怀不平,不知此等或被人牵连,或实有屈抑,并无劣迹可指。而真正刁劣者,其权力诈术,足以挟制官吏,把持公事,地方官畏之如虎,又何尝过而问乎?④

所以,针对州县的冲突源于"绅衿包漕不成,怀恨而抗",绅衿总是反言:"若辈不云县官凌辱斯文,即曰差胥勒索规例,投贴匿名揭帖,猖口颠吠"⑤,并以州县不尊重绅衿,"斥责生员"反过来责备地方官。但是,清代绅衿包漕确实较为普遍,这样,终清一代,绅衿与地方官之间不断重复着这种互相责备的斗争。

---

① 《审拟安仁县闹漕匪徒折》,吴养原编:《吴文节公遗集》卷十一《奏议》。
② 璧昌:《牧令要诀》。
③ 《一件严催未完奏后钱粮事》,戴兆佳:《天台治略》卷五《告示二》。
④ 陈肇:《奏为近日民生吏治大概情形折》,民国《平度县续志》卷十二《艺文志》。
⑤ 《一件衿棍违禁充当图头包粮抗遣,籲请褫革完追事》,戴兆佳:《天台治略》卷五《告示二》。

(二) 集体公开闹漕中的官绅民互动

集体公开闹漕作为官绅民矛盾的总爆发，三方之间的利益纠葛与角色互动最为明显。综观清代集体公开闹漕个案，案件中官绅民三方可以在互相责备中冲突，也可在相互合作言辞下恢复暂时的表面利益平衡，既存在不可调和的矛盾冲突，也会出现暂时性的合作和利益平衡。但不管是官绅互责还是合作，官绅民之间的角色互动与利益纠葛体现明显。

1. 官绅民互责

总体而言，民众责官之由一般是州县的浮收不法。史上的钟九闹漕如此，咸丰四年河南禹县的刘化振抗漕也是如此①；此外，还有道光二十六年，昭文县和镇洋县民众因官吏不法攻入县署，捣毁漕书、豪绅住宅；咸丰二年，鄞县农民将知县碎尸；及青浦县民冲入县城，将知县"倒拖里许，竟欲碎身"②，等等案件均是此类闹漕的典型。这类案件中，民众抗官的成分远远大于抗漕，清人即感叹道："夫天下不患有顽梗之百姓，而患无抚绥之良吏"。③

这种责官的言辞在绅衿闹漕中更为普遍。一旦官吏不法，绅衿不仅需支撑浮收部分，更要承担不少道德职责。王邦玺曾对县官下乡催粮时对绅衿的"苛责"十分不满，认为州县"传唤在庠生员，写立限状，责令每卯催完若干，动以详革恐吓"，实在是"不知寒士笔耕为业，家无恒产者十人而九，本身既不欠粮，又无总催之责，何可强以不应为并不能为之事"。④ 更有不少州县"浮收"之余，却让绅衿承担起"浮

---

① 清初，河南禹县粮法自顺治迄道光二百余年一直并未有多大改变（原文为：以禹粮法论，自顺治迄道光二百余年不闻异议）。到了咸丰初年，有请加赋者，"上不许"。到了咸丰四年，因银贵，"每两民兑钱2600文，并漕米每斗兑钱650文，除买银上解外，官利己，为时禹州知州程倍私议每粮银一两比旧兑钱多加340文，每漕米一斗比旧兑钱多加200余文"，重压之下，民情难受，于是民大哗，推联庄会首刘化振起抗。程倍随即被撤任。朱光宇接任署事，当年秋九月十九日，刘化振率众诣官，请免浮收，朱光宇不许。"再请，又不许"，于是刘化振集中民力进行反抗，朱光宇惧怕之下，"匿浮收事，坐化振抗粮叛上变，请剿"（详见民国《禹县志》卷六《赋役志》），双方矛盾由此公开化。官民对抗中，刘化振逃到密县，朱光宇令胡燕清秘密捕杀，结果刘化振牺牲。死后，朱光宇仍不泄恨，"剖化镇（即刘化振——笔者注）棺，戮其尸，家产籍没"。（民国《禹县志》卷二下《大事记下》）
② 柯悟迟：《漏网喁鱼集》，前言，中华书局1997年版，第2页。
③ 《桐乡祈雨记》，戴盘：《两浙宦游纪略》之《桐溪纪略》。
④ 王邦玺：《条陈下漕利弊疏》，王延熙、王树敏辑：《皇朝道咸同光奏议》卷二十七上《户政类·赋役》。

收"的责任,浙江桐乡县收漕中即有此例。桐乡县正米完本完折,听民自便,"断无勒折耗米之理"。但光绪丙子年却规定民完本色,"其有情愿完折者,按照市价收纳",且收二五耗米为兑运开销。对此政令,地方官明知必会遭到民众反抗,故"诿之绅议",结果几乎酿成闹漕。①

当然,我们也不排除仍有绅衿不法却"反责官"的例子。"反责官"技巧下,绅衿不仅掩饰了自身不法,也把握了闹漕主导权。胡林翼即深恶痛绝谈道:"又有刁绅劣监包揽完纳,其零取于小户者重,其整交于官仓者微,民谓之曰蝗虫,更有挟州县浮勒之短,分州县浮勒之肥,一有不遂,相率告漕,甚或聚众哄仓,名虽为民请命,实则为己求财也"。②

而绅民在清代闹漕中的活跃身影,也让州县不断责备绅民不法。前文江西的高嫩汝闹漕与贵溪县生童闹漕即是此类案件的典型。

此外,绅民之间的互责也体现明显。面对绅衿的种种不法掠夺挤压,民众也有自己反抗方式。如诡寄时即已开始的"掺和丑米";反抗时越过绅衿直接向官府请愿等。文中提及的对官府"弱者反抗"的种种方式,在表达对绅衿不满时也常能见及。李程儒之所以对"江苏省山阳收租案"搜集整理投入了极大的热情,即是民众的种种"刁佃"行为触动了绅衿的利益神经。对此,绅衿极为困恼,诗曰:

  今年登场有新谷,田舍多收逾十斛。粮从租办功令垂,冬交例合完租速。

  绅户豪门勒限严,佃农畏势心觳觫。拣选好米勤输将,盘量出剩惟所欲。

  寒门无势被佃欺,新租旧租欠历历。主人踵门巽语求,秕谷糠粞来混卖。

  簸扬秕谷除糠粞,将租抵粮粮不足。粮不足额追比结,呈官催租厌烦牍。

  卖田输粮无处鬻,献与绅豪免耻辱。尽道今年岁时熟,吁嗟田

---

① 光绪《桐乡县志》卷六《食货志上·新政》。
② 光绪《武昌县志》卷四《赋役》。

主吞声哭。①

在古代社会,不管是田赋还是漕粮,绅衿交纳的来源多是佃户的生产。利用佃户所交租金买米交纳漕粮更是常有之事,所以佃户的这一行为必定影响绅衿的漕粮上纳。所以抗租记述中,漕粮征派时民众对绅衿的反抗手段也可略见一斑。

2. 官绅民合作

其一,官民合作。虽然古代社会官病民、民闹官记载颇多,官民利益根本上还是相通的。陆世仪曰:"天地生财,止有此数,不在官则在民,在官则官利,古所谓仓廪实府库充也,在民则民利,古所谓百姓足君孰与不足也"。② 赋税征收问题上,官民之间利益的背离与相通体现得尤为明显。因为在收入一定前提下,征少则不便于官,"不便于官不可行也",而征多又不便于民,"不便于民更不可行也"。若遇上贤令,则会"就中调剂,与其累民,莫若便民"③,而若是酷吏,不顾民情,浮收病民,官民交困状态也就紧随而至。为了避免这种状态,官民在互相责备的同时,也不断合作。

如面对闹漕,地方官通常反应是鞭笞百姓"尚得谓之人子乎"④,因为按照清律规定,"官不真催钱粮,犹奴仆不顾主穷"、"不令民完钱粮,犹责祖父曰养子孙,不令子孙上供父母"。⑤ 所以,地方官不仅以道德责备为武器,劝谕民完纳,更将完粮与奖惩相结合,黄六鸿言及催科之术时即强调要兴起百姓"愧耻之心"。⑥ 这种抓住民人完粮心理的措施,却使催科有了很大好转,也让地方官如愿免去考成之扰。所以清代地方官对这种合作语句津津乐道,甚至当作治理地方良策推崇。清人陆清献即曰:

> 钱粮者,朝廷之国课,非县官之私蓄。尔民能急公,身家快

---

① 诗见《虞乡志》,转引自[美]白凯《长江下游地区的地租、赋税与农民的反抗斗争:1840—1950》,林枫译,上海书店出版社2005年版,第46页。
② 陆世仪:《漕兑揭》,贺长龄编:《皇朝经世文编》卷四十六《户政二十一》。
③ 《一件详请照旧征输等事》,戴兆佳:《天台治略》卷一《详文》。
④ 《完钱粮以省催科》,同治《武冈县志》卷二十三《贡赋》。
⑤ 《专折开呈征收钱粮实情并善后事宜》,罗迪楚:《停琴余牍》。
⑥ 黄六鸿:《福惠全书》卷七《钱谷部二·完粮奖励》。

乐,县官亦得安逸,有工夫做好事以加于百姓。我与尔非怨雠,何苦日行杖责,必私与皂役杖钱,若雇人代比,又当与雇钱。二者皆虚费,而有欠粮受责之名,何不省此以凑正数,则尔吾俱安。①

这种官民合作治理措施的实效,被清人称为"从此传闻四野,云集响应"。② 戴兆佳也曾做过相似的论述:"钱粮不完,无论绅衿尽行褫革,究拟其在小民,更不必论,从未闻有因逋赋而辱身,能愬冤于上,雪愤于朝者,可见,钱粮之完与不完,关尔民自己之祸福,若州县官迫于考成,果尽力追比,亦不得不完,毕竟欠难而追易也。"③ 河南临漳县令劝谕本县绅民踊跃急公,毕日输将本年钱粮漕米时,也称这是"尔等报答本县一番体恤之厚意"。作为回报,州县则"必为详陈疾苦,力请蠲缓"。④

由以上言论可见,民早完国课,予官排解考成之扰;官即省催科,必尽力为民做事。相互交易之下,官民互相体恤,互惠互利,虽利益纠葛不明显,但角色互动仍较为频繁。只是这种互动是种良性互动,利益纠葛也为互惠互利所掩盖。一旦其中任何一方突破这一协调局面,如民不努力输将,官不尽心为民解忧,矛盾必将滋发,而在漕政上即体现为闹漕。

其二,官绅合作。官绅之间的合作更为明显。清代州县在下乡催漕时,"往往不知粮户所在,且不识何者为已完,何者为未完",只好每到一村即"延出地方绅士数人,请其向有粮之家劝谕完纳,令各花户俱写立限状,或报完三四分五六分不等,求其扫数完清。"⑤ 这一情形为绅衿参与漕务提供了极好机会。加上绅衿对地方民众的影响,绅衿在清代漕粮征派中是不可忽视的一股力量。所以,征漕中,官绅之间的合作十分明显。前文在论及地方民众生活之苦时即已有所涉及,因为在官绅合作以求利益平衡的活动中,民众成了最终承受者。

---

① 黄维玉辑:《陆清献公莅嘉遗迹》卷中,上海道署,清同治六年版本。
② 陈康祺:《郎潜纪闻初笔》卷四,中华书局1997年版。
③ 《一件京饷急若燃眉,兵粮迫如星火,劝谕作速清完,官民两利事》,戴兆佳:《天台治略》卷五《告示二》。
④ 同治《临漳县志略备考》卷四。
⑤ 席裕福、沈师徐辑:《皇朝政典类纂》卷二十七《田赋二十七·征收事例·催科二》。

其三，绅民合作。漕粮与地租不同①，绅衿与民众均是作为赋额交纳者存在，身份的差异让两者利益冲突的同时也合作不断。如清代漕粮征派过程中极为普遍的"包漕"与"诡寄"即是绅民合作，共同侵漕的体现。而历次集体公开闹漕中，绅衿活跃在案件背后的指挥角色与民众的直接参与也是两者合作的体现。当然，清代社会"官与民疏，士与民近，民之信官，不若信士"②及"官有事于民，而民反不之知。民所切望于官，而官又不之知，官民情意不通"③的地方社会情况让绅民合作可能性更高。历来闹漕中，绅民的合作即是体现。④

---

① 漕粮乃下收于绅民，上交纳于国家，州县只是中间所借收漕力量。
② 汪祖辉《论亲民》，贺长龄编：《皇朝经世文编》。
③ 陈宏谋《与民属论治》，贺长龄编：《皇朝经世文编》。
④ 闹漕中，绅衿对民众影响力量不容忽视。清人凌燽分析江西省抗粮时即称，虽然历来禁革征粮陋弊等项对民优惠政策已经"告示刊挂柜所及银匠铺面"，但"纳户输将入城，农务匆忙，既恐无暇细阅，且半多不识字义，阅亦茫然"。（《刁讼拖累完粮积弊临春夺耕议详》，凌燽：《西江视臬纪事（选录）》，中国社会科学院历史研究所清史研究室编：《清史资料》第3辑，中华书局1982年版，第205页）这种情况下，绅衿的言论极有影响力。所以，当光绪二十四年鄂省朱河地段漕粮征收出现问题时，刁监劣绅的谣言煽动下，引发了一场闹漕。（《专折开呈征收钱粮实情并善后事宜》，罗迪楚：《停琴余牍》）

第十章 反抗与秩序

闹漕，不论是通过法律或法外途径，无论是个人或集体行为都对地方社会秩序带来不同程度影响，诸如政治秩序的变动，生活秩序的紊乱，制度调整，等等。

一 政治秩序变动

（一）民间抗纳之风

不管绅民采取何种形式闹漕，均对当地漕粮征收情况造成一定阻碍。因为，即便闹漕参与者不多，"邻省效尤"与"各处民众观望"，往往让漕粮征收受阻。

如咸丰四年十月，河南省辉县民人戴莹、杨景幅等主使游民作乱，胁花户抗纳钱漕，二十六日卫辉府知府前往查办，到了十一月初二，顽民才渐退出关。此次闹漕案情并不严重，但顽民出关后，却引起了辉县接壤之地"完纳钱粮率多观望"。史载，开封、怀庆、许州等地民众完粮"为守望相助"。为防止民人抗闹继续扩大，卫辉府知府立即上书请兵剿。英桂奉命前来处理，鉴于"各县抗漕滋事，深虞相率效尤"，随即动用河北等处兵力大势镇压，但并未镇压住戴莹等的逃窜。对此，清廷十分不满，责备英桂与州县"抚驭无方"。英桂与地方州县也只能无奈上奏，认为是"联庄会"导致"邻近各省率众附从"。① 更为严重的是，邻县不仅效不完粮，更效尤反抗。所以，当济源、汜水各县及河北三郡人心骚动时，新乡县人张炳也于县境龙泉寺聚众抗粮，杀伤差役。英桂即无奈叹道："地方官催科不急，则正课无着，催科一急，则动至

---

① 主要是辉县附近的嘉新乡、封丘、陈留等地。

激事，此处一动，邻境因之生心，此处甫平，彼处效尤又起"。①

另见一例。戴盘在桐乡收漕时，因当年大旱，海宁与海盐奉文停征，即有成熟之田也应一并缓征，而桐乡介于海宁与海盐之间，被灾情形相同，却并未享此恩泽。为此，戴盘忧虑曰，"此二县均奉文停征，桐之奸民闻之，窃思煽惑，愚民妄希停止"。为避免民情不满，戴盘只好"亲历各乡剀切面谕，示以分数，责以大义"，历经众多曲折才使"小民乃共愿输将"。到了冬天，嘉兴县民又聚众思罢漕，"上官不能劝止，邑宰又不敢催征，互相袖手"，民情一触即发。戴盘也只好"毅然独任"，首先提早开仓，分清桐乡漕米中"公米"与"民米"，改原来正腊月二次开仓方法，"悉令冬月同时完纳"，结果"未及两旬而漕米均已登仓"。结果，桐乡首先完漕，对其他州县起了极大榜样作用。戴盘言："邻县之民闻之，佥曰桐乡人先公如此，我又何抗，于是各县乃次第开仓，百姓方肯照完"，结果该年不止桐乡，嘉兴府的漕粮完纳得也十分顺利。戴盘欣然，"余喜桐之人争先完纳"。②

闹漕中，邻县可仿效抗纳；完漕中，邻县也可仿效完纳，也即戴盘所说的"一邑滋事而各邑仿效，一邑急公而各邑率从"。③戴盘"下乡面谕民人"的举动是想避免民人仿效抗漕，而"提早开仓"即是希望民人仿效完粮。

（二）官方应对之举

综观清代闹漕，特别是漕控与集体公开闹漕，案件的进行总伴随着地方官员的变动，严重者可能因此丢官。④

1. 用兵之请

"用兵之请"在集体公开闹漕中最为普遍，清廷"化大为小"处理原则下，这一举措充满争议。如咸丰四年河南辉县戴莹等的闹漕案中，英桂与州县官的第一反应是向府道请求用兵，并曾动用河北等处兵力镇压。结果因为未镇压住戴莹等的逃窜，被清廷责备为："偶有刁民聚众

---

① 尹耕云、李汝钧等纂：《豫军纪略》卷二《会匪二》。
② 案例详见《桐乡征收冬漕记》，戴盘：《两浙宦游纪略》之《桐溪纪略》。
③ 《桐乡征收冬漕记》，戴盘：《两浙宦游纪略》之《桐溪纪略》。
④ 比如文中曾提及的咸同年间，山东陵县发生了"狡黠者依团势倡议抗漕，愚民和之"的闹漕案。案件一出，县令即以"催科不力"被夺职。（民国《陵县续志》卷四《第二十四编·官师传》）这种现象在清代漕案中极为普遍。

滋事，则专赖管辖之道府"，实是属于"抚驭无方"。所以，责令英桂与州县官"刚柔相济，兑期分别良莠，择尤惩治，不致酿成事端，动劳兵力，方为上策"。① 道光年间江西省德兴、贵溪、临川似是而非的三起闹漕也是如此，"请求兵剿"也是州县的第一反应。但在清廷"化大为小"策略下，"请兵之求"往往遭到反对。如江西省德清、贵溪、临川三案中，"请求兵剿"即被认为是"骇人听闻"举措，吴文镕希望州县能"先期布置，择人使往，授以机宜，惕以功令，幸皆安然就理"②，和平化导官绅民矛盾。即便清廷派出兵力协助州县平剿，诸如"地方偶有刁民聚众滋事，则专赖管辖之道府"，"若因抗纳钱粮，即须移兵动众，徒事烦扰"③ 的谴责也紧随而至。所以，关于漕案善后，清人罗迪楚总结道："盖查古昔粮案，只有镇静解释，择尤例办之法，断无张皇激变，动请兵剿之条，川之东乡，鄂之广济，其明鉴也。"④

虽然朝廷对"用兵之请"持反对态度，但此举措一直是清代地方官漕案善后的常用措施。

2. 劝谕之法

劝谕的力量在平息漕案过程中，效果尤为显著。如江西省新喻县积逋十余万时，县令胡之琳"晓以大义"，结果却"输纳者应声而集，襁负不绝路"。⑤ 当铅山县漕粮抗欠不少，官垫民欠严重时，官同练保即劝谕道，"尔等须知钱漕上关国课，例应早完，在绅富大户衣食既足，不待催追，目必情殷纳输，以为齐名之表，即畸零小户，知练保催科之弊已去，别无他虞，亦当踊跃急公"⑥，官垫民欠终有缓解。

劝谕平息漕案历来为贤明县令热衷，江西兴国县令沈衍庆即谈到，如果"以理谕之，以德感之"⑦，必能改变民间"以抗粮为能"的习气。对于绅衿个人日常反抗，劝谕作用更为明显。沈衍庆移任江西泰兴县邑令时，对绅衿抗欠的对策即是"劝谕"，曰："尔等祖宗渥荷千古难遇之皇恩，尔为子孙者竟不知感激，反敢任意拖欠国课，丧尽天良，不特

---

① 尹耕云、李汝钧等纂：《豫军纪略》卷二《会匪二》。
② 《复李石梧制军》，吴文镕：《吴文节公遗集》卷六十四《尺牍》。
③ 尹耕云、李汝钧等纂：《豫军纪略》卷二《会匪二》。
④ 《专折开呈征收钱粮实情并善后事宜》，罗迪楚：《停琴余牍》。
⑤ 光绪《淳安县志》卷九《循吏》。
⑥ 同治《铅山县志》卷八《食货·练保关门·上谕》。
⑦ 《赠观察沈君家传》，沈衍庆：《槐卿遗稿》卷六《杂著》。

法所难容，即尔祖宗有灵，亦早痛心疾首于地下，断不愿有此等子孙，尔等试扪心自问，不忠不孝之罪，安所逃于天地之间"。① 历史上，"迭经劝谕谆谆，舌敝唇焦，抗欠如故"②的结果，说明了利益驱动力的强大，也说明了绅衿劣习之根深蒂固，同时也透露出劝谕频繁的信息。

3. 奖惩之法

劝谕是以道德为武器的社会控制手段③，单纯的劝谕往往很难规范绅民行为，毕竟私利驱使下的绅民，多少有点挑战社会法律与规范的意味，于是奖惩相结合显得尤为重要。清代地方官对此有深刻认识，梁章钜认为，对尽数先交殷户的"量给奖励"，对穷民小户的"代为设法"、"曲示变交"，结果十分理想，因为小户不仅"相率而传，惟恐趋纳不勇"且"感激流涕，因之相劝全完"。④

奖赏是为了更好地完纳钱粮，惩罚也是如此。清代不少州县官会将逋欠抗粮百姓公之于众，目的即是希望民众能顾及"面子"而尽快完粮。⑤ 一旦道德惩罚不起作用，以刑法治之也就提上议程。沈衍庆即认为，多方劝谕、体恤下，如果绅民仍然抗欠不完，则"惟有亲临按户拘拿，衿则详革究办，民则严比着追，本县言出法随，决不姑宽"。⑥ 而且法律惩处的功效也为州县所津津乐道，财赋最重的三吴之地，之所以从"明三百年来从不能完之地"变为"年来俱报全完"，即是对顺治十八年"奏销案"心有余悸的结果。⑦ 清代"带欠者罚之，首先报完给予花红"⑧ 的奖惩政策，在其他类型赋税征收中也普遍存在。

奖赏与劝谕是贤明县令面对闹漕的主要善后措施，而"用兵之请"

---

① 《谕各乡贤后裔清完钱粮》，沈衍庆：《槐卿政绩》卷一《示谕》。
② 同上。
③ 详见［美］E. A. 罗斯《社会控制》一书，作者将舆论、法律、信仰、社会暗示、教育、习惯、社会宗教、个人理想、礼仪、艺术、人格、启蒙、幻象、社会价值等手段均称为"社会控制"的手段。（［美］E. A. 罗斯：《社会控制》，华夏出版社1989年版）
④ 梁章钜：《退庵随笔》卷七。
⑤ 事情出于袁守定《图民录》所载几位贤令行为："寇莱公知巴东成安两县，每期会赋役，未尝辄出符移，惟具乡里姓名，揭县门，百姓莫敢后期。杨诚斋奉新县，戢追胥不入乡，民逋赋者，揭其名市中，民灌趋之，而赋自足。叶公衡知于潜县，征科豫为期限，榜县门，俾里正谕民，不遣一吏，而民争先纳赋，此无他，不扰而已"，此法后备受推崇。（袁守定：《图民录》卷三，光绪五年江苏书局重刊本）
⑥ 《催完钱粮告示》，沈衍庆：《槐卿政绩》卷一《示谕》。
⑦ 叶梦珠：《阅世编》卷六，上海古籍出版社1981年版。
⑧ 光绪《溧水县志》卷二《舆地志》。

则是一般县令对集体公开闹漕的通常反应。在闹漕善后中,酷吏往往不问原因,首先革除监生身份,囚禁农民,待绅民补交齐粮后,再行处理。① 此种善后政策下冤案不断。

不同的善后政策对漕案结局产生了不同影响,由此对地方社会政治秩序也造成了不同的冲击。如劝谕奖惩下,漕案不致扩大成更大规模闹漕,对社会政治秩序冲击较小,而一旦"请于兵剿",再加以地方官的不贤、不才、处理不善,闹漕由此扩大成各地一起响应的民变。就形势与结果而言,均对社会政治秩序造成了较大的冲击。

(三) 地方官府权力阶层人员调整

不管是何种形式的闹漕,案件背后通常伴随着地方官府权力阶层的人员调整。如匡光文闹漕中王述徽、金德荣、张孔言三任县令的不断离职与接任,钟九闹漕中折锦元、金云门、师长治几任县令的频繁交接。即使是个人日常反抗,因逋欠严重而丢官的现象也不少。闹漕之际,地方官员调整是为常事,对地方政治秩序的影响不容低估。以江西省为例,审视闹漕中地方政府频繁人事变动对社会秩序的影响。

江西省漕务负担繁重,逋欠现象严重,闹漕接连不断。江西巡抚蔡士英称:"江右逋欠,将来不知作何底止矣"。② 严重逋欠下,江西省出现了缺官局面,而缺官又加剧了逋欠。蔡士英对这两种现象有深刻分析。

钱漕征收过程中,江西省官场陋习严重,蔡士英称:"江省有司各官怠玩相沿,一有征收钱粮,轻听奸胥愚弄"。③ 不仅如此,不少地方官"犬奸巨憝,贪黜无状"④,于是在地丁钱漕征收中,地方官"肆无忌惮"。而前任官员"以逋负而得去"⑤,尤为后任州县效仿。这种地方官的普遍不法与钱漕征收的漫不经心,必然影响钱漕正常征收,逋欠由此严重。一旦垫移之术无法及时补救,地方官便因此被降调。蔡士英曾

---

① 此种现象在清代甚为普遍,被姚文田称为一大地方积弊。原文为:"然官吏非执此三者,则不能制人,故生监详请暂革,农民则先拘禁,待其如数补交,然后以悔悟请释,竟成一定不移之办法"。(姚文田:《敬漕运情形疏》,王延熙、王树敏辑:《皇朝道咸同光奏议》卷二十七上《户政类·赋役》)

② 《钱粮时刻难缓,将调各官遂难离任疏》,蔡士英:《抚江集》卷六。

③ 《行催各属完粮限单》,蔡士英:《抚江集》卷十一。

④ 《纠核不职有司官员以备考察疏》,蔡士英:《抚江集》卷一。

⑤ 《钱粮时刻难缓,将调各官遂难离任疏》,蔡士英:《抚江集》卷五。

一次性降调在任正官三十员，导致"地方为之半空"。① "守令关系钱粮"，一旦地方出现缺官，各种弊端与不法现象随之出现，且"乘此正官摇动，必生心抗违，倡言惑众，不服比追，不依期上纳，而书皂承迫各役俱系积年奸恶，知官将离任，又必串通里递故意延迟，以图于中取事以饱蠹腹"。②

地方不能一日缺正官，钱粮不能一日无征解。③ 朝廷及一些官员为了防止闹漕后过于频繁的人事调动对地方治理的影响，不仅提出了"一切城守钱粮功罪切于一身"④ 的专官法，还提出了将功补过之法，即"将应调各官再降，免调留任，征解其旧欠，新征勒以严限，督令并完"⑤，然效果不显著。因为钱漕逋欠的严重，已使"部选之官，无不视为畏途，逡巡不至，缺半空悬"。⑥ 所以，普遍缺官下，地方钱漕征收更加不力，逋欠更为严重，地方刑名钱谷存在严重的问题。

清代，不仅是江西，不仅是逋欠，有漕八省不同规模的漕控、个人日常反抗与集体公开闹漕背后地方官府人员的调整，对当时地方社会政治秩序均造成了不同程度的冲击。

总之，民众的观望、仿效抗欠、地方官的种种善后措施以及地方官府人员调整，均是社会各阶层对闹漕的最直接反应，反抗与秩序的关系在此得到了充分体现。

二 生活秩序紊乱

私利因素是闹漕的主要动因，具体而言，刁监劣绅是为包漕渔利，一般绅衿是为抵制官吏的浮收勒索，地方豪强是为侵漕渔利，一般民众是为反抗官绅胥浮收勒索。闹漕目的是否达到？对地方社会生活秩序影响如何？

---

① 《钱粮时刻难缓，将调各官遂难离任疏》，蔡士英：《抚江集》卷五。
② 《留陈调各印官事征粮牌》，蔡士英：《抚江集》卷十一。
③ 同上。
④ 《请补缺官以资治化疏》，蔡士英：《抚江集》卷二。
⑤ 《钱粮时刻难缓，将调各官遂难离任疏》，蔡士英：《抚江集》卷五。
⑥ 《清查钱粮刻期速报，以足国用》，蔡士英：《抚江集》卷四。

（一）绅民：贻误生产

绅民不同反抗方式下，地方官有不同处理意见。如漕控案中，地方官认为控告之人总非善类，所以首先查清控漕之人是否有抗欠，令补完欠额再行处理。面对逋欠等个人日常反抗，劝谕与奖惩相结合则是地方官主要应对策略。对于集体公开闹漕，往往劝谕与动差捉拿并用，如蔡士英论及对付"任土不为，作贡抗顺"的"乱民"时，先是"合行出示晓谕"，将劝谕之告示誊写遍贴通衢处所，晓谕各坊士民，如果劝谕不能奏效，则"许该印官指名申报，本部院以凭差官锁拿，立置重典"。① 三种处理意见强度不一，对绅民乃至地方社会冲击也不同。

但不管何种形式闹漕，反抗时贻误生产，反抗后赋额并不一定减轻是普遍现象。甚至有时还须付出大量的个人私有财产，如漕控中绅衿有可能因此倾家②，更不用说民众。所以集体公开闹漕与漕控虽然可以宣泄民众心中不满，或者因此争取到有利于自己的漕法改革，但所需成本甚高，相较之下个人日常反抗灵活机动。所以如果论及闹漕对绅民生活秩序的影响，可以说绝大多数绅民生活状态并未由此改变。久而久之，绅民更多倾向于个人日常反抗。

（二）州县官：时缓时严的矛盾举措

作为朝廷在基层社会征派漕粮的代理人，州县具备了利用职权之便，同时也承担了相应的责任与风险。在闹漕案件处理过程中，州县官的姿态总是时严时缓③，反映了地方官的矛盾心态。

1. 严：于公于私的正常举措

作为一种社会动乱，闹漕多少有点揭竿而起的民众动乱意味，影响正常社会秩序稳定，所谓"民众常以抗纳为常规，官吏求免处分，以报灾为长策，始而官民交困，继而官民相仇"。④ 闹漕破坏正常的纳粮规则，威胁朝廷的漕粮征收，更为严重的是闹漕引发的群发性运动更容

---

① 《晓谕丰城县顽里示》，蔡士英：《抚江集》卷十二。
② 在匡光文个案研究中，匡光文家族为了上控倾尽不少财产，因为陈心炳上任后，"以光文伉直为公，亡身及家为可悯念，禀提七八九三年漕米奇零尾银二千余两恤其家"。（民国《醴陵县志》之《人物传四·匡光文传》）
③ 这一点在一些学者的个案研究已有揭示，如张小也对钟九闹漕的研究，龚汝富对道光年间江西省上高县的漕粮京控案的研究等。
④ 沈葆桢：《江省新漕仍难改征本色折》，饶玉成编：《皇朝经世文编续集》卷四十六《户政二十一》。

易使地方政府陷入四面楚歌的境地。赋税征收与治安是州县官治理地方的中心事务，直接关系其考成与仕途。闹漕的发生不仅是催科不力的结果，更动及抚字，于公于私地方官均应以严厉的姿态处理漕案。

不仅如此，闹漕体现出民众对官府权威的蔑视也要求地方官以严厉的姿态处理案件。闹漕案例中，常见的绅民"咆哮公堂"、"挟制官吏"、"殴官伤差"等案件的处罚比单纯闹漕严厉得多，如嘉庆二十一年，武举王瑶拖欠应完米豆的惩罚是"斥责满杖"，而嘉庆二十五年时的"咆哮公堂"处罚结果则是"刁徒直入衙门挟制官吏，拟以军例量减一等，杖一百，徒三年"①，这种态度剧变原因，更大程度上是源于王瑶的蔑视官府权威。

2. 缓：利益权衡下的明智选择

漕案处理直接关系地方官政绩考核，但漕粮京控案的复杂性让地方官面临更为复杂的局面。这种复杂不仅体现于绅衿的特殊政治地位，还包括他们在朝廷的特殊人脉及地方特权与影响力。所以，一旦漕粮京控，不论是在中央还是地方，州县都将得罪绅衿的一批人脉资源，结果无疑成为地方州县官仕途上的阻力。所以，一旦劣衿京控，抚、案等官往往不敢访查，以避免"反招其尤"。②

京控的复杂性也使州县官无从处理。清人谢阶树分析湖南漕讼时说到，湖南虽漕控于京者如云，起因却是奸民欲与州县官分漕规不得，怀恨上讼。③ 此时，如果地方官加入奸民行列，通通作弊，虽然也能给地方州县带来隐性收入，却得承担不少风险。毕竟，这种交易"譬诸猎者一人射鹿，十人分肥，是皆陷州县官以猎取之名，而自享分肥之实也"。④ 讼棍的参与，让地方官一旦不应允讼棍条件，有可能引起更大规模的讼案，甚至是直达天听之漕粮京控。所以在与绅衿角逐的过程中，权衡利益下的地方官对闹漕往往采取缓和的态度，不太愿意出面解决。加上绅衿的强势，一旦"官吏稍为查问，即抗不完纳，或将湿碎

---

① 祝庆祺、鲍书芸等编：《刑案汇览》第1册，北京古籍出版社2004年版，第332—333页。
② 《为漕米既经改折，滥派应加剔厘事》，胡文学：《疏稿》（选录），中国社会科学院历史研究所清史研究室编：《清史资料》第3辑，中华书局1982年版，第136页。
③ 谢阶树：《综核名实折子》，同治《宜黄县志》卷四十五之一《艺文·折子》。
④ 同上。

短少之米，委之仓外，一哄而散"①，地方官也会知趣圆滑地避免冲突，以免赔上自己的前程。

绅衿盘根错节的社会关系和影响力是地方官不愿直接出面解决漕案的一大原因，敷衍推脱的官场积习和怠政心态也极大地影响了地方官的行动。所以，面对漕案，地方官往往很难竭尽全力，将闹漕平息下去，总在事态难以控制时才着手解决。无怪乎清廷感慨各省京控案与日俱增，切责"地方官不为审理，且有经上司衙门批令讯详，仍然束之高阁，以致纷纷进京控告"。② 同时地方上的种种态势也使地方官对漕讼的热情日渐消失，因为清代州县专以钱漕为意，于听断大都怠慢，久而久之，民众为引起地方官注意，常以钱漕为由上讼，包世臣论山东地方治理时即说道："东省官之受累，必以讦告条漕。而讦告条漕之源，则以平日不能受理民事，以郁民气。上控之后，曲意拖累，以积民怨。于是一二棍徒，乘间阂郁怒之气，出头讦告条漕。合属良懦，敛资以助之。故棍徒讼虽不胜，而所获已多，且得美名于乡里。"③

州县官在漕案中矛盾心态与时严时缓举措，是闹漕对地方官生活秩序影响的体现。

三　制度调整

（一）请蠲请减

1. 蠲减是为了更好地完粮

漕粮的重要性是例不成蠲的原因之一，京仓食用不足又使朝廷不敢轻易蠲免。如乾隆以后京仓积谷之不足，让有识之士忧心忡忡，江苏省名宦管同曾做《代人拟筹划积贮书》曰：

> 臣闻京师者，天下之大本，积贮者，国家之大务。今海内飞刍挽粟，岁至京师，意京仓所积谷，多备数十年，少亦宜支数岁。而

---

① 蒋攸铦：《拟更定漕政章程疏》，贺长龄编：《皇朝经世文编》卷四十六《户政二十一》。
② 《清仁宗实录》卷一百一十四，嘉庆八年六月上。
③ 包世臣：《山东东西司事宜条略》，盛康编：《皇朝经世文续编》卷十九《吏政二》。

以臣所闻，不过仅支一岁而止。臣甚骇之，记曰："国无六年之畜曰不足，无三年之畜曰急。"以国家之全盛，积贮止此，设不幸东南有水旱，漕不克继，或淮、徐、兖、济之间有大盗如王伦者阻于途，俾不得达，或畿辅仓卒有事，用谷倍常时，三者有一焉，虽有研、桑，不知计所从出矣。①

管氏道出了盛年漕粮乃至地丁钱粮仅敷本年之用的状况。乾隆中期京仓之粟尚可支二十余年，而管同时代"未阙一州，未损一县，未加一官，未增一卒"，漕粮却"仅支一年而不足"。② 由此，漕粮例难蠲，只能求折。

既然如此，频见史册的蠲减又为何出现？蠲减与闹漕又有何关系？

从清代漕粮蠲免的名目上看，除了普蠲与恩蠲乃龙心大悦的客观效应外，荒蠲、灾蠲与民欠蠲更多是因民力难完，朝廷体恤民情的施恩举措。但是，在漕粮征派领域，贤令或能将民情上达，一旦所遇为酷吏，清廷体恤之策即为其侵蚀渔利提供了便利。所以，在酷吏治理下，地方民情的传递通常借由民众闹漕来达成。蠲免政策的出台是闹漕对清代制度调整的体现，而清廷之所以进行制度调整也是出于统治目的。

不管是荒蠲还是灾蠲、民欠蠲，朝廷减少了收入是不争的事实，所以，蠲减一直被清廷称为"国家损上益下之政"。③ 但权衡下，蠲减却不失为极好政策。因为蠲免能迅速平息绅民闹漕，且蠲恩到达地方时往往能造就更好的完漕效果。如太平天国运动期间，江浙完粮陷入混乱，时人称："小民畏漕额之重，未收复者观望迁延，已收复者流亡迁避，使东南膏腴之地不敢归耕"。④ 清廷借助在杭嘉湖一带的漕粮蠲减，极大地改变了这一状况。蠲减背后，清廷的考虑也让我们看到了政策的另一层意义，丁寿昌即言，江浙膏腴之地，今要"收民心而寒贼胆"，"必先减最重之粮额"。⑤ 收复失地过程中，蠲减政策的政治意图比起救济民生的意义更为突出。

---

① 光绪《续纂江宁府志》卷十四之八《人物》。
② 方浚师：《蕉轩随录》卷五。
③ 民国《杭州府志》卷六十一《赋税四》。
④ 同治《湖州府志》卷三十五《经政略·田赋二》。
⑤ 民国《杭州府志》卷六十一《赋税四》。

即便是日常治理，蠲减所包含的劝谕成分也远远大于救济。在百姓积欠极多、民众缴纳艰难情况下，新征加旧欠，百姓往往剜肉补疮。康熙四年，韩世琦请减苏松田赋时，即言"虽竭尽心力，多方劝征"，结果却"仅能如额"，且完漕后民力已"剜肉医疮"。① 此时一旦蠲减，完纳情况将出现转机。因为民力苦穷难完的积欠，已经"无征收之实"②，赋额渐渐已成虚数，终究难以形成朝廷实际收入。而清廷的蠲免给了百姓恩惠，民众往往因此感恩输纳，清人曰："方今既减漕额，又禁浮收，百姓具有天良，当不致再以赋重借口"③，蠲减的劝谕大于救济功能得到了体现。时人对此深有感触，曰："前此年年积欠之数，恐即为将来年年必欠之数，于此量从宽减，乃免其必欠之额，非免其可完之额也，若一概勒追，小民必破家亡身，因之田荒户绝，是百姓受不免之害，而谬税不敢不免之实也，若应如江抚所请酌加宽恤，以沛浩荡之恩。"④

蠲是为了更好地完粮，这一政策多少有点讽刺意味，但却是清代漕粮难蠲的成例之下，屡有蠲免的主要原因。

2. 蠲减成了地方官的一种托词

政策调整最终还是需要地方官实行，地方官对蠲减政策的态度直接影响了政策实施效果，这一效果又对地方绅民闹漕程度有直接影响。

逋欠成积，即便地方官再努力催科，加紧勒追，完漕结果仍不会理想。一旦如实上报，地方官往往因此被降调责罚，甚至丢官。此时一旦蠲恩下达，地方官既能减去收不及额的烦恼，又可免去被降罚之灾，所以蠲减政策备受地方官青睐。地方官的种种求蠲减言辞也常见史册，例如，"是粮额虽重，原非可完之数，与其赦免于追呼既穷之后，何若酌减于征比未如之先，使得完肌肤而乐升平，且无损国家岁入之实数乎"⑤，求蠲之意甚明；"赋重而多逋，不如少征而岁取之也"⑥，与其逋负难收，不如少征而岁岁盈余，理由也十分充分；有的甚至搬出祖宗

---

① 光绪《苏州府志》卷十二《田赋一》。
② 同上。
③ 民国《杭州府志》卷六十一《赋税四》。
④ 光绪《苏州府志》卷十二《田赋一》。
⑤ 《汤斌书略》，光绪《川沙厅志》卷四《民赋》。
⑥ 光绪《清河县志》卷三《建置》。

皇考"救民之穷，当如救焚拯溺，不可迟疑"①的言论。如此种种反映了地方官急切的求蠲之意。

但冠冕堂皇的求蠲言辞背后，蠲减却成了地方官不法行为的一种托词。以漕粮征收中的"分年带征"为例。民力难完下，漕粮征收只能乞求"分年带征"。数年之后，"带征"的这部分漕粮已成旧赋，新旧并征，逋欠自然严重。以此为由的求蠲较容易为清廷批准，于是不法州县官往往"以完作欠"，然后以民力艰难为由乞蠲。这种求蠲现象之普遍，被称为"遂成年例"②，结果自然影响漕粮征收。曾国藩、李鸿章即对道光大水之后，年年蠲灾，到最后连漕粮带征都无从办起的现象深为痛心。③在此，蠲减成了地方官不法行为的托词。

3. 蠲恩终难及民，闹漕难息

从理论上看，蠲减让百姓大受其惠。时人对百姓蒙蠲恩后欢腾的局面作过精彩描述，称"六县一州白叟黄童欢呼载道"④，"沿江耆老野夫，卫军屯卒……北向叩头，谢至于涕流"⑤，等等。蠲恩下，百姓不仅"欢声雷动"⑥，立碑表彰⑦，更有激动至"叩头谢至于涕流"，可见蠲恩对百姓可谓旷世大典。但清代大小蠲恩不断，甚至被称为"遂成年例"。既然蠲恩如此频繁，为何百姓仍视其为"旷世大典"？现象的背离说明清代为数众多的蠲恩能直接惠及民众的却不多。

第一，官吏的作为是蠲恩难及于民的主要原因，这点也为清廷所重视。蠲赈中，民受其名，官胥却受其实。所以，一旦上司责备蠲恩成效，有州县甚至立碑宣示自己并无染指。⑧当然，蠲减政策本身也存在

---

① 光绪《富阳县志》卷二十二《艺文上·词章》。
② 民国《杭州府志》卷六十一《赋税四》。
③ 原文为"今则年年办灾，永无带征之日"，详见光绪《川沙厅志》卷四《民赋》。
④ 同治《新建县志》卷十一《田赋下》。
⑤ 光绪《丹徒县志》卷十二《恤政》。
⑥ 《江苏督抚请减苏松太浮粮疏》，陈其元：《庸闲斋笔记》。
⑦ 如道光三年山东省曹州府单县请蠲获批准后，县民大喜，称此举"绝非阖邑一时之欢心，而实为阖邑立万世之章程，岂区区收效于一朝一夕之间哉，于是立碑大行堤，欲垂久远"。（《免漕米碑》，民国《单县志》卷二十一《艺文》）
⑧ 如江苏省常熟县立有一碑，名为"苏松常镇督粮道杨示禁"，碑上州县称"漕粮一切陋规，本道历经禁革，并无丝毫染指，此心可对天曰，属吏仍指苛征，小民未沾实济，今特再行勒石，务期肺肠先涤，道府监兑州县，毋拿虚名矫饰，如有私取分文，必遭天诛地亟"。（江苏省博物馆编：《江苏省明清以来碑刻资料选集》，生活·读书·新知三联书店1959年版，第657页）

缺陷，但地方官不端确是主要原因。柯悟迟在对比咸丰前后漕政领域求免差异时，大为感慨：

> 嘉庆以前，未尝无水旱之患，苟有实在情形有秋实者，里中预议报荒，环集耆老，赴县求勘，甚而投词府、藩、抚各辕批示仰小店勘明详报，各州县亲临四乡，详准永不过一二分，今则不然矣，从十一年起办灾，无遂不荒，无年不缓，并无耆老经地报荒请勘，棍自不能无荒。①

嘉庆以前，众绅官合议，公开报荒求蠲，今则县官私秘上报灾蠲，结果"所赦者，皆州县漕蠹之侵吞，顽绅劣衿之抗欠，业户毫无沾惠丝毫"。② 而清廷以"保赤为怀"，不能不行蠲减，只能同时"屡屡严饬各督抚"③，希望督抚能将蠲恩下达民众。

第二，蠲减政策本身不足也造成了蠲恩难及于民。这种不足首先是完在前，蠲在后的滞后性。江西高安县人在酌定蠲漕法的奏折中指出，水旱之报多在夏秋之间，钱粮却是二月开征。半年后已完至六七成，此时如果遇上蠲免之恩，受惠者也多为官吏。因为"官吏之不肖者，即借稽查完欠分数以肆侵渔，即或贤愚不肖，然当灾荒之后，或出借仓谷，或赈给银米，或整理庐舍，或抚绥流亡"④，各种名目下，民众已完之数已难还业户本身。对此，史书多有记载："今之实约在顺治九年也，题勘往返已顺治十年矣！及乎十年议定而蠲九年之赋，是九年催征之期已竣矣，愚民正额之数已纳矣，即有拖欠，在官不在民，所蠲者在官耳，非民也。"⑤ 而清代勘灾、报灾也多有滞后之弊，"文移往来，动经数月，而自抚按司道下及于州县，又不知历几何时，州县必问分数于里牌，某乡某村，孰灾孰甚，差役纷扰已不可言，层累而上，由府而道

---

① 柯悟迟：《漏网喁鱼集》，中华书局 1997 年版，第 7—8 页。
② 同上书，第 34 页。
③ 同上。
④ 陈守创：《奏请酌定蠲免钱粮法札子》，同治《高安县志》卷二十一《艺文·疏》。
⑤ 《巡抚湖广湖南监察御史李敬为灾伤蠲免预陈酌济之方事题本》，第一历史档案馆馆藏：《顺治朝题本》，转引自俞玉储《清代前期漕粮蠲缓改折概论》，《历史档案》1990 年第 2 期。

而司而院，经年累月，辗转稽延"①，这种拖沓办事政风，无疑极大地影响了蠲免的实施。

第三，蠲、征的矛盾性让蠲恩难及于民。蠲赈是为救济民生，征纳则是民众必须完成之义务，于是出现了朝赈暮征的怪异现象。明人方豪便有议论，认为"左出右入，固有谷未离肩，钱未归囊，而随夺之于征科之手者矣"，故请"有赈不如无征，停征愈于发赈"。② 确实，征是聚民之所有，而赈是散官之所有，两者矛盾明显。朝赈暮征下，钱粮流通途径即为"官—民—官"，民众只是政策的一个过渡，赈恩实难及于民，故方豪最后请求蠲免。但居于前文分析的蠲免恩泽难普及民众的原因下，民众又能得到多少实惠值得商榷。蠲恩中，民众仍有征之义务，加以各个阶层不法，蠲恩下达民众的情况不容乐观。清代也是如此。

第四，古代社会官民沟通的不畅又使蠲恩难及于民。蠲恩下达地方之后，地方官以"告示"告之乡民，却因地方官的不法及不重视，刊贴告示之面极为有限。③ 即便有所张贴，因地方百姓"不识字"及完粮时来去匆匆，告示的实际效果十分有限。时人有言："告示亦只在城门通衢，远避士民何能遍观尽识，出示之后，官又全不照应，及至士民或有违犯，不曰事不可行，则曰民不肯行，而不知其先实未曾行也。"④ 告示难成其效。胥吏、漕务人员甚至是地方官反而常利用百姓这一特点侵漕渔利。

由以上种种分析可见，请蠲请减是在民力难堪、各种形式闹漕不断的情况下，地方官为苏民力及劝民踊跃输将而进行政策调整的一种体现。政策调整可谓意美法良，实施中却由于制度缺陷与州县官吏等执行人员不端，未能发挥实效。请蠲请减是闹漕对清朝制度调整的结果，却因难以产生实效，闹漕仍然不断。

（二）本折之争

虽然清代蠲恩不少，"漕粮例难蠲"制度并没有根本上的变化。且地方频繁的请蠲行为必然引起朝廷不满，于是乞改本折的议题出现了。

---

① 胡尔恺：《请恤灾伤疏》，乾隆《长沙府志》二十二《政绩·疏》。
② 方豪：《上张中丞探赈本论》，光绪《开化县志》卷十一《艺文二·补遗》。
③ 在丁禹生的《抚吴公牍》一书中，作者对江苏一带地方官刊告示的做法十分不满。地方官因刊贴的格式及地点不合法而被处罚的现象实属常见。
④ 梁章钜：《退庵随笔》卷五《官常二》。

漕粮征收以本色为主，但因路远运漕不便、交米时守候及官吏旗丁刁难勒索之难、所纳非所产等诸多不便，小民为交粮不仅倾尽家中所有之产，交粮时还是"一家男妇老幼，无不进城守侍。一遇阴雨湿雾，犹将百计保护，恐米色受伤。如官吏刻期斛收，即归家酬神祭先，以为今岁可以安乐过去"①，这种小心翼翼、粮比命贵的态度述尽了百姓纳粮的心酸。所以，纳漕结果通常是"漕事告成民告病"。苦病之下，百姓只能进行形式各异的闹漕。这种闹漕的结果，通常也能促使州县上疏改折。② 折色征收不仅可以杜绝绅民掺和丑米等一般性闹漕，更可缓解以上所列民众缴纳本色之诸多不便，舒缓民力。

折色征收同样也给了官吏利用折价浮收渔利的机会。同时折征受市场因素影响极大，米价与折价的协调情况与官民利益又紧密相通。此外，京仓虚实的考虑使朝廷在改折之举上顾虑极多。所以终清一代，究竟完本利民还是完折利民，清人给予不少探索，文献中颇多的"本折之争"案例即是反映。本折之争对清代漕粮征收体制造成了不少冲击。

1. 求折

折色征收意改变本色征收之不便，本色征收不便首先体现在路远与滩险。

一为路远运漕不便，是改折最常见理由。有漕八省，诸如湖北的"溪河水浅，挽运维艰，奏明改征折色"③，安徽的"若征收本色，竟难转运，不如暂征折色，较为简易，而小民亦便于输将"④、"因上江不通水路……题请改折"⑤ 等记载不少。湖南与江西因运漕最远，路又最艰，二省的求折更为频繁，明代总漕奏称"漕属有粮司府惟湖广江西为远，二省所属永州、衡州、长沙、赣州四府尤远，经过洞庭之险，赣

---

① 姚文田：《论漕弊疏》，贺长龄编：《皇朝经世文编》卷四十六《户政二十一》。
② 如咸丰四年河南禹县民众反抗官府加征丁漕时，在刘化振领导下，利用联庄会组织起事攻城，后辉县获嘉、新乡、陈留、封丘、尉氏、济源、温县、河内、汜水、原武、林县等地民众先后响应，这种汹汹的闹漕局面下，巡抚英桂以运河梗阻为由，经奏准清廷，全省漕粮改交白银，征收折色。
③ 同治《通城县志》卷八《奏稿附》。
④ 《巡抚乔松年疏略附》，民国《怀宁县志》卷七《赋役》。
⑤ 雍正《建平县志》卷九《田赋》。

石二十四滩之恶,四处之到水次几同淮安之抵京师"①,所以,奏请改折以苏民困。江浙也如此,如赣榆县因无河道以通漕,解运最为艰难。征本时,不管海运、陆运均相当不便。因为陆运"脚费数倍于米价,兼以漕河阻隔,桥梁险陷,民之疲苦已不堪言";而海运虽能稍苏民力,但"海洋有飓涛之险,黄河有沙浅之虞,覆溺漂没,岁岁不免"②,一旦出现事故,百姓有重完之险,地方官也需为此挪移垫补,因此州县不断上请改折。即便是距京师最近的山东、河南也不乏求折之声,其中又以"途远费繁,民苦挽运"③ 理由最为常见。

二为交米守候刁勒之苦。漕粮征收定制十月开仓,十二月事毕,官胥不法下往往被视为具文,随意开闭。由此引发了诸如民闻仓开,运米到仓时,"而仓辄闭"④ 现象。因此,州县未开仓,民众即已运米至水次漕仓处守候,州县一开仓,则相互拥挤上交。因为一旦未能如期上交,百姓即须交折色,但此时的折色"每石定价七八千,有多至十余千者"⑤,百姓交纳更为艰难。所以,漕粮征收过程中,交米守候现象严重。

再如官吏之刁勒,李瀚章在两湖漕粮征收过程中,即深有感触谈道:"从前征收本色,规费甚多,自粮道以至丞倅尹尉,俱有漕规,司道府厅各书吏,均有房费,又有书差辛工饭食纸张等费,加以帮丁勒索,势不得不多取诸民,而衙蠹包户,藉此把持,刁绅劣监,因此挟制,抗欠分肥"。⑥ 这样一来,本色征收额数远远高于正供,绅民自然是浮出部分的埋单者,而官吏丁胥却为最终受益者。所以李瀚章总结说,本色征收不便于民、不便于国、不便于官。

三为所纳非所产之苦。漕粮本色征收过程中,所纳非所产现象十分普遍。以漕额最重的苏松常太杭嘉湖为例,本地产米并不敷民食,只能远籴他郡之米,或易所产之物买米交兑。即便如此,江浙漕粮改折仍十分困难。清人顾沂傄在为河南省求折时,即曰:"臣思漕米重关国储,

---

① 光绪《江西通志》卷八十五《经政略·漕运》。
② 光绪《赣榆县志》卷一《图说》。
③ 嘉庆《长山县志》卷七《仕绩》。
④ 席裕福、沈师徐辑:《皇朝政典类纂》卷五十《漕运三·漕制》。
⑤ 王邦玺:《条陈下漕利弊疏》,何良栋编:《皇朝经世文四编·漕运》。
⑥ 李瀚章:《两湖漕粮难征本色河运疏》,盛康编:《皇朝经世文续编》卷四十八《户政二十》。

何敢轻议改折，惟是豫省漕粮非江浙等省可比"。①

一旦有漕州县本郡不产米或所纳非所产，改折之请就更为迫切。如浙江省诸暨县因"地方向来不产团米，又处山僻，不通舟楫"②，本色征收困难，乡老往往于开征时议价折银，赴县买米交仓。但因米价长落不定，每年依市价而定折价十分麻烦，于是雍正年间不断上疏申请改折。江苏省宿迁也是如此，因本地不产米，只能远籴高、宝、凤、泗等处漕米交纳。远籴虽能解决无米交漕之难，籴运中却"转运艰难，有盘脚使费，稍一迟缓又受官旗勒索"③，所以，宿迁漕粮通常数倍于正额。现象尤为典型的还有嘉定县，僻在海隅的嘉定县因为土壤偏干，不适宜种水稻，只能种花豆。漕粮交纳时，总以花豆易米，导致辗转赔费，民众逋欠日多，逃亡田荒，只能不断上请改折，以苏民困。④

持折征观点者认为，本色征收于国、于民、于官均有不便，而折色征收则使"有司无掣肘之虞，小民获更生之望，而于起运钱粮亦不致耽误矣"。⑤一旦改折成功，百姓蒙恩欢呼的局面，总为地方官当作治理政绩宣扬。明人史秉直即是一例，其曰："忆童年于冬寒时，送漕米至官仓，见粮长叹息云，当兑米交衙，即竭髓以供，未有不破产者"⑥，第二年县改折成功，邑人"欢呼动地"，甚至是"仓颜白髭者，向众大言曰，我浯漕粮蒙折，庶足以苏赔累矣乎"。⑦场面的相较描述中，折色征收利民体现无疑。这种现象在清代也不少，清代文献中常见的求折声音即是反映。折色征收纾缓了民困，减少了闹漕，却对漕粮征收体制、京仓充实造成一定冲击，"复征本色"呼声的出现可视为国家、州县、民众不适应折征的结果。且折征不可避免的问题也引发了不少闹漕案例。

---

① 顾汧偱：《旧折漕疏》，乾隆《登封县志》卷二十五《丽藻录》。
② 光绪《诸暨县志》卷十六《田赋志》。
③ 同治《徐州府志》卷二十一下。
④ 后来嘉定遭灾，中央不仅未予减折漕价，更有改征本色之令，嘉定民众誓力反抗，认为复征本色已无仓贮米，且运道淤积不通，无从运粮。况有民已纳银者，如何再"舍己纳之银，征求输之米"，徒令嘉民逃亡挂欠。所以，仍复改折之请。（光绪《宝山县志》卷三《考赋》）
⑤ 光绪《宝山县志》卷三《考赋》。
⑥ 《附记史秉直高淳漕粮永折缘起序》，嘉庆《重刊江宁府志》卷十四《赋役上》。
⑦ 同上。

2. 求折对清代漕粮征派的影响

首先，市场、米价影响漕粮征收。折色征收是以现钱折纳，折价的确定受米价影响，市场因素被纳入漕粮征收中。

折价确定之初，折价与市场米价相对合理，但自然环境与市场因素影响下，米价骤涨骤落，而折价则相对稳定，于是绅民完折矛盾出现。清人曾言："绅民一律而折价，则每石四千五百文，意美法良，官民两便莫过于此，然米价有时而贵贱其上下至一二千，若永以四千五百文为准，恐米贱则病民，米贵则病官，其势亟亟不可"。① 一旦米价与折价矛盾凸显，复征本色或闹漕紧随而至。如道光年间江苏被灾，上请求折，给事中曹懋坚反对，不断申明苏松太之南漕不能改折，因为"近来银价日贵……米价益贱，卖三石之米不能析一石之漕"②，一旦"改漕为折，非但升斗无余，并国课亦不能办"③，这在京仓尚未充裕的时代，极容易引发"误漕巨案"。所以，坚持本色征收。甚至认为如果州县经理漕务妥当，本色征收不只不会有误漕之事，更可在兑完后留下一笔可支用漕米。④ 而州县之所以喜欢以"兑漕赔累"为借口求折，实则是州县希图从改折中隐瞒漕粮为漕蠹侵蚀，或者州县自己办理不善⑤罢了。所以，曹懋坚称折色征收"不过使市侩居奇，州县获利，无益于国家，有害于百姓"。⑥ 言辞有点极端，但却体现了折色征收的几个明显问题：一是折征受市场米价波动明显。二是官吏乐于折色征收中侵漕渔利。三是漕粮关系京仓，不能轻易改折。

其次，官吏征漕渔利仍然不断。本色征收中的"捉猪飞斛""野猫手抄"等官胥侵漕手段明显，折征中，折价是征收的基本凭借。官吏在折价确定上的主动权，让其侵漕方式更为隐蔽化。清人认为，白粮改

---

① 秦湘业：《折漕变通议》，光绪《无锡金匮县志》卷三十八《艺文》。
② 光绪《苏州府志》卷八十四《人物十一》。
③ 同上。
④ 曹懋坚原文为"州县开征，有大户小户之分，有短价长价之别，未尝不银米兼收，而交银多在大户，幸无折色，明文尚可，以洋银合算通融办理，在州县截长补短，以抵津贴诸费，所缺无几，此外尚有不起运之米，如兵米行月局恤等项，无需兑费，一律征收，州县每届收漕除去兑漕费用外，盈余多者可得二三万金，少亦七八千金，并无赔累"。（光绪《苏州府志》卷八十四《人物十一》）
⑤ 对此，曹懋坚亦曰："或有赔累，乃不善经理，为漕蠹侵蚀，不得归咎于收米兑米，惟州县饰词以欺上司，希图改折"。（光绪《苏州府志》卷八十四《人物十一》）
⑥ 光绪《苏州府志》卷八十四《人物十一》。

折时浮收过多,逋欠严重,而征本色反倒全完的实例①,是折征不利漕粮征收的体现。时人对折征之害有不少批评,如"本不足供八口一年之食,折漕既无现钱,势必举其日事之米而贱售之,且近来小钱通行到官,必多挑剔,石米二千数百者不能得通足制钱二千,折耗尤甚,恐此辈完漕之后,小则号寒啼饥,大则卖男鬻女,有不可不问者矣"。②

以山东省为例,山东漕粮征收向分闸内闸外,闸外距水次较远,征收折色,闸内距水次较近,征收本色。但因运河决流,不能起运,闸内闸外均在收米后另外赴德仓买米交帮。结果"买米之时,既须贱售存米,以易民间贵价之银;交帮之时,又须贱卖现银,以买水次贵价之米,既受刁难,又多损折"③,权衡下,州县与绅民均希望改折。对此,丁宝桢却极力反对,认为折色征收方便了州县与民众的一时之便。但不断改本为折,或复折为本,不仅官吏易从中作弊,民也不愿完纳,其曰:

> 臣核计各属全漕,民间完纳本色之处为多,若概令折征解部,在州县诚乐其便宜,但虑水次较近之花户,积年纳米为常,且开漕之时,正值秋成,粟米充裕,不愿折征,即或多方示谕,民无异词,异日漕运复行,仍须办运,又将易折征,而收本色。夫小民可与图成,难与谋始,今日由本色而改折征,民或乐其简便而易从,他日由折征而收本色,民必苦其烦重而难返。④

最后,京仓虚实直接影响朝廷运作。作为天庾正供,漕粮关系仓廪充实。一旦漕粮征收出现问题,京仓直接受影响,所谓"近日京仓缺米,支放不足,皆由南漕岁岁缺额"。⑤虽然折色征收只是改收银钱,

---

① 光绪《苏州府志》卷十二《田赋一》。
② 秦湘业:《折漕变通议》,光绪《无锡金匮县志》卷三十八《艺文》。
③ 丁宝桢:《筹议东省运河并折漕窒碍各情疏》,王延熙、王树敏辑:《皇朝道咸同光奏议》卷三十四《户政类·漕运》。
④ 丁宝桢:《筹议东省运河并折漕窒碍各情疏》,王延熙、王树敏辑:《皇朝道咸同光奏议》卷三十四《户政类·漕运》。
⑤ 魏源:《上江苏巡抚陆公论海漕书》,盛康编:《皇朝经世文续编》卷四十九《户政二十一》。

但一旦京仓缺米,京师米价往往是"腾贵异常"。① 加以市场上囤积居奇的奸商及奸民趁机作乱,抢米、闹漕等群发性运动事件出现,京仓乃至京师运作均受影响。所以,一旦京仓"缺米","复征本色"是清廷第一反应。江浙两省改折之请尤难,正是源于其在漕运八省中的特殊性,对京仓虚实的重要性。

3. 本折之争的结果

漕粮征本、征折与各地民力与自然环境息息相关,清人曰:"若就州县,分明重轻,无论各州县情形不同,即一州一县中亦各不同,并不能舍户部定例,而转执州县之勒价为准"。② 综合而言,更多群体希望"本折兼收""半本半折"或者"听民自便"。执行中却因难以把握,要么本折征收混乱,要么频繁更换征收方式,结果往往是"民有烦言"的闹漕。③

本折之争还制造出了"非漕非丁"案,极大地影响了地方漕粮征收体制,以嘉定县为典型。嘉定僻处海滨,本邑地不产米,需由市场籴买完粮,所以漕粮为"本邑之大害"④,明末蒙恩得以"永折"。"永折"让嘉定民力得以稍苏,却也制造出了"非漕非丁"案。⑤ 一旦清廷有蠲恩,嘉定漕粮极为尴尬。因为蠲免地丁时,部议以漕粮非地丁,嘉定漕粮虽已改折混入地丁征收,但究竟不属地丁,所以不得蠲。而蠲免漕粮时,部议又以折色非粮米,不让蠲。这样,"永折"后的嘉定漕

---

① 陆秉枢:《敬陈筹运西米策略疏》,王延熙、王树敏辑:《皇朝道咸同光奏议》卷三十四《户政类·漕运》。
② 光绪《续纂江宁府志》卷十四之一《人物》。
③ 光绪《桐乡县志》记有这么一条史料,对于本折之间的频繁更换,地方官努力在为自己辩解,以免小民因此有烦言,进而闹漕。原文为:"本年桐邑收漕除愿完折色之户,正耗均行完折外,所有愿完本色之户,耗米仍照旧章统完本色,以免官累,以济公用,惟恐乡愚无知,以为上两年米贱而利在官,则令其完耗折,今年米贵而利在民,则又令其完本色,未免啧有烦言,且恐今年米贵,而令完本色,明年米贱,又令完耗折,则非但民心不服,亦于政体攸关"。(光绪《桐乡县志》卷六《食货志上·新政》)
④ 民国《嘉定县续志》卷三《赋法概要》。
⑤ 时人对"非漕非丁"案概括为:"所谓现运漕粮者,即本色是也,因折色混入地丁之内,乃成非漕非丁之疑案,因折色划出本色之外,乃成赋则本轻之疑案"。(民国《嘉定县续志》卷三《赋法概要》)

额，无法沾及历次蠲恩①，该案也被称为嘉定浮赋三案之一。②"永折"的恩惠因此被邑人称为"实则银，而名则米，归之漕而非漕，归之丁而非丁，两次皇恩俱为中格，及今不一白之，将向隅之泣无已时也"。③蠲恩难沾，民情不满，自然闹漕。

（三）分县

清代府县政区调整频繁④，"地广、人多、赋繁"⑤的分疆划县理由不仅存在于冯贤亮研究中的苏南与浙西，在清代地方政区调整中也普遍存在。⑥如江苏镇江府之溧阳县⑦，还有赋税甲天下的苏松大县⑧，分县之由均是"地广、人多、赋繁"。分县改变了清代地方州县治格局，也影响了清代的地方政治制度。

1. 闹漕与分县

先看清代江苏省分县的六条史料。

---

① 如同治二年的减赋旨下，"刘遂倡为嘉宝折漕，赋轻不在应减之例，江督曾湘乡谓此次减赋系因难，后特旨非等均赋，自应普减，往返函商数次，刘坚执不允"。之后的三次减赋中（第一次是减苏松太三属重则，第二次是减沿海州县瘠区，第三次是减常镇十分之一），嘉定县均未沾实惠（民国《嘉定县续志》卷十五《轶事》）。

② 指顺治十四年众绅欠粮案、顺治十一年嘉定协济江宁加以行月粮案，及"非漕非丁"三个案件（《江苏省通志·司法志》卷二《第二卷·刑案下》）。

③ 民国《嘉定县续志》卷三《赋法概要》。

④ 关于此冯贤亮对江南，特别是苏南与浙西的疆界管理，对嘉、善、秀三地的嵌田引发的疆界之争做过精彩研究。详见冯贤亮《疆界错壤：清代"苏南"地方的行政地理及其整合》，《江苏社会科学》2005年第4期；《明清中国地方政府的疆界管理——以苏南、浙西地域社会的讨论为中心》，载《历史地理》2006年第21辑，及其专著《明清江南地区的环境变动与社会控制》，上海人民出版社2002年版。

⑤ 冯贤亮：《明清中国地方政府的疆界管理——以苏南、浙西地域社会的讨论为中心》，载《历史地理》2006年第21辑。

⑥ 日本学者真水康树在雍正年间直隶州政策研究基础上指出，雍正时期的政区调整规模在清代最为明显，且具有代表性，其间散州与直隶州不同级层之间升降的结果即是行政区划的改变与调整。而这种调整的理由即是"地方辽阔""幅员既广""地方事繁"等。（[日]真水康树：《雍正年间的直隶州政策》，《历史档案》1995年第3期）

⑦ 本隶属于江宁，但因距江宁府远，虽江宁官员才俊却鞭长莫及，故溧阳一有事往往呼应不灵，结果改隶镇江府。（嘉庆《溧阳县志》卷一《舆地志·建置·沿革》）

⑧ 指苏州府长洲、吴江、昆山、嘉定、太仓直隶州及松江府之华亭、娄县、青浦、上海，常州府属之武进、无锡、宜兴等十三州县。雍正三年，在查弼纳倡议下以"大县额征地丁漕项杂税银米多者至四十余万，纳户零星款项繁杂，征比倍难，加以盗案刑名又极纷烦"、"难理之地，责之一人，虽长才不能兼顾"为由得以"分而为二"。（光绪《宝山县志》卷一《建置》）

雍正二年，两江总督查弼纳以吴江粮重、狱繁，请分为两县，从之。①

地广民稠，政繁赋重，请析一为二……割吴江之半为震泽。②

（泰州）幅员辽阔……一切刑钱事件甲于他邑，知州一官实有鞭长莫及之势，查州之东台镇……地广人稠，为州东第一大镇，向设同知一员，驻扎其地，专司兴泰二邑串场各河及各处闸座并盐场词讼等件，惟是同知系属佐贰，并无地方之责……若将同知裁汰，改设知县分疆管理……实与吏治民生大有裨益。③

国朝溧阳县属江宁府，雍正八年改属镇江府……距府二百七十里……小河汐浅，舟楫难行，又水路三十里，山路一百四十里，更属崎岖，且驿递通衢，公文上下，押粮□犯等事，素称不便，一有紧急公务，每至呼应不灵，此溧阳县之不宜隶于江宁府也。④

地广民众，情伪不齐，岁征每至逋负，建议者乃分其地置高淳县焉。⑤

顺治十三年始析华亭地置娄县，……雍正二年又析娄县地置金山县。⑥

一、二两条史料论的是州县粮重政繁导致分县，三、四两条史料论的是官员鞭长莫及，地方治理"粮重政繁"。一旦这两种情况严重到一定程度，史料五的因逋欠请求分县举措随之而出。若分县不能缓解矛盾，或是地方逋欠再次严重，史料六这种再次分县也成自然。逋欠、抗粮是属闹漕，可见闹漕影响地方政治格局。

江西省地方政治格局调整与赋税关系更为贴近，以莲花厅、定南厅的改制为例。

莲花厅旧称莲花桥，界于永新西乡与湖南茶陵、攸县、安福之间，距县城二百余里。因崇山峻岭又处三县接壤之地，民风甚刁，方志称

---

① 乾隆《吴江县志》卷一《沿革》。
② 乾隆《震泽县志·序》。
③ 嘉庆《东台县志》卷六《沿革》。
④ 嘉庆《溧阳县志》卷一《舆地志·疆域附星野》。
⑤ 光绪《溧水县志》卷十六《艺文志上》。
⑥ 乾隆《娄县志》卷一《沿革》。

"居其地者，恃险而长奸，守其土者，法远而难及，以致养成犷悍之性"①，于是康熙三十九年永新县令有设员弹压之请。雍正五年，巡抚又题请同知移驻西乡适中之莲花桥，弹压军民，代征逋赋。但因同知权力有限，不能认真催科且"素不干预民事"，乾隆七年前任巡抚复有分县之请，清廷不许，称"封域骤改，奸宄或致潜藏"。②但三县交界之地"抗粮拒捕之风牢不可破"③，州县坚持上请分县，到了乾隆八年这一意见才具体化为"分厅而不分县"，专设莲花厅管辖莲花桥一带的钱漕刑名。

定南厅设立也是如此。位于江西龙南、信丰及广东和平县交接地带的定南县"僻处万山之中，地多险阻"④，盗贼作乱与漕赋难收是州县治理最难之处。为减缓赋税治安困扰，明朝已有分县之请，但直至乾隆三十八年才仿照莲花厅之例，升县为厅。

莲花厅与定南厅的改制，体现了闹漕对清代地方州县制度调整的共同事实。

浙江省也不乏闹漕引发分县案例。如僻处万山中的安吉县，上司罕至，地方百弊丛生，不仅"民性犷顽不顾法度"，豪门巨族亦"招纳逋逃多至百十余人，少不下四五十辈"⑤，地方刁绅、奸民以逋欠拒捕为强能，小民则以逋欠逃亡作弱者反抗，漕粮征收艰难，闹漕不断。虽然弘治以来，地方州县"设法抚捕"，效果却不明显。于是"分县"之请渐提上议程，最后添设孝丰县以"保全地方"。⑥

分县在很大程度上是为减少闹漕、抗粮，结果对地方州县政治格局均造成一定冲击。

2. 分县影响地方州县政治

分县，是在县境交界错壤地带划出独立政区，意在缓解边境模糊地带盗贼多发与赋税征收疲状，通常被称为"因时制宜"⑦良策。分县对减缓逋负等闹漕行为确有可取之处，由此引发的种种新问题也对清代地

---

① 乾隆《莲花厅志》卷一《沿革》。
② 同上。
③ 同上。
④ 同治《定南厅志》卷一《建置·沿革》。
⑤ 何颙：《请升安吉为州疏》，同治《安吉县志》卷十四《艺文上》。
⑥ 王珣：《添设孝丰县疏》，同治《安吉县志》卷十四《艺文上》。
⑦ 光绪《金山县志·序》。

方制度造成不少冲击。

其一，析地纠纷。分县过程中，"析地"十分复杂，古人常叹"设县不难，割地为难"①，不少州县宁可改县为厅。即便如此，割地问题仍然存在，以定南厅为例。隆庆年间，上谕割安远、龙南、信丰三县建立定南县，面对上谕，广东和平县令回称"乌虎镇为和平县藩屏，若概割之则不成邑"②，其他各县态度也极为懈怠。赣州知府只好亲至龙南等地，逐一踏勘应割地方③，结果却未实际好转，方志作者载道："查乌虎镇等地，既难分割……在和平县办纳差役，与岑陵丁粮仍难分割，仍归广东，只以龙南、安远、信丰三县丁粮编派里长，轮流应役，就于莲塘立县，属赣州府管辖。"④

析地质量不均引发的纠纷也不少。毕竟土地质量直接关系作物产量，新老县围绕所析之地究竟是饶地还是瘠土，频频引发纠纷。如江西省新昌县析自高安之地，高安坚称所析之地多为饶土，新昌县则称本县瘠土颇多，认为高安县的饶土措辞是"三尺童子而敢肆罔于宁台之前"⑤。峡江县也是如此，自建县日起，峡江县民一直坚称自己地瘠赋重，而贫瘠之由即是新淦"尽割其硗确之乡以置县"⑥。

析地纠纷还可以在析地州县的态度上略见一斑。论及析地，不少州县对自己割地行为似乎羞于提起。如当他人提及龙南县曾割地予广东省建立和平县时，县志编纂者怒称："若割地以建他邑，仅一见于隆庆初之置定南外，此未有闻也……考龙邑之南旧与广东河源县分水坳接壤，其割置连平者乃河源地，非龙南地"，且慎重称道："据事关沿革，谨疏论之。"⑦ 龙南县如此急于澄清自己并未割地予和平县，这是否表明析本县之地予他县不是件光彩事。

既然分县不光彩，割地予他人自然不乐意，所割之地质量自然值得怀疑。析地建县不仅改变了地方州县格局，析地过程中新老县的利益纠葛，及析地结果涉及的诸多纠纷也让地方州县间的关系更为错综复杂，

---

① 同治《定南厅志》卷一《建置·沿革》。
② 同治《定南厅志》卷七《艺文上》。
③ 同上。
④ 张翀：《建定南县疏》，同治《定南厅志》卷七《艺文上》。
⑤ 同治《新昌县志》卷三十二《减浮据闻》。
⑥ 贺逢舜：《揭详两院请减派则》，同治《峡江县志》卷九《文征》。
⑦ 光绪《龙南县志》卷二《地理志·沿革》。

冲击了地方州县政治。

其二，赋税纠纷。析地并非统治阶层随心所欲划分的结果，析地中"必以赋税之数为衡"，而不一定是"以地之大小为准"①，因此政区重划引发不少赋税纠纷，最为常见的是，老县借划分新县时机将本县虚粮推予新县。如正德年间江西省割临川、金溪、余干、进贤、安仁五县边鄙之地合建东乡县时，"初彼五县田土原各有虚粮之患，乃乘此机遂各将虚数多行割付"②，造成东乡县建立之初即"粮税浮于田地"。江西新昌县与高安县长达两百来年的赋税纠纷焦点，也是高安县阴派一万虚粮予新昌县。

另一严重后果是分县过程中出现的"耕赋分离""地分而粮未分"等赋税纠纷，以江西省定南厅为例。未改厅以前，定南县横江一堡上交给龙南县的粮额远高于定南县，甚至全县"惟大小石潭庆悉纳定粮"③，析地建县过程中的"耕赋分离"，使得定南县赋税征收更加困难。这并非特例，明清两代"耕于此而赋于彼"现象引发的赋税纠纷案不在少数④，浙江省长达半个明朝的嘉兴、秀水、嘉善"嵌田聚讼"案⑤，也是此类赋税纠纷典型。耕赋的分离不仅导致赋税征收不均，寄庄、诡寄等积弊往往乘机而起，地方钱粮征收极易呈现混乱。混乱局面中，奸民得以闹漕侵渔，而小民则负担日重，以闹漕规避赋役。

其三，疆界纠纷。分县的"粮不清，界错壤"后遗症，更影响了州县间关系。如江苏省泰州与兴化即因为梓新河到底为兴化之地还是泰州之地争端不断⑥，兴化县民认为，此河是其境内之地，泰州县民是在"越界开种无粮之田，累及兴化之民赔纳无田之税"。⑦而对兴化的上控，泰州则表现得不以为然，反问兴化"此数十年弊也，胡不争于当

---

① 福格：《听雨丛谈》卷十一《繁简》。
② 诸大伦：《丈量申文》，同治《东乡县志》卷十五《艺文上》。
③ 同治《定南厅志》卷三《贡赋》。
④ 龚汝富即认为，江西省为数不少的赋税纠纷案，要论起其诱因，远比纠纷所发生的要早得多，其中"因为析地建县的拨补面积与税负偏差，造成新建的县属赋税偏重"即是一大原因。（龚汝富：《清代江西赋税纠纷案浅析》，《历史档案》2005年第3期）
⑤ 冯贤亮：《明清江南地区的环境变动与社会控制》，上海人民出版社2002年版，第4章。
⑥ 兴化县认为，梓新河乃兴化腹里之地；而泰州则认为，其乃二县之交界线。（康熙《兴化县志》卷一《疆域》）
⑦ 康熙《兴化县志》卷一《疆域》。

时，而争于今日"。① 二县争论源于疆界不正，也是分县不当的后遗症。疆界不正导致邻县侵耕，本县居民逃亡、逋负等闹漕不断。可见，疆界分明的重要性。古人曰："仁政必自经界始，盖经界不正则上无定籍，下无定输，以故豪民右族挪移飞洒，纷然百出，甚至田浮于税，税溢于田，偏累里递，齐民未知有税驾之所。"②

其四，公共设施共享的纠纷。分县虽然重新划分了州县政区，独立后州县共享公共设施十分普遍，共享的不便又影响了州县关系，以漕仓为例。

为方便纳漕，江宁府溧水县在距县治近两百里地方建有漕仓。虽漕仓距县治较远，却位于江边，民人纳漕也从未称不便。明代弘治年间因"地广民众，情伪不齐，岁征每至逋负"③，于是析地设立高淳县。分县时并未分漕仓，所以分县后漕仓位于高淳县境内，由此民众纳漕不便议论频频而出，时人曰："交兑之际，小民远离本土，独处异方，地邻陵弱，阴肆侵侮，众军恃强公行恣取，县之长吏以地远不能卒至，即至辄旋无能久处，以故小民财力劳费既数倍他邑，而欺凌搏击之害，犹有不能免者。"④ 清代也不乏这种例子。当江苏省东台县原漕仓倒塌后，督抚本令另租民房收米，东台县民一致反对，认为"东台赴泰完纳，人生地不熟，连连遭骗与勒索"，请求在东台建漕仓。⑤

县分而漕仓未分导致纳漕不便，陶贞一即认为，分县本以省事便民，结果却常滋扰不断，"即以仓漕一事言之，县邑分，犹各办漕十万，若西县之民，越境以交东仓，东县之民，越境以交西仓，城中河道狭小，严冬水涸，处处阻碍"。⑥ 所以，古人在称分县"因地制宜"同时，也不断感叹"分设之初，政务纠错，最称难治"⑦，甚至引来不少

---

① 康熙《兴化县志》卷一《疆域》。
② 民国《新登县志》卷十一《田赋》。
③ 许谷：《改建便民新仓记》，光绪《溧水县志》卷十六《艺文志上》。
④ 同上。
⑤ 嘉庆《东台县志》卷十四《官署》。
⑥ 陶贞一：《两县分管议》，贺长龄编：《皇朝经世文编》卷十八《吏政四》。
⑦ 乾隆《震泽县志·序》。

"分分合合"的麻烦。①

分县本想避免州县治理中"地广、人多、赋繁"等问题,解决县境交界地带赋税难收现象,即是为减少闹漕。但分县过程出现的赋税纠纷、析地纠纷、疆界纠纷与公共设施共享的不便等问题,县境划分后的两县在地方治理中仍问题重重。所以,论起分县,地方州县态度较为复杂,有因催科抚字确实困难,希望分县以免催科抚字不力影响考成的;也有结合本地情况极力反对者。② 不管是赞成还是反对,分县对地方州县政治的冲击明显可见,冲击不当的结果又导致地方闹漕不断。

---

① 以江苏省松江府之金山县设立为例。顺治十三年,松江府知府李正华以"华亭田赋多,一令不能经理"奏请巡抚御史分县,获批后华亭即析地置娄县,两者同城而治。不料三年后,工科给事中以"分县繁扰,请如旧制",令娄县重新归入华亭县下,却因巡抚朱国治极力反对,奏案才未奏效。雍正二年,总督查弼纳重提分县之议,以"苏松诸大县,繁剧难治,疏请各分为二"上奏,再于华亭县下分出金山县。这块地区的分分合合最终以娄县下再分设金山县,华亭一地最终划分为华亭,娄县与金山三县而告终。(乾隆《娄县志》卷一《沿革》)

② 作者列出了以下五条理由论证黄严之不可分:一是黄严版籍小,秋粮夏税少,小民穷苦,一旦分县,民众承担两县所费,不堪其力。所以,"以一县之力承担两县之费,民力不堪"。二是基于民风考虑,"西乡之民朴而野","南乡之民秀而文",未分县之前,两乡之民往来有利地方教化进行,而若分设两县,"以两乡之民隶黄严,而以南乡另立一县,殊失教养之意"。三是地方弭讼之多,是出于地方治理不善,而并非土地广阔而导致,加强地方官治理之能远远重要于分土而治。四是以黄严土地而论,"地方不过百里",并不宽广,狭小之地分设二县后,地方民众数量更少,一旦应徭役后,即无人能顾及耕作之事,影响民人生活。五是分县事繁费巨,一旦实行,必兴土木工役等。百姓生计既难保证,又要供分县之费,累民极甚。在这五条理由下,阮勤认为黄严不可分,若为弭讼而分黄严,如"抱薪救火,舍症求药,民愈病而困苦矣,以困苦之邑而分为二,如人之残其肢体,岂复为人乎,如家之破其财产,岂复为家乎"。(嘉庆《太平县志》卷七《艺文》)

第十一章　闹漕背后的社会问题

　　政治秩序冲击、生活秩序紊乱乃至制度调整虽然涵盖了官绅民生活各面，真正论及社会层面，闹漕背后隐约可见的种种社会问题，体现了漕粮征派这一国家事务对地方社会秩序更为深刻而广泛的影响，尚有更多的社会问题需要进行深入分析，诸如民间信仰与地方治理，地方政府合作问题，"共域"领域地方官自主权探讨。

一　民间信仰与地方治理

　　民间信仰与地域社会关系的研究，近年来成果不少①，成了社会史

---

　　① 郑振满在莆田地域社会考察基础上关注了莆田神明信仰问题，认为神庙祭祀也是种社会组织，受官方意识形态与政治体制制约。陈春声在潮州研究基础上也关注地方感，强调其中"有份"与"无份"对乡民的理解。赵世瑜在华北地区研究基础上，注意了国家在场的问题。此外，中国台湾学者巫仁恕注意到了仪式与叛乱的关系，在城市民变研究中关注了神庙仪式的作用。美国学者白凯也关注了神灵信仰与民众抗租的关系。还有日本学者滨岛敦俊对19世纪江南农村社会民间信仰的系列研究等。主要著作如下：［日］滨岛敦俊：《明清江南农村社会与民间信仰》，朱海滨译（厦门大学出版社2008年版）；郑振满、陈春声主编：《民间信仰与社会空间》（福建人民出版社2003年版）；赵世瑜：《狂欢与日常——明清以来的庙会与民间社会》（生活·读书·新知三联书店2002年版）；［美］白凯：《长江下游地区的地租、赋税与农民的反抗斗争：1840—1950》，（林枫译，上海书店出版社2005年版）；巫仁恕的数篇文章：《明清城市"民变"的集体行为模式及其影响》（载刑义田、林丽月主编《社会变迁》，中国大百科全书出版社2005年版）；《节庆、信仰与抗争——明清城隍信仰与城市群众的集体抗议行为》［《"中央研究院"近代史研究所集刊》，第三十四辑（2000年12月）］；《明清江南东岳神信仰与城市群众的集体抗议——以苏州民变为讨论中心》（李孝悌：《中国的城市生活》，新星出版社2006年版）；等等。

研究的另一核心领域①。但具体到漕运专题领域，研究相对不足。② 漕粮征派在地方执行过程中，不仅神庙地位特殊，神灵的警示与惩戒功能对地方绅民纳漕活动影响更为明显。神灵与神庙作用的发挥即是民间信仰对漕粮征派影响的一个缩影，漕粮征派又关系地方治理。

（一）寺观在征漕过程中的作用

1. 寺观代为漕仓

漕粮征收历经民收民解，官收民解，最后多以官收官兑形式征缴。各州县设置漕仓（亦名水次仓），以储粮户上纳漕米。理论上来说，各州县均应有专属之漕仓，然而漕仓建设实际上是不完善的。有破陋不堪难以贮米者，有位于他县不便交兑者，有仓小难容民间所完之米者，更有不少州县根本没有漕仓。于是州县挪其他公共设施充当漕仓成了常例，最为普遍的即是"贮米于寺观"，湖北省应城县即称"邑无粮仓，历来南、漕二米收贮私家，或寄寺观"。③ 在州县仓廒制度的固有缺陷下，寺观具有了储米功能。

2. 激变集中地

据研究，中国台湾寺观有"同乡籍居民聚会联谊"，"移民议事，制定规约"，"移民内部调解矛盾"，"官府宣示禁令"，"村落的自治中心"④等特点，清代寺观的这类功能也随处可见。如在清丈活动中，丈量执行者首先必"率众矢于城隍之前"⑤，向神灵宣誓，表达公正公平

---

① 民间信仰进入社会史的视野是受到了人类学"象征理论"的影响，即有些学者认为以"村庄"和"宗族"角度进行区域研究具有了太多的"功能性"色彩，以一种极端实用和功利的逻辑来论农民的生活节奏，夸大了其中"生活需要"的强调。所以不少人类学者希望从文化角度，探求农民生活中具有较为纯粹的"精神气质"。（杨念群：《"地方性知识"、"地方感"与"跨区域研究"的前景》，载行龙《区域社会史比较研究》，社会科学文献出版社2006年版，第345页）

② 目前只有滨岛敦俊的著作对这一块有所涉及，作者关注多为明代江南总管信仰与漕运关系（详见［日］滨岛敦俊《明清江南农村社会与民间信仰》，朱海滨译，厦门大学出版社2008年版）。

③ 齐国政：《捐建南漕仓碑记》，雍正《应城县志》卷十一《艺文上》。

④ 林仁川、朱建新：《略论台湾社会的失调与控制》，《福州大学学报》2002年第1期。

⑤ 徐希明：《新丈均赋序》，同治《攸县志》卷四十九《艺文·序》。

决心。不仅如此，集议寺观、共商地方事务更为普遍。① 中国台湾学者巫仁恕先生在城市群众的集体抗议行为研究过程中，即指出"明清时期城隍庙是乡绅与民众处理公共事务集会最常见场所，这些除神明特性的条件外，城隍庙硬件规模也提供聚众的客观条件。因为官府所修的城隍庙，建筑气势宏伟，往往是城内最大的公共庙宇"②，这一能容纳数百人的公共空间，"也同时提供了人民聚集，集体抗议的功能"。③

事实上，寺观在民众反抗中的意义不仅限于城隍信仰与关帝信仰，在许多民间神庙上均有体现。寺观在民众反抗中的作用也不仅限于城市民变，在乡村社会的闹漕中扮演着不同的角色——包漕与闹漕集会地。如道光二十二年，江西省贵溪县黄连生于"相公庙"④包漕，被发现后才私建仓廒收贮漕米。道光四年，江苏省甚至有奸民与僧人勾结，公开于庙内设局包漕。⑤还有道光二十四年，江西安仁县高嫩汝等起意包漕渔利时，因恐各花户不顺从，便捏称本都漕粮经县令允许，令花户将米运赴都内"志远寺"，会齐完纳。⑥

清代绅民闹漕集会点亦多选择在寺观。如乾隆三十三年，江苏省江阴乡民因偏隅被旱，收成歉薄，聚集衙署闹事，当地方官遣兵前往捉拿时，乡民即集会镇内的"土谷庙"。⑦道光二十六年，江苏省常熟、昭文县民反对州县浮收，进而闹漕的集会点亦选择在"观音堂"。⑧还有咸丰四年河南省辉县的戴莹闹漕，也是在本地大寺"龙泉寺"集众反抗。⑨绅民为正义闹漕也是如此。当道光二十五年奉化绅民不堪重压，

---

① 如安徽省地方官吏在论述安徽省向来南米拨无定地，常有拨安徽省南米供别地之兵粮，而安徽省应有之兵饷又靠他处协济时，对上司的"行动迟缓"谴责十分不满，为解决这一麻烦与不便，同乡耆老不是集议于府衙，而是集议于城隍庙。（姚文然：《上蔡总漕公祖书》，康熙《安庆府志》卷二十九《书》）
② 巫仁恕：《节庆、信仰与抗争——明清城隍信仰与城市群众的集体抗议行为》，收录在中研院近代史所集刊第34期，2000年。
③ 同上。
④ 《审拟包漕拒捕逸犯捏词京控折》，吴文镕：《吴文节公遗集》卷十八《奏议》。
⑤ 韩世琦：《韩大中丞奏议》卷九。
⑥ 《审拟安仁县闹漕匪徒折》，吴文镕：《吴文节公遗集》卷十一《奏议》。
⑦ 中国人民大学清史研究所、档案系中国政治制度史教研室合编：《康雍乾时期城乡人民反抗斗争资料》，中华书局1979年版，第322—323页。
⑧ 柯悟迟：《漏网喁鱼集》，中华书局1997年版，第8页。
⑨ 尹耕云、李汝钧等纂：《豫军纪略》卷二《会匪二》。

起意闹漕时,也"会于城隍庙,均议投首"。① 更有甚者,如咸丰四年河南禹县刘化振反对知州朱光宇加征漕赋的闹漕斗争中,闹漕队伍是驻扎在"紫金里之高庙"②,伺机进行反抗。这一反抗据点的重要性导致官府最终以"焚高庙"的方式镇压闹漕。

由此可见,寺观在绅民闹漕中发挥了特殊的作用,不仅能充当官民贮漕米场所,也成为不法之徒的包漕集中地;既充当绅民正当闹漕的集中点与宣讲地,也成为不法之徒聚众反抗的中心点。神庙作为地方公共事务场所,既有实用功能,又有象征意义。不管是"高庙""龙泉寺""城隍庙"还是"观音堂"均为当地规模较大的庙宇,并对绅民有影响力。③ 相对宽阔的建筑规模为集会提供充裕空间,而神灵的号召力又让闹漕加上了一层正义的成分。

（二）神灵的功能

中国古代,国家与社会在诸多事务的进行过程中,为了求顺利、祈平安、诉公平等,总有祭拜和祈求神灵护佑的重要环节,所以,征漕总与祈神活动联系在一起。

1. 国家祈神佑漕

清人陈康祺忆起嘉庆皇帝时,即言"仁宗注意治河",因为嘉庆初年海口垫淤、河流被拥遏时,嘉庆帝"于御园之南,特建惠济祠河神庙,岁时亲诣升香",结果"自此洪流顺轨,淮扬之间,水患以弭,漕艘亦皆克期北达"。对此,时人叹道"盖一诚之感也"。④

漕运总督祈神佑漕的言辞更为频繁。清档中诸如漕运总督穆彰阿的"奏为天津海口风神庙,恭悬御书匾额,开各庙拈香祀谢"⑤、杨殿邦的

---

① 光绪《奉化县志》卷十一《大事记》。
② 民国《禹县志》卷下《大事记下》。
③ 如台湾学者巫仁恕所言,城隍庙与人民抗争关系很大,一方面是因为城隍庙具有官僚体系式的阴间地方首长维护社会秩序的正义形象,另一方面则是其具有民间信仰里的"灵验""有求必应"功能,当人民面对司法不公投诉无门时,城隍爷就成了百姓控诉的对象。（巫仁恕:《节庆、信仰与抗争:明清城隍信仰与城市群众的集体抗议行为》,收录于中研院近代史所集刊 2000 年第三十四期）
④ 陈康祺:《郎潜纪闻三笔》卷二。
⑤ 漕运总督穆彰阿奏:《军机处录副奏折》,道光六年八月二十八日,中国第一历史档案馆馆藏。

"奏为山东临清河神显,应请颁赐匾额"①,等等献匾谢辞极为常见。

地方社会对神佑海漕的酬谢方式更为多样。江苏巡抚陶澍即"为海运默邀神佑,恳请赐加封号匾额"。② 更有甚者,极度夸大了神力佑护功能,认为"水势南奔,邑汹汹"的河患能"一夕水回故道",原因即是"廷相檄告神"。③

古代社会河患无常与自然力量难以把握的特点,加大了国家与民间祈神佑漕的力度。

2. 神灵的奖善惩恶功能

在漕粮征收环节,神灵的介入现象十分有趣,被赋予了扬善惩恶、激励民众完漕与约束漕书等功能,清代笔记与方志为此留下不少记载。

以山东省地方志为例。康熙四十三年,青城县在城隍庙收米时,里长遍行不法。夜里,里长聚饮于城隍庙,当时齐天章"坐于櫈(疑为凳——笔者)上,箕踞言,曰:我收一季米足矣"。④ 方志作者接着颇具神奇色彩的记述,尽显了神灵在其中的惩恶功能。

> 即时櫈倒,视天章已倒悬于地,并无倚着,众为之禳,则不悬而跪如鞠讯状,且曰:三年漕米齐征,民已难堪,汝尚以大斗朘民耶?可速传刘知县来,众皆悚惧。于是夜各约以平斗量,明晨未及入白,刘尹自祭庙中,(人疑城隍警之也)。笞天章四十。⑤

这种神灵附体鞭笞贪吏惩恶的记述,显然是民间奇闻异谈,却体现出了绅民对里长不法收漕遭受惩罚的意愿。

山东省淄川县流传着一件轶闻,贡生王某居住在北街关帝庙前路,每天入书塾学习必经关帝庙前门,突然有一天"神示梦于居人曰:某天上台星也,命当大贵,以品秩论,我见之当起立,请为我立一影壁于

---

① 漕运总督杨殿邦奏,《军机处录副奏折》,道光二十八年十一月初五日,中国第一历史档案馆馆藏。
② 江苏巡抚陶澍奏,《军机处录副奏折》,道光六年六月初五日,中国第一历史档案馆藏。
③ 同治《建昌府志》卷八《人物志·宦业下》。
④ 民国《青城续修县志》卷四《艺文志下·杂记·丛谈》。
⑤ 同上。

大门外，以免坐起之劳"。① 王某大惊，但还是依神之言，"建照墙于通衢之北"，事后王某果真"文名噪甚"。

> 一夕神又示梦曰：前蒙诸公为我筑墙甚善，但今某之父作一大伤阴骘事，冥间削其禄籍，并斩其嗣，我见之不必起立矣。盖某父为漕粮房经书，时方与印官串谋，征收时以合勺成升，为浮收肥己地也……自是某神智顿减，丰采亦渐异，未几父死家落，竟以老明经穷困而终。②

因果报应下，王某父亲的"与印官串谋，征收时以合勺成升，为浮收肥己"侵漕行为，不仅害了自身，也殃及家族。征漕不法导致的"隔代报应"，体现了绅民期望剔除侵漕不法心理。

清人笔记有"鬼于阴间讼总督"以儆示官员认真执法、勿姑息养奸的记载。康熙时期，江南官吏征漕不法，流弊甚多，致使后来有了"征漕之案"，官吏被处罚者甚多。数年之后，突有一人"降乩"，言阴间有人在讼今之两江总督。总督之友惊骇曰："某公循吏，且其总督两江，在此案前十余年，何以无故讼"？降乩之人的一席话对官吏认真治政，颇具警示意义。

> 此案非一日之故矣。方其初萌，褫一官，窜流一二吏，即可消患于未萌。某公博忠厚之名，养痈不治，久而溃裂，吾辈遂逅其难。吾辈病民蠹国，不能仇现在之执法者也。追原祸本，不某公之讼而谁讼欤？③

神灵奖善惩恶功能的发挥与"庸人妇稺多不畏官法而畏神诛"④心理紧密相关，所以古代社会，神灵成了官绅民惩不法的有效武器，胥吏

---

① 宣统《三续淄川县志》卷十。
② 同上。
③ 纪昀：《阅微草堂笔记》卷五。
④ 《敬土神》，汪辉祖：《学治臆说》卷下。

征漕不法时，民众集于城隍庙痛陈之①，守法官绅也是"往谒城隍神"②，均是利用神威惩不法的体现。

3. 神灵直接参与抗闹事件

在清代闹漕案件中，诸如"烧毁神庙，借惩罚神灵以儆绅民"的官方举措不少，且这种"质神以惩民"往往能收到很好的警示效果。道光二十六年，江苏省常熟县与昭文县乡民由纳漕引发的抗租斗争十分具有代表意义。

道光二十六年正月，抚院出新章以便征收。当时常熟征漕虽才开始，昭文却"已将及半"，所以新章一出，小户就入城与县令理论。金德润③乘机联系同伙冒作粮户，到县衙喧嚷。是年五月中旬，承吉庵一带的农佃，忿恨业主收租凶刻，蓄意反抗。金山桂等人即怂恿民怨，认为之前金德润等人滋事并未受到严惩，这次"索性做得大些"。于是众人即贴无名榜于承吉庵墙上，以打凶租为名，约会二十一日滋事。此贴虽引起不少乡民附和，但"众心总参疑信，又共誓以所约之日，必遇天晴为天助"。二十一日果真"红日东升，天无纤医"，于是抗租汹汹而出。直至二十四日，当乡民再聚，欲再攻打张市时，忽遇雷雨，"众以为天不复助，再卜于神，亦不吉，乃止而散"。④于是这场与官府对阵三天的乡民之闹，终因"天意不助"暂时告退，但二十七日又复而对抗，斗争断断续续持续到八月初。

案情本身并不特殊，但神庙乃至神灵在其中的作用十分有趣。乡民抗租过程中，"视天公情况办事"贯穿整个过程。且案后官府的举措更令人匪夷所思：

---

① 杜澳：《滨州革除歇家批头记》，咸丰《武定府志》卷三十三《艺文·记》。

② 如道光己酉年，秀水县令丁艰回籍，米价腾贵，且饥民抢米之风兴盛，地方办赈之事并未落到实处，就到赈局，"邀同司事众绅往谒城隍神"，从袖中拿出誓文问道"谒君肯自署名否？"，众绅董均不敢出言，于是秀水县令喝令共跪于神像之前，大声诵读誓文，并让绅董均诵一遍，结果是"词意森严，闻者无不懔栗"。此举在一定程度上扭转了办赈不力现象。（《江忠烈逸事》，欧阳兆熊，金安清：《水窗春呓》卷上）

③ 梅里镇人，郑光祖对其介绍如下：金德润者，始曾入海从盗，后因帮助捕盗，功给千总衔，继又缘事斥革，削发为僧，受戒，头有炙疤，旋又蓄发还俗，往正三图为地棍。（郑光祖：《一斑录》之《杂述七》）

④ 郑光祖：《一斑录》之《杂述七》。

初六日，又获十一人，本府以该处乡曲小庙神像，谅必为妖孽，凭依令将总管周神猛将李王四像，缚解回城，暂置城隍庙路头堂，以示簸管惑众之咎，后至二十七年八月，官以众为已获者已多，乃会备鼓乐将神像送回该处庙中。①

这种"质神"并非简单的"迷信"，毕竟其中体现出的程序如县官惩办案犯。② 案例中神庙乃至神灵在乡民心中的地位，及官府借"质神"以"质人"，体现出了神异力量在规范与约束、警示官绅民行为的作用，体现出了民间信仰与地方治理间的密切关系。

二 地方政府合作问题

闹漕，常发生于县境模糊地带，表明绅民对州县边界地带政府间合作不力的熟稔。所以，清政府劝谕地方州县时，"不分畛域之见""通力合作"是惯常语句。但在地方的治理现实中，却发现"闭籴""遏粜""反对协济""互相推诿"等拒绝合作态度却是常态。合作不力在漕粮征派中的体现即是闹漕不断。

清代各州县漕粮负担轻重不均，土地质量的差异让许多州县一直承担着难以应付之额数。不能自给还须上纳天庾正供，只有靠他县接济。田土硗确，一旦"岁或不登"，只能"借籴他邦"③，"仰赖他郡以为生"④ 现象遍存有漕八省。朝廷希望府州县能相互协济，互通有无。此策运行之不理想尽显地方政府合作之难，其中尤以闭籴与反对协济最为典型。

（一）闭籴

理论上说，籴粜对缺米和余米州县来说是"双赢"的行为，前者

---

① 郑光祖：《一斑录》之《杂述七》。
② 白凯即认为将总管周神猛将李王四像缚解回城，置于城隍庙内认罪，是乡曲小民服膺县官的表现所在。详见[美]白凯《长江下游地区的地租、赋税与农民的反抗斗争：1840—1950》，林枫译，上海书店出版社2005年版。
③ 民国《建德县志》卷三《风俗·旧俗》。
④ 光绪《严州府志》卷四《封域》。

解决了缺米问题，后者获得额外收入。实际上，清代的粮食供产灵活性远不及今天，籴粜很难及时付诸实践。

以江西省为例。江西素称产米之乡，因他省遭灾要求接济的事件时有发生。雍正四年，福建省因春、夏以来雨水稍多，天气寒冷，禾苗兴发甚晚，致使六月收谷时，粮米短缺，米价昂贵，"民食颇觉艰难"。接到福建的"告贫书"后，江西省反应冷漠，甚至"遏籴，不令出境"。清廷只得施以压力，令江西省碾米十万石接济福建。① 朝廷强硬态度下，此次接济终得以进行。但此类事件的频繁再现，彰显了江西省接济邻封的态度。乾隆五十一年，当湖北省受灾向江西省"求助"时，江西巡抚何裕城甚至以本省粮价加增，"由江楚商民贩运过多所致"，再次遏籴。清廷只能再次强令江西督抚"设法调剂，务俾商贩流通，不致稍有阻遏"，对何裕城的遏籴，严加训斥："为督抚者当以民食为心，不分此疆彼界，筹办得宜，俾得均匀接济，且邻省到境采买，小民等得价售卖，可沾余润，尚不应稍有居奇，何况封疆大臣乃竟存彼此之见耶？"② 清代江西省私自"禁米谷不出境"，导致"百姓难苦者数月"③ 的记载不少。各类记载中江西省闭籴态度可见一斑。

相似现象有漕八省方志均有不同程度记载。对于遏籴，文献中批评的声音不绝于耳。既然此事朝廷态度明确，遏籴又为何屡禁不绝？

首先，不管是州县还是民人，遏籴的目的主要是自保自救。古代社会粮食生产对自然条件依赖程度较高，储米以备不时之需是地方州县及民人的共识，清人即言："米谷一卖出境，再无回来之日，若卖贮在仓，又可为将来平粜之计"。④ 因此，即便州县接济邻封，也是"心有余悸"。如乾隆三年九月，凌燽奏称今年江西省年谷顺成，二稻丰登，接清廷之令不敢有"此疆彼界"之念，尽力协助邻省。但自五六月至今，江南闽浙等省的"会集江省采办"，让凌燽不免感叹"以一省之本余，供四省之不足，势必不能一时付应，不特江省米价因之昂贵，即各省委员守候购籴，一时亦难以急需"，所以请求各省采买以"三十万石

---

① 光绪《江西通志》卷首之一《训典》。
② 光绪《江西通志》卷首之二《训典》。
③ 詹元相：《畏斋日记》，《清史资料》，第4册，中华书局1986年版，第257—260页。
④ 《一件严禁奸徒贩米出境以足民食事》，戴兆佳：《天台治略》卷四。

为率"。① 可见，接济邻封，也可能让余米州县陷入更大困境。这种困境不仅是缺米，更可能引起市场上哄抬米价致使的人心惶惑。

接济度的难以把握，让不少余米州县"严禁贩米出境"，进行遏籴。② 而本身余米不多州县一遇凶灾，立马"遏籴自救"，以求"上下同然，使仓储常盈"。③ 加以不少州县僻处山区，与邻省交流困难，即便所遇为丰年，余米也难用于接济邻封。④ 在此，遏籴是为自保自救。

其次，富豪与劣绅的谋利行径促成遏籴。江西省万载县不少富商在灾年民饥时，不只抬高粮价，讹索民财，更有不少贪劣之徒对本县民人闭籴，相反运米出境头卖。⑤ 此时的运米出境即是"不仁之绅富，武断之恶豪"的"为富不仁"行为⑥，且前提是对本州岛县民的闭籴。这种富豪与劣绅的谋利行径极易引发州县的内乱，因为州县"米价腾贵"往往造成了抢米等风潮，影响了地方社会治理。

最后，州县"此疆彼界"概念之分也造成闭籴、州县间合作不力，前文江西省协助福建与浙江时的消极态度可见一斑。

虽然面对中央的协助邻封命令，州县"心有余悸"。但一旦闭籴，缺粮地区米价自然腾贵，百姓日常生活受影响。时人即认为"私立禁牌，不许米谷出境"⑦，容易导致米价腾贵，进而引发抢米风潮。⑧ 要改变这种地方疲状，唯有请邻省开籴通商，禁止遏籴。⑨ 所以，论起遏

---

① 《请筹邻省采买事宜》，凌燽：《西江视臬纪事》。
② 《严禁贩米出境，并酌定市价示》，周石藩：《海陵从政录》。
③ 光绪《南昌县志》卷九《建置下·仓储》。
④ 如论及江西省莲花厅漕运时，国人往往不忘将"伏查莲厅僻处山陬，民皆朴愿，其间力穑之家，十居八九，岁遇丰收，户多积贮，在邻封商贩既迂途挽运之维艰，而本地绅民亦闭籴，自封之无患"加于文前。(李其昌：《漕运事宜议》，乾隆《莲花厅志》卷之八中《议》)
⑤ 辛从益：《论官埋谷当流弊疏》，民国《万载县志》之《文征·疏》。
⑥ 《谷米出境》，褚瑱：《州县初仕小补》卷下。
⑦ 《江西巡抚陈弘谋为袁州抢米各案犯请按首从分别定拟事奏折》，乾隆八年三月二十二日，中国第一历史档案馆：《乾隆初粤闽湘赣抢米遏籴史料》(上)，《历史档案》1996 年第 4 期。
⑧ 如清代历史上规模最大两次抢米风潮的直接原因即被认为是遏籴导致的米价腾贵。这两次抢米风潮分别是乾隆初年粤闽湘赣抢米风潮与宣统年间长沙抢米风潮。前者详见中国第一历史档案馆：《乾隆初粤闽湘赣抢米遏籴史料》(上、下)，分别刊于《历史档案》1996 年第 4 期与 1997 年第 1 期。后者详见《长沙抢米风潮》，吴庆坻：《蕉廊脞录》卷二。
⑨ 《移请邻省开籴通商》，刘兆麒：《总制浙闽文檄》。

籴，清人不是称为"不特病邻封，而还以自病其民"①，即是归为"禁米病民五弊"。② 这样，虽然地方州县不情愿"协济邻封"，但对本县绅衿的"每以谷米出境甚多，恐不敷本地之用，与民大有不便"③，还是会酌情对待。首先称其"乃人情时势之常也"，且若"以为地方公事，为百姓起见"，也称得上"词正理顺"。④ 但如果不接济邻封，不只会殃及邻封，更易滋发抢米及绅富"为富不仁"的种种哄抬米价行为，进而影响本地民人生活。但在清代，对待遏籴的这种态度较为少见，清代遏籴之普遍体现了地方政府的合作不力。

以上问题与清代商品市场经济发展的不完善、统一市场的滞后以及中国古代十分普遍的自保意识、政府的干预等因素都有直接的关系。限于本书的篇幅以及论述的主旨，此不赘言。

(二) 协济不力

籴粜是以米易银，并非无偿救助。一旦被点名"协济"，不对等的合作更难进行。协济不力更能体现州县间的合作关系。

江苏省嘉定县僻处海滨，难种禾稻，历来漕粮定以永折。所以，嘉定"既无漕兑自无运丁，无运丁自无行月粮矣"。⑤ 顺治十八年，因江宁等处运丁行月粮不敷，总漕蔡士英便议本折均平，从原坐派之各州县内加征协济银，高淳、安东、兴化、泗洲、嘉定、溧水六个州县由此多了协济负担，其中又以"嘉定之数为独多"。⑥ 嘉定十分不满，认为江宁诸卫有原派之县所在，"不应越而问于嘉"。⑦ 一个"越"字很好地体现了嘉定对此次跨府县求协济的态度，而反对协济的借口即是州县的

---

① 《驰禁邻封阻米》，陈宏谋：《学仕遗规补编》卷一。
② 康熙四十五年，清人姜亨肇在论浙江省衢州府江山县备受遏籴之害时，将此弊归纳为以下五点：一为"岁凶有谷荒之病，而岁丰则有钱荒之忧"，二为"江民始得食江米，不惟正赋无由得供，将历年陈陈相因，终归红朽布帛鱼盐从何取给"，三为"彼有余财不能得米，此有余粟不能得财产，户不能完粮，小民不得食力，贫富交困，公私两穷"，四为"一再遏籴，告缺之郡无从生活"，五为"不断禁米，易滋抢米事件"。(姜亨肇：《上朱梁父夫子求开米禁书》，同治《江山县志》卷十一《艺文·文辞》)
③ 《谷米出境》，褚瑛：《州县初仕小补》卷下。
④ 同上。
⑤ 光绪《宝山县志》卷三《考赋》。
⑥ 同上。
⑦ 《江苏省通志稿·司法志》卷二《第二卷·刑案下》。

"哭穷"举措,"嘉定当年本为土瘠无米而折漕,今反为土瘠无米而倍漕,既供原派苏太镇三卫之行月,又增派省卫之行月,始则卫军随时赴县支领,尚为存留之项,民得纵容完纳,今则随漕汇解,给军遂为起解之项,刻不容缓,瘠土穷民,何以堪此"。① 兴化县更是直白道出这种州县间互协尚失平均,如若兴化协济江宁各卫行月,则"本县偏重之粮,其谁协济之"。② 所以,主张各省应自给,"以各州县应征之银还之各州县"并不是"独享其逸",而是州县间"求其平"的理所当然行为。③ 跨府县协济在此事上终究难以进行。相似的言辞在明末高安与丰城的反协济与协济之争中有同样体现。④

河南省也是如此。安阳、临漳两县漕米粳米互有多寡,临漳地近小滩,漕米多便于兑运。安阳则附郭,粳米多便于上纳,两者尚属均平。清廷欲加临漳之漕米予安阳,安阳县令据理力争,事情才告终。⑤ 不同地区、不同情形下的协济却体现出了协济困难的同一道理。

区域间的无偿的协济略显困难,漕粮与兵米互协也是如此。以安徽省为例。安徽省向来负有南米之责,南米不同漕粮,征收与使用上灵活性较大,如南米运入省城后,"有米到数月耳不复交者,有交米耳不得不批者,有米至而复改拨别府兵饷",征解输纳情况较为混乱。但清廷调拨下,通常是拨安徽省南米供别处之兵粮,而安徽省之兵饷又靠他处协济。从理论上看,这种协济尚为公平,结果往往却是"劳两地之民力,耗两地之民财"。⑥ 且拨兑时,双方因私利的出发点不一,合作的步调也不尽如人意。姚文然即叹言,"运米者利于有一定之规,而拨米者利于有临时之拨,宁可散拨于后,不肯定拨于先"⑦,私利作祟,双

---

① 光绪《宝山县志》卷三《考赋》。
② 康熙《兴化县志》卷十三《文·中》。
③ 同上。
④ 面对丰城要求高安的协济请求,高安反应十分默然,认为丰城的协济指令是"欲加派别县,则额外多征,谁肯甘心乐售"。(《天启四年抚按韩光裕、田珍题允旧例疏》,同治《高安县志》卷五《减浮疏呈上》)
⑤ 嘉庆《安阳县志》卷二十《人物志》。
⑥ 姚文然:《上蔡总漕公祖书》,康熙《安庆府志》卷二十九《书》。
⑦ 姚文然:《与蔡总漕论南米拨解书》,贺长龄编:《皇朝经世文编》卷四十六《吏政二十一》。

方自然难以合作。这种现象在其他省份不同程度存在。康熙十九年，徐旭龄论漕运"兵粮之苦"时，即以江西省与镇江府之间漕粮与兵米的抵兑为例。清廷规定，江西之米运至镇江府抵作兵粮，反将镇江府粮食运往通州。虽然这一抵运意在缓解江西漕运路遥、帮船押尾贻累甚重的困弊，却导致地方陷入了"两处之粮，左出右入，在民既不免勒赠之苦，在官又增转输之费"①境地。漕南抵兑确有"劳两地之民力，耗两地之民财"不足，但地方州县对抵兑的不热情，更大程度还在于私利作祟下，州县间难以合作。

虽然在清廷眼中，协济是为"丰啬可以相抵，官民俱无苦累"②，但是，地方社会真正能做到像山东省"商贩之米自东而西者络绎不绝"③，粮食流通活跃、协济顺畅的情形却不常见；相反，协济之难频见史册，体现了地方州县间合作的困难。

（三）畛域之见中的官官合作

不管是遏籴还是协济不力，州县私利的作祟是合作不力主要原因，而地方官的畛域之见又与其强烈的自保意识息息相关。

《周礼》曰："惟王建国，辨方正位，体国经野，设官分职，以为民极。"其中，"体国经野"是划分行政区域的雅称。独立政区具备一定因素，古人的"凡居民量地以制邑，度地以居民"④，体现了县界与居民对州县政治运作重要性。县界不仅使居民有了一定归属感，境内事务管理及责任连带关系均有了明确化。史料显示，县境交界地带赋税与治安管理不尽如人意，而"方幅界址分明之地"⑤则管理方便。所以，地方治理应"疆里为先"。⑥历史上，因边界纠纷引发的大动干戈事件不在少数。⑦

---

① 徐旭龄：《厘剔漕弊》，贺长龄编：《皇朝经世文编》卷四十六《吏政二十一》。
② 乾隆《归德府志》卷十八《赋税·漕粮》。
③ 《清世宗实录》卷四十八，雍正四年九月十五日。
④ 《礼记·王制》。
⑤ 陶贞一：《常熟分县条议》，贺长龄编：《皇朝经世文编》卷十八《吏政四》。
⑥ 同上。
⑦ 江西省瑞州府即因界在新建、奉新、万载、清江之间，土田错壤，于"十数年前，干戈抢攘"，故疾呼应修城碑，使边界明朗化。（熊文举：《修城碑记》，同治《高安县志》卷二十四《艺文·记》）

疆界划分，方便了地方治理，却也滋发了州县间"此疆彼界"概念，畛域之见下的官官合作默契度非常薄弱。正如社会学家所说："划定人类社会的区位结构关系或空间与地理位置的地缘关系，虽有维系社会稳定的正功能，也有束缚人们发展的反功能。"① 前文的遏籴及协济不力即是县境版图划分反功能的体现，是畛域之见下官官合作困难的反映。

首先，畛域之见造成县境错壤地带管理不便。清代县境交界地带不仅盗贼丛发，赋税征收也十分困难，县官的鞭长莫及是一种解释，地方官的推诿、懈怠态度影响更大。如横跨江浙两省的太湖县，治理过程中常常"偶有失事，彼此互诿，各自通详上司会勘，动至数月，难免歧误，且江省参将仅驻湖东南一面，所辖辽阔，有鞭长不及之虞，浙省游击所驻西山，为江南之地，而管浙江之界，亦觉参差"②。所以，巡抚陈大受不断上请改专员统辖全湖，尹继善也深感分辖时两省官员合作畛域之见太深、推诿之弊太重，极力赞成陈大受提议，太湖终于专辖为一区。史上，县境交界地带频繁的闹漕、抗粮等事是奸民对错壤之地州县官合作不力态度熟稔的结果。

其次，畛域之见造成官官合作"不敢越权"。清代，王安定为办理军务与地方官交涉，面对王安定，地方州县视其为客，态度截然不同于"本管上司"。所以，筹饷办漕时，虽然王安定不满州县官对地丁漕折劝捐抽厘之事的逼勒，却只有改革之心无改革之力。因为此事乃巡抚之专政，而"臣身为客官，职在军旅，于劝捐扰民之事，则职分所得为，于吏治学额减漕豁免诸务，则不敢越俎代谋"③。可见，地方官已有的"主宾"区分，让王安定难有发言权，即所谓的"宾主既已歧视，呼应断难灵通"。④ 清代盐漕大政上"不敢越权"现象普遍，清人即言："其盐漕军政兴革之大者设总督，若巡抚一人主之，而地方之事不得挠布政使之权，布政使者亦不得越府，而苛责州县。"⑤

---

① 郑杭生主编：《社会学概论新修》，中国人民大学出版社2003年版，第62—63页。
② 乾隆《太湖备考》卷四《兵防》。
③ 王安定：《求阙斋弟子记》卷一《恩遇上》。
④ 同上。
⑤ 乾隆《淮安府志》卷二十九《人物》。

最后，畛域之见造成官官合作态度不情愿。清代寄庄现象严重，面对寄庄，地方官往往"恐花户众多，势难越境滋扰"①，这一合作的不情愿给奸民不法提供了极大空间。② 前文提及的县境交界错壤之地管理不便，也是奸民对州县官"明为关移会缉，实则此推彼诿"③ 态度熟稔的结果。因此，论起康熙年间"悬案多年不结"的江苏弭盗案时，州县间的不愿合作体现明显。因为，一旦查起，"浙江推之江西，江西推之福建"，即便盗贼已入福建境内，"而闽抚尚以复往江西为辞"，全然没有捕盗迹象。④ 所以，清廷只好以考成之压督促地方政府通力合作，严斥"倘邻邑漫不经心，视同隔膜，凡失事州县应特参及撤任者，定将所邻各邑亦详请分别记过议处"。⑤

不管是遏籴、协济不力还是共同捕盗，清廷均希望州县合作能排除畛域之见。"意存畛域，殊非封疆大臣之体"⑥，是清廷批判遏籴与协济不力州县的常用语。但在地方治理中，畛域之见下的私利因素，让官官合作不尽如人意，史上闹漕抗粮不断也是畛域之见下官官合作不力的体现。

三 "共域"领域地方官自主权问题

地方州县虽为"一人政府"，代表地方社会，并负责地方治理，但是否意味着地方官在地方社会治理任何领域均拥有独立自主大权？答案是否定的。关于地方社会治理，前人有不少论述。傅衣凌先生突破了对传统中国社会简单二分法认识，提出了"公""私"两大体系的分析方

---

① 《皇朝政典类纂》卷二十六《田赋二十六·征收事例·催科一》。
② 除非是重大的民众动乱如钟九闹漕等，我们才看到了江西省义宁州的合作姿态尚称积极（《防堵湖北匪徒折》、《添兵防堵折》，吴养原编：《吴文节公遗集》）。其他日常捕盗事件中，州县间官官合作极为少见。
③ 《核议盗刦功过章程》，《江苏省例续编》，光绪乙亥季夏月江苏书局刊。
④ 徐旭龄：《敬陈弭灾修省疏》，贺长龄编：《皇朝经世文编》卷四十八《治体八》。
⑤ 《核议盗刦功过章程》，《江苏省例续编》。
⑥ 光绪《江西通志》卷首之二《训典》。

法①，王日根先生也概化为地方社会治理的"共域"与"自域"研究。②柏桦先生在明代州县政治体制研究基础上甚至将其划分为"自主、半自主和不自主"三个部分，而其中漕运大差、重大案件是属"半自主领域"。③综观以上几种说法，赋役、漕运领域对地方州县而言，当为清廷与地方官共同管理之环节，本部分借用王日根先生的"共域"概念，从赋役、漕粮征派领域探讨地方官在其中体现出的自主权问题。④

漕粮征派环节，地方官自主权的大小直接影响民众漕粮上纳。如果地方官在钱漕领域中握有很大自主权，一旦地方民众因漕额负担过重，输纳艰难，上请地方政府裁减浮粮时，地方官即可据民情上报是否属实直接处理，减轻漕粮以苏民困，将闹漕情绪消灭于萌起阶段。而若需不断上请，等待清廷批准，政令的滞后性极容易引起闹漕。清代漕粮征派关注基础上，我们更倾向于认为，"共域"领域地方官自主权有限。

乾隆五十四年七月，江西漕船开帮过程中，因旗丁等用资不足、过度挽运拮据，导致"江西漕船必待领借官项始行开帮"。为避免当年江西漕船开帮迟延，州县官只好进行"领借"。当漕督管干珍将这一现象上报朝廷时，清廷大怒，认为漕粮为天庾正供，江西地方官此次竟私自

---

① 即认为中国历史上的国家政权可以视为"公"的体系，而各种形式的乡族势力可以视为"私"的体系，两大体系之间既相互矛盾又相互补充，共同组成了完整牢固的封建社会经济结构。详细论述可见傅衣凌先生的系列著作。

② 所谓的"共域"是指官民均可发挥作用的管理领域，如赋税的摊征、水利活动的开展、教育事业的建设等，而"自域"则指官民各自开展自我管理的领域。（王日根：《明清时期社会管理中官民的"自域"与"共域"》，《文史哲》2006年第4期）

③ 柏桦：《明代州县政治体制研究》，中国社会科学出版社2003年版，第6页。

④ 关于地方官自主权的探讨，历来不少学者有所涉及，且观点大致有赞地方官手中财权之大与叹地方官手中财权有限两种。前者以黄仁宇为典型，他以突出的研究说明在传统中国，朝廷虽总是掌握着无限的权力，但因"距离遥远，通讯条件差"，中央政府很难发挥和使用手中权力，于是"在看似严密的集权体制下，地方上取得了相当大的自主权，财政经济方面的权力"（黄仁宇：《明代的漕运》，新星出版社2005年版，第80页）。此论讲的是明朝情况，但若按其论据所示，清朝似也有类比性。相反，倪玉平通过清代漕粮海运情况说明"地方官缺乏足够的权力"，却承担着"与其权限不相适应的财政责任"（倪玉平：《清代漕粮海运与社会变迁》，上海书店出版社2005年版，第30页）。柏桦也认为国家官员在君主面前永远是处于被管理和被驱策的地位，绝不能按自己的意图和根据客观条件运用独立的治理权（柏桦：《明清州县官群体》，天津人民出版社2003年版，第57页）等。因此可以说，前人在此问题上进行了不少有益的探索。

动支，且造成了漕运迟延，实在是不知"成何事体"。① "旗丁用资不足、拒绝立马开帮行船"是漕粮运作中的突发事件，如果地方官不考虑旗丁处境，强行逼迫开帮，水手闹事或者开帮延误事件可能因之而生。为避免这种闹事，江西地方官虑及了旗丁利益，却也因私自动用漕粮被清廷责骂。清廷的态度，表明了漕运领域地方官自主权有限。

漕粮豁免也是如此。嘉道年间，河南郑县因积欠太多，小民破家无数，地方官虽有豁免之心，但豁免之事却"由嘉庆元年至道光十七年，绅民前后呈诉四十年"②，清廷仍未批准。而郑县漕粮亦始终难以豁免，因为一旦地方官越权豁免，上司的责备也就紧随而至。如道光二十六年，段光清自定本县刑名钱谷，结果"首府不悦"，愤言："尔处朋友竟行自定，殊不知我处朋友皆上宪所为也。"③ 地方州县自主权的有限，让漕粮豁免政策缺乏灵活性。

钱漕赋税领域地方官自主权的探讨，对闹漕研究意义明显。如果地方官遇及突发事件或处理地方积弊有很大自主权，民情不满即能被及时平息，闹漕自然易被扼杀于萌起阶段。如嘉庆十九年江北被灾，漕督由淮城催漕至袁浦途中，被万余名饥民"拦舆乞食"时，漕督"立发令箭传谕各押运文武官、令每船派添二十人帮纤"进行安插民食，顿时"汹汹民情"变成了"欢声雷动"，一场可能由之而起的民变得以平息。④ 遗憾的是，清代漕粮征派领域地方官自主权十分有限。

本书第七章"清代闹漕的阶段性特征"通过闹漕月份与漕粮上纳月份的对照，探讨了漕粮征纳期与禾稻成熟期不一致的漕法不足。换个角度分析，地方官手中漕粮征纳自主权不足也导致了这一漕法不足。

以浙江省为例。浙江省漕粮乃晚禾，"九月未尽登场"，漕粮征收只能强征民粮或直接籴米、移垫上纳。即便遇上"今岁水潦之余"⑤，也必须在规定时间开仓，无法自行调整开仓、征收期。即便地方官虑及民力，漕政下缺乏自主权的环境也让州县行动起来捉襟见肘。如康熙十年，闽浙总督刘兆麒连续上疏表示浙江省漕粮不应"八月开仓，九月

---

① 光绪《江西通志》卷首之二《训典》。
② 民国《郑县志》卷十五《艺文志·传》。
③ 段光清：《镜湖自撰年谱》，中华书局1997年版，第13页。
④ 梁恭辰：《北东园笔录续编》卷一。
⑤ 《禁饬漕弊条约》，刘兆麒：《总制浙闽文檄》。

征收，十月征足"？

> 南方晚稼八月秀而未实，必至霜降以后，甫能收获登场，且有迟至十月方才收割完备者，此乃天下所共知也，只因立有定限，征粮之有司八月不得不开仓，九月不得不追比，彼印粮官之奉职循良者，尚能体恤民隐，稍缓刑责，若不肖官役罔顾民艰，止知敲扑，里甲输将未齐，粮长设措应卯，其间典鬻质当势所难免，故有购籴新嫩之米上仓而驳换不收者，有穷窘措处无出而枉受刑比者，旷日守候，废业失时，究竟必至十一月甫能粮米完足。①

故请推迟至十月开仓，十一月征收，十二月受兑，这样既可保证米质圆实，又可免小民"刑比之累"。最后虽获皇恩批准，清廷却仍不忘严饬"不许有逾二月过淮及抵通完限"。

可见，州县虽然是漕粮征派在地方社会的代理人，但征派领域地方官自主权十分有限。不管是遇及突发事件还是漕法不足，地方州县自主权十分有限。连续的上疏，求请变通举措体现了漕粮征派最终决定权仍把握在清廷手中的客观事实。

---

① 康熙《钱塘县志》卷六《田赋》。

余论：闹漕与清代地方社会秩序变动

闹漕年年有之，为何漕粮征派却一直正常运行着？闹漕扰乱地方社会秩序，地方社会因何能迅速自我恢复？解决这个问题能对闹漕与清代地方社会秩序变动有更好的了解。

对于何为社会秩序，目前学界尚无明确界定。总体而言，社会学主要是从社会关系和社会结构的平衡与失衡的角度，把社会秩序看作"表示社会有序状态或动态平衡的社会学范畴"。① 具体探讨中主要从"一定社会结构的相对稳定""各种社会规范的正常实施""把无序和冲突控制在一定范围内"② 三个方面思考。循此思路，我们进一步探究和揭示闹漕对地方社会秩序变动的影响。

一 闹漕对清代地方社会结构的影响

社会秩序稳定的表现之一是"一定社会结构的相对稳定"。社会结构一般指"各个层次和层面的社会要素按一定联合方式形成的系统网络"。③ 结构功能主义学派对此概念极为重视，帕森斯与默顿均有专门论述④，一般将其看作各个地位、角色之间稳定的关系。具体而言，社会终归由人运行，所以，我们论述中的社会结构主要是从社会成员、群体关系的相对稳定上考察。清代漕粮征派涉及的社会群体主要包括州县官、地方势力与民众，三者关系表现为群体内部与外部两种，闹漕对两二者均有积极调节与破坏的一面。此论似为悖论，但有深意。

---

① 《中国大百科全书·社会学卷》，中国大百科全书出版社1991年版，第353页。
② 高峰：《社会秩序的本质探析》，《学习与探索》2008年第5期。
③ 吴方桐：《社会学教程》，华中师范大学出版社2002年版，第275页。
④ 侯均生主编：《西方社会学理论教程》，南开大学出版社2006年版。

（一）群体的内聚

相同的动机下，民众通常是联合而抗，官绅也是如此。不管是道光二十七年江西省倪步蟾闹漕中刁绅的互相合作，还是徐兆玮《己亥日记》中的众绅被漕书、官吏凌辱时互相体恤、帮助、安慰的场景①；不管是匡光文闹漕中的贪官层层相护"以绝粮户上控之路"，还是黄六鸿等贤令在治理漕案时的经验总结交流，均体现了群体间内聚的现象。社会学家齐美尔"群体间的冲突越激烈、越频繁，群体间的界限越明显、越牢固，各群体内部的团结也越紧密"②的理论，似乎在此也能得到印证。西方社会冲突论的代表人物之一科塞认为，"冲突有助于建立和维持社会或群体的身份和边界线"、"与外群体的冲突，可以对群体身份的建立和重新肯定做出贡献，并维持它与周围社会环境的界限"③，这也为我们解释闹漕中的群体内聚现象提供了理论依据。也就是说，闹漕具有整合社会群体内部关系、稳定社会结构的功能，但一旦群体内部自我团结意识过于强烈，紧随而来的将是群体间利益的冲突斗争。

（二）群体间的联合

清代，社会联系更趋普遍，群体间因矛盾而斗争，在冲突中合作，

---

① 光绪二十五年七月六日，徐兆玮闻"昭文孙令因漕事奉刚中堂整饬，遂欲借此搜括"，因恐自家也在搜刮之列，故劝其子先归，自己"留以待之"。到了九日即收到谦斋的来信，说"鲁村丈以漕事颇纳闷"，徐兆玮只能"宽慰之"。第二天，又闻少峰言及汤右卿"欲意二百五十元了漕尾"，绅苦难完，许多绅衿均到徐兆玮处诉苦。十二日徐兆玮唤来漕书王耕愚，责问漕书奏销结账之后，何以再如是骚扰？表示"倘要完十成，宁至府堂上完，倘仍为胥吏中饱，予不愿也"。问斥下，徐兆玮说："王唯唯，但言船行大帮，丁炳卿已愿输将若严，若叶皆照样，尊处何必示异于众而去。"十三日拜访孟朴，却闻"孟朴亦因漕事昭文堂签，并注曾日省，即孟朴以挫辱之，因而暂避其锋云"，只好怅然而归。第二天，少峰来访，苦言汤右卿一定要索"五百之数"。十五日钱吉庵来访，告知常熟官催绅完现象亦十分急迫，钱吉庵亦为"签提"，"将下乡避之"。午后到了补帆处，吕寅生也在，但"寅生家完八成，亦签提"，于是众绅相约下乡避难。十六日徐兆玮即协同翰青叔等同舟下乡，悲叹"一城之隔而炎凉异处境如此"。此行虽暂避风头，但始终没有解决矛盾。到了七月二十六日，徐兆玮即收到孙少峰来信，言"常熟征漕比昭文尤猖獗"。第二天也听闻"常管押曾孟朴之家人，且动辄以差十余人提捉粮户，如犯重案者然"，而孟朴也因追呼日迫避往宝山。但常令却密拿其账诬孙佑之，"甚至入室狂搜，不获则絷吴思千之家人以去"，众绅皆叹"六月催科如此严厉，求之史册亦不多得"。到了三十日，甚至因为绅与县令太守意不和，太守公报私仇辱绅。期间形势一直很严峻，到了八月五日，绅仍叹道唯有首先纳赋，以免凌辱。此后，虽然形势有所缓和，但绅衿对之前受催追之状仍心有余悸。（徐兆玮：《己亥日记》，常熟图书馆藏稿本）

② 侯均生主编：《西方社会学理论教程》，南开大学出版社2006年版，第195页。

③ ［美］L. 科塞：《社会冲突的功能》，孙立平等译，华夏出版社1989年版，第23页。

谋求"双赢"。所以，冲突在破坏群体间关系的同时，也造就了另一种利益联合体，促进着社会结构的稳定。

漕案中不管是官绅结合欺民，还是绅民联合抗官，官绅民之间的利益纠葛与角色互动不断。利益纠葛中体现了一个共同事实，即官绅民之间不存在绝对的联合与对抗关系。通常情况下，三方会"一方面为了斗争去结合，另一方面又在共同接受的规范、规则控制下进行斗争"。① 所以，在闹漕斗争中，我们看到各个阶层间的斗争并不坚决，联盟也并不稳固。道光年间，上高县绅衿为了私利，将一场简单的漕米纠纷案上升为漕粮京控案后，又能与官方在满足双方利益需求基础上达成妥协，撤销京控。② 其中体现的官绅关系即随案情变化而变化。

也正是在利益纠葛后成员间关系的重新调整中，我们看到了闹漕对群体间关系整合的功能。这就是为什么在闹漕这一社会冲突下，官、绅、民之间虽然关系变动频繁，但整个社会结构不至于有太大变化，漕粮征派在地方运行仍相对正常的原因。出于不同的冲突目的，官绅民之间不断调整各自关系，不断斗争。但只要"群体之间的冲突越是不激烈，冲突对群体的整合作用就可能发生。在一定的条件下，起初激烈的冲突有可能变得缓和，从而给社会整合带来积极的结果"。③ 于是，我们确见闹漕促进了社会群体之间的联合。

（三）群体间的斗争

闹漕促进了群体的内聚，但如果群体内部自我团结意识太过于强烈，紧随而来的将是破坏群体间利益的冲突斗争。清代各阶层间围绕漕粮征派这一国家事务频繁的博弈即是群体间斗争的反映。一旦闹漕促发群体间斗争，对社会结构稳定即有消极影响。不过应该指出的是，这种消极影响只是暂时现象，因为此后（如第十章所论述的）政策调整会努力造就新的一层社会结构稳定。在此，闹漕似乎提供了社会结构稳定循环的一个有利契机，也可认为其促进了社会结构的稳定。

群体内聚、群体间联合，甚至是群体间斗争均从不同侧面体现了闹

---

① 转引自［美］L. 科塞《社会冲突的功能》，孙立平等译，华夏出版社1989年版，第106页。

② 案件详见龚汝富《清代江西赋税讼案浅析——以〈名花堂录〉为例》，《中国社会经济史研究》2005年第2期。

③ 侯均生主编：《西方社会学理论教程》，南开大学出版社2006年版，第195页。

漕对地方社会结构调整、稳固的一面。但闹漕始终是一种社会动乱，始终是一些群体对另一些群体利益侵蚀的结果。利益侵蚀中，终有渔利与吃亏的一方。如一般民众往往在漕粮征派中为官绅排挤，被迫接受更多的挤压。在这种长期的不平等关系中，社会尽显不正常状态，各个阶层之间矛盾终难消失。长久而论，闹漕仍然危及社会结构的稳定。

所以漕粮征派中，清廷与地方官在漕案背后及时进行制度调整，努力改善官绅民关系，虽然制度调整的结果是意美法良终难奏效，但却是为了减缓闹漕对地方社会结构破坏的体现。

二 闹漕与地方社会规范运行

社会秩序稳定的表现之二是"各种社会规范的正常实施"。所谓社会规范，是指社会对于人们行为准则的一些规定，包括强制性的社会规范和非强制性的社会规范。① 前者主要指法律法规条文规定，后者则指风俗习惯、道德，等等。作为对人们行为的一种约束，社会规范调整了人们的社会行为，维护一定的社会秩序。

漕案中，闹漕主体不仅拒绝缴纳漕粮，对社会规范表现出更大的挑战色彩。如闹漕中的绅衿没能遵守"县学卧碑"要求，挑战了社会对绅衿道德行为规范要求。闹漕中的民众也是如此，因为挑战社会规范往往被冠以"刁民"名称。闹漕是各个阶层违反社会规范结果的体现，为何又言其规范社会正常运行？

面对漕案，地方官善后举措有用兵之请、劝谕之法与奖惩之法，软硬兼施以求迅速扑灭闹漕。本书第十一章的研究，也体现了民间信仰对闹漕、侵漕行为的约束。如果将这些闹漕善后措施放在社会学层面，清廷利用舆论、法律、信仰、社会暗示、教育、习惯、社会宗教等社会控制手段，规范地方社会正常运行的努力可见。虽然这些措施是为处理漕案，但不同程度上均服务了地方社会规范的正常运行。

（一）闹漕加强了强制性社会规范制定

为了防止漕案频发，清廷制定不少法律条文规范绅民纳漕行为，也

---

① 马实：《社会规范与社会公正——清华大学社会学系李强教授访谈录》，《马克思主义与现实》2005年第4期。

将漕粮征派完纳情况与地方官考成结合考察。虽然清代中后期，漕运制度缺陷越来越明显，漕法的不足诱发不少闹漕行动。但也正是在闹漕善后基础上，清廷不断调整治理政策。调整结果不仅体现于"请蠲请减"、"本折之争"与"分县"措施，更体现在"例"的制定，以弥补"律"的诸多不足，调整结果对漕案的再发有一定的抑制作用。清代官绅民之间就在漕案处理中不断进行斗争与反斗争博弈，博弈的结果又一定程度上规范了地方社会正常运行。

（二）闹漕加强了非强制性社会规范的制定

非强制性社会规范主要体现为风俗习惯、宗教信仰、舆论、教育等方面，闹漕对清代社会非强制性规范制定意义明显。为了减少绅民的闹漕行为，清廷频频劝谕地方官应"躬亲会计"，绅衿应遵守"身列胶庠"的身份要求，而民众则应守"为人子"之法，等等，这是清廷利用教育、道德这一非强制性社会规范促进社会正常运行的体现。州县官地方治理也是如此，如漕粮征纳过程中的奖惩相结合措施，是运用舆论及习惯等非强制性社会规范促进社会正常运行的体现。

此外，前文"民间信仰与地方社会治理"的论述中，民间信仰对漕书及漕督等漕务工作者侵漕行为的约束，也是民间信仰这一非强制性社会规范促进社会正常运行的体现。

由此可见，以舆论、法律、信仰、社会暗示、教育、习惯、社会宗教、个人理想、礼仪、艺术、人格、幻象及社会价值等手段加强社会控制[①]，在中国古代社会也有一定程度体现。

闹漕虽然为社会秩序调整、社会重新平衡提供了契机，但终属社会动乱，其爆发的结果冲击了种种社会规范的正常运行。

为了减少和避免闹漕的发生，清代频繁地制定和颁布各种规定性的"例"，但漕运的制度缺陷越来越明显，"例"制定的努力渐成了"偶有未善，即设一例，究竟法立弊生，所除者一二人之弊，而所苦者多矣"。[②] 既然"例"难以规范绅民行为，必然影响社会规定制定的积极性，而舆论、道德、习惯等"非强制"社会规范更是如此。在制度缺陷与漕政危机日益严重的清代，法令对官绅民侵漕渔利的约束力已值得

---

① ［美］E. A. 罗斯：《社会控制》，华夏出版社1989年版。
② 陈宏谋：《论漕船余米书》，贺长龄编：《皇朝经世文编》卷四十六《户政二十一》。

怀疑，舆论等"非强制性"社会规范产生的效应更值得怀疑。闹漕即是漕粮征纳中，"非强制性"社会规范难以约束官绅民侵漕行为的结果。可见，闹漕对社会规范运行具有双面效应。

三 闹漕与社会冲突、无序状态的控制

社会秩序稳定的表现之三是"把无序和冲突控制在一定范围内"。闹漕是社会秩序扰乱、无序状态的一种反映，"将社会无序控制在一定范围内"的悖论的提出又该如何理解？

本书研究得益于将"闹漕"含义的重新界定及扩大化，将漕弊视野下的"个人日常反抗"及"漕控"纳入闹漕领域思考，并认为"个人日常反抗""漕控"与"集体公开闹漕"虽然对社会秩序变动效果并无二致，对社会的破坏程度却不相同。相较而言，"个人日常反抗"稍显温和，在一定程度上体现了"把无序和冲突控制在一定范围内"的现象，而大规模漕控与集体公开闹漕的斗争则较为激烈。终清一代，"个人日常反抗"最为普遍，漕控与集体公开闹漕则相对较少，数量的差异体现了闹漕与"社会冲突、无序状态的控制"之间的关系。

本书研究中，我们曾以绅民的斗争技巧解释"个人日常反抗"普遍原因。认为官绅民利益纠葛中，任何一方如果能把握好斗争的"度"，就能达到侵漕赢利的最佳状态。一旦突破这个"度"，侵漕渔利即须付出更大代价。虽然"度"是一个范围，而并非一个点，但这一界定确实太过于含糊，要如何把握这一变化不断又无确定区间值的"度"是官、绅、民面临的主要问题。且此时的"度"不仅跟不同时期官、绅、民的不同承受力有关，也与时代的自然、社会环境紧密相关，这一系列问题又加大了"度"区间值确定的复杂性，不断出现的闹漕即是"度"难以把握的体现。

与此同时，我们也从不断闹漕中看到减少冲突的可能性。毕竟冲突中，官绅民对各方的承受力与态度，对自然、社会环境有了更深一层的认识，也就是对"度"的区间值进行一步步的探索与明确化。在这一把握的基础上，官绅民侵漕方式均有了变化，绅民会从集体公开抗漕走向个人日常反抗，绅衿会从幕前斗争转向幕后煽惑、指挥，地方官会从

直白的浮收走向与绅衿联合，或折价取利等，这些均是历次冲突经验总结的结果。而这一调整，对社会秩序的重新规范及减轻对社会的破坏力均有积极影响，这也恰恰有力地证明了所谓"冲突的调节功能"① 的原理。

虽然对冲突的"度"的探索总结，规范了官绅民之间的行为，但在私利驱使下铤而走险，使冲突超过官、绅、民的控制能力的现象也极为普遍。此时"有益的冲突"必将逆转，引发更多的骚乱。更为严重的是，这种骚乱不仅表现为诸如陆名扬从包漕走向闹漕这类扩大化了的漕案，更包括闹漕引发的连环地方民变。书中提及的道光二十六年江苏省昭文县由抗漕引发的抗租、抢米等风波即是一例，严重者甚至引起所谓的农民战争，如山东省的刘德培抗漕斗争。一旦如此，闹漕这一社会冲突即不会再把"无序与冲突控制在一定范围内"，引起的将是地方社会更大动乱。

另外，虽然闹漕后地方官府权力阶层人员的调整，致力于重新规范社会秩序，努力将社会冲突与无序状态控制在一定范围内。一旦问题严重性超出了地方社会的承受能力，严重者如第四章论及的江西省普遍的缺官现象，对地方社会正常运行必将构成更大威胁。所以说闹漕仍是社会冲突与无序状态的一种反映。

闹漕年年有之，漕粮征派何以仍保持终清一代？闹漕扰乱地方社会秩序，地方社会因何能迅速自我恢复？是在清代漕粮征派问题思考中常有的困惑。上文结合社会秩序三方面内容提出的三个悖论，能对这些问题找到一点解释。闹漕虽属于社会冲突，却体现出了不少"有益冲突"，对此忽视即是人们对清代漕粮征派会有以上困惑的原因。

---

① 冲突的调节，就是冲突的控制方式，它是影响冲突烈度的最重要因素之一。冲突的调节与冲突性利益群体形成的政治条件有关。有时，占据统治地位的人往往阻止冲突性利益群体（对抗性的党派、工会等）的对抗，并认为这种做法是合理的。然而不管压制冲突的这种努力怎样被证明是合理的，冲突和对抗是不能排除的。这种做法只能使冲突隐藏到表层之下，在那里，冲突酝酿着、积累着，一旦爆发，就常常采用暴力形式。加上统治者能明确地承认冲突利益的存在，并为被统治的人们提供表达和协商的机会及途径，暴力冲突就会减少。调节冲突需要具备三项条件：①冲突双方均承认对方有合法的但又相互对立的利益；②利益群体有自己的组织，有处理争端的公共机构；③冲突双方都同一遵守一些正式的冲突规则，如怎么谈判，怎样达成协议，违规制裁及如何变更规则本身等（侯均生主编：《西方社会学理论教程》，南开大学出版社2006年版，第205页）。

总体而言，不管是"一定社会结构的相对稳定"、"各种社会规范的正常实施"还是"把无序和冲突控制在一定范围内"，闹漕均体现了对地方社会秩序整合有利的一面。作为一种可以宣泄社会群体不满情绪及为社会秩序重新调整的有利契机，闹漕确实起了如美国社会学家科塞所言的"安全阀制度"①的作用。闹漕在对地方社会秩序造成扰乱的同时，也对地方社会的巩固和发展起了积极的作用，对社会变迁也提供了有利的契机。

但是，并不是所有的闹漕在清代地方社会都体现这种功能。闹漕对地方社会秩序破坏也是显而易见的，历来对闹漕中官绅民斗争及闹漕后社会失控状态的强调，关注的即是闹漕对地方社会秩序破坏的一面。所以，与科塞所说的"不是说冲突对所有团体都有这种功能，社会冲突是否有利于内部适应，取决于是在什么样的问题上发生冲突，以及冲突发生的社会结构"②的道理一样，闹漕对地方社会秩序的影响也应辩证看待。

---

① 安全阀制度是一种社会安全机制，也是科塞用以证明冲突具有正功能的有力例证。科塞发现敌对情绪和冲突是有区别的，敌对情绪不等于冲突。如果敌对情绪通过适当的途径得以发泄，就不会导致冲突，就像锅炉里过量蒸汽通过安全阀适时排除而不会导致爆炸一样，从而有利于结构的维持。古代社会和现代社会都有这种现象，实际上这是一种社会安全的机制。科塞主张社会应将这种机制制度化，并成为安全阀制度。准确地说，安全阀制度就是在不毁坏结构的前提下使敌对的情绪得以释放出来以维护社会整合的制度。科塞认为安全阀制度对于任何社会都是必要的，对于僵化的社会尤为必要（侯均生主编：《西方社会学理论教程》，南开大学出版社2006年版，第215页；[美] L. 科塞：《社会冲突的功能》，孙立平等译，华夏出版社1989年版，第67页）。

② [美] L. 科塞：《社会冲突的功能》，孙立平等译，华夏出版社1989年版，第135页。

参考文献

一 历史文献

1. 官书、政书、奏议、文集、笔记等

《明史》，中华书局1974年版。
《清史稿》，中华书局1976—1978年版。
《清实录》，中华书局1985—1987年版。
《清史列传》，中华书局1987年版。
（清）蒋良骐：《东华录》，中华书局1980年版。
《清朝文献通考》，浙江古籍出版社1988年版。
《清朝续文献通考》，商务印书馆1936年版。
《清朝通典》，商务印书馆1935年版铅印本。
《清朝通志》，商务印书馆1935年版铅印本。
康熙《大清会典》，（台北）文海出版社1990年版。
雍正《大清会典》，（台北）文海出版社1990年版。
乾隆《大清会典》，文渊阁《四库全书》，上海古籍出版社2003年版。
《清会典事例》，中华书局1991年版。
（清）席裕福、沈师徐辑：《皇朝政典类纂》，成文出版社1969年版。
（清）文孚纂修：《钦定六部处分则例》，光绪十三年奉吏部重修颁行，光绪十八年上海图书集成印书局印。
《漕运全书》，《北京图书馆古籍珍本丛刊》55，书目文献出版社2000年版（据清抄本影印）。
嘉庆《户部漕运全书》，嘉庆十七年户部刻本。
光绪《户部漕运全书》，《续修四库全书》，《史部·政书类》，上海古籍出版社1995年版。
《清光绪年二十二省财政说明书》，全国图书馆文献缩微复制中心2008年版。

（清）佚名辑：《江苏省例》，同治八年江苏书局刻本。

《江苏省例续编》，光绪乙亥季夏月江苏书局刊。

（清）贺长龄编：《皇朝经世文编》，光绪十七年上海广百宋齐桥印。

（清）盛康编：《皇朝经世文续编》，光绪二十三年思补楼刊刻。

（清）葛士濬编：《皇朝经世文续编》，光绪二十四年上海书局石印本。

（清）饶玉成编：《皇朝经世文编续集》，同治十二年刊光绪八年补刻续编，江右饶氏双峰书屋刊本。

（清）何良栋：《皇朝经世文四编》，（台北）文海出版社［出版年不详］（据光绪二十八年印）。

（清）朱檩编：《皇清奏议》，《续修四库全书》，《史部·诏令奏议类》，上海古籍出版社1995年版。

（清）王延熙、王树敏编：《皇朝道咸同光奏议》，清光绪二十八年上海久敬斋石印本。

（清）骆秉章：《骆文忠公奏议》，清光绪四年刻民国八年山阴宋氏印本。

（清）陶澍：《陶云汀先生奏疏》，清道光八年刻本。

（清）韩世琦：《韩大中丞奏议》，《续修四库全书》，《史部·诏令奏议类》，上海古籍出版社1995年版。

《古今图书集成》，中华书局、巴蜀书社1985年版。

（清）魏禧撰、俞森辑：《救荒策》，载李文海、夏明方主编《中国荒政全书》，北京古籍出版社2004年版。

（清）杨景仁：《筹济篇》，载李文海、夏明方主编《中国荒政全书》，北京古籍出版社2004年版。

（清）姚碧：《荒政辑要》，载李文海、夏明方主编《中国荒政全书》，北京古籍出版社2004年版。

（清）方受畴：《抚豫恤灾录》，载李文海、夏明方主编《中国荒政全书》，北京古籍出版社2004年版。

（清）陆曾禹：《钦定康济录》，载李文海、夏明方主编《中国荒政全书》，北京古籍出版社2004年版。

（清）方观承：《赈纪》，载李文海、夏明方主编《中国荒政全书》，北京古籍出版社2004年版。

（清）黄六鸿：《福惠全书》，清康熙三十八年刊本。

（清）彭元瑞：《清朝孚惠全书》，北京图书馆出版社2005年版。
（清）赵申乔：《赵恭毅公自治官书类集》，清雍正五年何祖柱怀策堂刻本。
（清）刘兆麒：《总制浙闽文檄》，清康熙十一年刻本。
（清）张光华：《漕运摘要》，清嘉庆八年本。
（清）陆寿名、韩讷辑：《治安文献》，清康熙九年刻本。
（清）田文镜、李卫：《州县事宜》，江苏书局清光绪七年版本。
（清）戴兆佳：《天台治略》，清光绪二十三年刻本。
（清）袁守定：《图民录》，光绪五年江苏书局重刊本。
（清）周石藩：《海陵从政录》，家荫堂道光十九年刻本。
（清）陈宏谋：《学仕遗规补编》，清光绪十九年五种遗规本。
（清）褚瑛：《州县初仕小补》，光绪十年森宝阁排印本。
（清）璧昌：《牧令要诀》，道光刊本。
（清）庄纶裔：《卢乡公牍》，清末排印本。
（清）樊增祥：《樊山政书》，金陵汤明林，清宣统二年版本。
（清）蔡士英：《抚江集》，《四库未收书辑刊》，北京出版社1997年影印版。
（清）凌燽：《西江视臬纪事》，《续修四库全书》，《史部·政书类》，上海古籍出版社1995年版。
（清）丁禹生：《抚吴公牍》，[出版地不详]1876年版。
（清）柳堂：《宰惠纪略》，山东图书馆藏清光绪二十七年笔谏堂刻本，《续修四库全书》，《史部·政书类》，上海古籍出版社1995年版。
汤志钧编：《康有为政论集》上册，中华书局1981年版。
（清）胡林翼：《胡文忠公遗集》，（台北）文海出版社1976年版。
（清）胡林翼：《胡文忠公全集》，（台北）文海出版社1976年版。
（清）胡林翼：《胡林翼集》，岳麓书社1999年版。
（清）曾国藩：《曾文正公全集》，吉林人民出版社1995年版。
（清）陶澍：《陶文毅公全集》，（台北）文海出版社1976年版。
（清）李鸿章：《李文忠公全书》，清光绪三十一年至光绪三十四年刊本。
（清）吴养原：《吴文节公遗集》，清咸丰七年刻本。
（清）包世臣：《安吴四种》，清道光二十六年版本。

（清）冯桂芬：《校邠庐抗议》，上海书店出版社 2002 年版。
（清）李绂：《穆堂初稿》，《续修四库全书·集部·别集类》，上海古籍出版社 1995 年版。
（清）戴盘：《浙西减漕纪略》，同治戊辰刻本。
（清）黄维玉辑：《陆清献公莅嘉遗迹》，上海道署，清同治六年版本。
（清）吴云：《两罍轩尺牍》，《近代中国史料丛刊》，（台北）文海出版社 1996 年版。
（清）尹耕云、李汝钧等纂：《豫军纪略》，清同治十一年刊本。
（清）罗迪楚：《停琴余牍》，百甲山堂丛书，光绪庚子年刊本。
（清）汪辉祖：《学治臆说》，清道光二十六年刻本。
（清）沈衍庆：《槐卿遗稿》，同治元年刊。
（清）梁章钜：《退庵随笔》，江苏广陵古籍刻印社 1997 年版。
（清）李恒：《宝韦斋类稿》，光绪庚辰武林、赵宝墨齐开雕。
（清）王安定：《求阙斋弟子记》，清光绪二年刻本。
（清）郑光祖：《一斑录》，青玉山房，清道光二十五年刻本。
（清）戴盘：《两浙宦游纪略》，同治五年刊本。
（清）戴杰：《敬简堂学治杂录》，光绪十六年刊本。
（清）琴生氏手抄：《钱谷金针》，中国科学院图书馆藏清抄本，《续修四库全书》，《史部·政书类》，上海古籍出版社 1995 年版。
（清）宋荦：《西陂类稿》，《四库全书》，《集部·别集类》，（台北）商务印书馆 1983 年版。
（清）龚炜：《巢林笔谈续编》，乾隆三十四年刻本。
（清）柯悟迟：《漏网喁鱼集》，中华书局 1997 年版。
（清）段光清：《镜湖自撰年谱》，中华书局 1997 年版。
（清）陈康祺：《郎潜纪闻初笔》，中华书局 1997 年版。
（清）陈康祺：《郎潜纪闻三笔》，中华书局 1984 年版。
（清）欧阳兆熊、金安清：《水窗春呓》，中华书局 1984 年版。
（清）方浚师：《蕉轩随录》，中华书局 1997 年版。
（清）陈其元：《庸闲斋笔记》，中华书局 1989 年版。
（清）福格：《听雨丛谈》，中华书局 1984 年版。
（清）吴庆坻：《蕉廊脞录》，中华书局 1997 年版。
（清）梁恭辰：《北东园笔录续编》，江苏广陵古籍刻印社 1995 年版。

（清）纪昀：《阅微草堂笔记》，天津市古籍书店1988年版。

（清）叶梦珠：《阅世编》，上海古籍出版社1981年版。

（清）顾炎武：《日知录》，上海古籍出版社2006年版。

（清）张应昌：《清诗铎》，中华书局1983年版。

（清）李绂：《穆堂别稿》，《续修四库全书》，《集部·别集类》，上海古籍出版社1995年版。

（清）徐珂：《清稗类钞》，中华书局1984年版。

（清）张伯行：《居济一得》，《四库全书》，《史部·地理类》，（台北）商务印书馆1983年版。

（清）钱仪吉：《碑传集》，中华书局1993年版。

（清）王士禛：《池北偶谈》，中华书局1980年版。

（清）昭梿：《啸亭杂录》，中华书局1980年版。

（清）王庆云：《石渠余纪》，（台北）文海出版社1986年版。

（明）谢纯：《漕运通志》，《续修四库全书》，《史部·政书类》，上海古籍出版社1995年版。

（明）范濂：《云间据目抄》，民国年间上海进步书店印行本。

2. 地方志

乾隆《江南通志》，《中国地方志集成·省志辑·江南》第3—6册，凤凰出版集团2011年版。

江苏省：

缪荃孙编撰：《江苏省通志》，江苏古籍出版社2002年版。

光绪《溧水县志》，《中国地方志集成·江苏府县志辑》第33册，江苏古籍出版社1991年版。

光绪《续纂江宁府志》，《金陵全书·甲编·方志类·府志》，南京出版社2011年版。

嘉庆《重刊江宁府志》，《中国方志丛书·华中地方·江苏省》第128号，（台北）成文出版社1974年版。

乾隆《句容县志》，《中国地方志集成·江苏府县志辑》第1册，江苏古籍出版社1991年版。

同治《上江两县志》，《中国地方志集成·江苏府县志辑》第4册，江苏古籍出版社1991年版。

光绪《丹徒县志》，《中国地方志集成·江苏府县志辑》第29—30册，江苏古籍出版社 1991 年版。

嘉庆《溧阳县志》，《中国地方志集成·江苏府县志辑》第 32 册，江苏古籍出版社 1991 年版。

乾隆《吴江县志》，《中国地方志集成·江苏府县志辑》第 20 册，江苏古籍出版社 1991 年版。

道光《苏州府志》，道光四年刻本，国家图书馆藏。

光绪《苏州府志》，《中国方志丛书·华中地方·江苏省》第 5 号，（台北）成文出版社 1970 年版。

乾隆《太湖备考》，《中国方志丛书·华中地方·江苏省》第 40 号，（台北）成文出版社 1970 年版。

乾隆《震泽县志》，《中国方志丛书·华中地方·江苏省》第 20 号，（台北）成文出版社 1970 年版。

乾隆《锡金识小录》，《中国方志丛书·华中地方·江苏省》第 426 号，（台北）成文出版社 1983 年版。

民国《光宣宜荆续志》，《中国方志丛书·华中地方·江苏省》第 23 号，（台北）成文出版社 1970 年版。

光绪《无锡金匮县志》，《中国方志丛书·华中地方·江苏省》第 21 号，（台北）成文出版社 1970 年版。

光绪《江阴县志》，《中国地方志集成·江苏府县志辑》第 25 册，江苏古籍出版社 1991 年版。

嘉庆《如皋县志》，《中国方志丛书·华中地方·江苏省》第 9 号，（台北）成文出版社 1970 年版。

光绪《通州直隶州志》，《中国地方志集成·江苏府县志辑》第 52 册，江苏古籍出版社 1991 年版。

民国《太仓州志》，《中国方志丛书·华中地方·江苏省》第 176 号，（台北）成文出版社 1975 年版。

光绪《泰兴县志》，《中国地方志集成·江苏府县志辑》第 51 册，江苏古籍出版社 1991 年版。

光绪《金山县志》，清光绪四年刊本，国家图书馆藏。

咸丰《金山县志》，《中国方志丛书·华中地方·江苏省》第 405 号，（台北）成文出版社 1983 年版。

光绪《川沙厅志》，《中国方志丛书·华中地方·江苏省》第 405 号，

（台北）成文出版社 1975 年版。

乾隆《娄县志》，《中国地方志集成·上海府县志辑》第 5 册，上海书店出版社 1991 年版。

光绪《娄县续志》，《中国地方志集成·上海府县志辑》第 5 册，上海书店出版社 1991 年版。

乾隆《华亭县志》，《中国方志丛书·华中地方·江苏省》第 462 号，（台北）成文出版社 1983 年版。

光绪《宝山县志》，《中国地方志集成·上海府县志辑》第 9 册，上海书店出版社 1991 年版。

民国《嘉定县续志》，《中国地方志集成·上海府县志辑》第 8 册，上海书店出版社 1991 年版。

乾隆《淮安府志》，《中国方志丛书·华中地方·江苏省》第 397 号，（台北）成文出版社 1983 年版。

康熙《兴化县志》，《中国方志丛书·华中地方·江苏省》第 450 号，（台北）成文出版社 1983 年版。

嘉庆《东台县志》，《中国地方志集成·江苏府县志辑》第 60 册，江苏古籍出版社 1991 年版。

同治《徐州府志》，《中国地方志集成·江苏府县志辑》第 60 册，江苏古籍出版社 1991 年版。

光绪《邳志补》，《中国方志丛书·华中地方·江苏省》第 165 号，（台北）成文出版社 1975 年版。

光绪《丰县志》，《中国地方志集成·江苏府县志辑》第 65 册，江苏古籍出版社 1991 年版。

同治《宿迁县志》，《中国方志丛书·华中地方·江苏省》第 469 号，（台北）成文出版社 1983 年版。

嘉庆《海州直隶州志》，《中国地方志集成·江苏府县志辑》第 64 册，江苏古籍出版社 1991 年版。

光绪《赣榆县志》，《中国地方志集成·江苏府县志辑》第 65 册，江苏古籍出版社 1991 年版。

《昆山先贤冢墓考》，《中国方志丛书·华中地方·江苏省》第 434 号，（台北）成文出版社 1983 年版。

浙江省：

民国《杭州府志》，《中国地方志集成·浙江府县志辑》第 1—3 册，上海书店出版社 2000 年版。

嘉庆《余杭县志》，《中国地方志集成·浙江府县志辑》第 5 册，上海书店出版社 2000 年版。

光绪《余杭县志稿》，《中国地方志集成·浙江府县志辑》第 5 册，上海书店出版社 2000 年版。

光绪《桐乡县志》，《中国地方志集成·浙江府县志辑》第 23 册，上海书店出版社 2000 年版。

光绪《富阳县志》，《中国地方志集成·浙江府县志辑》第 6 册，上海书店出版社 2000 年版。

同治《安吉县志》，《中国地方志集成·浙江府县志辑》第 29 册，上海书店出版社 2000 年版。

民国《昌化县志》，《中国地方志集成·浙江府县志辑》第 6 册，上海书店出版社 2000 年版。

宣统《临安县志》，《中国地方志集成·浙江府县志辑》第 7 册，上海书店出版社 2000 年版。

康熙《钱塘县志》，《中国地方志集成·浙江府县志辑》第 4 册，上海书店出版社 2000 年版。

同治《湖州府志》，《中国地方志集成·浙江府县志辑》第 24—25 册，上海书店出版社 2000 年版。

光绪《石门县志》，《中国地方志集成·浙江府县志辑》第 26 册，上海书店出版社 2000 年版。

民国《建德县志》，《中国地方志集成·浙江府县志辑》第 9 册，上海书店出版社 2000 年版。

民国《寿昌县志》，《中国地方志集成·浙江府县志辑》第 9 册，上海书店出版社 2000 年版。

光绪《于潜县志》，《中国地方志集成·浙江府县志辑》第 10 册，上海书店出版社 2000 年版。

同治《孝丰县志》，《中国地方志集成·浙江府县志辑》第 30 册，上海书店出版社 2000 年版。

光绪《严州府志》，《中国地方志集成·浙江府县志辑》第 8 册，上海书店出版社 2000 年版。

光绪《淳安县志》,《中国地方志集成·浙江府县志辑》第 10 册,上海书店出版社 2000 年版。

光绪《乌程县志》,《中国地方志集成·浙江府县志辑》第 26 册,上海书店出版社 2000 年版。

同治《长兴县志》,《中国地方志集成·浙江府县志辑》第 28 册,上海书店出版社 2000 年版。

雍正《宁波府志》,《中国地方志集成·浙江府县志辑》第 30 册,上海书店出版社 2000 年版。

民国《象山县志》,《中国地方志集成·浙江府县志辑》第 33 册,上海书店出版社 2000 年版。

民国《镇海县志》,民国二十年上海蔚文印刷局铅印本,《中国地方志集成·浙江府县志辑》第 34 册,上海书店出版社 2000 年版。

光绪《慈溪县志》,《中国地方志集成·浙江府县志辑》第 35—36 册,上海书店出版社 2000 年版。

光绪《余姚县志》,《中国地方志集成·浙江府县志辑》第 36 册,上海书店出版社 2000 年版。

民国《新昌县志》,《中国地方志集成·浙江府县志辑》第 38 册,上海书店出版社 2000 年版。

光绪《诸暨县志》,《中国地方志集成·浙江府县志辑》第 41 册,上海书店出版社 2000 年版。

光绪《嘉兴府志》,《中国地方志集成·浙江府县志辑》第 12—14 册,上海书店出版社 2000 年版。

光绪《嘉兴县志》,《中国地方志集成·浙江府县志辑》第 15 册,上海书店出版社 2000 年版。

光绪《重修嘉善县志》,《中国地方志集成·浙江府县志辑》第 19 册,上海书店出版社 2000 年版。

光绪《仙居志》,《中国地方志集成·浙江府县志辑》第 48 册,上海书店出版社 2000 年版。

民国《新登县志》,《中国地方志集成·浙江府县志辑》第 47 册,上海书店出版社 2000 年版。

康熙《嵊县志》,《中国地方志集成·浙江府县志辑》第 43 册,上海书店出版社 2000 年版。

民国《嵊县志》,《中国地方志集成·浙江府县志辑》第 43 册,上海书店出版社 2000 年版。

光绪《奉化县志》,《中国地方志集成·浙江府县志辑》第 31 册,上海书店出版社 2000 年版。

民国《海宁州志稿》,《中国地方志集成·浙江府县志辑》第 22 册,上海书店出版社 2000 年版。

乾隆《桐庐县志》,《中国地方志集成·浙江府县志辑》第 19 册,上海书店出版社 2000 年版。

光绪《平湖县志》,《中国地方志集成·浙江府县志辑》第 20 册,上海书店出版社 2000 年版。

光绪《归安县志》,《中国地方志集成·浙江府县志辑》第 27 册,上海书店出版社 2000 年版。

乾隆《绍兴府志》,《中国地方志集成·浙江府县志辑》第 39—40 册,上海书店出版社 2000 年版。

道光《会稽县志稿》,《中国地方志集成·浙江府县志辑》第 41 册,上海书店出版社 2000 年版。

民国《台州府志》,《中国地方志集成·浙江府县志辑》第 44—45 册,上海书店出版社 2000 年版。

光绪《永康县志》,《中国地方志集成·浙江府县志辑》第 47 册,上海书店出版社 2000 年版。

光绪《金华县志》,《中国地方志集成·浙江府县志辑》第 48 册,上海书店出版社 2000 年版。

光绪《玉环厅志》,《中国地方志集成·浙江府县志辑》第 46 册,上海书店出版社 2000 年版。

光绪《宁海县志》,《中国地方志集成·浙江府县志辑》第 37 册,上海书店出版社 2000 年版。

嘉庆《山阴县志》,《中国地方志集成·浙江府县志辑》第 37 册,上海书店出版社 2000 年版。

民国《衢县志》,《中国地方志集成·浙江府县志辑》第 55—56 册,上海书店出版社 2000 年版。

光绪《开化县志》,《中国地方志集成·浙江府县志辑》第 54 册,上海书店出版社 2000 年版。

康熙《永嘉县志》,《中国地方志集成·浙江府县志辑》第 59 册,上海书店出版社 2000 年版。

同治《景宁县志》,《中国地方志集成·浙江府县志辑》第 64 册,上海书店出版社 2000 年版。

江西省:

光绪《江西通志》,《续修四库全书》第 656 册,上海古籍出版社 1995 年版。

同治《南昌府志》,《中国地方志集成·江西府县志辑》第 1—3 册,江苏古籍出版社 1996 年版。

光绪《南昌县志》,《中国地方志集成·江西府县志辑》第 4 册,江苏古籍出版社 1996 年版。

同治《新建县志》,《中国地方志集成·江西府县志辑》第 5—6 册,江苏古籍出版社 1996 年版。

道光《浮梁县志》,《中国地方志集成·江西府县志辑》第 7 册,江苏古籍出版社 1996 年版。

同治《九江县志》,《中国地方志集成·江西府县志辑》第 9—10 册,江苏古籍出版社 1996 年版。

同治《德化县志》,《中国地方志集成·江西府县志辑》第 11 册,江苏古籍出版社 1996 年版。

同治《德安县志》,《中国地方志集成·江西府县志辑》第 12 册,江苏古籍出版社 1996 年版。

同治《湖口县志》,《中国地方志集成·江西府县志辑》第 13 册,江苏古籍出版社 1996 年版。

同治《武宁县志》,《中国地方志集成·江西府县志辑》第 16 册,江苏古籍出版社 1996 年版。

同治《南康府志》,《中国地方志集成·江西府县志辑》第 17 册,江苏古籍出版社 1996 年版。

同治《建昌县志》,《中国地方志集成·江西府县志辑》第 19 册,江苏古籍出版社 1996 年版。

同治《瑞州府志》,清同治十二年刻本,清同治十年刻本,《中国地方志集成·江西府县志辑》第 37 册,江苏古籍出版社 1996 年版。

同治《高安县志》,《中国地方志集成·江西府县志辑》第 38 册,江苏古籍出版社 1996 年版。

同治《临江府志》,《中国地方志集成·江西府县志辑》第 41 册,江苏古籍出版社 1996 年版。

光绪《抚州府志》,《中国地方志集成·江西府县志辑》第 45—46 册,江苏古籍出版社 1996 年版。

同治《临川县志》,《中国地方志集成·江西府县志辑》第 48 册,江苏古籍出版社 1996 年版。

同治《崇仁县志》,《中国地方志集成·江西府县志辑》第 49 册,江苏古籍出版社 1996 年版。

同治《乐安县志》,《中国地方志集成·江西府县志辑》第 52 册,江苏古籍出版社 1996 年版。

同治《弋阳县志》,《中国地方志集成·江西府县志辑》第 23 册,江苏古籍出版社 1996 年版。

同治《玉山县志》,《中国地方志集成·江西府县志辑》第 23 册,江苏古籍出版社 1996 年版。

同治《清江县志》,《中国地方志集成·江西府县志辑》第 41 册,江苏古籍出版社 1996 年版。

同治《新喻县志》,《中国地方志集成·江西府县志辑》第 42 册,江苏古籍出版社 1996 年版。

同治《奉新县志》,《中国地方志集成·江西府县志辑》第 43 册,江苏古籍出版社 1996 年版。

同治《丰城县志》,《中国地方志集成·江西府县志辑》第 44 册,江苏古籍出版社 1996 年版。

同治《贵溪县志》,《中国地方志集成·江西府县志辑》第 24 册,江苏古籍出版社 1996 年版。

同治《铅山县志》,《中国地方志集成·江西府县志辑》第 25 册,江苏古籍出版社 1996 年版。

同治《广丰县志》,《中国地方志集成·江西府县志辑》第 26 册,江苏古籍出版社 1996 年版。

同治《兴安县志》,《中国地方志集成·江西府县志辑》第 26 册,江苏古籍出版社 1996 年版。

民国《重修婺源县志》,《中国地方志集成·江西府县志辑》第27—28册,江苏古籍出版社1996年版。

咸丰《袁州府志》,《中国地方志集成·江西府县志辑》第34册,江苏古籍出版社1996年版。

同治《分宜县志》,《中国地方志集成·江西府县志辑》第35册,江苏古籍出版社1996年版。

民国《万载县志》,《中国地方志集成·江西府县志辑》第36册,江苏古籍出版社1996年版。

同治《新昌县志》,《中国地方志集成·江西府县志辑》第40册,江苏古籍出版社1996年版。

同治《宜黄县志》,《中国地方志集成·江西府县志辑》第51册,江苏古籍出版社1996年版。

同治《东乡县志》,《中国地方志集成·江西府县志辑》第52册,江苏古籍出版社1996年版。

同治《江西新城县志》,《中国地方志集成·江西府县志辑》第57册,江苏古籍出版社1996年版。

民国《南丰县志》,《中国地方志集成·江西府县志辑》第58册,江苏古籍出版社1996年版。

同治《泸溪县志》,《中国地方志集成·江西府县志辑》第59册,江苏古籍出版社1996年版。

同治《进贤县志》,《中国地方志集成·江西府县志辑》第59册,江苏古籍出版社1996年版。

光绪《吉安府志》,《中国地方志集成·江西府县志辑》第60—61册,江苏古籍出版社1996年版。

乾隆《莲花厅志》,《中国地方志集成·江西府县志辑》第69册,江苏古籍出版社1996年版。

同治《赣州府志》,《中国地方志集成·江西府县志辑》第73—74册,江苏古籍出版社1996年版。

同治《赣县志》,《中国地方志集成·江西府县志辑》第75册,江苏古籍出版社1996年版。

同治《于都县志》,《中国地方志集成·江西府县志辑》第76册,江苏古籍出版社1996年版。

同治《饶州府志》,《中国地方志集成·江西府县志辑》第 29 册,江苏古籍出版社 1996 年版。

同治《鄱阳县志》,《中国地方志集成·江西府县志辑》第 30 册,江苏古籍出版社 1996 年版。

同治《余干县志》,《中国地方志集成·江西府县志辑》第 30 册,江苏古籍出版社 1996 年版。

同治《乐平县志》,《中国地方志集成·江西府县志辑》第 31 册,江苏古籍出版社 1996 年版。

民国《德兴县志》,《中国地方志集成·江西府县志辑》第 32 册,江苏古籍出版社 1996 年版。

同治《安仁县志》,《中国地方志集成·江西府县志辑》第 32 册,江苏古籍出版社 1996 年版。

同治《万年县志》,《中国地方志集成·江西府县志辑》第 33 册,江苏古籍出版社 1996 年版。

同治《上饶县志》,《中国地方志集成·江西府县志辑》第 22 册,江苏古籍出版社 1996 年版。

民国《宜春县志》,《中国地方志集成·江西府县志辑》第 34 册,江苏古籍出版社 1996 年版。

同治《玉山县志》,《中国地方志集成·江西府县志辑》第 23 册,江苏古籍出版社 1996 年版。

光绪《龙南县志》,《中国地方志集成·江西府县志辑》第 82 册,江苏古籍出版社 1996 年版。

同治《定南厅志》,《中国地方志集成·江西府县志辑》第 82 册,江苏古籍出版社 1996 年版。

同治《安福县志》,《中国地方志集成·江西府县志辑》第 67 册,江苏古籍出版社 1996 年版。

同治《峡江县志》,《中国地方志集成·江西府县志辑》第 67 册,江苏古籍出版社 1996 年版。

同治《星子县志》,《中国地方志集成·江西府县志辑》第 18 册,江苏古籍出版社 1996 年版。

同治《建昌府志》,《中国地方志集成·江西府县志辑》第 19 册,江苏古籍出版社 1996 年版。

同治《南城县志》,《中国地方志集成·江西府县志辑》第 55—56 册,江苏古籍出版社 1996 年版。

安徽省:

光绪《重修安徽通志》,《续修四库全书·史部·地理类》第 651—655 册,上海古籍出版社 2002 年版。

嘉庆《庐州府志》,《中国地方志集成·安徽府县志辑》第 1 册,江苏古籍出版社 1998 年版。

嘉庆《合肥县志》,《中国地方志集成·安徽府县志辑》第 5 册,江苏古籍出版社 1998 年版。

嘉庆《无为州志》,《中国地方志集成·安徽府县志辑》第 8 册,江苏古籍出版社 1998 年版。

康熙《桐城县志》,《中国地方志集成·安徽府县志辑》第 12 册,江苏古籍出版社 1998 年版。

道光《续修桐城县志》,《中国地方志集成·安徽府县志辑》第 12 册,江苏古籍出版社 1998 年版。

光绪《霍山县志》,《中国地方志集成·安徽府县志辑》第 13 册,江苏古籍出版社 1998 年版。

雍正《建平县志》,《中国地方志集成·安徽府县志辑》第 38 册,江苏古籍出版社 1998 年版。

乾隆《望江县志》,《中国地方志集成·安徽府县志辑》第 13 册,江苏古籍出版社 1998 年版。

民国《宿松县志》,《中国地方志集成·安徽府县志辑》第 14—15 册,江苏古籍出版社 1998 年版。

民国《太湖县志》,《中国地方志集成·安徽府县志辑》第 16 册,江苏古籍出版社 1998 年版。

民国《潜山县志》,《中国地方志集成·安徽府县志辑》第 17 册,江苏古籍出版社 1998 年版。

嘉庆《舒城县志》,《中国地方志集成·安徽府县志辑》第 22 册,江苏古籍出版社 1998 年版。

光绪《凤阳府志》,《中国地方志集成·安徽府县志辑》第 32—33 册,江苏古籍出版社 1998 年版。

民国《当涂县志》,《中国地方志集成·安徽府县志辑》第 39—40 册,江苏古籍出版社 1998 年版。

同治《六安州志》,《中国地方志集成·安徽府县志辑》第 18—19 册,江苏古籍出版社 1998 年版。

民国《芜湖县志》,《中国地方志集成·安徽府县志辑》第 38 册,江苏古籍出版社 1998 年版。

光绪《宣城县志》,《中国地方志集成·安徽府县志辑》第 45 册,江苏古籍出版社 1998 年版。

民国《南陵县志》,《中国地方志集成·安徽府县志辑》第 47 册,江苏古籍出版社 1998 年版。

民国《怀宁县志》,《中国地方志集成·安徽府县志辑》第 11 册,江苏古籍出版社 1998 年版。

康熙《安庆府志》,《中国地方志集成·安徽府县志辑》第 10 册,江苏古籍出版社 1998 年版。

湖北省:

民国《湖北通志》(影印民国十年刻本),湖北人民出版社 2010 年版。

乾隆《汉阳府志》,《中国地方志集成·湖北府县志辑》第 1 册,江苏古籍出版社 2001 年版。

同治《汉阳县志》,《中国地方志集成·湖北府县志辑》第 4—5 册,江苏古籍出版社 2001 年版。

道光《云梦县志略》,《中国地方志集成·湖北府县志辑》第 3 册,江苏古籍出版社 2001 年版。

同治《大冶县志》,《中国地方志集成·湖北府县志辑》第 6 册,江苏古籍出版社 2001 年版。

光绪《孝感县志》,《中国地方志集成·湖北府县志辑》第 7 册,江苏古籍出版社 2001 年版。

同治《黄陂县志》,《中国地方志集成·湖北府县志辑》第 8 册,江苏古籍出版社 2001 年版。

同治《应山县志》,《中国地方志集成·湖北府县志辑》第 10 册,江苏古籍出版社 2001 年版。

光绪《应城县志》,《中国地方志集成·湖北府县志辑》第 11 册,江苏古籍出版社 2001 年版。

光绪《德安府志》,《中国方志丛书·华中地方·湖北省》第 27 号,成文出版社 1970 年版。

光绪《黄州府志》,《中国地方志集成·湖北府县志辑》第 14—15 册,江苏古籍出版社 2001 年版。

乾隆《黄冈县志》,《中国地方志集成·湖北府县志辑》第 16 册,江苏古籍出版社 2001 年版。

光绪《黄安县志》,《中国地方志集成·湖北府县志辑》第 19 册,江苏古籍出版社 2001 年版。

光绪《罗田县志》,《中国地方志集成·湖北府县志辑》第 21 册,江苏古籍出版社 2001 年版。

光绪《蕲水县志》,《中国地方志集成·湖北府县志辑》第 22 册,江苏古籍出版社 2001 年版。

光绪《黄梅县志》,《中国地方志集成·湖北府县志辑》第 24 册,江苏古籍出版社 2001 年版。

光绪《兴国州志》,《中国地方志集成·湖北府县志辑》第 28 册,江苏古籍出版社 2001 年版。

同治《重修嘉鱼县志》,《中国地方志集成·湖北府县志辑》第 30 册,江苏古籍出版社 2001 年版。

乾隆《武昌县志》,《中国地方志集成·湖北府县志辑》第 33 册,江苏古籍出版社 2001 年版。

光绪《武昌县志》,《中国地方志集成·湖北府县志辑》第 33 册,江苏古籍出版社 2001 年版。

光绪《荆州府志》,《中国地方志集成·湖北府县志辑》第 36—37 册,江苏古籍出版社 2001 年版。

乾隆《荆门州志》,《中国地方志集成·湖北府县志辑》第 40 册,江苏古籍出版社 2001 年版。

光绪《潜江县志续》,《中国地方志集成·湖北府县志辑》第 46 册,江苏古籍出版社 2001 年版。

同治《松滋县志》,《中国地方志集成·湖北府县志辑》第 48 册,江苏古籍出版社 2001 年版。

同治《当阳县志》,《中国地方志集成·湖北府县志辑》第 52 册,江苏古籍出版社 2001 年版。

光绪《襄阳府志》,《中国地方志集成·湖北府县志辑》第 63 册,江苏古籍出版社 2001 年版。

同治《襄阳县志》,《中国地方志集成·湖北府县志辑》第 64 册,江苏古籍出版社 2001 年版。

同治《随州志》,《中国地方志集成·湖北府县志辑》第 65 册,江苏古籍出版社 2001 年版。

同治《郧县志》,《中国地方志集成·湖北府县志辑》第 59 册,江苏古籍出版社 2001 年版。

同治《通城县志》,《中国地方志集成·湖北府县志辑》第 29 册,江苏古籍出版社 2001 年版。

湖南省:

乾隆《长沙府志》,《中国地方志集成·湖南府县志辑》第 1—2 册,江苏古籍出版社 2002 年版。

同治《长沙县志》,《中国地方志集成·湖南府县志辑》第 3—4 册,江苏古籍出版社 2002 年版。

同治《临湘县志》,《中国地方志集成·湖南府县志辑》第 4 册,江苏古籍出版社 2002 年版。

光绪《善化县志》,《中国地方志集成·湖南府县志辑》第 5 册,江苏古籍出版社 2002 年版。

乾隆《岳州府志》,《中国地方志集成·湖南府县志辑》第 6 册,江苏古籍出版社 2002 年版。

光绪《巴陵县志》,《中国地方志集成·湖南府县志辑》第 6—7 册,江苏古籍出版社 2002 年版。

同治《平江县志》,《中国地方志集成·湖南府县志辑》第 8—9 册,江苏古籍出版社 2002 年版。

光绪《湘阴县图志》,《中国地方志集成·湖南府县志辑》第 10 册,江苏古籍出版社 2002 年版。

光绪《华容县志》,《中国地方志集成·湖南府县志辑》第 11 册,江苏古籍出版社 2002 年版。

光绪《湘潭县志》,《中国地方志集成·湖南府县志辑》第 12—13 册,江苏古籍出版社 2002 年版。

同治《浏阳县志》,《中国地方志集成·湖南府县志辑》第 13 册,江苏古籍出版社 2002 年版。

民国《醴陵县志》,《中国地方志集成·湖南府县志辑》第14—16册,江苏古籍出版社2002年版。

同治《茶陵州志》,《中国地方志集成·湖南府县志辑》第18册,江苏古籍出版社2002年版。

同治《安仁县志》,《中国地方志集成·湖南府县志辑》第23—24册,江苏古籍出版社2002年版。

同治《嘉禾县志》,《中国地方志集成·湖南府县志辑》第24册,江苏古籍出版社2002年版。

光绪《永兴县志》,《中国地方志集成·湖南府县志辑》第25册,江苏古籍出版社2002年版。

同治《桂阳县志》,《中国地方志集成·湖南府县志辑》第28—29册,江苏古籍出版社2002年版。

乾隆《衡州府志》,《中国地方志集成·湖南府县志辑》第34—35册,江苏古籍出版社2002年版。

同治《常宁县志》,《中国地方志集成·湖南府县志辑》第35册,江苏古籍出版社2002年版。

同治《衡阳县志》,《中国地方志集成·湖南府县志辑》第36册,江苏古籍出版社2002年版。

乾隆《清泉县志》,《中国地方志集成·湖南府县志辑》第37册,江苏古籍出版社2002年版。

光绪《衡山县志》,《中国地方志集成·湖南府县志辑》第38—39册,江苏古籍出版社2002年版。

民国《祁阳县志》,《中国地方志集成·湖南府县志辑》第40册,江苏古籍出版社2002年版。

道光《宝庆府志》,《中国地方志集成·湖南府县志辑》第51—53册,江苏古籍出版社2002年版。

同治《武冈州志》,《中国地方志集成·湖南府县志辑》第54—55册,江苏古籍出版社2002年版。

乾隆《衡阳县志》,《中国地方志集成·湖南府县志辑》第36册,江苏古籍出版社2002年版。

同治《衡阳县志》,《中国地方志集成·湖南府县志辑》第36册,江苏古籍出版社2002年版。

康熙《耒阳县志》,《中国地方志集成·湖南府县志辑》第33册,江苏古籍出版社2002年版。

同治《新化县志》,《中国地方志集成·湖南府县志辑》第58册,江苏古籍出版社2002年版。

乾隆《辰州府志》,《中国地方志集成·湖南府县志辑》第59—60册,江苏古籍出版社2002年版。

嘉庆《常德府志》,《中国地方志集成·湖南府县志辑》第76册,江苏古籍出版社2002年版。

光绪《桃源县志》,《中国地方志集成·湖南府县志辑》第80册,江苏古籍出版社2002年版。

同治《益阳县志》,《中国地方志集成·湖南府县志辑》第83册,江苏古籍出版社2002年版。

同治《安化县志》,《中国地方志集成·湖南府县志辑》第86册,江苏古籍出版社2002年版。

同治《攸县志》,《中国地方志集成·湖南府县志辑》第17册,江苏古籍出版社2002年版。

山东省：

宣统《山东通志》（民国四年排印）,《中国地方志集成·省志辑·山东》第2—9册,凤凰出版社2010年版。

咸丰《武定府志》,《中国地方志集成·山东府县志辑》第20册,江苏古籍出版社1991年版。

乾隆《淄川县志》,《中国地方志集成·山东府县志辑》第6册,江苏古籍出版社1991年版。

宣统《三续淄川县志》,《中国地方志集成·山东府县志辑》第6册,江苏古籍出版社1991年版。

乾隆《博山县志》,《中国地方志集成·山东府县志辑》第7册,江苏古籍出版社1991年版。

民国《续修博山县志》,《中国地方志集成·山东府县志辑》第14册,江苏古籍出版社1991年版。

民国《单县志》,《中国方志丛书·华北地方·山东省》第81号,（台北）成文出版社1968年版。

民国《阳信县志》,《中国方志丛书·华北地方·山东省》第12号,

（台北）成文出版社1968年版。

民国《临淄县志》，《中国地方志集成·山东府县志辑》第8册，江苏古籍出版社1991年版。

光绪《峄县志》，《中国地方志集成·山东府县志辑》第9册，江苏古籍出版社1991年版。

乾隆《德州志》，《中国地方志集成·山东府县志辑》第10册，江苏古籍出版社1991年版。

嘉庆《禹城县志》，《中国地方志集成·山东府县志辑》第10册，江苏古籍出版社1991年版。

光绪《陵县志》，《中国地方志集成·山东府县志辑》第11册，江苏古籍出版社1991年版。

民国《陵县续志》，《中国地方志集成·山东府县志辑》第11册，江苏古籍出版社1991年版。

民国《齐东县志》，《中国方志丛书·华北地方·山东省》第7号，台湾成文出版社1968年版。

民国《济阳县志》，《中国地方志集成·山东府县志辑》第14册，江苏古籍出版社1991年版。

民国《续修临邑县志》，《中国地方志集成·山东府县志辑》第15册，江苏古籍出版社1991年版。

乾隆《平原县志》，《中国地方志集成·山东府县志辑》第16册，江苏古籍出版社1991年版。

民国《续修平原县志》，《中国地方志集成·山东府县志辑》第16册，江苏古籍出版社1991年版。

乾隆《乐陵县志》，《中国地方志集成·山东府县志辑》第16册，江苏古籍出版社1991年版。

乾隆《武城县志》，《中国地方志集成·山东府县志辑》第18册，江苏古籍出版社1991年版。

道光《武城县志续编》，《中国地方志集成·山东府县志辑》第18册，江苏古籍出版社1991年版。

乾隆《夏津县志》，《中国地方志集成·山东府县志辑》第19册，江苏古籍出版社1991年版。

民国《夏津县志续编》，《中国地方志集成·山东府县志辑》第19册，江苏古籍出版社 1991 年版。

民国《续安邱新志》,《中国地方志集成·山东府县志辑》第 37 册, 江苏古籍出版社 1991 年版。

乾隆《诸城志》,《中国地方志集成·山东府县志辑》第 45 册, 江苏古籍出版社 1991 年版。

道光《冠县志》,《中国地方志集成·山东府县志辑》第 38 册, 江苏古籍出版社 1991 年版。

光绪《日照县志》,《中国地方志集成·山东府县志辑》第 58 册, 江苏古籍出版社 1991 年版。

乾隆《泰安府志》,《中国地方志集成·山东府县志辑》第 63 册, 江苏古籍出版社 1991 年版。

光绪《东平州志》,《中国地方志集成·山东府县志辑》第 66 册, 江苏古籍出版社 1991 年版。

乾隆《兖州府志》,《中国地方志集成·山东府县志辑》第 71 册, 江苏古籍出版社 1991 年版。

道光《滕县志》,《中国方志丛书·华北地方·山东省》第 20 号,(台北)成文出版社 1968 年版。

民国《齐河县志》,《中国地方志集成·山东府县志辑》第 13 册, 江苏古籍出版社 1991 年版。

民国《续修历城县志》,《中国地方志集成·山东府县志辑》第 5 册, 江苏古籍出版社 1991 年版。

光绪《利津县志》,《中国地方志集成·山东府县志辑》第 24 册, 江苏古籍出版社 1991 年版。

嘉庆《长山县志》,《中国地方志集成·山东府县志辑》第 27 册, 江苏古籍出版社 1991 年版。

光绪《益都县图志》,《中国地方志集成·山东府县志辑》第 33 册, 江苏古籍出版社 1991 年版。

道光《济宁直隶州志》,《中国地方志集成·山东府县志辑》第 76 册, 江苏古籍出版社 1991 年版。

宣统《聊城县志》,《中国地方志集成·山东府县志辑》第 82 册, 江苏古籍出版社 1991 年版。

道光《城武县志》,《中国地方志集成·山东府县志辑》第 82 册, 江苏古籍出版社 1991 年版。
道光《巨野县志》，清道光二十六年续修刻本。
道光《博平县志》，《中国地方志集成·山东府县志辑》第 86 册，江苏古籍出版社 1991 年版。
嘉庆《东昌府志》，《中国地方志集成·山东府县志辑》第 87 册，江苏古籍出版社 1991 年版。
光绪《高堂州志》，《中国地方志集成·山东府县志辑》第 88 册，江苏古籍出版社 1991 年版。
民国《清平县志》，《中国地方志集成·山东府县志辑》第 89 册，江苏古籍出版社 1991 年版。
民国《冠县志》，《中国地方志集成·山东府县志辑》第 91 册，江苏古籍出版社 1991 年版。
道光《东阿县志》，《中国地方志集成·山东府县志辑》第 92 册，江苏古籍出版社 1991 年版。
乾隆《临清直隶州志》，《中国地方志集成·山东府县志辑》第 94 册，江苏古籍出版社 1991 年版。
康熙《济南府志》，康熙三十一年刊本。
道光《济南府志》，《中国地方志集成·山东府县志辑》第 01 册，江苏古籍出版社 1991 年版。
乾隆《青城县志》，《中国地方志集成·山东府县志辑》第 29 册，江苏古籍出版社 1991 年版。
民国《青城续修县志》，《中国地方志集成·山东府县志辑》第 29 册，江苏古籍出版社 1991 年版。

河南省：

雍正《河南通志》，清道光六年补刻本。
乾隆《杞县志》，《中国方志丛书·华北地方·河南省》第 83 号，（台北）成文出版社 1968 年版。
民国《鄢陵县志》，《中国方志丛书·华北地方·河南省》第 56 号，（台北）成文出版社 1968 年版。
民国《中牟县志》，《中国方志丛书·华北地方·河南省》第 07 号，（台北）成文出版社 1968 年版。
乾隆《通许县旧志》，《中国方志丛书·华北地方·河南省》第 63 号，

（台北）成文出版社 1968 年版。

民国《续荥阳县志》，《中国方志丛书·华北地方·河南省》第 16 号，（台北）成文出版社 1968 年版。

民国《仪封县志》，《中国方志丛书·华北地方·河南省》第 5 号，（台北）成文出版社 1968 年版。

嘉庆《安阳县志》，《中国方志丛书·华北地方·河南省》第 19 号，（台北）成文出版社 1968 年版。

乾隆《武安县志》，《中国方志丛书·华北地方·河南省》第 84 号，（台北）成文出版社 1968 年版。

民国《林县志》，《中国方志丛书·华北地方·河南省》第 21 号，（台北）成文出版社 1968 年版。

民国《禹县志》，《中国方志丛书·华北地方·河南省》第 57 号，（台北）成文出版社 1968 年版。

民国《氾水县志》，《中国方志丛书·华北地方·河南省》第 17 号，（台北）成文出版社 1968 年版。

乾隆《荥阳县志》，乾隆十一年刊本。

民国《续修荥阳县志》，《中国方志丛书·华北地方·河南省》第 16 号，（台北）成文出版社 1968 年版。

乾隆《新郑县志》，《中国方志丛书·华北地方·河南省》第 66 号，（台北）成文出版社 1968 年版。

道光《尉氏县志》，清道光十一年刻本。

光绪《扶沟县志》，《中国方志丛书·华北地方·河南省》第 69 号，（台北）成文出版社 1968 年版。

民国《河南密县志》，民国十二年铅印本。

光绪《祥符县志》，光绪二十四年刻本。

乾隆《登封县志》，《中国方志丛书·华北地方·河南省》第 60 号，（台北）成文出版社 1968 年版。

同治《临漳县志略备考》，《中国方志丛书·华北地方·河南省》第 20 号，（台北）成文出版社 1968 年版。

民国《商丘县志》，《中国方志丛书·华北地方·河南省》第 9 号，（台北）成文出版社 1968 年版。

民国《夏邑县志》，《中国方志丛书·华北地方·河南省》第 10 号，

（台北）成文出版社1968年版。
光绪《虞城县志》，《中国方志丛书·华北地方·河南省》第47号，（台北）成文出版社1968年版。
乾隆《济源县志》，《中国方志丛书·华北地方·河南省》第90号，（台北）成文出版社1968年版。
道光《河内县志》，《中国方志丛书·华北地方·河南省》第73号，（台北）成文出版社1968年版。
民国《修武县志》，《中国方志丛书·华北地方·河南省》第85号，（台北）成文出版社1968年版。
嘉庆《浚县志》，《中国方志丛书·华北地方·河南省》第23号，（台北）成文出版社1968年版。
光绪《续浚县志》，《中国方志丛书·华北地方·河南省》第22号，（台北）成文出版社1968年版。
乾隆《获嘉县志》，《中国方志丛书·华北地方·河南省》第72号，（台北）成文出版社1968年版。
民国《考城县志》，《中国方志丛书·华北地方·河南省》第54号，（台北）成文出版社1968年版。
民国《重修滑县志》，《中国方志丛书·华北地方·河南省》第24号，（台北）成文出版社1968年版。
乾隆《归德府志》，乾隆十五年刻本。
光绪《永城县志》，光绪二十九年刻本。
光绪《鹿邑县志》，《中国方志丛书·华北地方·河南省》第67号，（台北）成文出版社1968年版。
乾隆《新修怀庆府志》，乾隆五十四年刊本。
民国《孟县志》，《中国方志丛书·华北地方·河南省》第43号，（台北）成文出版社1968年版。
道光《武陟县志》，《中国方志丛书·华北地方·河南省》第79号，（台北）成文出版社1968年版。
民国《续武陟县志》，《中国方志丛书·华北地方·河南省》第18号，（台北）成文出版社1968年版。
民国《郑县志》，《中国方志丛书·华北地方·河南省》第15号，（台北）成文出版社1968年版。

民国《阳武县志》,《中国方志丛书·华北地方·河南省》第41号,（台北）成文出版社1968年版。

乾隆《新乡县志》,《中国方志丛书·华北地方·河南省》第70号,（台北）成文出版社1968年版。

乾隆《彰德府志》,乾隆五十二年刊本。

道光《新修河南辉县志》,道光十五年修,二十一年递修本,辉县志编辑委员会1959年翻印。

民国《新修阌乡县志》,《中国方志丛书·华北地方·河南省》第30号,（台北）成文出版社1968年版。

民国《河南封丘县续志》,民国二十六年铅印本。

乾隆《汲县志》,清乾隆二十年刻本。

上海市：

民国《川沙县志》,《中国地方志集成·上海府县志辑》第7册,上海书店出版社2010年版。

3. 档案与资料汇（选）辑

《军机处录副奏折》,中国第一历史档案馆馆藏。

《宫中朱批奏折》,中国第一历史档案馆馆藏。

顺治朝《户部题本》,中国第一历史档案馆馆藏。

道光《起居注》,中国第一历史档案馆馆藏。

《康雍乾时期城乡人民反抗斗争资料》,中华书局1979年版。

《光绪初年清政府镇压四川东乡县抗捐史料》（一）（二）（三）（四）,《历史档案》1994年第2—4期及1995年第1期。

《乾隆十二年江苏清理积欠史料》,《历史档案》1995年第1期。

《乾隆初粤湘赣抢米遏籴史料》（上）,《历史档案》1996年第4期。

《乾隆初粤湘赣抢米遏籴史料》（下）,《历史档案》1997年第1期。

《清代奏折汇编》,商务印书馆2005年版。

《刑案汇览》,北京古籍出版社2004年版。

《清史资料》,中华书局1980—1989年版。

《江苏省明清以来碑刻资料选集》,生活·读书·新知三联书店1959年版。

《上海小刀会起义史料汇编》,上海人民出版社1980年版。

《太平天国文献史料集》,中国社会科学出版社1982年版。

《太平天国》,《中国近代史资料丛刊》,上海人民出版社、上海书店出版社2000年版。

范文澜等:《捻军》(6全册),神州国光社1953年版。

二 今人论著

1. 著述

全汉昇:《唐宋帝国与运河》,商务印书馆1944年版。

梁方仲:《梁方仲经济史论文集》,中华书局1959年版。

杨树藩:《清代中央政治制度》,(台北)商务印书馆1977年版。

孟森:《明清史讲义》,中华书局1981年版。

傅衣凌:《明清社会经济史论文集》,人民出版社1982年版。

谢国桢:《明清笔记谈丛》,上海古籍出版社1981年版。

史念海:《中国的运河》,陕西人民出版社1988年版。

蒋建平:《清代前期米谷贸易研究》,北京大学出版社1992年版。

李文治、江太新:《清代漕运》,中华书局1995年版。

李向军:《清代荒政研究》,中国农业出版社1995年版。

彭云鹤:《明清漕运》,首都师范大学出版社1995年版。

吴承明:《市场·近代化·经济史论》,云南大学出版社1996年版。

陈桦:《清代区域社会经济研究》,中国人民大学出版社1996年版。

郭成康:《十八世纪的中国与世界·政治卷》,辽海出版社1996年版。

刘志伟:《在国家与社会之间——明清广东里赋役制度研究》,中山大学出版社1997年版。

邓云特:《中国救荒史》,商务印书馆1998年影印本。

郑肇经:《中国水利史》,商务印书馆1998年版。

吴琦:《漕运与中国社会》,华中师范大学出版社1999年版。

郑天挺:《清史探微》,北京大学出版社1999年版。

陈峰:《漕运与古代社会》,陕西人民教育出版社2000年版。

梁其姿:《施善与教化——明清的慈善组织》,河北教育出版社2001年版。

李治亭:《清史》,上海人民出版社2002年版。

张研、牛贯杰:《十九世纪中期中国双重统治格局的演变》,中国人民大学出版社2002年版。

张仲礼:《中国绅士的收入》,上海社会科学出版社2002年版。

冯贤亮：《明清江南地区的环境变动与社会控制》，上海人民出版社2002年版。

赵世瑜：《狂欢与日常——明清以来的庙会与民间社会》，生活·读书·新知三联书店2002年版。

吴方桐：《社会学教程》，华中师范大学出版社2002年版。

柏桦：《明清州县政治体制研究》，中国社会科学出版社2003年版。

柏桦：《明清州县官群体》，天津人民出版社2003年版。

瞿同祖：《清代地方政府》，法律出版社2003年版。

王日根：《明清民间社会的秩序》，岳麓书社2003年版。

郑振满、陈春声主编：《民间信仰与社会空间》，福建人民出版社2003年版。

秦晖：《实践自由》，浙江人民出版社2004年版。

孙江编：《事件、记忆、叙述》，浙江人民出版社2004年版。

倪玉平：《清代漕粮海运与社会变迁》，上海书店出版社2005年版。

陈桦、刘宗志：《救灾与济贫——中国封建时代的救助活动（1750—1911）》，中国人民大学出版社2005年版。

王卫平、黄鸿山：《中国古代传统社会保障与慈善事业——以明清时期为重点的考察》，群言出版社2005年版。

罗家德：《社会网分析讲义》，中国社会科学出版社2005年版。

刑义田、林丽月主编：《社会变迁》，中国大百科全书出版社2005年版。

高王凌：《活着的传统——十八世纪中国的经济发展和政府政策》，北京大学出版社2005年版。

行龙：《区域社会史比较研究》，社会科学文献出版社2006年版。

侯均生主编：《西方社会学理论教程》，南开大学出版社2006年版。

黄志繁：《"贼""民"之间——12—18世纪赣南地域社会》，生活·读书·新知三联书店2006年版。

赵世瑜：《小历史与大历史：区域社会史的理念、方法与实践》，生活·读书·新知三联书店2006年版。

廖文伟：《打捞岁月》，大众文艺出版社2007年版。

张小也：《官、民与法：明清国家与基层社会》，中华书局2007年版。

李俊丽：《天津漕运研究（1368—1840）》，天津古籍出版社2012年版。

［日］星斌夫:《明清时代交通史研究》,山川出版社1971年版。

［日］星斌夫:《大运河——中国漕运》,近藤出版社1971年版。

［美］E. A. 罗斯:《社会控制》,秦志勇、毛永政译,华夏出版社1989年版。

［美］L. 科塞著:《社会冲突的功能》,孙立平等译,华夏出版社1989年版。

［美］詹姆斯·C. 斯科特:《农民的道义经济学:东南亚的反叛与生存》,程立显、刘建等译,译林出版社2001年版。

［法］魏丕信:《十八世纪中国的官僚制度与荒政》,徐建青译,江苏人民出版社2003年版。

［美］杜赞奇:《文化、权力与国家:1900—1942年的华北农村》,王福明译,江苏人民出版社2004年版。

［美］黄仁宇:《明代的漕运》,张皓、张升译,新星出版社2005年版。

［美］白凯:《长江下游地区的地租、赋税与农民的反抗斗争:1840—1950》,林枫译,上海书店出版社2005年版。

［美］明恩浦:《中国乡村生活》,陈午晴、唐军译,中华书局2006年版。

［美］詹姆斯·C. 斯科特:《弱者的武器》,郑广怀等译,译林出版社2007年版。

［日］滨岛敦俊:《明清江南农村社会与民间信仰》,朱海滨译,厦门大学出版社2008年版。

［日］松浦章:《清代内河水运史研究》,董科译,江苏人民出版社2010年版。

2. 论文

伍仕谦、李祖桓:《1875年四川东乡县人民的抗粮斗争》,《四川大学学报》1956年第2期。

刘德仁:《1875—1879年四川东乡人民的抗粮斗争》,《历史教学》1964年第6期。

［日］滨岛敦俊:《试论明末东南诸省的抗、欠租与铺仓》,《中国社会经济史研究》1982年第3期。

杨天宏:《清政府裁漕的目的》,《四川师范大学学报》(社会科学版)1987年第2期。

殷崇浩：《乾隆时的漕粮宽免》，《中国社会经济史研究》1987 年第 3 期。

[美] 裴宜理：《晚清抗粮斗争：上海小刀会和山东刘德培》（上），《史林》1988 年第 2 期。

戴鞍钢：《清代浙江漕政与农民抗漕斗争》，《浙江师范大学学报》（社会科学版）1988 年第 3 期。

[美] 裴宜理：《晚清抗粮斗争：上海小刀会和山东刘德培》（续），《史林》1988 年第 4 期。

戴鞍钢：《清代漕运兴废与山东运河沿线社会经济的变化》，《齐鲁学刊》1988 年第 4 期。

殷崇浩：《乾隆时漕粮宽免的原因及其作用》，《武汉大学学报》1988 年第 4 期。

葛贤惠：《宫中朱批奏折所见乾隆时的粮食调剂措施》，《历史档案》1988 年第 4 期。

张照东：《论清代水陆漕运方式及其社会经济影响》，《社会科学战线》1989 年第 2 期。

俞玉储：《清代前期漕粮蠲缓改折概论》，《历史档案》1990 年第 2 期。

江太新：《关于清政府粮食价格政策的考察》，《经济研究》1990 年第 3 期。

罗丽达：《道光年间的崇阳抗粮暴动》，《清史研究》1992 年第 2 期。

张照东：《清代漕运与南北物资交流》，《清史研究》1992 年第 3 期。

叶依能：《清代前期解决粮食问题的政策和措施》，《古今农业》1992 年第 3 期。

张岩：《试论清代的常平仓制度》，《清史研究》1993 年第 4 期。

吴琦：《清代湖广漕运的社会功能》，《中国经济史研究》1993 年第 4 期。

周祚绍：《清代前期漕运及其对国内市场的影响》，《山东大学学报》（哲学社会科学版）1994 年第 1 期。

[日] 真水康树：《雍正年间的直隶州政策》，《历史档案》1995 年第 3 期。

陈峰：《简论宋明清漕运中私货贩运及贸易》，《中国经济史研究》1996 年第 1 期。

李映发：《清代州县储粮》，《中国农史》1997 年第 1 期。
郑剑顺：《清代咸同年间同安、马巷的抗粮与械斗》，《中国社会经济史研究》1997 年第 2 期。
王澈：《光绪初年四川东乡抗粮案述论》，《徐州大学学报》1998 年第 3 期。
陈峰：《略论清代的漕弊》，《西北大学学报》（哲学社会科学版）1998 年第 4 期。
巫仁恕：《节庆、信仰与抗争——明清城隍信仰与城市群众的集体抗议行为》，《"中央研究院"近代史研究所集刊》第 34 辑（2000 年 12 月）。
崔宪涛：《清代粮食价格持续增长原因新探》，《学术研究》2001 年第 1 期。
吴承明：《经济史：历史观与方法论》，《中国经济史研究》2001 年第 3 期。
林仁川、朱建新：《略论台湾社会的失调与控制》，《福州大学学报》2002 年第 1 期。
黄冕堂：《中国历代粮食价格问题通考》，《文史哲》2002 年第 2 期。
张小也：《健讼之人与地方公共事务——以清代漕讼为中心》，《清史研究》2004 年第 2 期。
张小也：《史料·方法·理论：历史人类学视角下的"钟九闹漕"》，《河北学刊》2004 年第 6 期。
郝秉键：《日本史学界的明清"绅士论"》，《清史研究》2004 年第 4 期。
巫仁恕：《明清城市"民变"的集体行为模式及其影响》，载刑义田、林丽月主编《社会变迁》，中国大百科全书出版社 2005 年版。
龚汝富：《清代江西赋税讼案浅析——以〈名花堂录〉为例》，《中国社会经济史研究》2005 年第 2 期。
龚汝富：《清代江西赋税纠纷案浅析》，《历史档案》2005 年第 3 期。
冯贤亮：《疆界错壤：清代"苏南"地方的行政地理及其整合》，《江苏社会科学》2005 年第 4 期。
龚汝富：《清代江西义图制之图议、图约举隅》，《华南研究资料中心通讯》2005 年第 38 期。

龚汝富：《清代江西诬扳漕运军丁讼案浅析——以〈康熙四十五年诬扳军案集录一本永远存据〉为例》，《清史研究》2006年第4期。

吴琦、肖丽红：《制度缺陷与漕政危机——清代"废漕督"呼声的深层分析》，《中国社会经济史研究》2006年第4期。

张小也：《社会冲突中的官、民、法——以"钟九闹漕"事件为中心》，《江汉论坛》2006年第4期。

王日根：《明清时期社会管理中官民的"自域"与"共域"》，《文史哲》2006年第4期。

冯贤亮：《明清中国地方政府的疆界管理——以苏南、浙西地域社会的讨论为中心》，载《历史地理》第21辑，2006年。

巫仁恕：《明清江南东岳神信仰与城市群众的集体抗议——以苏州民变为讨论中心》，载李孝悌《中国的城市生活》，新星出版社2006年版。

陈支平：《清末民间抗粮与乡族势力》，《厦门大学学报》2006年第1期。

吴琦、肖丽红：《清代漕粮征派中的官府、绅衿与民众——以清代抗粮事件为中心的考察》，《中国社会经济史研究》2008年第2期。

陈锋：《清代"康乾盛世"时期的田赋蠲免》，《中国史研究》2008年第4期。

吴琦、肖丽红：《漕控与清代地方社会秩序——以匡光文事件为中心的考察》，《华中师范大学学报》2009年第2期。

吴琦、杨露春：《保水济运与民田灌溉——利益冲突下的清代山东漕河水利之争》，《东岳论坛》2009年第2期。

吴欣：《"通漕"与"变漕"——明清漕运法规变革研究》，《山东师范大学学报》（人文社会科学版）2009年第3期。

肖丽红：《从官诬闹漕案看清代地方官漕政理念与地方社会治理——以陆名扬闹漕为中心的考察》，《安徽史学》2010年第5期。

吴琦：《清代漕运：一项重大的国家事务》，《中国社会科学报》2010年10月14日第7版。

赵思渊：《从"包漕"到"告漕"——道光初年"漕弊"整顿进程中苏松士绅力量的演化》，《清史研究》2011年第3期。

吴琦：《国家事务与地方社会秩序——以清代漕粮征运为基点的考察》，

《中国社会经济史研究》2012 年第 2 期。
衷海燕:《清代江西漕运军户、家族与地方社会——以庐陵麻氏为例》，《地方文化研究》2013 年第 6 期。
张祥稳:《清代乾隆时期自然灾害与荒政研究》，博士学位论文，南京农业大学，2004 年。
吴宾:《中国古代粮食安全问题研究》，博士学位毕业论文，西北农林科技大学，2007 年。
［日］森正夫:《明末清初的抗租与地域社会秩序——关于江南三角洲的苏州府、松江府》，厦门大学讲座论稿。

后　记

　　本书是国家哲学社会科学基金项目"清代漕粮征派与地方社会秩序"的终期成果，经过了多年的修改和打磨，今天终于截稿，心中感慨颇多。

　　从事了多年的漕运研究，视角几经转变，可以视为视野的不断变化和扩大。我的硕士学位论文是《清代湖广漕运的社会功能》，考察问题的路径基本上是循着经济史的思路，属于经济史研究的范畴；博士学位论文为《漕运与中国社会》，着力审视漕运与中国社会各主要领域的关系，期望从社会史的视角研究漕运的社会意义，该项研究得到了教育部人文社会科学青年项目的立项资助。但以上研究存在一个共同问题，即没有把漕运这个问题真正落实到中国地方社会层面，毕竟漕粮的征派是要落实到地方社会上，由广大的农民承担。反复思考之后，我意识到一个重要问题：漕运虽然是一项经济活动，学者们也多从经济和制度的角度开展研究，但从漕运的运行情况来看，其政治意义远大于经济意义，年复一年的征运，漕运成为朝廷一项十分繁复的事务，因此，我开始把漕运定义为"国家事务"，思考漕运作为国家事务是如何落实到地方社会并产生了怎样的影响。在此基础上，我申报了国家社会科学基金项目"清代漕粮征派与地方社会秩序"，获得了立项资助。

　　课题研究持续了多年，课题组成员有王玲、肖丽红、杨露春、袁阳春等。最初，我们经常研讨，分工合作，主要开展两个方面的工作：一是分头阅读史料，定期集中交流；二是围绕课题论证的思路，讨论解决问题的框架与路径，以及存在的难点。研究以及完成文稿大约费时四年，之后就是断断续续但未间断的整合与修改。修改与完善的工作十分繁重，我从头到尾、从结构到内容、从史料到规范，整体上反复了数遍，王玲也在其中对某些部分的内容进行了加工，并在史料征引的准确与完善方面做了大量工作。项目结项之后,该文稿搁置了近两年,原因:一是搁置后的审读或能更深入地再发现或思考一些问题;二是繁忙行政事务占据了大量宝贵的时间。一年前,我着手做最后的修改,并安排截稿出版。重新审读,我发现文稿的第一章、第二章没有很好地达成学术目标,需要再做修改,于是让博士研究生何晨加入进来,查阅史料,补充史料,与我一道重写此部分尤其是第二章的内容。书稿的撰稿情况大体为:上编,吴琦、杨露春、王玲、何晨,下编,吴琦、肖丽红。在书稿的修改过程中,我与各作者合作发表了数篇文章,体现共同研究的成果。但其中也有遗憾,有文在投稿刊发之时,不知为何,期刊社将杨露春的名字遗漏了,借书稿出版之际做此补救与说明。

项目从立项到截稿,延续了多年,原因有多方面,但行政工作确实对科研影响极大,行政事务既占用大量的时间,又把单位时间支离得破碎不堪,加之工作之余的极度疲乏状态,通常很难聚集出有效的科研时间。所以,无奈之下不得不利用寒假、暑假的时间,不管效果怎样,每当假期来临,我都会背负着完成多少科研任务的重压。如此,我的所谓休假也就难以做到名副其实。我深刻地体会到,学院一线教师"双肩挑"式的工作一定是彻头彻尾的服务与付出,而且还必须是用心尽力的服务与付出。

学术研究是一项长期持久、温水慢炖的细活,需要平心静气、潜心爬梳、深入思考,并且需要研讨与碰撞。这些年,在研究生的培养中,我把基础好、有能力、有兴趣的明清史方向的学生吸收进入课题组,参与我的项目研究,从阅读史料入手,发现问题,解决问题,并经常开展交流与研讨活动,效果非常理想。学生与我一起研读,深入探讨,撰成文稿之后,我反复审读与修改,并提出意见,让学生也反复修改,达到有材料、有观点、有新见的状态,再作为成果发表,这对强化学生的问题意识、提升学生的科研能力具有十分明显的效果。作为指导老师,仅完成授课任务,课后则放任学生,美其名曰让学生充分地自主性发展,在当下的环境中,实为不负责任之举,对于学生的不利影响将是长远的。

此书稿的呈现只是完结了一个阶段的研究,接下来我将深化漕运问题的研究,在诸如漕运对于社会环境的影响、漕运的一系列细部问题进行更深入的思考。在后续研究中,还会需要亲友们的指导和支持,在此，对于一直以来以及今后的研究中启发我、帮助我的学者和亲友们致以诚挚的谢意！

吴琦

2016 年 11 月 16 日武汉南湖之滨